基于素质教育导向的高校体育教学方法、模式改革理论与实践

刘海军　刘刚　裴钢辉　著

中国纺织出版社

图书在版编目（CIP）数据

基于素质教育导向的高校体育教学方法、模式改革理论与实践 / 刘海军，刘刚，裴钢辉著 .--北京：中国纺织出版社，2019.1 (2020.9 重印)

ISBN 978-7-5180-3558-8

Ⅰ. ①基… Ⅱ. ①刘… ②刘…③裴… Ⅲ. ①体育教学—教学法—高等学校②体育教学—教学改革—高等学校 Ⅳ. ①G807.4

中国版本图书馆 CIP 数据核字（2017）第 093880 号

责任编辑：汤　浩　　　责任印制：储志伟

中国纺织出版社出版发行

地址：北京市朝阳区百子湾东里 A407 号楼　邮政编码：100124

销售电话：010－67004422　传真：010－87155801

http：//www. c-textilep. com

E-mail：faxing@e-textilep. com

中国纺织出版社天猫旗舰店

官方微博 http：//www. weibo. com/2119887771

北京虎彩文化传播有限公司印制　　各地新华书店经销

2019 年 1 月第 1 版　2020 年 9 月第 7 次印刷

开本：787×1092　1/16　印张：17.125

字数：260 千字　定价：98.00 元

前　言

素质教育是我国现阶段改革和发展的时代主题。实施素质教育，提高国民素质是培养21世纪综合型人才的需求。素质教育是以促进人的身心和谐与健康（德、智、体、美等)，提高人的整体素质和全民素质为目的而进行的教育。它注重人本性的完善，人根本品质的提高，以及人自身和群体整体综合功能上的全面发展。加强人的身体素质教育、心理素质教育、思想道德素质教育、科学文化素质教育以及生活技能素质教育，即加强这五个方面的全面协调教育，使其相互作用。素质教育的前提和基础离不开身体素质教育与心理素质教育两个方面，而成就这两种素质教育的重要方式是学校体育。学校体育教育使学生从意识上加强对体育锻炼的认识，在行动中对理论加以实践，以达到强健体魄的目的，从而具有系统完善的健康卫生保健知识，形成高品质的生活习性，养成良好的体育锻炼意识。健康的心理状态，使学生具有克服生活学习中各种艰难和挫折的顽强意志以及良好的社会适应能力，并且为其他方面的素质教育奠定相应的基础。素质教育的内容包含了体育教育，体育教育是素质教育的重要组成部分，是素质教育顺利实施的重要手段，二者是整体与部分的关系。

当前正是我国进行教育领域改革的热潮时期，为适应我国综合型人才市场的需求，应试教育已经向素质教育方向转轨。学校体育工作是学校教育的重要组成部分之一，为实施素质教育提供了重要手段。实施素质教育，对学校体育工作提出了更多的要求，如何在新形势下发挥学校体育在素质教育中的功能，那就是进行体育课程改革。体育课程改革是目前深化体育改革的热点和核心内容。而体育教学改革作为体育课程改革的中心内容，其重点在于教学方法和教学模式的深化改革。

本书从高校体育教学改革的角度出发，分析了当前高校学生素质教育的境况以及素质教育背景下高校体育教学改革的具体情况。基于素质教育的理论与要求，提出了几种新式的教学方法与教学模式，从理论与实践两个方面详细介绍了其在高校体育教学中的应用。其中主要的教学方法有：异步教学法、游戏教学法、程序教学法，教学模式有：分层教学模式、运动教学模式、俱乐部教学模式。通过对这些方法和模式在某一体育项目教学中的应用研究，从而为拓展延伸到其他体育项目提供借鉴。

本书内容丰富，结构严谨，逻辑清晰，注重各个章节之间的高度结合，集系统性、科学性、实用性为一体，不失为一本研究素质教育背景下高校体育教学方法、模式改革理论与实践的好书。

本书由刘海军、刘刚、裴钢辉共同撰写完成，具体分工如下：

刘海军（昭通学院）第二章、第六章、第九章、第十一章第二节；

刘刚（武汉职业技术学院）第一章、第三章、第七章、第十一章第一三四节；

裴钢辉（长沙商贸旅游职业技术学院）第四章、第五章、第八章、第十章；

最后由刘海军、刘刚、裴钢辉进行串编、统稿与定稿。

本书在撰写的过程中，参考和采用了大量的有关素质教育及体育教学改革方面的资料，借鉴了国内外很多相关的研究成果以及著作、期刊、论文等，在此向有关专家和学者致以诚挚的感谢。另外，由于作者水平、时间和精力有限，书中提出的一些观点可能还存在一些遗漏和不妥之处，有一些内容还有待于进一步深入研究和论证，恳切地希望各位读者提出宝贵意见和建议。

编　者

2018 年 10 月

目　录

第一章　当代高校学生素质教育境况分析

教育是培养一定的社会所需要的人的一种社会活动，科学技术越进步，社会物质文明越高速发展，就越要重视社会精神文明建设，重视具有良好的全面素质的高层次人才的培养。因此，应加强对高校学生素质教育的研究，分析高校学生素质教育的现状及原因，以便找到提高高校学生综合素质的途径和方法，对提高我国高等学校人才培养的质量具有重要影响。

第一节　国内外素质教育的研究状况

一、国外关于素质教育的研究

西方自古以来早已产生了与素质教育相关的理论，如希勒的全面教育思想、卢梭的自然教育思想、杜威的生活即教育思想等。然而，提出素质教育，并将其当作一项国策在全国范围内推行，首创在中国。

国外发展素质教育的一个主要方面是教学改革。据“素质教育调研组”最新研究结果：国际社会高度重视教育质量；通过课程改革来保证教育质量；对学生评价强调发展重于区分；教师推动改革的作用至关重要；全面发展依靠全社会共同努力；学校管理要提高公共部门绩效；素质教育要以人为本深化改革。例如，澳大利亚体育教学如自行车、慢跑、舞蹈、跳绳、游泳等在体育教学内容中所占的百分比越来越大，其体育教学内容的本质是注重促进学生身体健康。同时在体育课程设置上增加既新兴、时尚又丰富的项目来满足不同个体的需求。

日本通过落实文化立国战略来促进“心的教育”，通过实施科学技术创造立国战略，为培养创新性人才奠定了扎实的基础，明确意识到必须通过改革课程设置与教学内容来促进素质教育的开展。日本新课程标准的制定基于以下 4 大方针：（1）培养个体丰富的人性与社会性，还有在国际公共社会生存的日本人的自觉性；（2）养成自我学习、自我思考的能力；（3）在宽松愉快的教育过程中，力求切实掌握所学的基础和根本，增强个性的教育；（4）构建发挥独创性特色的教育与有特色的学校教育理论方针，重视接触社会与自然，开展丰富多彩的实际活动内容，并且加强与社区基层结合，注重基层实际的体验。

美国的体育教育为一种借助身体运动来对人进行全面塑造的教育过程。美国的体育教育在运动技能、身体健康方面起着其他任何一门学科都无法取代的作用，在人文素质教育方面更是具有其他学校课程教育所无法替代的作用。其体育教育的先进性突出体现着科学全面的人文素质教育理念。这种理念就是将人文素质教育贯穿于整个体育教育的始终，体育教学不仅涵盖了心理素质、思维素质、道德素质、能力素质等，而且还涉及人文素质教育全部的内容。通过体育教育达到培养人文素质的真正目的，从而将其广泛地应用到体育活动以外的每一个生活角落和各个层面，使其体育教育高度的实用性能够充分地被体现出来。

国外很多国家体育素质教育标准、教育理念和学科内容及教育目标都体现了素质教育具有教育思想全面科学性、实践性及教学过程长期系统、内容丰富实用、教育标准明确可行等特点。

二、国内关于素质教育的研究

在我国，20世纪80年代初期以来，关于素质教育的话题，早已超出教育本身的界限，为全社会所瞩目，素质教育的开展也就具有了相当重要的战略意义。自20世纪90年代中期，教育部提出“加强大学生文化素质教育”、创建“大学生文化素质教育基地”，特别是1999年《中共中央、国务院关于深化教育改革全面推进素质教育的决定》发布以来，一个“以加强大学生文化素质教育为切入点，全面推进素质教育”的热潮在各地、各高校不同程度的兴起。21世纪以来，经济的快速发展、知识经济的挑战，对高校素质教育提出了新的要求。党的十六届五中全会对“十一五”时期我国教育发展与改革做出了明确部署：深入实施科教兴国和人才强国战略，坚持教育优先发展，全面实施素质教育，教育部部长周济在部署“十一五”时期我国教育改革发展的主要任务时再次强调说：“全国教育改革事业：以素质教育为主题”……这都有力地促进高校素质教育理论与实践方面向纵深方向发展。

从理论层面来看，当前高校素质教育的研究现状如下：

（1）素质教育的内涵更加丰富

“素质教育”一词是在20世纪80年代提出的，对各级各类教育都产生了深远的影响，素质教育目前已经成为推动我国高等教育发展的重要力量。对于素质教育内涵的界定在教育界也有很多论述，随着时代背景的发展与变化，教育工作者从不同的角度对素质教育的内涵进行解释，使素质教育的内涵更加丰富了。以下是学者们关于素质教育内涵的一些界定。

中国教育学会副会长叶澜教授认为：“素质教育是以提高民族素质为目的的教育，素质教育最根本的是要唤醒人的生命自觉。”杨章宏在《素质教育研究》一书中将素质教育的内涵概括为：“发现人的价值，发挥人的潜能，发展人的个性。”燕国材在《素质教育概论》一书中认为“素质教育就是培养、提高民族或学生素质的教育。它包括三类八种，即身体教育、心理教育、社会教育（政治素质教育、思想素质教育、道德素质教育、业务素质教育、劳技素质教育）”。罗乔敏认为“素质教育是通过提高学生的国民素质和劳动者基本素质，促进学生身心发展，培养良好的个性品质，开发潜能的国民教育。”柳斌认为“素质教育的三要义：一是面向全体学生；二是要德、智、体、美全面发展；三是要让学生主动发展。”

从上面的表述来看，教育理论工作者和教育实践工作者以不同方式对素质教育的内涵来进行解释，虽然表述的方式不一样，他们所阐述的观点对素质教育内涵的丰富都有很重要的作用，使素质教育的内涵进一步完善和丰富了。我们可以将素质教育的内涵这样进行归纳：总的来说，素质教育就是一种全面发展的教育，它以提高人的素质为目的，它是将人的先天享赋和后天的社会各种因素结合起来，强调学生在德、智、体、美等各个方面发挥受教育者的身心潜能，使受教育者能健康和谐发展的一种教育。

（2）高校素质教育以人的全面发展为出发点的观点进一步得到认可

近年来，人的全面发展观点成为推进素质教育的出发点，原因是《国家中长期教育改革与发展规划纲要（2010—2020）》中提出了全面推进素质教育的总体目标是“以人为本”。

学术界的一些观点的阐述也是基于人的全面发展。有的学者认为，“学生综合素质的提升是

实施素质教育人才培养质量的关键因素。”有的学者认为，“人的个性得到发展和完善是素质教育的最终目的。”有的学者认为，“素质教育就是在全面发展的基础上的进一步具体化发展。”中国著名教育家张岂之先生把高校素质教育的特点归纳为“全面性、创新性、和谐性。”

总的来说，与以上这些观点类似的以人的全面发展为基础论述的还有许多，说明在目前的学术界普遍认为高校素质教育是以人的全面发展为出发点的。

从实践层面来看，当前高校素质教育的研究现状如下：

高校素质教育实践有新的推进。高校素质教育实现了由“政府强力推动转为学校自觉行为。”1995 年原国家教委确定在 53 所高校建设 32 个国家大学生文化素质教育基地，标志着文化素质教育活动有组织的在全国范围内推开。2006 年，教育部又增设 104 所学校 61 个基地作为第二批国家大学生文化素质教育基地，使文化素质教育工作有了新的局面。教育部对大学生文化素质教育基地的经费投入很大，投入经费达上百万元，除此以外，“全国还采取了在课题指南中将素质教育作为一大项目组织申报，进行了开发全国素质教育课程体系的研究，成立了教学指导委员会，召开了数次动员大会和经验交流会等。”各个高校也根据自身的情况进行素质教育人才培养模式的改革与实践，改革与实践主要从课程与教学改革、校园文化育人环境、社会实践等方面来进行。通过这些方面的改革积极推进了素质教育的实施，但是，由于各个高校自身的教学发展情况以及我国国情的不同，学校与学校之间在很多方面存在着巨大的差异，比如，在财政支持、办学层次、师资条件、以及学生基础等诸多方面的差异。所以，各高校开展素质教育进行校本特色的研究，是在素质教育政令的要求下根据自身的情况进行的。

总的来说，我国高校素质教育在实践方面有了进一步的推进，素质教育观念已经深入人心，各个高校根据自身情况进行素质教育实施和改革，促进了高校素质教育的发展。高校应继续加强素质教育改革，共同努力，积极探索，进一步推进我国高校素质教育的实施和发展。

第二节　当代中国素质教育内涵阐释

一、素质教育的基本含义及特征

（一）素质教育的基本含义

素质教育，是指从培养有理想、有道德、有文化、有纪律的社会主义合格建设者和可靠接班人出发，以全面协调培养受教育者高尚的道德品质、丰富的专业文化知识、健康的身心素质、良好的实践和动手能力以及丰富多样的个性为宗旨，让学生学会做人、学会工作、学会生活，使学生各方面得到全面协调发展的教育方针和教育活动。关于素质教育的含义，原国家教委曾作了明确解释：“素质教育是以提高民族素质为宗旨的教育。它是依据《教育法》规定的国家教育方针，着眼于受教育者及社会长远发展的要求，以面向全体学生、全面提高学生的基本素质为根本宗旨，以注重培养受教育者的态度、能力，促进他们在德智体等方面生动、活泼、主动地发展为基本特征的教育。”

素质教育是根据社会和国家发展的实际需求，尊重受教育者的主体地位，以全面提高受教育者各方面基本素质为目的，充分开发受教育者的潜能，形成培养受教育者的健全个性为本质特征的教育。素质教育与应试教育是有明显区别的，甚至是对立的。素质教育强调受教育者创造性的发展、主动的发展、全面协调的发展，而应试教育可以归纳为适应性的发展、被动的发展、片面性的发展。应试教育更多关注的是受教育者所掌握的专业知识，而素质教育则更注重发展学生的创新能力和突破性思维意识。素质教育的内容包括思想道德教育、科学文化教育、创新意识的培养、实践能力的训练、身心素质的锻炼。“授之以鱼”不如“授之以渔”，是素质教育所坚持的基本理念。

（二）素质教育的基本特征

1. 主体性

素质教育是弘扬人的个性和主体的教育。它强调学生创新精神的培养，创造性的培养是以学生主动精神和个性的健康发展为基础的。素质教育要求教育要尊重和发展学生的主体意识和主动精神，培养和形成学生的健全个性和精神力量，使学生生动活泼地成长。这充分体现了“以生为本”的教育理念，也就是充分发挥学生的主动性，这也是马克思主义的全面发展学说中的应有内涵——“人的发展既是全面的，又是主动的”，“每个人的自由发展是一切人的自由发展的条件”。

2. 全面性

素质教育的全面性是指它以提高全体国民素质为宗旨，通过实施素质教育，培养德、智、体、美等全面发展的社会主义现代化建设者和接班人。它重视国民的共同素质教育和专业系统教育，它重视学生的知、情、意、行的全面和谐发展，重视德、智、体、美等在每个学生身上的具体落实。因此，素质教育是以促进学生政治道德素质、科学文化素质、劳动技能素质、身体心理素质和审美素质等全面提高和发展为目的的教育。

3. 基础性

素质教育是“为人生做准备”，即“为人生打基础”的教育。正如美国著名教育家赫钦斯所说，重要的是要通过学校教育“奠定做一个自由的和负责的人的基础”。这就是从社会经济发展对人的素质的基本要求上规定了素质教育的性质。素质教育的基础性表现在：一方面必须使学生所接受的教育内容是当代社会要求每一个公民所必须掌握的；另一方面从社会发展的角度必须让每一个学生掌握成长所需要的各方面的基本素养、基本能力、基本知识、基本技能等。

4. 开放性

素质教育的任务，必须避免应试教育中形成的封闭的教育空间和单一的信息来源渠道，素质教育仅仅靠教师是难以完成的。要使学生全面发展，教育内容要与宽广的教育空间和多样化的教育渠道相适应。因而，素质教育具有开放性，不再局限于校内、课内和课本。系统科学认为，任何系统只有开放，与环境进行信息交往，系统才能有序运行。素质教育的开放性，一方面要求拓宽原有的教育、教学空间，真正建立起学校教育、家庭教育和社会教育相结合的教育网络；另一方面要求拓宽原有的教育、教学途径，建立学科课程、活动课程和潜在课程相结合的课程体系。

二、素质教育的理论基础

关于素质教育的理论基础是什么的问题，目前主要形成了两大对立的观点：一是人的全面

发展理论基础观，二是多元智能理论基础观。这里的“对立”主要是指两大观点提出的理论基础具有对立性，具体依据是其是否考虑了社会对人与教育的制约性。

（一）人的全面发展理论基础观

人的全面发展理论基础观认为素质教育的理论基础是人的全面发展理论。尽管各观点表述不一，但都认为一直以来我国教育方针都坚持人的全面发展理论。无论是全面发展教育还是素质教育，都与人的全面发展理论的精神是一脉相承的。

有学者认为马克思主义批判地吸收了历史先哲们关于人的和谐发展的思想，尤其是直接吸收了欧文关于教育与生产劳动相结合的思想精华，使人的全面发展由空想变为科学，创立了人的全面发展理论。人的全面发展理论与人的全面发展思想的根本区别在于：它建立在历史唯物主义关于人的本质论和人的发展观的科学基础之上。马克思明确提出：“人的本质在其现实性上，它是一切社会关系的总和。”人的全面发展理论认为人的本质属性是由社会关系决定的，人的发展是由社会生活条件决定的，归根到底是由生产力和生产关系决定的。人的全面发展理论，深刻揭示出人的全面发展的客观依据和历史必然性，指明了实现人的全面发展的根本方法和社会条件。因此，人的全面发展理论成为素质教育的理论依据。

也有学者认为我国教育方针提到的德智体等方面的全面发展教育和教育学上论及的学生身心的全面发展，它们与人的全面发展理论的精神是一脉相承的。全面发展教育与素质教育是一致的，素质教育是对全面发展教育的具体落实和深化，素质教育是未来真正意义上的全面和谐发展教育的组成部分和通向它的基本途径。总之，全面发展教育思想是素质教育的理论依据，以全面发展教育思想为指导的我国现阶段的“全面发展教育”是素质教育的实践基础，而且素质教育是对已有教育的继承，是在已有教育基础上的创新。提高和发展学生的各种素质，必须抓住全面发展教育的观点，而要有效落实全面发展教育理论，就必须实施素质教育，有力地推行素质教育。还有学者认为人的全面发展理论内容十分丰富，其基本含义是人的体力、智力能充分自由地发展运用，以适应不同生产劳动和社会实践的需求，向人的道德品质和美的情操高度发展。还有学者认为，在马克思看来，人的本质并不是人本身，而是由社会关系决定的，社会关系是历史的、具体的，因而是发展的。作为现实的人，就没有什么是抽象的、固定的本质，唯一的就是，在一定社会的实践中形成，随着社会关系的发展而发展。全面推行素质教育的本质就是要实现人的全面发展。实施素质教育，必须以人的全面发展理论为指导，转变教育观念，改革教育教学，优化教育结构，改善办学条件，努力提高教育质量和办学效益。

另有学者认为，中国老一辈无产阶级革命家把马克思列宁主义的普遍原理同中国实际相结合，继承和发展了人的全面发展理论。毛泽东同志从中国的实际需要出发，最早提出“三好”目标。这“三好”目标，即社会主义全面发展的目的，是使学生在德、智、体等各方面都得到发展，使之成为有社会主义觉悟的、有文化的劳动者，并在此基础上，提出知识分子与工农相结合、理论与实际相结合的人才成长道路。邓小平理论体系中教育思想的“一个目标”“两个素质”“三个面向”和“四有”目标也是对马克思主义的重大发展。庆祝北京大学建校100周年大会的讲话也要求全国大学生和各界青年努力做到“坚持学习科学文化与加强思想修养的统一”“坚持学习书本知识与投身社会实践的统一”“坚持实现自我价值与服务祖国人民的统一”“坚持树立远大理想与进行艰苦奋斗的统一”。这“四个统一”为我国青年的成长指明了方向，是对人的全面发展理论的发展，是素质教育的重要指导方针。

还有学者认为人的全面发展理论一直是素质教育的理论基础。根据人的全面发展理论，结合全国教育工作会议的精神，可把素质教育理解为“素质教育是根据社会发展和人的发展的实际需要，以全面提高学生素质为根本目的、按照教育教学规律进行的教育，是德育、智育、体育、美育、劳动教育的有机统一和完整结合”。其理由是因为马克思主义极其重视人的因素，肯定人的价值，承认人的价值、人的个性、人的主体地位、人的尊严和人的全面发展。

（二）多元智能理论基础观

随着素质教育的推进与实施，我国很多学者认为素质教育的理论基础并非人的全面发展理论，或认为人的全面发展理论并非素质教育的唯一理论基础，如多元智能理论基础观的出现。多元智能理论对素质教育的影响，是随着加德纳的一系列著作被翻译成中文而出现的。1999 年《多元智能》一书的中文出版，1999 年我国教育工作会议召开，《中共中央、国务院关于深化教育改革全面推进素质教育的决定》的颁布，使得探讨关于多元智能理论对素质教育的影响的学者逐渐多起来。倾向于提倡多元智能理论能作为或者应该作为素质教育的理论基础的论者也逐渐增多。

有学者认为多元智能理论是素质教育的一个理论支撑点，《多元智能》一书详尽地介绍了这一理论产生的背景、特点及其在教育改革中的应用，既有心理学、教育学理论的根据，又有学校具体应用和操作的方法及实例，阐明了“有教无类”和“施教有类”的辩证思想，其核心是开发潜能，促进每个人的和谐发展。这对于我们当前变“应试教育”为素质教育的改革，有着极为重要的参考价值。多元智能理论向传统的评估学生能力的观念提出挑战，成为我们实施“素质教育”的一个理论支撑点。时至今日，多元智能理论显示出强大的理论生命力，为我国当前正在实施的素质教育提供了现实的理论支持，拓宽了素质教育实践的思路。随着教育改革和实践的不断深入，迫切需要在理论上有一种整合与突破，而多元智能理论给我们以启示，拓宽了我国素质教育实践的思路。相信在素质教育逐步推行的今天，多元智能理论与素质教育理论合理结合，将会对教育改革起到巨大的推动作用。

另有学者认为素质教育的最好诠释就是多元智能理论。因为素质教育的基本理念之一是倡导面向全体学生的教育。然而，我们面对的却是有差异的全体学生，应该如何实施这种教育？这是一个必须从理论与实践相结合的高度给予回答的问题。“多元智能”恰恰在这一方面提供了重要的理论支撑和一些实用的教学策略，例如，强调对信息技术的利用、个性化的“多元智能”课程、灵活多样的评价手段。还有学者认为“多元智能”理论带给我们新型的能力观、德力观和人才观。它认为真正的“能力”应表现为“能够成功地解决问题”，这是实践的能力观，与我国素质教育要求培养学生实践能力的理念相一致。作为一种舶来品，多元智能理论之所以能够在我们的教育改革实践中被强烈的认同，一个重要原因在于它与素质教育之间的异曲同工之处。加德纳的多元智能理论提出了一种有别于传统智力观念的更广泛、更完备的智力观念，为教育实践开启了多元智能的新世纪，对于我国正在进行的教育改革实践具有重要的指导意义，为我们在全面推进素质教育过程中不断创新教育理念，开阔理论视野，拓宽实践领域提供了新的理论基础，特别是在学生观、教学观、课程观、评价观、能力观等方面带给我们许多有益的启示。具体表现在，应该首先建立积极乐观的尊重学生个性的学生观，建立促进学生智能全面发展的

因材施教的教学观，借鉴“个人中心课程”经验，树立新型课程观，建立灵活多样的评价观，确立突出实践能力培养的能力观，对教师多元角色的思考等。多元智能理论与《中共中央、国务院关于深化教育改革全面推进素质教育的决定》中规定的“以培养学生的创新精神和实践能力为重点”相融合，为如何培养学生的实践能力提供了重要的思路与方法；多元智能理论为我们实践“面向全体学生”的目标提供了理论与实践的支持；多元智能理论从脑科学或智能的角度深化对“全面发展”的理解；多元智能理论为素质教育提供脑科学的理论基础等。

更有学者直接指出，“多元智能理论恰好为中国的素质教育政策提供了有力的理论支持”，其理由是“《多元智能》的中译本出版于1999年，而《中共中央和国务院关于深化教育改革大力推进素质教育的决定》也发布于1999年。在2004年出版的《李岚清教育访谈录》一书第6章题为‘素质教育的理念’中，详细地介绍了多元智能理论，充分肯定了这一理论对于素质教育政策的制定和实施所提供的启示和灵感”。与此持相同观点的有，“多元智能理论在中国受到广泛关注而迅速普及的第二个也是最重要的原因，就是为中国政府当代素质教育的原则提供了有力的理论支持。1999年，中共中央国务院颁布了一个重要文件，名为《中共中央、国务院关于深化教育改革全面推进素质教育的决定》，此后多元智能理论就全面走上中国教育改革的舞台”，“中国教育改革的目标，是彻底变应试教育为素质教育。这一点与多元智能理论的教育学导向不谋而合。根据多元智能理论，学校教育的目的应该是促进学生多方面智能的发展，并且帮助他们找到有利于他们自身智能强项发展的专业目标。所以此理论的出现为中国教育改革提供了科学的理论根据”。

上述各观点尽管表述不一样，但其基本主旨都是一致的，都认为多元智能理论是或者应该是素质教育的理论基础。

三、素质教育的实质及其基本理念

（一）素质教育的实质

素质教育的实质是指素质教育不同于其他教育现象的根本属性，回答的是“素质教育是什么”的问题。对这一问题的认识和理解，曾在我国社会各界引起广泛的关注和热烈的讨论，即便在教育理论界，也对素质教育的含义是智者见智，仁者见仁。但其中有不少观点是大同小异，归纳主要有两种：一是有的论者说“素质教育作为我国20世纪80年代中期产生的与‘应试教育’相对立的一个概念”，是“针对‘应试教育’的一种向‘应试教育’开战的旗帜”。同样，有论者认为“要研究素质教育的特点，就要先研究它的对立面——应试教育，而应试教育的核心是知识教育”，“要把知识教育变为素质教育”。依这种提法来看，我们的教育改革、课程改革也就是要把“应试教育”向素质教育转变，从知识教育向素质教育转变。二是针对此种观点，有学者指出：“真正能够表达出我们讲的素质教育的实质、具体内容和确定的意义的，就是全面发展教育。全面发展教育是经过科学论证、久经检验的科学概念。只有把素质教育定义为全面发展教育才不会模糊我们的教育与其他各种各样教育的区别，才不会使素质教育成为同义反复、没有内容、空泛、抽象、不确定的概念……”其理由是全面发展是人类关于自身发展最崇高的理想，它汲取了生理学、心理学、社会学微观和中观的研究成果，概括了必然主义、形式教育论、实用主义、人本主义对个人发展所抱理想的合理因素，是教育发展历史上乃至人类史上一个划时代的标志。它开辟了教育与生产劳动、社会实践相结合，使广大人民群众掌握科学文化、全面而自由地发展。

（二）素质教育体现的基本理念

素质教育的实质是指全面发展的教育，其目标是培养德、智、体、美全面发展的社会主义建设者和接班人，途径是坚持教育与生产劳动与社会实践相结合。其体现的基本理念主要有以下几点。

1. 全体性教育思想

《中共中央、国务院关于深化教育改革全面推进素质教育的决定》中指出：全面推进素质教育，要坚持面向全体学生，为学生的全面发展创造相应的条件，依法保障适龄儿童和青少年学生的基本权利，尊重学生身心发展特点和教育规律，使学生生动活泼、积极主动地得到发展。从中可以看出，素质教育坚持面向全体，坚持全面发展，具有全体性和全面性。所谓全体性，是指素质教育必须面向全体人民，每一个社会成员都应通过一定途径接受一定时限、一定程度的教育。也就是说，素质教育不能以任何形式或手段对学生按照种族、民族、性别、肤色、宗教、语言、经济地位等标准进行筛选，当然也不能纯粹以分数进行非正常的淘汰。这种全体性，是素质教育最根本的要求和最本质的规定。它体现了社会主义教育机会均等的优越性，是实现提高国民素质的有效途径，表明了我国教育已经走上了依法治教的轨道。

2. 全面性教育理念

素质教育的全面性是指素质教育目标的全面性，《中共中央、国务院关于深化教育改革全面推进素质教育的决定》指出：实施素质教育，就是全面贯彻党的教育方针，以提高国民素质为宗旨，以培养学生的创新精神和实践能力为重点，造就“有理想、有道德、有文化、有纪律”的德、智、体、美等全面发展的社会主义事业建设者和接班人。实施素质教育应当贯穿于各级各类教育中，应当贯穿于学校教育、家庭教育和社会教育等各个方面。在不同阶段和不同方面应当有不同的内容和重点，相互配合，全面推进。实施素质教育，必须把德育、智育、体育、美育等有机地统一在教育的各个环节中。学校教育不仅要抓好智育，更要重视德育，还要加强体育、美育、劳动技术教育和社会实践，使诸方面教育相互渗透、协调发展，促进学生的全面发展和健康成长。坚持素质教育的全面性，可以克服教育现象中的不良倾向，如“高分低能”现象、“分数至上观”等。

3. 坚持教育与生产劳动相结合

从我国的教育方针中可知，实施素质教育，就是全面贯彻党的教育的方针，要坚持教育与生产劳动与社会实践相结合，培养德、智、体、美全面发展的社会主义建设者和接班人。教育与生产劳动与社会实践相结合可以从宏观与微观两方面来理解。从宏观上说，教育与生产劳动与社会实践相结合是指整个教育事业必须同国民经济发展的要求相适应，使学生学的和将来要从事的职业相适应，做到学用一致。这就要求整个教育的教育体系、教育结构、教育内容和教育发展的规模和速度以及培养的人才素质，都要适应社会主义现代化建设的基本要求。从微观上说，教育与生产劳动与社会实践相结合就是“各级各类学校对学生参加什么样的劳动，下厂、下乡花多少时间，怎样同教学密切结合，都要进行恰当地安排。”它要求课堂教学要联系实际，要让学生接触社会实践，了解国情、民情，树立对劳动人民的社会责任感，提高辨别是非的能

力，增强爱国热情和建设社会主义的信心。这里主要指的是微观层面上的结合。可以看出，教育与生产劳动与社会实践的实质就是学校教育与生产劳动与社会实践之间建立起相互渗透（你中有我、我中有你）、相互影响（互为条件）和相互促进（共同协调发展）的关系。

4. 坚持个人发展与社会发展的统一

素质教育培养的是德、智、体、美全面发展的社会主义建设者和接班人，它强调个人的发展与社会发展两方面的协调统一。素质教育针对以往教育常常重视社会的发展，忽视人的发展的急功近利的倾向以及现行教育中所存在的一些弊端，素质教育致力于扭转这些问题，恢复人的主体地位，但强调不矫枉过正。在确定教育目标、设置课程与组织教育活动时，必须考虑到个人的发展与社会的发展两个方面的因素，绝不能厚此薄彼。个人的发展与社会的发展是相辅相成的。人才是社会发展的财富，人越是充分发展，就越能适应社会的需要；而社会的发展与完善为个人的发展提供必不可少的客观条件。

四、当代中国素质教育的基本内容

（一）素质教育的立足点

教育必须与改革开放和社会主义现代化建设相适应，这是当代中国素质教育的立足点。这实际上从社会发展的高度，指出了教育在整个国民经济发展中所处的优先发展的战略地位。

1982 年 9 月，邓小平指出："战略重点，一是农业，二是能源和交通，三是教育和科学。搞好教育和科学工作，我看这是关键"由此可以看出，现代化建设没有人才不行，没有知识不行。他还指出："我们不是已经实现了全党、全国工作重点的转移吗？这个重点，本来就应当包括教育……忽视教育的领导者，是缺乏远见的、不成熟的领导者，就领导不了现代化建设。各级领导要像抓好经济工作那样抓好教育工作。"可见，党的领导人不仅把教育和经济放到了同等重要的位置上，把教育列入党和国家的工作重点之中，而且视发展和改革教育为实现现代化的关键环节和先决条件。

改革开放和社会主义现代化建设是当前中国"最大的政治"。教育必须要更好地为社会主义现代化建设服务，与国民经济发展的要求相适应，"不然，学生学的和将来从事的职业不相适应，学非所用，用非所学，岂不是从根本上破坏了教育与生产劳动相结合的方针？那又怎么可能调动学生学习和劳动的积极性，怎么可能满足新的历史时期向教育工作提出的巨大要求？"因此，1983 年 10 月 1 日，邓小平特别指示："教育要面向现代化，面向世界，面向未来。"

"面向现代化"的教育就是培养为社会主义建设服务的各种专门人才，同时与生产劳动相结合，积极开展科学研究，多出、出好科学成果，用科学技术装备生产工艺，使生产现代化。

"面向世界"的教育就是打破新中国的教育事业在改革开放之前的那种封闭办学状态，使我们在了解世界的过程中，敢于并善于吸收和运用世界上先进的教育成果，在比较中创新，从而使我国教育事业通过不断学习和改革，得到发展与提高。

"面向未来"的教育就是立足于当前的社会主义现代化建设事业，着眼点则是未来经济建设的高潮，也就是要面向我国现代化经济发展战略的需要，面向共产主义事业。

党的十五大报告中指出，"我国现代化建设的进程，在很大程度上取决于国民素质的提高和人才资源的开发"。为此，江泽民多次强调，要把教育摆在优先发展的战略地位，它是实现我国现代化的根本大计。特别是在当今时代，综合国力的竞争，越来越表现为经济实力、科技实力的竞争。无论就其中哪一个方面实力的增强来说，教育都具有基础性的地位。只有把教育搞上去，才能从根本上增强我国的综合国力，才能在激烈的国际竞争中取得战略主动地位。因而，与国际竞争相适应的中国素质教育发展必须面向经济建设主战场，即“深化科技和教育体制改革，促进科技、教育同经济的结合。充分发挥市场和社会需求对科技进步的导向和推动作用，支持和鼓励企业从事科研、开发和技术改造，使企业成为科研开发和投入的主体。有条件的科研机构和大专院校要以不同形式进入企业或同企业合作，走产学研结合的道路，解决科技和教育体制上存在的条块分割、力量分散的问题”。

2010 全国教育工作会议指出：“教育是国家和民族发展最根本的事业，必须坚持党对教育工作的领导，明确政府发展和管理教育的责任，落实教育优先发展的战略地位，实现教育和经济社会协调发展，充分发挥教育在党和国家事业中的基础性、先导性、全局性地位和作用。”

为此，胡锦涛提出了全面的要求，即“要把优先发展教育作为贯彻落实科学发展观的基本要求，切实保证经济社会发展规划优先安排教育发展，财政资金优先保障教育投入，公共资源优先满足教育和人力资源开发需要，并尽快形成科学规范的制度。要转变政府教育管理职能，落实政府发展和管理教育责任，积极推动建设覆盖城乡的基本公共教育服务体系，逐步实现基本公共教育服务均等化。教育投入是支撑国家长远发展的基础性、战略性投资，要健全以政府投入为主、多渠道筹集教育经费的体制，大幅度增加教育投入，2012 年实现国家财政性教育经费支出占国内生产总值的 4%，并保持稳定增长。要把是否坚持优先发展教育、发挥教育重大作用作为检验各级党政领导班子是否真正贯彻落实科学发展观的重要内容”。

（二）素质教育的目标

培养什么人和怎样培养人，这是教育的根本问题。培养社会主义事业的合格建设者和可靠接班人是当代中国素质教育的目标。

在加速推进中国特色社会主义现代化的进程中，应坚持物质文明和精神文明“两手抓，两手都要硬”的方针。青年学生不仅要具备社会主义现代化建设所必需的各种专业知识，而且要确立正确的价值观，即有理想、有道德、有文化、有纪律。在这四条里面，“理想和纪律特别重要”，因而要经常教育青年学生，要有理想，即社会主义、共产主义的理想和信念。

2006 年 8 月 29 日，中共中央政治局第 34 次集体学习中指出，全面实施素质教育，核心是要解决好“培养什么人、怎样培养人”的重大问题，这应该成为教育工作的主题。围绕这一主题，必须坚持“育人为本、德育为先、能力为重、全面发展”的方针，造就“信念执著、品德优良、知识丰富、本领过硬”的高素质人才。2011 年 4 月 24 日，清华大学百年校庆的讲话中提出，青年学生要“把文化知识学习和思想品德修养紧密结合起来”。要以只争朝夕的精神，刻苦学习科学文化知识，夯实理论功底，提高专业素养。同时，要积极加强自身思想品德修养，认真学习中国特色社会主义理论体系，牢固树立正确的世界观、人生观、价值观，牢牢把握人生正确航向，把个人成长成才融入中国特色社会主义伟大事业之中。

（三）素质教育的灵魂

当代中国素质教育的灵魂是思想政治教育。思想政治素质是最重要的素质。不断增强学生的爱国主义、集体主义、社会主义思想，是素质教育的灵魂。因此，思想政治教育在各级各类

学校都要摆在重要地位，任何时候都不能放松和削弱。这种素质教育灵魂论，是对马克思主义关于教育必须坚持社会主义方向，培养造就社会主义事业的合格建设者和可靠接班人等一系列观点和论断的继承、创新和发展。思想政治教育本质上讲，就是培养政治上合格和可靠的社会主义事业接班人，只有先具备了这个前提条件，才能谈得上其他素质的发展。人的思想政治素质的提高，将会为其技能素质和文化知识素质的提升提供强大的动力。

（四）素质教育的重点

当代中国素质教育的重点是培养学生的创新精神和实践能力。当今世界，科学技术发展突飞猛进，知识经济已初见端倪，国际竞争日趋激烈，这是时代发展的总趋势。竞争的核心是人才，“各国之间的竞争，是人才的竞争，是民族创新能力的竞争”。面对日益激烈的国际竞争，现代人必须具备创新精神和实践能力这两项基本素质。党的十六大报告指出：“创新是一个民族进步的灵魂，是一个国家兴旺发达的不竭动力，也是一个政党永葆生机的源泉。”只有提高青年人的创新能力，才能提高国家的创新能力，要创新，就需要培养具有创新能力和实践能力的人才。

（五）素质教育的手段

当代中国素质教育的手段是教育必须与社会实践相结合。党的第三代领导人继承和发展了第一代领导人关于教育必须与生产劳动相结合以及第二代领导人关于教育必须与国民经济发展相适应的思想，创造性地提出了教育必须与社会实践相结合的方针。江泽民特别指出：“人才的成长最终要在社会的伟大实践和自身的不断努力中来实现。”1994 年 6 月 14～17 日，他在第二次全国教育工作会议上特别提到了“教育与生产劳动相结合的问题”，认为“这是我们教育方针的重要组成部分”，“是坚持社会主义教育方向的一项基本措施”。他认为，要高度重视教育与生产劳动相结合，教育学生正确认识与劳动人民的关系，增强与劳动人民的感情，走与劳动人民相结合的道路。学生适当参加一些物质生产劳动应成为一门必修课，不是可有可无的。这一点务必要充分认识和高度重视。1998 年他在北京大学建校 100 周年的讲话中，明确提出要“坚持学习书本知识与投身社会实践的统一”。1999 年 6 月 15～18 日，他在第三次全国教育工作会议上再次提出要“坚持教育为社会主义服务，坚持教育与社会实践相结合”，“以培养学生的创新精神和实践能力为重点”。

教育与社会实践相结合是党的第三代领导人对教育与生产劳动相结合思想的突破性、创造性发展。一是“社会实践”概念比“生产劳动”概念外延更宽，表述更全面准确。二是将实践性和创新性有机结合并作为素质教育的重点，揭示了社会实践是创新的源泉，创新是社会实践发展的动力和必然。这就为素质教育通过社会实践培养学生的创新能力和实践能力开辟了更为广阔的空间，提供了更加生动活泼的途径。教育同经济、科技、社会实践紧密结合，正在成为推动科技进步和经济、社会发展的重要力量。教育作为经济、政治、文化建设的基础性工程，不仅要为现代化建设提供人才和智力支持，而且要直接参与各方面的建设事业，为推动各项事业做出贡献。这一论断既揭示了教育同现代化建设实践相结合的丰富内涵，更凸显教育同经济、科技相结合对现代化建设的重要意义。

（六）素质教育的关键

当代中国素质教育的关键在于优秀的师资和良好的师生关系。在改革开放之初，党的第二代领导人就旗帜鲜明地提出在学校教育工作中要充分发挥教师的关键作用，以“造就具有社会主义觉悟的一代新人”。1978 年 4 月 22 日，邓小平在全国教育工作会议上的讲话中指出：“一个学校能不能为社会主义建设培养合格的人才，培养德、智、体全面发展、有社会主义觉悟的、有文化的劳动者，关键在教师。”与此同时，他又提出了如何对学生进行有效教育的问题。提出“考试是检查学习情况和教学效果的一种重要方法……当然也不能迷信考试，把它当作检查学习效果的唯一方法。要认真研究、试验，改进考试的内容和形式，使它完善起来。”他认为教师作用的有效发挥以及教学效果的有效提高，都离不开良好的师生关系的建立，即在师生之间建立一种朋友式的关系。早在 1977 年 8 月 8 日，他在全国科学和教育工作座谈会上，在谈到关于教育制度和教育质量问题时指出：教师有责任帮助学生养成爱劳动、守纪律、求进步等好风气、好习惯，“教师要成为学生的朋友，与学生的家庭联系，互相配合，共同做好教育学生的工作。要恢复对学生课外活动的指导，增长学生的知识和志气，推动学生的全面发展”。他后来又指出：“我们要提高人民教师的政治地位和社会地位。不但学生应该尊重教师，整个社会都应该尊重教师。我们提倡学生尊敬师长，同时也提倡师长爱护学生。尊师爱生，教学相长，这是师生之间革命的同志式的关系。”

党的第三代领导人从教育创新的高度，阐述了在学校教育中教师的重要作用以及如何正确认识和处理师生关系的问题。江泽民说：“教师是学生增长知识和思想进步的导师，他的一言一行，都会对学生产生影响，一定要在思想政治上、道德品质上、学识学风上，全面以身作则，自觉率先垂范，这样才能真正为人师表。”为此，他指出：“要把造就具有正确的世界观和教育思想，掌握现代教育内容、方法和技术，善于从事素质教育的教师队伍，作为教育工作的一项根本任务来抓。”

党的第四代领导人也重视学校教育的教学方法以及师生关系的定位问题。《国家中长期教育改革和发展规划纲要（2010—2020 年）》提出，教育工作的根本要求是育人为本。在学校教育中，“要以学生为主体，以教师为主导，充分发挥学生的主动性，把促进学生健康成长作为学校一切工作的出发点和落脚点。关心每个学生，促进每个学生主动地、生动活泼地发展，尊重教育规律和学生身心发展规律，为每个学生提供适合的教育”。

尊师重道是中华民族的传统美德，优秀的师资、良好的师生关系是取得教学实效性的关键，也是当前推进素质教育的关键。教师在教学过程中，要注重因材施教和学思结合；要采用探究式、启发式、讨论式等多样化的教学方法，引导学生学会学习；培养学生的兴趣爱好，激发学生学习的好奇心，营造勇于创新、独立思考、自由探索的良好学习环境；关注学生不同特点和个性差异，发展每一个学生的优势潜能。

（七）素质教育的基石

当代中国素质教育的基石是教育公平，办好人民满意的教育。党的第三代领导人曾说“教育公平是社会公平的重要基础”。教育是改善民生、促进社会和谐的重要途径，教育也是实现个人发展的重要基础和途径，接受良好的教育对于每个社会成员的生存和发展必不可少，教育不公平会严重影响个人的竞争力及其发展。促进教育公平是国家的基本教育政策，是促进社会公平的重要基础性任务。教育公平关键在于机会公平，要全面推进依法治教和依法治校，促进教育制度公平，用规范管理维护教育公平；健全国家资助政策体系，促进公共教育资源配置公平，加快缩小教育发展差距，攻克教育的薄弱环节和关键领域，坚持教育的公益性和普惠性。总之，

保障公民依法享有受教育的权利是教育公平的基本点。促进义务教育均衡发展和扶持困难群众是维护教育公平的重点。

中国第四代领导人在党的十七大中提出要“办好人民满意的教育”。科学发展观的核心是“以人为本”，在教育方面贯彻科学发展观就要以“办好人民满意的教育”为根本方向。人民满意不满意，人民高兴不高兴，我们的教育是否满足了人民的需要，这是评判我国教育发展的根本标准，也是我们办教育的目的。“办好人民满意的教育”，就是努力满足新时期人民群众对教育日益增长的需求，推进教育的公平、公正，促进教育的均衡发展，高度重视、认真解决好人民群众关心的教育热点问题。

为此，党中央和国务院在短短几年内相继出台了一系列有利于促进教育公平、公正的政策，高等教育阶段，初步形成了奖、贷、助、补、减有机结合的高校家庭经济困难学生资助政策体系。及时解决一些人民反映强烈的突出问题如解决进城农民工子女就近入学问题，严查教育乱收费问题、整顿招生中的腐败问题，家庭经济困难学生的资助问题等。

第三节　高校学生素质教育现状剖析

一、高校学生素质教育思想的提出背景和思想来源

20 世纪 60 年代以来，与素质教育改革相关的呼声在世界一些国家日益高涨，很多国家开展了类似素质教育为主题的教学改革。美国前总统克林顿在教育计划中提出，“要培养有责任感的一代”；美国参议长金里奇指出，“教育的重要一环是品格教育”。德国有学者指出：德国教育改革的一个重要范畴是，学校不仅传播知识，而且要关心学生品德、性格的培养。改革教育方法的目的在于培养学生独立工作、自主思考和求得解决办法的能力，把学生培养成一个能发挥主动性的人，而不是一个被动的命令的接受者。

20 世纪 80 年代后，一些国家在面向 21 世纪战略考虑下，把提高受教育者的素质和能力放到了教育改革首位。日本把“宽阔的胸怀，健壮的体魄，丰富的创造力，自由、自律的精神”作为 21 世纪的教育目标。新加坡提出要实施“重视情操教育的才能开发计划”。罗马俱乐部总裁认为：“如果我们要求自己能在已经创建的新条件下生存下去，那么大踏步地提高文化素质是首要的问题。”

近些年来，我国对素质教育展开了热烈的大讨论。从 20 世纪 80 年代初期到现在的 30 多年里，学校教育改革的重点，从开始只注意学生书本知识结构的改善，学生能力的培养，到对德育的重点强调，一直到最后提出全面的素质教育，从局部到整体，从理论到实践，越来越深入。对全国中小学已有一系列的由应试教育向素质教育转变的改革的具体政策与方案出台。高等院校的素质教育也已提到议事日程，成为人们关注的焦点和高校教研的热点问题。

面对 21 世纪，高等教育应采取何种教育方式？在 1998 年 5 月，由北京大学组织并举办的以“面向 21 世纪教育”为主题的讨论会中指出“21 世纪最成功的劳动者将是最全面发展的人，将是对新思想和新的机遇最开放的人”。有关专家指出，素质教育适合社会的发展，是 21 世纪社会发展的需要，国家发展的需要，素质教育能给学生提供科学的教育指导，它能促进学生的全面进步和综合发展。当然，实施素质教育并不是件容易的事，它需要我们更新观念，转变教育

思想，在实践中不断摸索、不断完善，使我们的大学生真正符合时代的需要，符合社会的需要，使我们的教育更加先进。

“素质”被学术界多次概括：由先天的遗传和后天环境的影响及教育的相互作用下而形成的比较稳定的一种品质结构。主要包括4类素质内涵，即身体素质、思想文化素质、业务素质和心理素质，每一类都具有各自比较稳定的层面与含义。

高校认可并使用“素质教育”这一说法，直接原因是为了改变科技教育的单一性和专业教育过窄的状况，当然大学生在中学阶段亦有的“应试教育”的弊端也在素质教育改变的范围之内，只不过在程序上不像中小学那样炽热而已。有学者指出，现在很多高校都是从总结反思50年代初的院系调整着手，从根本上改变这一状况的最有效措施就是在大学中加强素质教育的实施和管理。但是纵观历史的发展，大学中从院系调整来加强素质教育的做法，只是看到了问题的一个方面。经过深入讨论就会发现，导致素质教育成为学术界研究以及高校教育改革的重点，与高等教育人才培养重心的历史发展、科技发展、时代进步等多方面因素密切相关。在世界范围内，高等教育的发展经历了如下几个阶段：19世纪初之前进行职业教育（vocational）；19世纪初到20世纪中叶（即二战前后），进行专门教育（professional education）；近几十年来，生涯教育（career education）的呼声也越来越响。引起这一变化的主要原因概括起来说主要有两点：一是科学技术和知识既分化又综合地不断向前发展，只有全面发展才更能体现人类的优势和特点。因为作为世上一切物种中最有灵性的人来说，人的优势正在于其全面性与综合性，专业知识面狭窄最终将导致人类在单项进化中的整体退化。二是社会历史的沧桑巨变，尤其是两次世界大战、现代社会为数众多的局部战争以及频繁发生的高科技犯罪，提高了人们对于世界、人类自身及社会道德的认识水平。

概言之，在大学中提倡素质教育是大学内部与外部，历史与现实综合作用的必然结果。由于它能把个人发展和社会发展两种教育的基本功能统一起来，因此上升到规律理论的高度来看，素质教育的努力指向正是为了使教育内部和外部关系规律和谐互动。

二、高校学生素质教育的基本内容

《国家中长期教育改革和发展规划纲要（2010—2020年）》要求实现“培养德、智、体、美全面发展，知识、能力、素质相协调的‘应用型’高级专门人才的人才培养目标，使学生具有坚定的理想信念和高尚的道德品质，良好的人文修养和健康的身心素质，扎实的专业功底和较高的外语、计算机应用水平，强烈的创新意识和较强的实践能力”，明确指出高校学生素质教育应当包含以下四个方面的内容。

一是政治思想素质。政治素质是指对党的路线、方针、政策持有的根本立场和看法，参政议政的意愿，对祖国、人民怀有的感情。思想素质是指形成正确的世界观、人生观、价值观，让每个人所具有的思维意识、方法起积极的作用，克服消极的作用，让受教育者能主动地将人类积累的审美的、道德的、劳动的、科学的文化成果转化成自己的素养，以促进个体素质全面协调的发展。

二是文化素质。文化素质包括科学精神和人文素养两方面。高等教育科学精神的培养就是着重对受教育者进行科学技术知识的传授、科学思维能力的培养、创新能力的训练，为其自身可持续发展、适应现代化社会生活及科技工作的需要奠定坚实的基础。人文素养指的是一种位

于人内心深处的人格气质和精神品质，它是经过人文科学的培育和高雅文化熏陶过的，教育者为人师表，其言行举止的潜移默化和学生的切身体验及活动锻炼而逐步养成的，它不仅是人格气质和精神品质的全面反映，同时还是受教育者情感升华和心灵净化的外在表现。人文教育不仅仅要传授给受教育者有关人文方面的相关知识，还应该培养受教育者的人文精神，就是通过将人类积累的精神财富传授给学生，让受教育者能够洞察世事、净化心灵、了解人生真正的目的和意义，弄清楚自己对社会、对民族应该承担的责任和义务，乐于把自己的人生奉献给社会。

三是业务素质。业务素质是指学生在系统地掌握专业知识的基础上所具有的知识结构，认知、分析和解决实际问题的能力，参与生产、设计、科研、组织管理以及创新的能力，在实际工作中运用外语和计算机的能力等。

四是身心素质。身体素质是指学生体格和机能，是学生成长成才的基础。加强大学生身体素质教育是高校素质教育不可或缺的重要内容：一方面教育者应当利用各种可能的条件来锻炼大学生的身体，增强大学生的体能；另一方面也要培育大学生的健康教育理念，以此来保证大学生的健康成长。心理素质指的是人的自尊、情感、意志、自警、自知、自信的能力和心理品质，它包括智力和非智力两方面的因素。从大学生的心理状态和行为表现来看，要把非智力因素的培养当作高校学生素质教育的一个重要方面来对待。从根本上说，就是要形成并且保持良好的心理，发展学生自身的个性，让学生能够自主地发展。

学生素质最集中的体现是如何与他人相处，这也是高校学生素质教育的最重要的任务。推行素质教育，就要求教育工作者充分利用和创造一切有利的条件，发挥其积极的作用，克服消极的作用，让受教育者能主动地将人类积累的审美的、道德的、劳动的、科学的文化成果转化成自己的素养，以促进大学生素质全面和谐的发展。

三、当前高校学生素质教育的现状

在新的世纪，我们所处的社会环境发生了巨大的改变，全球化趋势越来越明显，知识经济在社会竞争中的位置越来越显著。新的时代对人才的综合素质和能力的要求也越来越高。对于饱受应试教育体制影响的大学生来说，高校学生素质教育显得尤为重要。从我国高校学生素质教育的现状及问题来分析，我国大学生面临着巨大的挑战，当然也有良好的机遇，相比过去大学生素质水平有了一定的提高，综合能力也在不断地加强，与现代化的趋势和知识经济潮流的趋势能够在一定程度上相适应。但是，从个别素质状况上来分析大学生素质的具体表现不容乐观，甚至在有些方面堪忧，这些问题必须引起高度重视。

（一）政治思想素质

当代大学生的思想道德素质总体是好的，政治目标比较明确，理想抱负比较远大，但是在稳定性与系统性方面表现稍许欠缺，主要表现就是一些大学生的思想道德状态动荡较大，缺乏持续性的进步与发展。现代社会主要呈现一种经济开放、文化多元的特征，他们在各种意识形态和价值趋向方面都受到很大的影响，他们在偏见和固执的观点方面有很大的改善，积极追求先进的思想，有意识地提高自身的思想素质。各级教育部门以及其他有关组织都进行了积极的辅导教育和宣传活动，使得正确的世界观、人生观和价值观成为大学生的主流思想。然而，也有一些大学生存在错误的思想倾向，在道德行为上也存在一些不良表现。

随着我国的综合国力的加强以及在国际政治、经济和文化事业中取得可喜成绩的影响，爱国主义依然是高扬在当代大学生心中的一面旗帜，爱国主义精神在青年中依然最具有感召力和凝聚力。但是由于个体水平的不同，致使当代大学生对社会道德的评价也产生了不同的想法和观点，虽然说在整体水平上有所提高，但在他们的认知水平和道德行为上还有一定的差距。比如，在评价自己与朋友还有其他青年在社会公德方面的情况时，自我评价最高，朋友和其他青年则比自己低，并且呈依次下降的趋势。一方面，它反映了社会道德大环境和自身发展小环境之间不平衡的状况对部分青年道德建设的影响；另一方面，也反映出当代部分大学生在道德上存在自我原则的问题。在我国高校学生素质教育方面，大部分学生在社会道德认知方面能与社会所要求的道德素养相一致，普遍具有对理想道德境界的追求，对高尚道德情操的向往，对正义感和认同感的提高，但是仍有一些大学生还依然缺乏自律性，不能很好地坚持和管束自己。

在坚持主流思想道德的背景下，当代大学生的思想道德素质也日渐呈现出多元化状态。对来自于不同政治、经济、文化和历史背景下的思想，他们不是一概排斥，也不是盲目吸纳，而是逐渐形成一种内容丰富、层次多样、思想开放的状态。但是，在这样的开放环境下，一些大学生的思想道德素质存在着各种不稳定性和非系统性。在社会改革和发展的转型时期，大学生面临日益激烈的社会竞争和新旧知识的相互更替，在思想变化方面起伏较大，这些变化是客观的，是在时代特征和青年特质的影响下产生的；同样，因为大学生对道德评判标准的不同，一些大学生又盲目地接受不同的思想文化，不会很好地取其精华弃其糟粕，使得一些大学生在思想道德方面存在混乱和系统性的素质缺失问题。

（二）业务素质

在业务素质方面，当代大学生越来越重视学习，基础素质比以往较好。但是，在对专业的喜欢程度和个人的爱好追求方面表现不一致，在专业知识学习方面深入程度不够，比较偏向于注重工具型知识的学习。信息社会的知识竞争给大学生的日常学习、毕业工作带来了很大的压力，同时也给每一位大学生提出了更高的要求——广博、灵活、创新。“活到老，学到老”的说法，不再是一种高要求，而是对每一位大学生的普遍要求。目前中国存在的就业压力和社会的竞争越来越激烈，千人竞争一个工作岗位的局面屡见不鲜，所有这些都迫使广大在校大学生把学习任务看得越来越重要，学习在无形之中已成为一种提高生活质量、参与社会竞争的前提。与此同时，学习也成为大学生的一项终身活动，也是社会的一项基本要求。对于大部分大学生而言，在现实社会中，努力学习是决定一个人能否找到理想工作的有效途径之一，而且是相当重要的途径。目前高校里盛行的“考研热”和“考证热”就是很好的一例。

纵观我国整个教育模式，我国教育正处在由应试教育向素质教育转轨的关键时期。目前高校的大学生，大都是从应试教育的教学体制中成长起来的，中学阶段是以读取名牌大学为目的，进入大学之前对大学所学专业的认识并非透彻，在专业选择方面大多以社会的需求和潮流作为依据，在很大程度上忽视了自己的兴趣和爱好。因此这就导致了许多大学生进入高校后对专业的认同和个人的爱好追求不相符，对本专业的学习兴趣很小，对所学内容的掌握程度仅停留在知识的表层，部分大学生只是为了应付考试，根本没兴趣对专业知识进行深刻地钻研和探讨，更别提对自己所学专业的独到见解了。

在现实就业和社会需求的影响下，一些大学生在学习重点方面大都偏向于计算机、英语等

级考试等工具型知识的学习，有部分大学生仅仅把取得大学文凭当作自己读大学的目标，还有一部分认为学习就是为了父母，在专业认同和专业精神方面认识不够，他们没有意识到大学的学习是培养自己专业素质的关键阶段。针对这种片面的观点，大学生要加强专业实践，在实际操作中来培养自己的职业感和专业认同感，从而弥补学习中的不足，促进理论与实践的统一，最终使自身的专业素质得到提高。

（三）文化素质

相比其他普通社会群体当代大学生综合素质比较高，在文化素质方面也有比较明显的优势。改革开放以来，高等教育体制越来越完善，相比之前教育条件比较优越，教育方法也比较科学，在这样的教育环境下，大学生整体文化素质有了较大提高。近几年，在党和国家的大力支持下，素质教育改革有了突飞猛进的进展，高校教育始终以“素质教育为核心”，培养大学生德、智、体、美等全面发展，学生不仅在基本知识、基本技能方面得到了提高，还在文化素质方面有了非常明显的改善。纵观我国高等教育的基本情况，还是相当乐观的。大学生进取意识和竞争意识的不断增强，是当代主流文化积极向上充满活力的结果，这些主流文化也促使当代大学生用开放的、发展的、效益的、人才的、民主的、法制的观念来看问题。他们积极努力地通过对现代交往工具的学习，更深层次地提高了文化交流能力，对各项学科知识和真理不断地探索并充满追求精神，在学术领域开拓进取、勇于创新。

社会文化的变化对大学生文化素质有很大影响。当代大学生接受的教育受到各种外来文化的影响，使得他们的文化素质具有多元化特点。多元化的文化在一起摩擦出火花，就使得当代的大学生具有多样的个性特征。传统社会具有明显的“同质性”，而现代社会则具有明显的“异质性”。“异质性”的文化成果、国际化的文化素质，使得当代大学生在知识结构、视野上更趋向于全球化，锻炼了大学生勇于探索、不断适应新文化环境的能力。

然而，不能和主流文化相容的一些文化，也会妨碍大学生的健康成长。由于一些大学生的价值取向还不够稳定，文化吸纳能力还不够成熟，在文化内化的过程中会有一些矛盾和偏差，有的大学生甚至产生了与主流文化相悖的逆反情绪，盲目“崇洋”或“崇古”。因此，在当下特定的经济、文化环境下，迫切需要对大学生加强正确的、健康的主流文化的引导，帮助大学生培育良好的文化素质。

（四）身心素质

当代大学生的身体健康素质比以前有所提高，但是心理健康素质问题较为突出。对于大学生的体能素质来说，从物理指标来看，发育情况好于以往，平均身高、体重和胸围等指标都高于过去，营养结构也有所改善。但是，由于有些大学生近距离作业，以及自我保健知识还不够，导致现在大学生近视率比以前提高。大学生保健意识不够还体现在“暴饮暴食”“通宵上网”“游戏上瘾”等不良的生活习惯上。另外，有的大学生懒于锻炼身体，身体体质差，对病毒的抵抗力较弱。对于这部分大学生来说，尤其需要进一步提高身体素质。

部分大学生心理承受能力较差，主要表现为心理不稳定、缺乏安全感和认同感。当今社会发展迅速，不同经济体制下的文化进行全球化互通，社会面临各种转型，在这种社会环境下的部分大学生心理问题比较突出，主要表现为心理脆弱。当代大学生中独生子女占绝大多数，在面对激烈的社会竞争以及复杂的人际关系时，心理问题也随之出现。有调查显示，一些大学生对他人的信任度不高，“防范心理”过强，难以融入群体的凝聚力之中。且因多为独生子女的关系，他们之间交往通道变得局促、狭窄，不利于相互之间的正常交往。因此，当代大学生应学会更好地与人相处和交流。

通过上述对当代大学生健康素质的分析论述，我们可以看到，由于当代大学生是在应试教育的环境下成长起来的，处于社会变革和教育模式转变的过渡时期，因而一些大学生心理素质较差、思想不够成熟，缺乏安全感和认同感。可喜的是，目前，大学教育正逐步由应试教育转为素质教育，大学生综合素质也在不断提高，他们正逐步走向成熟。当然，高校素质教育现状和大学生的期望值之间仍有一定距离。为了更好地实现高等教育的人才培养目标，高校需要切实重视素质教育，在素质教育内容上精心选择，并设置合理的课程，采用多种形式的教育方法，满足学生对素质教育的需要，以实现高校培养高素质专业人才的目标。

四、对当前高校学生素质教育现状的原因分析

影响和制约高校学生素质教育的因素是多方面的，主要有以下几个方面。

（一）传统观念和教育模式的影响

受传统观念影响，加之人文教育理念的不够深入，因而在人格成长和成型期的小学和初中阶段素质教育有所欠缺，从而直接导致学生的综合素质教育的长期缺失。而到了高中阶段，为了高考而早早实行的文理分科，甚至是在就业压力下扭曲的本来应该强调人文和大学精神的高等教育过于强调生产技能的传授，这就在一定程度上形成了技术获得与人文教育的分隔、专业过度细分、专业跨度过窄、人才培养模式单一的局面。调查显示，一些高等院校不同程度地存在着重技能、轻人文，重细分、轻基础，重未来预期、轻人格培养，重智育、轻德育等现象。办学理念上把人文精神从知识体系中分离出去，让学生成为人才培养机制中的一个个环节和产品，而严重忽视了人文精神的传递和学生综合素质的培养，虽保证了大学生通过接受高等教育成为“专才”的可能性，而削弱了社会对人才综合素质的重视。这种教育模式所培养出来的学生，大部分存在着技能水平尚可，但综合素养较差等素质方面的缺陷。

（二）社会环境发生巨大变化对大学生成才观的影响

作为一种社会人，大学生群体不可能脱离社会而单独存在，如此一来在计划经济体制向社会主义市场经济体制转型过程中导致的人们价值观的变化，必然反映到大学生的价值观中。市场经济为大学生施展才能提供了广阔的舞台，经济的调整发展必然需要大量的人才。大锅饭、平均主义不再垂青大学生，考研热、考博热、计算机热、外语热在校园出现。“给头脑充电，为竞争加油”这是一些大学生的响亮口号。然而，在市场经济中少数人所出现的道德沦丧、忽视社会责任感，这也对一些大学生造成了不良影响，其看不到市场经济中社会责任感的重要性。另外，伴随着市场经济而出现的一些人的拜金现象，也使一些大学生在物质利益诱导下产生了不正确的成才观，由此而带来的是道德品质修养和奉献精神的缺失，赚钱能力的强弱成为一些大学生衡量成才的尺度。

（三）大学生自身的因素

大学生一般都处在 20 岁左右的青春期，这一时期随着生理上的急剧发展，一些人难以适应这种急剧发展的状态，因而生理上容易出现各种不适应的病态反应。同时，生理上的急剧发展

容易造成心理上的冲动，一些大学生一只脚刚跨进大学，另一只脚便急于跨入社会。此外，市场经济的激烈竞争，一方面使愈来愈多的大学生感到知识的重要性，他们如饥似渴去接受新知识，学习过硬的本领，而不满足于本专业的学习。许多大学生利用业余时间学习计算机、外语等知识。这也同时表明，如今的大学生，具有了较强的竞争意识。另一方面，一些大学生又摆脱不了冲动、简单、片面的一面，将自主独立等同于个人主义，片面追求个人主义，把个人利益置于国家和集体利益之上，将个人利益视为其出发点和归宿。也有一些大学生片面追求享乐主义，将享乐主义看作人的本性和人生的目的。赶时髦、比阔气、讲排场，追求生活上的高标准、高消费。

（四）教育工作者的因素

作为高校素质教育的主要执行者，一些教师自身的素质状况同样不容乐观。长期以来，有两种误区一直出现在一些高等院校：一方面，在师资的配备和要求上，一些高等院校的教师资源配备严重不足，且伴随着社会环境和科技环境的变化，教师原有知识结构日渐老化，承担一个全新环境中的高校素质教育的任务变得越发艰难；另一方面，一些高等院校过分地强调教师队伍的专业理论水平和专业实践能力，而忽视其综合素质的培养，让专业课程与素质教育渐行渐远，区隔开来。因此，素质教育在高等院校的开展无论对学生还是对教师都显得十分迫切。

（五）学校教育体系存在一定的脱节现象

与不断变化着的社会现状和大学生的实际生活相比，学校教育体系存在一定的脱节现象。其一，一些高等院校的培养目标更多地强调类似于工程师、管理者、研究人员等专业技能，而忽视德育的重要性，这就与社会主义人才的价值要求即有理想、有道德、有文化、守纪律等，有着明显的偏差，以至于在社会文明程度理应最高的地方，还在补基本道德课。其二，现有的高等教育体系在某些方面与具有新时代特色的大学生难以融合，以至随着学生一进大学，中学时期的终极目标的实现导致近期目标消失，一些学生便显得无所适从，学习目的不明确，因而难以适应社会变化。其三，社会与学校教育的脱节。学校的教育和社会的导向具有协同性，高等教育是为社会培养人才的，因此要引导大学生适应从校园人到社会人的转变，面对社会，正视现实，造就适合社会需要的优秀人才。然而，一些高等院校的教育体系与社会需要在某些方面存在脱节现象，教学内容不适应社会发展的需要。

（六）对素质教育的认识误区

今天的中国，大家对素质教育的重要性已经达成共识，高等院校对素质教育有一定的重视。我们可以看到一些高等院校的人文讲座和人文读本在学生中受到欢迎，部分理工类院校内人文、社科专业的设置如火如荼，非人文专业中一定数量的素质教育课设置等。从某种层面上看，这是令人欣喜的改变。但从另一层面看，一些高等院校表面化的专业课程改革过程中也凸显对高校素质教育的内涵、模式和内容等的理解还有一些偏差和误区。

误区之一，素质教育与人文学科知识的等同化。人文科学研究人、人性、人生，研究人的观念、存在意义、生活方式等，它可以提高人文素养，陶冶人的品质和性情，但这些内容只是素质教育的一个侧面，而不能认为这就是素质教育本身。传统素质教育主要是通过人文学科教育来实施的，它侧重人文学科知识的传授。在素质教育实施的过程中，仅仅停留在人文知识死记硬背层面，而忽视了知识的内化和对人文精神价值的升华。所以，传统的认为素质教育即人文社会科学教育，而人文社会科学教育就等同人文学科知识教育，让学生的综合素质通过所谓的人文课程来达成的观点有失偏颇。素质教育诚然包括人文知识的传授，但显然又不完全等同于其知识的灌输，重视文化艺术活动、校园人文环境的建设、社团活动的积极开展、注意日常生活中的人文素质训练和培养等，这些都是素质教育的重要形式。

误区之二，科学技术教育中人文素养培养的缺失。在科学技术教育中忽视培养人文素养，忽视提高、完善人性，是一些高等院校在科学技术教育中存在的一大问题。科学技术教育中对人文素养的培养的缺失，不仅会让高校素质教育弱化专业课程本身，而且会使高等教育尤其是职业教育沦为技能的代名词，使高职院校成为培养“半个人”的大学。素质教育的重要目的是提高、完善人性，陶冶人的性情，促进人的全面发展。但是一些高等院校在科学技术教育中忽视培养人文素养，以为科学技术教育就仅仅是传授科技知识和科技方式，缺乏对科学思想、科学精神、科学态度的培育。其实，科学技术中也有着丰富的人文底蕴，充分发掘和积极利用科学思想、科学精神、科学态度等具有人文底蕴的内容，也可以在科学技术教育中潜移默化地对学生进行人文素养的培育。

从以上对影响和制约高校学生素质教育的原因分析，不难看到，无论是在传统观念和教育模式的影响方面还是在社会环境发生巨大变化方面，无论是在大学生自身的因素方面还是在教育工作者的因素方面，无论是在学校教育体系方面还是在对素质教育的认识误区方面，都不同程度地存在着影响和制约高校学生素质教育的某些因素。当然，形成这些情况，既有历史的根源也有现实的根源，既有认识上的根源也有操作上的根源，既有学校内部的根源也有学校外部的根源。因此，切实加强和改进高校学生素质教育，应当在找准原因的基础上提出有针对性的对策建议。

五、当前高校学生素质教育的改进建议

提高和改善大学生的综合素质，造就面向21世纪的合格的建设者和接班人，是当前教育改革的迫切需要和重要内容；同时，也是一项复杂的系统工程，涉及教育观念、教育原则，教学内容和方法的改革等各个层面。高校教育工作的任务，不但要使大学生掌握现代化的科学知识和专门技能，还要帮助他们树立正确的思想观念和建立完善的心理调节机制，培养较高的文化素质和健康的体魄，增强社会适应能力和对挫折的心理承受能力，使大学生形成勇敢坚毅，乐观自信的思想品质和健全的人格，从而培养出高质量的社会主义事业的建设者和接班人。

（一）教育观念的转变

加强大学生的素质教育与培养，首先必须转变教育观念。正确理解人才综合素质的丰富内涵，扭转以科学技术教育完全取代人文社科教育、素质教育的倾向。过去由于普遍存在着重专业轻基础、重授技轻育才、重知识轻能力的教育观念，因而培养的学生知识面狭窄，知识结构单一的问题比较突出。随着我国社会主义市场经济的建立和发展，对人的个性、独立性、自主性、主动性提出了更高要求，要把过去比较窄的专业教育拓宽，使大学生受到多方面素质的培养和提高。必须注重素质的教育，注重能力的培养，注意个性的发展，要在大学阶段基本上完成人格的塑造和素质的养成，以适应社会主义现代化建设的发展需要。

1. 从单一的专业教育向综合素质教育转变

高等教育是为了培养“高级专门人才”的观念几乎是整个高等教育在很长一段时间里的统

一提法。然而正是这种认识直接导致了各高校在教育工作中片面强调“专”和“深”，片面强调学科、专业的特殊性而否定了人的整体素质的培养和学科的交叉与渗透，直接影响着人们重视专业知识的程度远比重视实际能力以及再学习、再获取知识的能力要大。受培养“高级专门人才”思想观念的影响，在我国各高等院校中，以学科为本位的思想根深蒂固。在教学科研的组织上完全以学科为唯一依据，忽视了社会需求和个性发展等重要因素。教育培养人这个功能被弱化成培养学科人，培养职业人，而不是培养社会人。因此，在教学工作中，博与专、知识与能力的关系始终处理不好。所以，要想转变教育观念，从单一的专业教育向综合素质教育转变，首先应该明确大学的本科教育的培养规格是高层次的基础教育，是宽基础、高素质人才的培养。其次，应该更加重视大学生适应社会和不断学习、获取知识能力的培养。摆脱学科越多越专的束缚，强化大学生的整体素质的培养，并对培养大学生的素质结构、知识结构和能力结构等做出明确具体的规定，完成从单一的专业教育向综合素质教育的教育观念的转变。

2. 从传授专业技术的“授技型”向“育才型”转变

高等教育要强调人的整体素质的培养，摒弃单纯传授具体知识的“授技型”的观念，全面培养大学生的思想素质、业务素质、文化素质、心理和身体素质，使他们在德、智、体等方面都能得到全面的发展，这是关系全面贯彻党的教育方针，培养适应21世纪需要的人才的大问题。教师在讲课中不应只注重对学生传授专业知识，还应加强对学生的思想品德、分析问题和解决问题能力的培养，应使大学生具有现代文明意识、注重科学素养的培育和优良学风的熏陶，努力为培养基础宽厚、学科交叉的复合型人才创造条件。我们要进一步探索人才培养模式，在人才培养，特别是在教育观念的变革中，完成从传授专业技术的“授技型”向“育才型”转变。

3. 从传播专业知识为主向全面培养能力为主的转变

现代教育思想强调综合性和整体性的素质教育。高等教育要从传播专业知识为主向全面培养大学生分析问题、解决问题的能力和创新精神方面转变，使大学生学会学习，具有自我开拓和获取知识的能力，初步树立起综合素质教育的思想。现代科学技术飞速发展，人类已进入信息革命时代，培养的人才必须是信息革命时代的弄潮儿，要使大学生善于利用信息进行工作和学习。高等学校要培养大学生善于利用信息技术的能力，在学习本科知识的基础上，利用信息技术和工具，扩大知识面，进行全面素质的培养，使大学生具有将所学知识与实际生活、与其他学科知识相结合的能力。高等院校要完成从传播专业知识为主向全面培养能力为主的转变，以适应现代社会科学技术发展的需要。

（二）高校学生素质教育与培养的途径

为社会主义事业培养合格的建设者和接班人，是高等教育的根本任务。高等学校不仅要向学生传授先进的科技知识，还要教给学生如何做人。然而，近些年来，我国一些高校在人才培养方面过分强调教育的功利性。片面强调专业知识教育，忽视基本素质的提高，有一些学生专业知识和能力不错，但是个人主义思想膨胀，对人生和社会的理解走不出市侩的圈子，甚至在社会交往中缺乏做人的基本道德要求。加强大学生的素质教育与培养，是要塑造大学生高尚的精神品质和良好的思维机制，使他们掌握广博的知识，增强对经济和社会发展变化的适应能力，从而使他们真正成为社会需要的、能够肩负起跨世纪重任的、全面发展的优秀人才。大学生素质教育与培养的途径，要按照大学生素质内容结构要求，创造人才培养的内环境和外环境，从整体上提高高校人才培养的质量。

1. 改革教育体制，从应试教育转变为素质教育

从应试教育向素质教育的转变，是一场深刻的变革。首先要提高对教育体制改革必要性和重要性的认识；要站在国家、民族的总体利益和战略的高度来认识；要从社会主义现代化建设事业成败的高度来认识；要从21世纪的中国在亚洲和世界的地位的高度来认识；要树立育德与育人相结合的思想，保证人才的全面发展，树立人才培养的社会化思想，使之具备适应社会变革的应变能力、生存能力和竞争能力；建立优胜劣汰的人才竞争机制。充分发挥国家政策的导向作用，使各级各类学校迅速走上素质教育的良性循环轨道。

教育体制的改革，首先涉及的是人才培养目标的转变。应试教育的目标是为适应考试的需要，最后把学生培养成为某一学科的“英才”或“专家”；而素质教育的目标，是为适应现代社会发展的需要，使学生学会做人、学会生活、学会学习、学会劳动，具备现代社会的适应能力和生存能力。因此，将应试教育转为素质教育，首先要实现教育目标的转变。

其次，要实现教育体系的转变。应试教育根据其教育目标，它的教育体系是以学科知识为中心，在实际教育中只重视智育，忽视德育和体育，在智育工作中，只重视知识的积累，忽视构建学生的认识结构。而素质教育的教育体系是以促进人的发展为中心，即促进人格发展、认知发展和身体发展，在实际工作中重视德育、智育和体育。因此，打破以学科知识为中心的体系，重新构建以人的发展为中心的体系，是实现应试教育转为素质教育的关键。没有这个转变，教育目标的转变就会落空，教育内容的转变就无法进行。

2. 改革教育的内容和方法，使大学生的知识结构更趋于合理和完善

我们长期以来形成的应试教育，由于受以学科知识为中心的体系所限制，只重概念与原理的教学，强调逻辑上的严密，追求系统的演绎推理。因此，在内容上强调的仅是“双基”教学，即基础知识与基本技能的教学内容。而所谓的基础知识只是科学的结论，忽视科学的过程，更忽视科学的社会意义；所谓基本技能，只是解题的技能，不会把科学知识运用于实际之中，造成了一部分大学生高分低能、读死书的现象。改革教育的内容，加强大学生的素质教育，是以人的发展为中心安排内容，遵循人的认识规律，引导学生从科学的基本事实或现象出发，形成科学的基本原理与方法，再应用到实践中去。这可使学生了解认识事物发展的科学过程，而不仅知道一些科学的结论。素质教育强调的“四基”教学，即基本事实、基本原理、基本方法和基本运用的教学内容。因此，高校加强学生素质教育与培养的教育内容的改革，一方面，要继续加强基础课、专业基础课和专业课的教学；另一方面，要建立基本理论、基本技能的知识更新机制，不断拓宽知识面和专业面，培养多方面的适应能力，从而使大学生具有较强的业务素质和刻苦钻研的治学精神，具有开拓进取的敬业精神，并建立起“模块式”的知识结构。

在教育方法上，应试教育的教育方法主要是教师讲、学生听，教师课上忙于讲课，学生课下忙于作业。而素质教育的教育方法，主要是在教师的指导和帮助下，由学生通过学习实践，独立地去获取知识，得到发展。这种教育方法要求教师根据教育目的和学生的基础，构建教育的问题情景，设计符合学生认知规律的教育过程，安排必要的实践活动，指导学生独立地进行探索。要使大学生面向社会、进入社会、了解社会，要投入经济建设主战场，要做到科学实验与生产实践相结合，从而增强对专业理论的应用性和实践性，努力避免出现理论与实践相脱节的现象。加强大学生素质教育与培养的有效途径之一就是要不断改革教育的内容和方法，从而

使大学生的知识结构更趋于合理和完善。

3. 营造人才培养的社会环境，全面提高大学生的综合素质

人的发展，除了遗传因素外，主要是受环境影响。创设一种良好的教育环境，对促进人的发展具有十分重大的作用。因此，营造人才培养的社会环境，对于全面提高大学生的综合素质具有十分重要的意义，必须依靠学校、家庭、社会等各方面的共同努力。素质教育是用教育手段在生理层面、心理层面和社会文化层面上对人的素质的形成、发展给以积极的影响，进而提高人的身体素质、心理素质、思想素质、文化素质和业务素质。因此，全面提高大学生的综合素质，加强高校学生素质教育与培养的有效途径是要营造人才培养的社会环境，要切实把德育放在首位，特别是把德育工作所需的人力、物力和财力落到实处。21世纪的人才必须树立正确的世界观、人生观和价值观，具有共产主义的理想、信念和道德情操。只有这样，才能以社会主义现代化建设为己任，把坚定正确的政治方向放在核心地位。要建立公平合理的用人机制，量才而用，充分发挥人的聪明才智，为大学生的个性发展创造宽松、和谐、愉悦的文化环境与氛围；要不断加强校园文化建设，通过健康、高雅的校园文化活动，使大学生养成良好的品格和高尚的情操；要通过课外科技活动、社会实践活动等提高学生的动手能力、社交能力和科研能力；要根除一切不利于人才培养的社会不良现象，为大学生创造良好的社会环境和发展条件，全面提高大学生的综合素质。

（三）高校学生素质教育与培养的方法

高校学生素质教育与培养的方法，要从确立新的教育思想和观念入手，确立新的人才培养模式。根据经济建设、社会发展和科技进步的需要，不断探索各种类型人才优化的知识结构和智能结构。要根据未来社会的需要，优化课程体系，重视综合素质、能力和创造才能的培养，有计划、有系统、整体性地改革主要专业课程的教学内容，形成新的课程体系，培养社会主义市场经济和未来科学技术发展需要的德智体全面发展的，具有综合素质的人才。在素质教育与培养的过程中，要注重大学生观念和意识的培养，包括市场观念、效率观念、法制观念和竞争意识、民主意识、自我约束意识、科学意识等；还要注重大学生科学思维能力、综合运用知识的能力、自立能力、创造能力、学习和获得知识的能力、口头和文字表达能力等的训练和培养，贯彻整体优化的原则，使教学内容和课程体系的改革按照各学科的特点和要求，把统一的共性要求与各学科要求结合起来，从强调知识传授型教育转变为素质教育，全面培养大学生的思想素质、业务素质、文化素质、心理素质和身体素质，使其构成一个整体，具备能够适应21世纪科学和社会发展需要的知识结构和能力素质。

1. 改革教学内容的结构体系，形成素质培养的环境和氛围

社会主义市场经济和科学技术的发展对人才培养的质量提出了越来越高的要求。我国高校培养出来的大学生，既要懂得专业知识，又要具有全面的素质和能力。当今世界已经进入信息时代，教学内容体系的改革一定要具备信息时代的特色，要充分利用计算机和信息网络，形成人脑、电脑、网络的教育大系统，使大学生不仅能够从教师的传授中接受知识，培养能力，还能够直接从信息网络，计算机辅助教学系统中接受知识，培养能力。课程结构的改革要注意吸收当今世界新的研究成果，要密切结合生产实际，重视获取知识能力、运用知识能力的培养。要开发建设一批综合性强的体现现代科技发展的新型课程，建设具有相关性或融合性的多课集一课的综合性课程，形成在统一性基础上富于多样化的课程结构和内容。为了达到提高大学生综合素质的目的，形成素质培养的环境和氛围，要开展多种形式和途径的活动，如学术讲座、竞赛、讲演、社团活动、演出等，丰富大学生的业余学术和文化生活。关于课程结构体系的改革，要形成适用于不同专业学生的基本素质教育的课程体系和内容，全面培养大学生的思想素质、业务素质、文化素质、心理素质和身体素质。当前我们应特别重视对大学生文化素质和心理素质的教育和培养。在我国高等学校中，思想素质、业务素质、身体素质的概念和内涵比较明确，都有具体的目标、措施和相应的课程，而文化素质和心理素质的教育，则显得不足。产生这种现象的原因是由于长期以来我国教育形成了以应试教育为主的教育模式，为了追求升学率，在中学过早地进行了文理分科，忽视了对学生的文化素质和心理素质的教育和培养，特别是近年来，独生子女大量进入大学，他们的心理素质问题也越来越引起人们的普遍关注。对于大学生的文化素质教育和心理素质教育要根据不同对象，设置若干门课程。理工科的学生应重点学习人文科学、社会科学、思想道德修养、语言、艺术、心理的课程，文科的学生应重点学习科学、艺术、思想道德修养、语言、心理等类别的课程，目的就是为了加强对大学生文化素质和心理素质的教育和培养。此外，在课程体系的改革中，还要注重实践教学，提高大学生的整体素质和综合能力。综合能力的培养包括各学科专业需要的专业工作能力和治学能力、思维能力、语言表达能力、外语交流能力、计算机操作能力、统计分析及经济核算能力、人际关系处理及组织群众工作的能力、自学提高及进行科研的能力等。为此，应向学生开设有关课程，如逻辑推理、写作、社会科学研究方法、自然科学研究方法、数学、当代科学技术、系统工程、公共关系、领导科学、组织行为等类课程，同时进一步加强对外语、计算机应用、语言能力的训练。

总之，教学内容结构体系的改革，对于提高大学生的整体素质具有十分重要的意义，是加强高校学生素质教育与培养的有效方法。

2. 优化课程内容，加强大学生综合素质的培养

社会主义市场经济和科学技术的发展，要求学生的知识面要大，而学生在校学习的时间又有限，不可能把所有知识都硬塞给学生。所以，要不断优化课程内容，使教学内容能够反映科学发展的前沿，将世界科学发展的新成果、新内容充实到教学内容中来，摒弃已经过时的教学内容，将教学内容中最基本的规律和技能与现代科学发展的新成果结合起来。

首先，教学内容必须突出重点，能讲清本门课程或学科的基本框架、内在的科学规律及其逻辑关系，使学生能够得到思维方法的锻炼和更准确地把握概念的内涵和规律的范围，加强学生对概念和规律的掌握。同时应建立宽口径的培养模式，增加学生的知识面和在生产实际中的应用能力，在实际教学工作中，不能忽视对学生的抽象思维、推理、论证能力的培养。

其次，要处理好加强基础与增加应用知识的关系，要给学生一个坚实而全面的学科基础，拓宽基础知识面，并在全面坚实的学科基础上，着重培养学生分析问题、解决问题的能力，把培养学生能力贯穿于教学活动的各个环节。在实际教学工作中，应适当增加一些有利于学生将来从事应用型工作的课程内容，以提高学生的应用动手能力。优化课程内容，还应加强计算机技术、信息科学技术等基础知识的教学。现代科学技术的发展，使计算机技术和信息科学技术成为必备的知识和工具，加强有关计算机和信息技术的课程，通过网络化，智能化的信息系统可以使大学生得到极为丰富的信息，大大扩展了教学的时空，使学生能够获得更加全面的知识

和技能。因此，优化课程内容，努力提高大学生的综合素质，是大学生素质教育与培养的重要方法。

3. 改革教学方法，提高高校人才培养的质量

高校在学生素质教育与培养的过程中，应不断改革教学方法，以增强大学生素质和能力的培养。在讲授方法上应重视讲概念、讲思路、讲方法，培养学生的思维能力和动手实践能力，在教学中应把最基本的规律教给学生。要采用启发式教学，利用典型实例，运用比喻、比拟、现代化教学手段增加讲课的直观性和趣味性，提出一些有启发性的问题，引导学生独立思考。教师应在课堂上讲清每门课程的知识体系、学科建构、重点、难点和学习方法，提出自学的具体要求，并指导大学生自觉培养严谨的治学态度和科学的学习方法。要注重对大学会科学素质的培养和优良学风的熏陶，以使大学生能够具有扎实的基础理论知识、开阔的视野、较强的思辨能力、获取新知识的能力和开拓能力。

当前我国高等学校在教学体系、课程内容、教学方法的改革过程中，应注重对大学生的思想品德教育，使他们坚定社会主义信念，加深理解社会主义市场经济的内涵。在教学中要求大学生学好理论基础知识与技术基础知识，熟练掌握专业知识，同时注重对大学生能力的培养训练。在课程设置方面要加大选修课的比重，而且要适时更新。要增设或加强辅修专业教育，以便拓宽学生专业面，以加大培养复合型人才的力度。同时要开设人文课程，深入开展社会调查，以便增加学生的社会知识，提高其文化素质修养。此外，还应不断加强对大学生心理素质和身体素质的培养和训练，全面提高高等学校人才培养的质量。

第二章　素质教育背景下的高校体育教学改革

素质教育是以促进人的身心和谐以及德、智、体、美等全面发展的教育。素质教育实施和发展最基础的是身体素质教育与心理素质教育两个方面，而成就这两种素质教育的重要方式是学校体育。当前正是我国处于教育领域改革的热潮时期，为适应我国综合型人才市场的需求，应试教育已经向素质教育方向发生了转轨。学校体育教育是素质教育顺利实施的重要手段，如何在新形势下发挥其在素质教育中的功能，那就是进行体育教学改革，以此促进素质教育的实施与发展，而素质教育对于今天的体育教学改革则有着重要的启发和借鉴意义。

第一节　当代中国体育教学改革的历史变迁

一、我国体育教学改革的历史演变

新中国成立初期，由于政治的原因，我国学校体育全面学习苏联的模式，全面批判西方的自然主义体育理论，否定自然主义体育思想和体育的娱乐性。1953 年教育部指示翻译出版苏联的《学校体育》教学大纲，全国大、中、小学按照其执行。并根据苏联专家凯里舍夫体育理论提出的特殊认识过程的体育教学理论，把体育运动技能传授为主的“三基”目标作为体育教学指导思想，使新中国学校体育步入苏联学校体育发展轨道。

在 20 世纪 60～70 年代中间的一段时期，受到政治影响，体育课改为军体课，被军事训练和生产劳动所替代，体育教学受到严重破坏。这段时期结束后，重新开放国门后，1978 年教育部、前国家体委和卫生部联合发出《关于加强青少年体育运动的通知》，并积极实施《国家体育锻炼标准条例》，采取中、小学实行早操、课间操和眼保健操等措施来提高学生的健康水平。同年修改了学校体育教学大纲，新的大纲与 1961 年的学校体育教学大纲没有太大的变化，在强调“三基”的同时，重视增强学生的体质。

进入 20 世纪 80 年代后，随着思想解放，学校体育科学研究开始活跃。同时，以竞技体育为先导的整个体育领域在世界范围内得到空前发展，体育由学校体育扩展到社会的许多领域，并呈现出多种功能。在这种情况下，学校体育是以增强体质为主还是以“三基”为主，这个在 20 世纪 60 年代初讨论过的问题再次被提起。经过一段时间的讨论和研究，提出了“从增强体质出发，与《国家体育锻炼标准》相结合，在强调‘三基’的同时，把增强体质放在主导地位的指导思想”。主张“以体现生理负荷和练习密度的体育教学，在遵循身体发展规律的基础上重视技术的掌握，但不一定机械地按照技术教学常规组织教学”。

1986 年修改了学校体育教学大纲，修改后的大纲强调把增强体质作为学校体育教学的主要任务。当时的体育教学多从生物学的角度，根据生理指标去组织和评估体育教学。这一时期在体育教学研究和增强学生的体质方面向前迈了一大步。但是，以唯生物体育观作为学校体育教

学的指导思想，难免会出现把体育教学变成机械、单调的身体训练，使学生失去体育学习兴趣，从而丧失体育教育的社会、心理、文化功能，影响学生的全面发展。

随着社会的发展，全球化波及我国，人们的生活方式发生了深刻变化。体育不仅仅只是满足于生存的需要，它作为文化对于人们追求在运动过程中的心理愉悦和满足，提高生活质量和健康水平，人际关系的交流与改善方面都发挥着积极的作用，这使得各种体育现象由生物、心理和社会三方面因素而构成。因此，从 80 年代后期到 90 年代，围绕着培养学生体育运动能力、发展学生个性、养成终身进行体育运动习惯而开展的体育改革空前活跃。学校体育教育的指导思想从“唯生物体育观”逐渐向生物、心理和社会因素构成的“三维体育观”转变，从而拓宽了体育在健身、娱乐、竞技、文化和社会等方面的功能。针对这一变化，为进一步促进学校体育的改革，我国 1988 年开始着手修改学校体育教学大纲。在 1993 年正式公布的学校体育教学大纲提出的任务中，在维持原大纲的增强体质、掌握技能和道德教育外，还增加了培养学生体育锻炼的兴趣、养成终身从事体育运动的习惯、提高体育文化教养等内容，使我国学校体育在以增强学生体质为主的同时，向着多目标、多功能方向发展。特别是近年来我国同国外学校体育的学术交流逐渐增加，学术气氛活跃，主动体育、快乐体育、小集团学习等国外学校体育教育思想和教学方法引起大家的重视并积极应用于教学实践，取得了一定的成效。

1999 年全国第三次教育工作会议提出了“素质教育”的理念和“健康第一”的指导思想，2000 年中国启动了课程改革。此次课程改革，从指导思想和内容框架方面均发生了根本性的变化，新的体育与健康课程标准，以发展的观点提出了五个领域目标，即运动参与、知识技能、身体发展、心理发展、社会适应。这五个目标领域，较之于“三基”的三项任务更加完善具体。在培养人才方面，有利于学生身心健康的发展，有利于学生个性的张扬，更适应于现代社会教育，适应于未来社会的发展。

《体育与健康课程标准》突出强调要尊重教师和学生对教学内容的选择性，注重教学评价的多样性，使课程有利于激发学生的运动兴趣，养成坚持体育锻炼的习惯，形成勇敢顽强和坚忍不拔的意志品质，促进学生在身体、心理和社会适应能力等多方面健康、和谐地发展。

综上所述，我们可以把中国体育教学模式划分为几个发展阶段：

第一阶段：20 世纪 50 年代，仿照苏联体育教学模式，以“三基”作为教学目标的教学模式。

第二阶段：20 世纪 60～70 年代间的混乱时期刚结束后一段时期，以增强学生体质和“三基”相结合的一体化型教学模式。

第三阶段：20 世纪 80 年代，受科学主义影响，推行唯生物观的体育教学改革。

第四阶段：20 世纪 90 年代以后，以三维体育观为指导的多种教学模式的探索。

二、我国体育教学方法的历史演变与改革创新

体育教学是伴随着体育在学校教育中的开展而得以开展的。体育教学方法一方面随着教育、教学方法的发展而发展，另一方面也随着体育教学的实践而实践。

（一）体育教学方法的历史演变

从新中国成立之初至今，我国的体育教学方法发生了很大的变化。新中国刚成立时，中国

大量学习苏联的教学理论，重视系统知识的学习，强调教师的主导权威地位。1952 年颁布《小学暂行规程（草案）》规定“以上课为基本的教学形式”，以班级为单位的课程教学模式。

1978 年的教学趋向与生产劳动相结合，大大增加现场教学比重，大搞开门办学，以干代学。此时的教学方法带有政治意图，以教育培养劳动者，谨防培养“四体不勤、五谷不分”的贵族子弟。

随着改革开放，国外先进的教育理念、教学方法涌入我国，如发现法、探究法、合作法、暗示教学法、情景教学等。1995 年《体育法》、1999 年《关于深化教育改革全面推进素质教育的决定》等一系列政策、法规的颁布，新的育人观、人才观不断涌现，冲击和影响着教学方法，人们意识到教学法的改革不仅仅是方法的问题，必将纳入到课程体系、教材内容的整体改革中去。

90 年代后期，素质教育、创新教育、新课程等理念不断深入人心，主体性教法、活动教学、校本课程开发相配的教法、学法指导等教学方法蓬勃兴起，教学方法的“名”与“实”凸显“人文”特征，教学方法改革的时代特征也愈加明显。

教学方法的历史演变是随着历史进程、社会变迁孕育而生的。西方教育理念的传入，加上本土教学实践的呼唤致使教学方法不得不随之变化。当然，教学方法的演进不能脱离课程、教学的整体设计要求，更不能脱离阶段性的教育理念和教学实际。

体育教学方法的演变受教学方法的影响，但它具有自己的特征，如当时的体操、兵操，竞技运动，体育教育等，各个时代具有的特征也大相径庭。新时期倡导的素质教育、创新教育、体育新课程，这些理念和主导思想都促使体育教学方法不断改进，渗透教育学、心理学、生理学等多学科知识的体育教学方法则更具活力。

（二）体育教学方法的改革创新

体育教学方法是完成体育教学目标的重要手段。近年来，体育教学方法的改革热火朝天，积极地增进体育教学的发展。1998 年教育部在《关于深化教学改革，培养适应 21 世纪需要的高质量人才的意见》中指出：“改革教学方法是深化教学改革的重要内容，要重视学生在教学活动中的主体地位，充分调动学生学习的积极性、主动性和创造性”，“要改革灌输式以及在教学中过分偏重讲授的教学方法，积极实践启发式、讨论式、研究式等生动活泼的教学方法。”体育教学方法的改革，近些年来也展现出一些不尽如人意的现象。目前个别学校为了教学改革进行一系列的教学改革，将不是教学方法的问题纳入体育教学方法改革中，无条件地扩大一个体育教学方法的使用范围，对体育教学方法的分类缺少结构性，对体育教学方法的特点缺少全面的分析等，以上这些，都会严重阻挠深化体育教学改革的程度。所以有部分专家学者针对深化体育教学方法改革中存在的问题做了有关研究。

王威在《素质教育下如何推进高校体育教学方法改革》中使用了文献资料法、逻辑分析法等研究方法，对在素质教育背景下我国高等院校体育教学方法的改革开展探究，指出要更新教学观念并提倡现代教学方法；明确教学目标是要想办法最大限度地调动起学生学习与练习的积极性；教学改革后的内容必将带动教学组织形式和教学方法的创新；综合性的选择教学方法，要考虑到学生不同的体育水平，让学生确定不同的目标，采用不用的方法，提出不同的要求；更新体育考试评价办法，体育考试既是检验学生的学习成果，也是提高他们体育素质的重要手

段；综合性选择体育教学方法才能更好地推进新时期高校体育教学方法改革，才能促进教学质量地不断提高，最大程度地促进学生全面发展。

霍军在《体育教学方法实施及创新研究》中运用观察法、访谈法、问卷调查法等研究方法对实际教学环境中体育教学方法的应用及创新发展进行调查研究。指出要着重培养学生的学习态度以及团队合作精神；鼓励体育教师认真写教学总结、多进行课题的研究，把实际教学情况与科研理论合理地结合起来；组织丰富多彩的课堂形式，为学生提供一个宽阔的平台供学生展现自己，帮助学生树立自信心。旨在给现代体育教学实践提供指导，为促进学生喜欢体育课、积极主动地参与体育活动奠定基础等。

随着体育教学理论的演变、社会环境的变化，单一陈旧、缺乏创新的教学方法已经不能适合教学的需求，体育教学方法正在这个时代的要求下，努力地进行着蜕变。学者们关于改革的主要观点是要改变体育教学方法的单一性，充分发挥学生体育学习的主体性，注重不同学生的能力与良好情感的培养，并确立“终身体育”的指导思想。

三、我国体育教学模式改革的目的、研究现状及实践

（一）体育教学模式改革的目的

我国对体育教学模式的探索起步较晚，始于 20 世纪 80 年代。20 世纪 80 年代中期至今，中国的体育教学改革向整体化方向发展。因此，包括体育教学指导思想、内容、方法、手段、组织形式在内的教学整体改革——体育教学模式的改革，越来越成为体育理论工作者和实践工作者研究的热点和焦点。课程改革的提出，对教学提出了一个新问题：要让学生学到有用知识的教学，要让学生在轻松愉快的环境中学习的体育教学模式是体育教学理论与教学实践之间相互转化的中介，是在一定的体育教学思想的指导下，为完成特定的体育教学目标而在教学活动中形成的教学程序，包括相对稳定的教学过程结构和相应的教学方法体系。学校体育课程改革是各国教育体制改革的一项重要内容。学校体育对人的培养，不仅着眼于现在，更要放眼未来。因此，产生于不同体育教学思想和体育教学实践中的中外体育教学模式，各有其自身的独特属性。对二者之间进行比较研究，将有利于我们剖析自我，借鉴吸纳，在弄清国内外体育教学模式状况的基础上，理性地“拿来”国外体育教学模式中的合理成分、积极因素和进步之处，为重新建构我国新的体育教学模式体系提供良好的经验。长期以来，我国学校体育界总是习惯于“拿来主义”，而中国的经济、传统、文化毕竟不同于别国。因为构建教学模式的意义以及重点在于为理论找到检验和运用的途径与方式方法，促进体育教学理论向教学实践过渡转化，为实践提供有利的指导，并把实践得来的经验不断广泛推广。比较分析的意义就在于为建立新的体育教学模式提供借鉴，以取长补短，扬长避短。

我国体育教学改革模式的研究现状还处于起步阶段，在如此大形势背景下，对体育教学模式的进一步研究已显得越来越重要，这种背景对我国高校体育课程改革会起着正面的刺激作用，有着深刻的借鉴意义。在新的形势下，我们更应该深入贯彻落实党中央、国务院对于高等教育应该全面贯彻科学发展观，切实把重点放在提高质量上的战略部署上面的要求，应该进一步深化体育课程的教学改革，并全面提高体育课程教学质量，这具有重要的理论和现实意义。

（二）体育教学模式改革的研究现状

在经济全球化的影响下，人们的物质文化生活水平已经有了很大提高，人们的健康状况大

为改善。但是随之而来的问题是体力活动的减少和心理压力的增大，这对人们的健康造成了日益严重的威胁。因此，现在的人们在物质生活保障的情况下更关注自己的健康状况和生活质量。体育是提高国民健康水平的重要途径，因此我国高度重视高校体育课程的改革。2004 年，在全国高等学校体育工作座谈会上，时任教育部长周济提出了“健康第一”的指导思想，这一思想的提出加快了高校体育的改革步伐。

自改革开放以来，我国的普通高等学校的体育教学一直在不断地探索和发展中前进，努力致力于高校体育与社会体育和终身体育相接轨，让在校学生尽快适应当今社会激烈的市场竞争，从而形成适应新形势发展的体育教学人才培养模式。因此，全面认识当前普通高等学校的体育教学现状，有助于更好地探索普通高校体育教学改革的新思路。

回顾以往的高校体育教学发展历程，可以发现普通高等学校体育教学改革在不同时期、不同形势下在指导思想、培养目标和课程设置等诸多方面都进行了持续地改革。在改革开放的初期，普通高等学校的体育教学改变了以往以传统教授运动技能为中心的体育教学模式，并尝试开展了以加强学生身体素质为重点的教学改革。在 80 年代以后，普通高等学校的体育教学改革的重心又调整到以增强学生体质、保障学生健康发展的新教学模式上。到了 21 世纪，“快乐体育”“素质体育”“终身体育”等新理念接踵而来，我国的普通高校又投入到新一轮的体育教学改革之中。全国普通高等学校根据各自的实际情况，开展了各种形式的教学改革实践。目前，普通高等学校体育教学主要体现出教学思想多元化、教学方式多样化、课内外趋同化等特点，着重培养学生终身体育意识，打造具有较高综合素质的新型人才，已经成为高校体育教学的重要手段。

人们生活方式的改变，极大地推动了普通高校体育教育的发展，主要表现在人们对体育观念的重新认识上。体育教学从“唯生物体育观”逐渐向由生物、心理、社会三方面因素构成的“三维体育观”的方向发展，从而拓宽了体育在健身、娱乐、竞技、文化、社会等方面的功能。

2002 年 8 月我国教育部颁布新的《全国普通高等学校体育课程教学指导纲要》（以下简称新《纲要》），打破了一直以来自上而下和统一的课程模式。新《纲要》提出了“健康第一、终身体育、个性教育、全面发展”的指导理念，积极倡导开放式、探究式教学，拓展体育课程时间、空间，提倡学校结合自身实际自主制定教学大纲、自主选择教材内容。“三自主”教学模式通过学生自主选择课程内容、自主选择任课教师、自主选择上课时间来激发学生学习的积极性，提高学习的兴趣。如今“三自主”选课模式已经成为一种普遍的体育课程模式被引入全国高校体育课程体系之中。

（三）体育教学模式改革的实践

20 世纪 90 年代后兴起了各种新体育教学模式的探索，比如快乐体育教学模式、主动体育模式、俱乐部型体育教学模式等。“快乐体育”在教学的指导思想上，主张以全面育人为出发点和归宿，面向终身教育，以情感教学入手，强调乐学、好学、育体与育心相结合，使学生能在一个师生间、学生间亲密无间、和睦融洽的环境中，锻炼身体、磨炼意志、陶冶情操，使他们的身心得到全面和谐地发展。在教与学的关系上，让学生真正成为课堂的主人，教师既爱护关心和尊重每一位学生，又善于引导、启发学生，做到教师的主导和学生的主体相结合，使课堂教学成为教与学的双边活动。在教学的观念上，强调学校体育必须是全员的体育、成功的体育、终身的体育，体育课必须将情感交融和身体发展并举，体育教学结构应是融认知、情感和身体

发展为一体的三维立体结构。在教学方法上，主张启发式的创造教学，反对注入式的模仿教学。强调教法的灵活多样性和学法的实用有效性，以提高课堂生活质量。在教学组织上，要“严而不死”“活而不乱”，既有严密的课堂纪律，又不失生动活泼的教学氛围，并强调多向交流和教学环境的优化。

“主动体育模式”则强调通过建立师生民主平等的关系，创设主动情境，讲究团体合作等方式，让体育教学坚持以学生为主动，把主动权还给学生，学生由原来的被动者成为主动参与者。

“俱乐部式教学”则是以“健康第一”“终身体育”作为指导思想，力求改变体育教学中的“要我学”的被动状态为“我要学”的主动状态，根据不同层次、不同水平、不同兴趣学生的需要，充分发挥学生的主体作用和教师的主导作用，开设多种类型的体育课程，可以打破原有系别、班级制，重新组合上课，努力倡导开放式、探究式教学，努力拓展体育课的时间和空间。在教师地指导下，学生应具有自主选择课程内容、自主选择任课教师、自主选择上课时间的自由度，营造生动、活泼、主动的氛围。

总之，新的多种教学模式改革在强调转化教师角色地位，确立学生主体性地位，尊重满足学生个体发展和兼顾文化传统传承需要等方面做出了很有意义的探索。

第二节　素质教育与高校体育教学改革的关系

一、学校体育在素质教育中的地位与作用

（一）学校体育在素质教育中的地位

一直以来体育在实施素质教育中都起着举足轻重的作用，这一点在以下关于体育重要性的相关决策及法律文件规定中得以体现：①我国近代著名学者王国维提出教育的宗旨在于培养“完全之人物”（即今之全面发展的人），其相应的教育则有体育和心育（即智育、德育和美育）。②苏联明确规定“德育、智育、体育、美育、综合技术”等5个方面为全面发展教育的内容。③20世纪80年代中期，我国教育界通过方方面面的努力与探索，对全面发展教育达成了共识，提出全面发展教育应由德育、智育、体育、美育和劳动技术教育五大因素组成。④1995年3月15日，《中华人民共和国教育法》提出“教育必须为社会主义现代化建设服务，必须与生产劳动相结合，培养德、智、体等方面全面发展的社会主义事业的建设者和接班人。”⑤《中共中央、国务院关于深化教育改革全面推进素质教育的决定》中提到“实施素质教育，必须把德育、智育、体育、美育等有机地统一在教育活动的各个环节中。学校不仅要抓好智育，更要重视德育，还要加强体育、美育、劳动技术教育和社会实践等各个方面的教育相互渗透与协调发展，促进学生的全面发展和健康成长。”⑥十八届三中全会提出“在深化教育领域综合改革中，要强化体育课和课外锻炼，促进青少年身心健康、体魄强健，把德育、智育、体育放在首要位置，进而将学校体育提到了一个更高的层面。”

素质教育被称为全面发展的教育，包括身体素质教育、心理素质教育、政治素质教育、思想素质教育、道德素质教育、业务素质教育、审美素质教育、劳技素质教育等八方面的教育。其中良好的身体素质是培养与发展其他各方面素质的物质基础。一个拥有健康体魄的人，才有

条件去学习各门科学文化知识以及从事社会主义事业中的各项任务与工作。毛泽东同志提出“健康第一”的指示，并将“身体好”列于“三好”之首。在他的《体育之研究》一文中写道：“体育于吾人实占第一位置，体强壮而后学问道德之进修勇而收效远。”少年强则国强，在当今综合国力竞争激烈的时代，国民素质是一个基础性的较量要素，青少年体质健康在国民要素中更为重要，青少年身体素质的好坏直接关系到中国的前途和命运。学校体育是实现青少年体质健康的重要手段。通过学校体育让学生掌握应该掌握的基本的运动技能，引导学生积极参加体育锻炼的兴趣，形成良好的锻炼习惯和终身体育锻炼意识，促进学生体魄强健，体质健康，开发学生的心理和生理潜能，培养学生坚强不屈，百折不挠的意识品质，使学生形成良好的生活习惯，掌握良好的人际关系知识和技能，为其他素质形成和发展奠定坚实的物质基础。综上所述，学校体育在素质教育实施的过程中担负着重要使命，是实施素质教育的重要内容和主要手段，占据至关重要的地位。

（二）学校体育在素质教育中的作用

学校体育教育为我国社会主义体育建设事业培养了大批的人才，学校体育是素质教育的核心内容与重要手段，能促进学生身心发展，增强学生的体质，并对学生进行道德品质的教育，使学生能很好地完成学习任务，从事社会主义建设和保卫祖国。学校体育是国民体育的基础，在促进素质教育水平方面有重要的战略意义。过去素质教育追求培养德、智、体、美等全面发展的综合性人才，现在党的十八届三中全会决议把学生的德育、体育和美育放在极为重要的位置。由过去“德、智、体、美”等全面发展，到现在“德育、体育、美育、智育全面发展”，不难看出体育在实施素质教育中的地位已经提高到了第二个层面。毛泽东同志在《体育之研究》一文中提到：“体育一道，配德育与智育，而德、智皆寄予体，无体是无德智也。”然而学校体育不仅局限于体育本身，也与德育、智育、美育等息息相关，并且促进德育、美育、智育的形成和发展。

1. 学校体育有助于促进学生体魄强健，身心健康

健全体魄是青少年美好未来的基础保障，关乎国家综合国力的强弱，如果青少年体质健康持续下降，那么一个国家的综合国力怎能上得去。学校体育根本目标就是通过增强学生体魄，促进其身心健康发展，为提高中华民族的身体素质和为社会主义现代化建设培养德、智、体全面发展的建设者和接班人服务。学校体育是促进学生体魄强健、身心健康，保证提高国民素质，健全人格的重要媒介和基础。同时学校体育契合人类追求和谐社会，向往美好生活，培养学生良好的体育锻炼习惯，形成终生体育锻炼意识，塑造健美体魄的崇高理想，以适应现代生活方式和生产方式，提高生活质量。

2. 学校体育有助于培养学生崇高的思想品德与坚强的意志品质

“我国教育的主要内容之一是德育教育，是推进素质教育的重要环节。要培养学生高尚的思想品德和坚强的意志品质，学校体育担负着重要使命。”在体育教学和课外体育活动中，有更多机会使学生本质思想行为动态显露出来。学校体育具有培养道德品质的较好条件，例如，田径对培养学生勇敢顽强、坚毅、富有进取心的品质有积极的促进作用；大球类项目对加强学生的组织性纪律性，培养学生的集体主义精神、机智、诚实等品质有显著作用；小球、体操等项目有利于培养学生沉着冷静、勤劳、果断和控制的品质；体育教学和训练的对抗性，可以促进学

生良好的个性心理品质的形成，培养良好的意志品质，有利于学生养成良好的道德行为。在这样一种特殊的体育运动氛围中，学生努力克制和约束自己的不良行为，尽力表现出自己良好的道德风貌，从而为培养其自身良好的道德品质和修为打下坚实的基础。

3. 学校体育有助于提高学生的审美情趣

美育离不开学校体育的积极作用。在学校体育开展的过程中，美育亦渗透在体育的每一个环节，并将其融入体育之中，从而形成灵巧之美、和谐之美和健壮之美。依靠丰富多彩的体育活动内容与形式，学生便会从参加体育锻炼过程中感受到美的存在。由于当代体育运动的“健、力、美”的有机结合，在运动中就形成了和谐的韵律和鲜明的节奏，再加上巧妙的配合，使运动技艺的惊险性、造型的艺术性与娴熟动作配合的默契性融为一体，参与者不仅塑造体形的外在美，而且可以有直观地美的体验和美的享受，从而提高学生的审美情趣。由于现代化媒介的普及与利用，越来越多的人有更多的机会领略到全世界各地高水平的体育赛事。运动员在既定的空间和时间中把身体展示到尽善尽美的程度，使“健、力、美”三方面完美地展示到世人眼前，所呈现出的优美“韵律、节奏、配合、造型”，观看者产生一种犹如欣赏一场优美的舞蹈，观看一座座线条明快的雕塑，抑或是鉴赏一张张用光和谐创作的摄影艺术作品一样的感觉，使观众赏心悦目、心旷神怡，让人产生无限遐想。通过培养学生在体育运动中对美的感受、表现以及创造美的能力，更好地提高学生认识与表现自身在运动方面的美，使身心得到更加充分、完整、自由、全面地发展。

4. 学校体育有助于发展学生的感知思维能力

学校体育既能增强学生的体质，也能促进其智力的发展。因为人才构成的重要因素之先决条件是健康的体魄。科学实践证明，坚持不断地锻炼身体，可以增加大脑皮层细胞活跃的强度、均衡性与灵活性。人的体质是变化发展的，如果具有坚持终身锻炼的意识和习惯，在未来的竞争中会立于不败之地；如果没有持之以恒的加以锻炼，在知识经济的人才结构中被淘汰也只是身体的衰退。“一旦身不存，德智则随之而堕矣。”学生身体健康会促进其智力发展，它们之间的关系是密不可分的。如果身体健康，学习起来效率就高，因为头脑清醒，思维敏捷，精力充沛，思想集中，理解力强，记忆力超群。体育本身亦属于科学文化知识的范畴，强健的体魄为我们掌握科学文化知识提供了坚实的基础，是人才成功的关键所在。通过体育运动，学生可以提高自身感知能力的敏锐度、灵活的思维、超强的想象力、良好的专注力。这一切都能促进学生智力开发，从而有利于学生学习能力的养成和对科学文化知识的运用。

二、素质教育迫切要求体育教学改革

在知识经济爆炸时代，各门技能都需要高度国际化、科技化与多元化，国际竞争对知识的要求越来越高，其实质是经济和科技实力的综合国力的较量，最根本的还是科技与人才的竞争。发展科技与培养人才离不开教育，教育是我国培养现代化建设人才之本，而体育教育又是我国教育内容中的重要组成部分。体育为我国全面发展人才提供了健康保证。因而我们必须注重体育教学的优异质量以及在教学过程中注重提高学生锻炼的效果，我们还应重视体育教学过程中加强学生终身体育锻炼的意识和让其学会怎样锻炼的技巧、技能与方法。随着改革开放的深入，社会经济的迅猛发展和高科技的不断优化，在给我们的社会带来更多利益的同时，也带来不少的副作用。人体结构和机能退化；现代文明病的蔓延；人们体质呈下降的趋势。各国政府和国家越来越关注人类的健康。为了应对现代社会对人类健康的威胁，体育课程及教学必须进行深入改革。2005 年，教育部第五次开展的我国学生体质健康调查结果表明，从 1985 年起，学生体质健康水平处于逐渐下降的趋势，体育教学改革浪潮汹涌澎湃，学校体育在各方面紧锣密鼓地大力提倡和推行。然而改革具有艰巨性，据 2010 年国家体育总局和教育部联合发布的《第六次全国学生体质与健康的调研结果》显示学生体质健康总体状况呈好转走势，但大学生身体素质仍继续呈现缓慢下降趋势。2014 年全国学生体质与健康调研结果显示，学生体质与健康状况总体有所改善，但也存在一些问题，主要有：大学生身体素质继续呈现下降趋势；视力不良检出率居高不下，继续呈现低龄化倾向；肥胖检出率持续上升。各地区学校学生体质健康水平呈现逐年下降的趋势，已经严重抑制了我国人才培养的态势，使得人才质量降低，相关部门必须高度重视。以上诸多问题严重地阻碍了亿万青少年的健康成长，同时也会严重影响国家繁荣昌盛与民族兴旺的进程，这些问题需要相关政府部门和学校领导高度重视，从而形成强烈的教育改革动力。青少年是祖国的明天和希望，他们的体质健康直接影响着国家和民族的未来前景。

在 21 世纪的今天，竞争最激烈的是人才，学校作为培养人才的根据地，要从长远的发展战略中高度重视青少年的体质健康问题。2012 年 10 月 22 日，国务院办公厅转发《关于进一步加强学校体育工作若干意见的通知》（国办发〔2012〕53 号文件）。文件中提到：“要充分认识与加强学校体育的重要性，广大青少年身心健康、体魄强健和意志坚强是一个国家生命力旺盛的显现，是社会精神文明的标志，是国家综合实力的重要体现。体育锻炼是增加学生素质的最佳途径，重视学校体育，加强学生体质，有利于提高学生的综合素质，为实现现代化，创建人力资源强国，培养现代化综合型全面发展的社会主义人才，具有跨世纪的战略意义。”青少年的体质是国民素质中很重要的一大要素，代表着国家的综合国力，而体育与健康教育课程又是增进国民素质的重要途径。从社会层面上来说，体育课程和教学需要适应不断改革和发展的社会需求；从学生自身发展来说，体育课也需要改革以便促进青少年体质健康，体魄强健。因此体育课程和教学改革已经受到世界各国高度重视。体育课程和教学改革成为摆在体育工作者面前的一个重要课题。

素质教育迫切要求体育教学改革，同时也对体育教学改革提出了新的要求。

素质教育是为适应现代社会所需对人才规格培养提出的要求，是全面发展的教育。同时不仅反映了学生个体素质发展需求，而且还是对马克思关于人的全面发展思想的丰富和发展。学校体育是教育的有机组成部分。体育课程是发展和完善学生身心素质为主的特殊的教育课程，意在促进学生身心和谐发展、思想品德教育、文化科学教育、生活与体育技能教育集中于身体活动并将其有机结合起来的教育过程，通过学生身体练习以及合理的体育教育和科学的体育运动锻炼过程，达到体质健康、高体育素养目标的公共必修课程，是学校课程体系的核心组成部分，是学校体育工作的重要环节，是实现我国素质教育和促进学生适应社会、培养学生完整个性的有效途径，具有其他课程不可替代的作用。

（一）促进青少年身心健康、体魄强健

课程改革是教育改革的核心，要进行改革必须弄清党和国家为适应社会发展对体育改革提出的新要求，要搞清楚社会发展和体育发展的现状，基于国情，结合现实，将理论与实践相结合，厘清这个时期我们需要什么体育课程。1903 年清朝政府颁布《奏定学堂章程》，章程不仅规

定了中国第一个在全国范围内付诸实施的学制（通常称为“癸卯学制”，它是仿效日本学制而制定出来的），而且也规定了各级各类学校均应开设“体操科”（体育课），并要求从小学到高等学堂，师范及职业学堂每周“体操科”时间为2或3小时。2013年十八届三中全会上，党和国家提出对体育教育的明确指示：“强化体育课和课外锻炼，促进青少年身心健康、体魄强健。”这是自1903年有了体育课后，第一次在党的文件中具体地说到体育课，体育课受到了国家的高度重视。青少年身心健康、体魄强健是体育课程改革的核心目标，提高青少年的体质是体育工作者的重中之重。全国学校体育工作座谈会上曾提出，健康是青少年成长成才和幸福生活的根基，关系国家民族未来和亿万家庭福祉，各级党委政府要认真贯彻习近平总书记关于增强青少年体质的重要论述精神，树立“健康第一”的理念，组织引导学校、社会和家庭为青少年强身健体创造良好条件，为实现中国梦提供人才保障。近年来，学校体育设施有了明显改善，全国数亿学生掀起了校园阳光体育运动的锻炼热潮，然而青少年“运动不足”问题仍然十分尖锐，学生体质健康状况未能从根本上发生改变。学校体育教育应以育人为本，促进学生综合发展为主要目的，通过学校体育活动加强学生强健体魄、健全人格，养成终身体育锻炼习惯和健康生活方式。国家政府和学校应以“促进青少年身心健康、体魄强健”作为体育工作的根本出发点和落脚点，立足于全局和亿万家庭福祉的重要需求。

（二）深化体育教学改革，强化体育课和课外锻炼

基于目前高校学生的爆发力、力量、耐力素质水平降低等体质问题，在教育改革中，首要的是切实上好体育课的学时数。任何学校与部门不能以任何理由和借口占用体育课时。教师科学合理安排教学，保证运动负荷，让每个学生都享有充分锻炼的时间。其次要保证学生每天至少锻炼一小时。鼓励高校因地因校制宜，开展各种各样简便易行、效果显著的运动锻炼项目。鼓励学生体育社团组织、各种体育项目兴趣小组定期、不定期举办体育比赛、运动会、体育文化节等，使校园体育活动充满勃勃生机。三是改革体育评估体系。把学生体质状况纳入学生综合素质评价中，为学生毕业提供重要参考。要保证体育课和课外锻炼发挥“主战场”作用，科学合理安排学习、生活、锻炼的时间，养成青少年良好的体育锻炼习惯和健康的生活方式。促进学校和社会各界人士的协调合作，共同营造青少年热爱体育、崇尚运动、健康向上的良好氛围，让全社会都来珍视健康、重视体育，创建青少年乃至全民族健康素质的长效机制。

（三）掌握一两项运动技能在教学中的意义

促进青少年体魄强健、身心健康，是我国体育教育改革的热点和重要任务。其中增强学生体质，培养运动技能居于首要地位。教育部体卫艺司司长王登峰在关于贯彻落实十八届三中全会精神的重要讲话中讲到，“学生如果没有一两项自己喜欢的、擅长的运动项目，就谈不上长期坚持体育锻炼”。掌握一两项运动技能，既可以养成良好的锻炼习惯，又可以使学生对运动产生兴趣。运动技能与体育锻炼的关系，犹如水到渠成。在培养终身体育锻炼意识中，从小培养运动技能，让每个学生掌握一两项运动技能非常重要。有资料显示参与项目运动最直接的原因是自己擅长，运动中选择擅长项目参与锻炼的占多数。学生本身已经意识到了掌握一两项运动技能在参与运动锻炼过程的重要性，已经领会运动技能的掌握是培养终身体育锻炼习惯的前提条件。多数都会选择擅长的运动项目进行锻炼，并且在参与锻炼过程中因为掌握了运动技能会感到参与运动的快感。这说明运动技能的掌握是充分调动体育运动细胞的一大要素，是参与运动直接的媒介和手段。体育运动技能的掌握与运动锻炼的关系犹如船与桨，体育技能如桨，运动锻炼是船，运动技能能促进人们主动参与运动锻炼，并形成良好的锻炼习惯。

（四）素质教育中学校体育的发展宗旨

素质教育不属于“英才”教育，也不属于“升学”教育与“就业”教育，而是属于“为人生做准备”的国民教育。在教育活动中，重视教授“最基本的知识点”，使学生掌握“以不变应万变”。为此，学校体育应该从传统的以传授体育知识和技能为主的教育方式，转变为培养学生独立学习、发挥其创造能力的教育。教师要引导学生积极主动学习体育的意识，使学生从被动接受灌输学习变成积极主动追求学习体育乐趣，从主观意识上认识到体育是协调发展身心的最优途径，使在校期间所学的体育技能受用终生。

经过几十年的发展，我国学校体育教育积累了一定的经验，取得了良好的成绩。但随着时代的变迁，素质教育的重要性日趋显著。学校体育教学必须顺应新形势的发展，落实加强培养新世纪综合型人才的任务，在体育教学过程中创新教学手段、丰富教学内容、完善教学设施，使学生真正明白体育的作用与意义所在，让每个公民都快乐地运动起来，让每一个公民都拥有强健的体魄，进而充分展示出学校体育在当今素质教育中“育体、育人”的宗旨。

第三节　素质教育背景下高校体育教学改革的问题

一、素质教育背景下体育课程改革存在的问题

（一）学生身体素质一年不如一年，体育课安全隐患频发

新中国成立60多年来，学校体育在党和国家的高度重视下，已经开始发生巨大的变化。十八届三中全会决议“把学生的德育、体育和智育放在一个极为重要的位置”，突出了教育的综合改革。但是受传统教学观念的影响，学校教育只关注学生的专业课，正常的体育锻炼不被重视。体育教学处于可有可无的地位，以致造成了不良后果。2015年国家体育总局发布报告称大学生身体素质不如中学生。统计衡量爆发力的50米跑成绩，中小学生过去几年都有提升，而大学生成绩仍在下滑，其中城市女大学生成绩甚至低于高中生和初中生。力量素质方面（包括仰卧起坐/男生引体向上），19岁至22岁的大学男生成绩与初高中生成绩持平。我国大学生近年来课上跑步猝死事件频发。例如，2012年4月23日，西安交通大学城市学院电信系大二学生上体育课时突然晕倒，送往医院后抢救无效身亡；2012年11月，成都大学一名大学生参加校园活动时猝死；2013年9月5日浙江绍兴一名学生在体育课慢跑时心跳突然停止，抢救无效死亡；2013年5月23日，华东政法大学一名大二女生在晚跑锻炼时突然晕倒，最终也离开了人世；2014年5月26日晚，南昌航空大学一名学生在校园跑步锻炼突感不适，送医抢救后无效死亡；2014年9月15日下午，浙江纺织服装学院一名男生在参加1000米跑步，最终倒在了跑道上再也没起来；2015年10月24日下午，南京大学一名大三男生在体育测试跑1000米时，跑到700米左右，猝然倒地，昏迷不醒，经抢救无效，不幸去世。多项案例说明“学生身体素质一年不如一年”已成为一个不争的事实，这也是许多体育教师的共鸣。不少学校出于安全原因，对学生的体育教学更加谨慎，以至于体育活动丰富性减弱，学生参与受限。久而久之，也使得学生不愿运动，

没有良好的体育运动习惯，终身体育意识难以形成。

（二）体育课程目标认识上存在误区

过去“体育课程目标”一词往往被“体育教学目标”所取代，并理解为体育教学过程中教学双方预期要求达到的目的或结果，实际上，这是一个认识上的误区。体育课程应该指广义的体育课程，它包括了体育课堂教学、课外体育锻炼以及运动训练，体育课程目标的实现取决于这三者的有机结合。体育课程目标包涵了体育教学目标，体育教学目标是其中的重要组成部分，二者并非对等关系，绝不能互相替代。通观我国高校的体育课程目标，主要存在以下3个缺陷：以总体目标代替具体目标，导致体育课程目标过于笼统，缺乏层次性。不分对象、不分层次，直接导致了教学、训练实践中师生对目标认识的模糊；侧重显性目标，忽视隐性目标。布鲁姆将教学目标划分为3个领域：知识、技能、情感。其中，知识、技能领域的目标根据评价标准可以测量呈显态，而情感领域的目标较难把握，或者实践中没有明确的情意目标，导致了体育教育实践中单纯的知识教育、技能教育或单纯的体质教育；对具体目标的认识还不够深入，目标领域也有待拓展。但应该说明，我国教育部下发的《全国普通高等学校体育课程教学指导纲要》对体育课程目标在领域上已有了突破。

（三）现有的体育课程结构体系不合理

普通高校现有的体育课程结构，主要以基础普修和专项选修组成。即在一年级以提高身体素质、普及运动技术为主，多以行政班为单位，指派教师上课。二年级实行选修制，根据个人意愿选课。三、四年级较少有选修课，大部分学校不开设体育课。就内容设置来看，大学阶段还是延续了中小学开设的内容，这种“炒冷饭”式的内容设置也受到了广泛的批评和质疑，结果是：学科的内在性质没有很好地挖掘，没有建立起系统的体育学科知识，忽视了大学生的认识水平及体育需求，造成了学生喜欢体育但不喜欢体育课的怪现象。显然，这种格局与构建大课程结构体系的要求还有较大的差距，改革目前高校体育课程结构模式乃当务之急。

（四）教师能力未能与课改需求相适应

课程改革存在的最大难题就是教师能力无法与教育改革发展需求相适应。换言之，即教师的综合能力储备未能与课改提出的新需求相适应。例如新课改提出了运动参与、运动技能、身体健康、心理健康和社会适应五个领域的课程目标，其中对于“心理健康”和“社会适应”这两个领域而言，体育教师或教研人员却不具备相关心理健康和社会适应的知识储备。此外，目前大多体育教师的能力低，技能水平差，无法引导学生完成运动技能领域目标。特别是在经济欠发达地区，体育教师缺乏、师资力量薄弱，造成体育课什么人都能教的现象。这与国外要求双学位的体育教师资格证形成了鲜明的对比，也越显我国体育教师素质的不足。同时当下教学资源缺乏，教师职业后系统培训的机会较少，体育教师运动能力、技能水平及教学基本功，距离课改要求有巨大差距，在执行体育课改中困难重重。体育教学事故作为体育课程改革的拦路虎，更加需要体育教师高素质的职业技能进行预防和调控。体育运动作为身体活动的一种，不可避免会受到一定的损伤。但是运动损伤发生的可能性是可以进行预防的，运动损伤的程度是可以得到控制的。这就与体育教师掌握的相关知识和传授该知识的力度有莫大的关系。体育运动作为一项适用于终生的活动，体育教师不仅要教会学生体育技术技能，还要向学生普及相关的理论知识，这就对体育教师素质提出了更高的要求。

二、素质教育背景下高校体育教学改革存在的问题

（一）我国高校体育教学改革存在的问题

目前，我国的高校体育教学依然存在很多问题。例如，在《纲要》的课程目标中要求有运动参与目标；运动技能目标；身体健康目标；心理健康目标；社会适应目标。在身体健康目标的实现当中，教师的努力就显得苍白无力，不管是新课标的提出还是阳光体育运动的推行都阻挡不了我国青少年体质连续20年下降的趋势，体育教学在承担增强学生体质方面显得力不从心。新课标出现以后取消了以前的“三基”教学，再加上目前教学方式的多样选择，使很多教师对教学产生了迷茫，不知道应该教什么、怎么教、教多少？而对于心理健康的目标培养，我们过去认为的体育教学培养学生意志品质就过于苍白了，很多教师依然简单地把赛跑当作竞争、长跑等于意志、跳箱称为勇敢、游戏理解为合作，对于这种现象是否说明我们对于体育的理解太简单了。如果说上面这些问题可以通过教学改革慢慢解决的话，那么下面列出的这些问题则是不管教学如何改革都无法回避的难题。

（1）在高校教学体系的制定下，公共体育课教学时间短，而承担如此多课程目标要求的教学一周两学时已不能满足其需求。

（2）学生体育基础差，由于我国特殊国情，大部分学生在十二年的中、小学体育课上学到的东西很少。

（3）大学生进入大学时，大部分人已经超过18周岁，身体素质发展的灵敏期大多已经过去，对于体育运动的专项训练可塑性明显弱于体育生。

（4）学生对体育课的兴趣低，由于我国特殊国情，十二年的中、小学体育教学已经消磨了学生的兴趣。

（5）课程非主流，大学是以专业学习为主的地方，学生在这里学习的是自己的专业，但体育并不是。

最后一条其实是目前我国体育教学遇到的根本问题之所在，稍微扩大一点说其实就是教育的功利性问题，因为在大学里，学生体育好与不好和自身就业没有直接的关系。因此教育的功利性也就是导致我国体育教学现状的根本原因。

2002年，《全国普通高等学校体育课程教学指导纲要》的颁布又加快了大学体育课程改革的进程，纲要在课程性质、课程设置、课程结构、课程目标等方面进行了重要改革，特别是实现了过去的“学校体育以增强体质为主”向“健康第一”为指导思想的转移；“学科中心论”向“人本主义教育理念”的转移；学生由被动学习向主动学习的转化。高校在体育教学内容的设置和选择上要不同程度地反映终身体育目标的要求，不同程度地关注学生终身体育能力及体育锻炼态度和习惯的养成。2005年4月，在教育部印发的《教育部关于进一步加强高等学校体育工作的意见》中再一次对落实《全国普通高等学校体育课程教学指导纲要》更是要求积极创造条件，努力实现以学生为本的“自主选择教师、自主选择项目、自主选择上课时间”的三自主教学形式。这种三自主教学形式的推行使我国高校的体育教学改革更进一步。

（二）导致我国高校体育教学现状的原因

我国高校体育教学模式的整体特征是形式多样、门类繁多，但功能单一。教学主体不明确，

教学内容枯燥无味，教学以体育知识和技能的传授为主要目标和着眼点，没有根本的显著性效果，基本上很难适应现代高校体育教学的发展需求和教育理念。

1. 以教师为教学核心，忽视了学生的主体性

学生主体性发展受到限制，从根本上否定了学生的独立性和创造性。在体育教学任务上，表现为重视知识传授忽视个性的发展，教师是体育课的主导者，学生被动地接受学习，从而忽视了学生体育能力和个性的培养，学生的主动性和积极性被极大地压制。这也束缚了高校体育教师的思维方式，极大滞缓了高校教学改革的创新和发展。最重要的是，高校公共体育课程教学改革，必须充分强调适应学生个性发展的要求，以发展学生的主体性为首要目的，促进学生综合能力地不断提升，使得学生在各方面都得到全方位地促进和发展。

2. 高校体育实施改革以来，忽略运动技能的基础性教学

由于一味地强调“终身体育”的教学方法，为了向这些教学模式靠近从而忽略了最基础的运动技能，并没有真正达到学有所用的教学思想，更加谈不上终身体育。这一急于求利的功利性教学导致在体育课教学改革中出现了意想不到的走偏差的教学问题。因此，在体育教学的改革中必须遵从循序渐进和使学生能够全面发展的这一基本原则。在高校公共体育课改革中要树立正确的指导思想，以免相当一部分体育教师在教学指导思想上产生混乱。由于体育教师对体育教学理论认识不足，也导致学生学习的兴趣降低。因此，就会形成恶性循环，导致忽略“以运动技能为基础”的基本的准则要求，从而不能有效地去掌握好体育教学中最基本的运动技能。

3. 高校体育课教学内容形式单一

现阶段高校体育课教学中普遍存在的一个问题就是教师轻视理论知识的教学。因此，在教学内容上教师应该与时俱进，不断扩大学生的知识面，同时也要重视教学内容的实际应用性，提高学生体育文化水平。为解决教学形式单一的问题，还可以组织安排或引导学生参与丰富多彩、生动活泼、富有朝气与活力的课外及闲暇体育活动。开展闲暇体育不仅能够丰富校园文化体育生活，还能营造育人的校园环境氛围。

第四节　素质教育背景下高校体育教学改革的对策

一、素质教育背景下体育课程改革的对策

（一）构建以“学生身心健康，体魄强健为本”的体育课程新体系

青少年犹如早上七八点的太阳，强健体魄是其美好未来的基本保障，其体质健康水平关系到整个民族的健康素质，影响国家人才培养质量。培养一个国家的人才，必须从青少年开始，他们有着容易接受新鲜事物的基础，在指导思想上必须找到一个切入点和突破口，而这个切入点和突破口就是课改，以青少年的体质发展作为出发点和落脚点，构建“学生身心健康，体魄强健为本”的体育课程新体系。中央教育科学研究所体育卫生与艺术教育研究中心主任吴健表示，大学生在参加体育活动时发生意外猝死事件，基本上都与学生自身的体质有关。表面看起来这类事件有很大的偶然性，但实际上都是能够预防的。然而在高校中，非体育专业的学生尽管在考试中会有体育成绩作为参考，但比重不大，因而造成学生的不重视，体育被边缘化。除

此之外体育活动猝死事件频发、安全隐患等成为学校的枷锁，圈养教育，难以保证体育课程落实和学生体育活动时间。一个良好的锻炼习惯，会跟随着一个人的一生，如果没有一个良好的锻炼习惯，仅靠一时的集训，想要达到提升学生身体素质，那是天方夜谭。所以，当务之急必须进行课程改革，落后的体质行为已经不能和国际接轨，体育教育不能再按部就班，要敢于改革思想，建立一个科学的体育教育体制。构建以“学生身心健康，体魄强健为本”的体育课程新体系，通过传承体育文化素养，培养学生健全人格，增加社会责任感，形成学生不同的个性特点、创新能力和个性发展，促进学生综合发展。从小锻炼的习惯延续下来，学生体质下滑的趋势才会得到有效遏制，学生的身体素质自然会提高。

（二）厘清体育课程中的基本问题，明确课程改革目标

课程改革10多年来，准确的问题、清晰的目标是改革前进的指挥棒。现阶段我们应冷静的回顾，认真的思考，改革这么多年，我们做了什么？解决了哪些问题？现在面临的实质问题是什么？我们必须清楚体育课程改革到底能做哪些事情，体育工作人的能力是否能适应现阶段体育课程改革的目标，必须准确定位，量力而行，实事求是。在体育课改的进程中，切记做我们力所能及的事，不要夸大体育的功能，贸然承接一些我们无法完成的任务，必须明确体育课改的目标和初衷要同素质教育发展要求相契合。清楚认识我国在体育教育这块问题上所要重视的问题就是体质健康，提高学生健康素质已经成为课改的一大目标，要以提高国民体育健康为重点。作为体育工作者我们如何为社会所需人才打下基础，体育课程改革为何而改，如何去改？归根结底都离不开社会需求、学生个人发展以及学科知识技能和方法。改掉那些落后于时代发展的东西，明确体育最基础、最本质、最主要的体育功能与价值。开展素质教育离不开体育教育，学校体育对促进学生身体健康、身体的正常发育起到了积极的作用。体育教育的正常开展和学生基本知识技能的掌握，一定要有先后。首先确保孩子身体正常发育，健康成才。俗语说“身体是革命的本钱”，有了健康的体魄，然后再掌握一些知识方法和基本技能。视体育为一种载体和手段，加强体育锻炼，坚定“健康第一”的理念，确保体育课和体育锻炼时间，加强心理健康教育，促进学生身心健康、体魄强健、意志坚强，促进德育、智育、体育、美育有机融合，提高学生综合素质，促进人的整体发展。

（三）以青少年体质健康为主轴，合理构建体育课程

在体育课程建设中，必须用观念来调整师生关系和教学的关系。对不同的教材和教学对象，各地各校选择适合实际情况的教材，以学生为载体，注重个人特点，使他们了解并认知运动的本质，提高其运动技能。从长远来看，体育教学不仅仅是让学生能在学校得到锻炼，在课外得到锻炼，技能得到提升，最重要的是让今后走出社会的学子们，能够在一条适合我国现行教育发展的道路上越走越远。着眼于此，重新编写以学生体质健康为主轴的各类合理体育课程内容，进而制定出与之身心健康发展相契合的体育教学教材显得尤为重要。

总而言之，新的体育课程建设要以学生健康成长为主轴，无论是在校内还是在校外，都要为学生身体健康提供合理科学的理论依据和正确的锻炼方法，以期达到学生体魄强健、身心健康发展的目的。

（四）发挥体育课内外锻炼“主战场”作用，保证课程实效性

体育教学是为了培养学生健全人格、体魄强健。在实施体育课的教学改革过程中，应当把

学生体育基本素养和专项技能作为工作的基本思路，认真梳理并反思体育课教学为何却没教会学生一项运动技能？如何在一次体育课中，让学生易懂、乐学、学会？怎样活跃体育课堂氛围，调动青少年体育锻炼的积极性，使学生的体质健康有明显的突破和变化？需要在千头万绪中抓点带面，抓住学校体育的关键，突出体育课和课外锻炼，达到促进青少年身心健康，拥有强健体魄的目的。当务之急学校体育课改革要以学生健康为主线，把体育技能作为生活必须具备的基本技能传授给学生。一方面，要发挥校领导的关键作用。因为确保体育课内外活动的实效性，既是体育教师的义务，也是全体教师和领导不能推卸的任务。作为学校第一领导人，应该认真贯彻和实施教育部的各项方针，加强对体育教师的业务能力培训，提升教师职业能力水平，提高教学质量，同时还应该结合学校实际情况，鼓励因地因校制宜，将丰富多彩、简单易行、效果显著的体育运动项目与各个学校有特色的体育项目相结合，构建富有特色的学校锻炼活动。以确保青少年有充足的时间、能力和兴趣参与体育锻炼，实效落实每天锻炼一小时。另一方面，需要改革考试评价体系。将学生体质状况和体育特长翔实地记入学生综合素质评价档案中，作为学生毕业的重要参考。使体育课和课外运动锻炼发挥“主战场”作用，科学合理安排学习、生活、锻炼时间，提高学生体质健康水平，继续加强学生各方面体能素质锻炼。加强学校和社会的协调合作，共同创造学生爱锻炼、崇尚体育、积极进取的良好社会气氛，构建良好的民族体质健康实效机制。

（五）增强学校基础能力建设，创建良好的锻炼氛围

一是要从根本上提升学校体育教师水准，把学校教师这支队伍强化起来。聘请一些有经验的运动员或者是部分有特殊技能的体育专业人士，让他们都加入到体育教师这个行业中来，专职教师与部分兼职教师共同组建成一支优秀的教师群体，同时在培养体育教师专业人才过程中，拓展专业运动员向体育硕士发展，加强农村教育硕士培养，提升教师综合能力，加大体育教育专业贫困地区定向生及免费师范生的规模。二是注重专、兼职体育教师能力培养，提升教师综合能力及上课能力，加大体育教师的“国培计划”培训力度，利用一切可以利用的条件及方法拓展培训服务，组织各类优秀课研讨展示活动和基本技能比赛，不断提高教师体育教学在岗能力。三是加强体育器材和场地建设，开发体育基础资源。体育器材和场地是保证体育课程有效进程的基础设施，现阶段应该把学校体育基础建设纳入新一轮“全面改革”工作中，结合学校地域特点，合理开发学校自身资源，发挥体育工作者的主观能动性，创设最适合的体育教学情景，创建良好锻炼氛围满足学生课外锻炼及体育课需求。

二、素质教育背景下高校体育教学改革的重点

（一）明确体育课程中的指导思想与发展目标

高校体育教学中要树立正确的“终身体育”思想。终身体育是终身教育内涵的扩展和延伸，是终身教育发展的必然，我们要培养学生终身体育思想的形成。高校体育教学的目标正逐渐向多元化的方向迈进和发展，培养学生终身体育意识，养成终身锻炼习惯，并且能够掌握终身体育锻炼的方法，发展并培养塑造终身锻炼的能力，能够促进学生个性与身心上的健康发展。随着终身教育思想的兴起与盛行，终身体育思想已经逐渐地被世界各国接受，特别是在发达国家率先实行。体育教学目标包括有四个基本目标，即社会目标、技能目标、认知目标与情感目标。

然而，在体育教学目标中，占有重要位置的是认知目标，如果学生没有在认知目标的形成上发生转变，学生的学习态度，即情感目标最终也是很难实现的。

（二）高校体育教育向着多元化和现代化的方向迈进

传统的教学方法和教学模式受到很大冲击，现代的教师更注重发展学生个性，培养学生的学习兴趣并且努力挖掘发展学生的学习潜能。体育作为素质教育的一个重要内容，不仅是健身的重要手段，还具有丰富的教育价值。因此，高校体育教材应该多元化，内容丰富，只有获得运动技能，掌握运动技能，才能够满足学生的需求和社会的发展需要。体育学科应当承担起发展学生认知能力的任务，要切实担负起作为学校教育不可或缺的一门学科的学科责任。

（三）完善课程体系，合理安排教学内容

高校体育课程要丰富教学内容，激发起学生对体育课学习的兴趣；普修和选修课程要分明，要根据课程的设置来明确安排好教学内容；课堂教学要精炼细致。高校也可以根据学期末的考核内容来制订相关的教学计划、教学内容，通过教学来促进学生体育意识观念的形成，提高体育文化素养，增进运动技能。

第三章　高校体育教学方法的理论与实践研究

在提倡“以人为本”的教育理念，全面实施素质教育的今天，学校体育教学正在进行全方位的改革。体育教学方法是体育教学系统最重要的组成部分之一，是联结体育教学理论与实践的桥梁和纽带，在体育教学过程中具有不可忽视的地位。然而，当前高校体育教学由于受陈旧教育观念的影响，加上教师实施教学方法的“惯性”，出现了教学方法与人才培养所需的不相符性，引发了对教学方法更新的不断思考。

对此，教育部门非常重视对教学方法的改革，制定了一些保障性的政策法规。如《国家中长期教育改革和发展规划纲要（2010—2020年）》提出，“把改革创新作为教育发展的强大动力，改革教学内容、方法手段，突出培养学生的科学精神、创造性思维和创新能力”。《关于深化教学改革，培养适应21世纪需要的高质量人才的意见》中指出，“改革教学方法是深化教学改革的重要内容，重视学生的主体地位，调动学生学习的积极性、创造性，改革灌输式、过分偏重讲授的教学方法，积极实践启发式、探讨式、研究式等生动活泼的教学方法”。因此，高校体育教师为了能更好地开展体育教学，就必须对体育课的教学方法进行深入地研究与分析，掌握普通高校体育课教学方法存在的问题及改革走向，这对于转变教师观念，改变学生学习方式，改革教学评价手段，促进普通高校体育课教学方法的改革具有重要的理论意义和实践意义。

第一节　国内外体育教学方法的研究及评述

一、国外体育教学方法的研究及评述

国外对教学方法或体育教学方法进行研究的很多，但多数是从人的未来发展需要入手，把教育、教学作为培养未来发展需要的人出发，可归纳为以下四种。

（一）关于方法对人发展重要性的研究

英国哲学家弗朗西斯·培根（F. Bacon）曾将方法比喻为“跛足而不迷途的人能够赶过虽健步如飞却误入歧途的人”。他把方法和目标融为一体，诠释了方法就是人发展的捷径。

黑格尔在《逻辑学》中指出：“在探索的认识中，方法也就是工具，是主观方面的某个手段。”这是对人的认识方法的一种富有哲理性的描述，深刻揭示了方法、手段是人认识世界的工具，是主客体之间发生关系的纽带和桥梁。

（二）强调教学中教师或教法作用的研究

苏格拉底提出的“产婆术”教学法，其实质就是教师要做“知识的产婆”，把原在学生心中的知识激发出来，转化为学生的实际知识、技能，强调教师的指导、引导、诱导作用。

德国人拉特克在《教学论》中指出：“教学论思想着眼于研究‘如何教’的问题，是以教学

法和技术为中心，重点探讨如何使所有的人最容易、最有效地掌握知识和提高教养的方法。”拉特克论及的教学法和技术是有效掌握知识的方法和工具，不过他仅强调的是“如何教”的问题。

捷克的大教育家夸美纽斯于1632年著的《大教学论》写道：“教学论是把一切事物交给一切人的全部艺术，主要目的是寻求并找到一种教学的方法，使教员因此可以少教，但是学生可以多学。”这简明而深刻的论述了“教”的最终目标和方向，并率先提出班级授课制的教学组织形式。

德国的教育家赫尔巴特把人的观念看成是心理生活的本原，主张按心理活动规律去分析教学，创设了“形式阶段教学法”。他的弟子T. 齐勒尔和W. 赖恩发扬了他的思想，改进的“五段教学法”，即预备—呈现—联系—统合—应用，盛行于欧美。

（三）突出教学中学生或学法作用的研究

大教育家杜威强调经验、生活、实践是学习的重要基础，认为经验是人与环境的作用，教学是教、学、做的统一，提出“学习五步法”，即问题情境—问题的性质—解决问题的假设—推论—验证五个学习步骤。

苏联教育家赞科夫指出：“以尽可能大的教学效果来促进学生发展。”注重把各种教学要素整合起来，以达到提高学习效果的目的。

美国人本主义教育家罗杰斯批判传统教学手段单调枯燥，把教师视为学生学习的促进者，指出融洽的师生关系是提高教学效果的关键。

（四）创新体育教学方法的研究

日本从20世纪50年代在学校体育教学中实践的“集团竞争学习法”，是由“快乐体育”的理论发展而来的。

苏联在60年代初引进的“程序教学法”，是由美国心理学家普莱西和斯金纳创造的一种以自学程序教材为主的体育教学形式。

美国心理学家布鲁纳根据瑞士心理学家皮亚杰的“发现法”，提出的一种能激发学生学习动机、引导学生自己发现问题和解决问题的“发现教学法”。

美国教育家威廉格拉塞于70年代中期提出“合作教学法”，在许多发达国家的学校教育中广泛应用，取得丰硕成果。

国外的研究，从总体上、思维上、观念上去把握和衡量教学方法的占多数，对体育教学方法单独进行研究的不多，多数是把教学方法与教学程序、教学模式等融合在一起，贯穿于指导思想之中。体育教学活动已经不限于课堂内，而是延伸到了课外，课堂上也不仅限于体育知识、动作技能的传授，而是把各种各样的活动搬上课堂，既满足了学生的学习兴趣和需要，又加强了教学内容与社会、生活的联系，很好地培养了学生终身体育的能力。

国外研究给我国的体育教学带来了很大的借鉴作用，但是，体育教学活动需要体育教师、学生、环境等不同因素才能完成，不同的教师素质、学生水平、设备条件等都会影响体育教学效果，所以不能生搬硬套国外的体育教学方法。

二、国内体育教学方法的研究及评述

(一) 关于体育教学方法的理论研究

对体育教学方法的理论研究主要集中在对体育教学方法的概念、分类层次、选择原则和应用注意事项等方面的研究上。

高天明（2001）对 20 世纪上半叶、下半叶、教学方法变革的理论三部分进行分析，从前人在实践中的探索成果中对理论进行总结提高。

吕春枝（2008）评述了近代教学方法改革的理论与实践，展现了各种教育机构中的具体活动方式，揭示了教学方法的科学化、实用化趋向。

董文梅（2007）基于会能度理论，对运动技能的形成阶段及各个阶段对应的教学方法进行系统分析。

曲红军（2003）论述了体育教学方法优化应遵循的原则，从系统的观点出发，在运动技能形成的不同阶段合理选择、使用教学方法。

彭小伟，杨国庆（2010）按照整体类、方式类、技能类 3 个标准对体育教学方法体系进行了构建。

于素梅，毛振明（2009）从宏观层、中观层、微观层三维观对体育教学法层次进行分类。

朱建国（2009）在分析传统教学方法与现代教学方法的基础上，认为两种方法各有优缺，教师应结合自身、学生特点，根据教学任务、目的，灵活选择。

这些成果从不同的角度对体育教学方法的概念、范畴、分类、层次等方面进行系统剖析，为研究体育教学方法奠定了理论基础。

(二) 关于体育教学方法在教学中的应用研究

这方面的研究多数出现在 21 世纪，尤其是在体育新课程实验、实施以来，这类文章层出不穷。

唐开荣（2010）在新课程理念的指导下，对新型的体育课堂特征进行阐述。

边静波（2009）以新课程理念或新的教育理念为指引，对一主多选教学法、情景教学法、分组合作教学法、尝试教学法分别进行了阐述。

晋银峰（2009）从解读教学文化入手，探讨了传统教学文化的形成，并对新课程实施中的教学方式进行了深入剖析。

曹科枢（2011）针对新时期教育理念的影响，就如何创新学校体育教学方法的思路进行了阐述。

上述学者中，多数都是从新课程理念入手，对新时期的体育教学方法进行革新或对传统教学方法的变异组合等进行研究，重点突出理念的渗透和体育教师改革意识的加强。

(三) 关于体育教学方法的实证研究

这类研究多数是从合作、自主、探究等教育理念或新型的学习方式入手，对某类教学法进行实践，来证明此教学法的功效。

王祥（2010）通过对武汉职业技术学院的学生进行实验（乒乓球选修课），得出“心理训练教学法有利于提高接发球的成功率和稳定性”的结论。

彭跃群（2009）通过两轮教学实验，证明了教学方法的优化组合在“提高教学效果、发展学生思维能力”方面的巨大功效。

吴本连（2010）用大学生体育自主学习量表对学生进行实验，得出了如下结论：不同程度的自主学习方式对教学效果影响不同；对不同专业、不同性别学生的学习效果影响也不同。

胡永红（2009）深刻揭示了有效体育教学的内涵、特征、影响因素、提高策略等，并对有效体育教学的评价标准进行了研制。

吴哲（2010）运用传统体育教学方法和合作体育教学方法对浙江高职一年级学生进行实验，验证了团队项目更适合采用合作教学法。

近年来，类似上述的实证研究备受关注，但这类教学法多数是从教育学或心理学等学科中移植过来的，针对体育这个特殊的学科，要想用好此类方法，必须经过体育教师的加工和改造，这需要体育教师从学科特点出发，从教育理念入手，针对体育教学特点进行合理使用。

前期的研究对体育教学方法理论的完善和具体的实施起到重要的借鉴作用，但也存在一些不足之处，表现为以下三点：

第一，研究比较宏观、笼统，研究的针对性比较模糊。如一些文献对体育教学方法的层次进行研究，分为宏观、中观和微观层次；对教学方法选择的注意事项进行研究，提到要考虑体育教师、学生、环境等因素的影响，我们试想，只要是教学，这三个因素都应该考虑的，虽然没错，但等于基本没说。与国外研究相比，研究的视角和深度不够，如无休止地争论教学方法的概念和分类，咬文嚼字地死抠相关概念的区别，笼统地介绍体育教学方法应用的注意事项等。

第二，理论与实践脱节，理论成果难于付诸实施，可操作性不强。如一些学位论文，要么是对体育教学方法的沿革、影响因素等进行分析，要么是对某一两种教学方法进行实证研究，理论与实践割裂严重，很少既有理论分析又有实证的研究。还有些研究出现重复较多，在总结他人对体育教学方法概念、层次的基础上，稍稍提出自己的一点看法和建议就成为一种新思想，这种研究既缺乏足够的理论支撑，又不能在实践中得到应用和实施。

第三，缺乏前瞻性研究，对过去经验总结过多，对未来发展预见不足。多数研究只是从体育教学方法概念、分类入手，并且从以前的概念到如今的概念进行回顾，对体育教学方法的总结很是到位，但从教育学、心理学的前瞻研究成果来考虑体育教学方法的很少，对未来如何使用、改编、创新体育教学方法的预见性研究更少。

第二节　我国高校体育教学方法的相关研究

一、体育教学方法的相关理论研究

（一）体育教学方法的概念界定

概念的清晰是任何研究工作的前提。由于社会背景、文化氛围的不同，由于研究者研究问题的角度和侧面的差异，使得人们对“教学方法”概念的界定自然不尽相同。为此，这里有必要对本文所使用的概念，即教学方法、体育教学方法提前做一个界定。

1. 教学方法

教学本身是一种复杂的、综合性的动态活动。在教学发展的不同时期或阶段，由于多种因

素的影响，人们对教学及其活动过程的本质意义有着不同的认识。因此，对教学方法的概念，人们也赋予其许多不同的意义和解释，这说明对教学方法的认识和理解要受多种因素的制约和影响。

在20世纪30年代商务印书馆的《教育大辞书》中将“教学方法”说成是“一方面组织教材，使适应学生心理与需求；一方面引起学生之兴趣与努力，使能领悟教材之直义，且知应用之于实际生活”。

李秉德教授主编的《教学论》中说：“教学方法，是在教学过程中教师和学生为实现教学目的，完成教学任务而采取的教与学相互作用的活动方式的总称。”

顾明远教授主编的《教育大辞典》认为，教学方法是“师生为完成一定教学任务而在共同活动中所采用的教学方式、途径和手段”。

谢利民教授主编的《现代教学基础理论》对教学方法的定义是：“教学方法是教师组织学生进行学习活动的动作体系（包括内隐作用和外显动作）。”

通过对各种教学方法定义的归纳总结，我们认为，当前国内、外具有代表性的教学方法的定义主要有以下几种：(1) 方法说。“教学方法是教师为达到教学目的而组织和使用的教学技术、教材、教具和教学辅助材料以促成学生按要求进行学习的方法。”(2) 方式说。“所谓教学方法，指的就是为了解决教养、教育和发展学生的一定任务，教师和学生相互联系活动的种种方式”。(3) 活动说。“可以把教学方法定义为：为达到教学目的，实现教学内容，运用教学手段而进行的，由教学原则指导的，一整套方式组成的，师生相互作用的活动。” (4) 手段说。“教学方法是为完成教学任务而采用的手段。”因此，有的学者认为是“方法”，有的认为是“方式”，有的认为是“手段”，有的认为是“活动”。我们认为这些观点都尚欠妥当。把教学方法的概念确定为“方法”，犯了“循环定义的逻辑错误”；把教学方法的概念确定为“方式”“手段”等，犯了“定义过窄”的逻辑错误；把教学方法的概念确定为“活动”，则犯了“定义过宽”的逻辑错误。所以，将这几个概念作为教学方法的概念都是不合逻辑的。

基于上述认识，我们可以把教学方法的定义界定为：教学方法是在教学过程中，教师指导学生学习教学内容，通过对工具、手段的综合运用以达到教学目标，完成教学任务，是师与生、教与学的相互活动。它既包括教师“教”的方法，也包括学生在教师指导下的“学”的方法。

2. 体育教学方法

体育教学方法的概念一直是学者争论的热点和焦点，不同学者对体育教学方法概念的定界不同，一些具有代表性的观点（见表3-1）。

表3-1 各学者对体育教学方法概念界定的列举表

学者	对教学方法概念的界定
学校体育学	“体育教学方法是体育教学过程中完成教学任务所采用的教学途径和手段。”
张学忠	“体育教学方法是指在体育教学过程中，在一定的教学原则下，师生相互作用，共同为实现体育教学目标，合理组合和运用场地、器材、手段的活动方式。它既包括了师生在教学活动过程中的内隐的思想、心理活动，也包括了器材的运用或演示和身体活动方式等。”
樊临虎	“体育教学方法是指在体育教学过程中，教师指导学生为达到一定的教学目标所进行的一系列活动的方式、途径和手段的总和。”

续表

学者	对教学方法概念的界定
周登嵩	“体育教学方法是在体育教学过程中，教师和学生为实现教学目的、完成教学任务而采取的不同层次、教与学相互作用的活动方式的总称。”
周林清	“体育教学方法为达到教学目的、完成任务，运用一系列教学手段组织的由一整套方式组成的师生相互作用的活动。是教师和学生在教学过程中的双边活动，是教师传授知识、学生学习知识的统一体。”
毛振明	“体育教学方法是在体育教学过程中，教师与学生为实现体育教学目标和完成体育教学任务而有计划地采用的、可以产生教与学相互作用的、具有技术性的教学活动的总称。”
刘海元	“体育教学方法是在体育教学过程中，教师和学生为实现体育教学目标、完成体育教学任务而采取有效活动的行为方式的总称。”

体育教学方法在教学过程中主要是解决教师“怎么教”和学生“怎么学”的问题。教学方法是随着教学活动的出现而逐渐发展起来的，又是随着社会的发展、教育教学实践的发展、科学技术的进步而不断改革和提高的。对于体育教学方法的概念，从上面的分析可以看出，人们对教学方法本质的研究趋于深刻，体育教学方法的概念也越来越比较具体和确切，应该体现在以下几个方面：

（1）教学活动中教与学的双边共同性。教学活动是教师的教和学生的学双边的共同活动。教与学是密切作用和相互联系的，在教学过程中，教学方法始终包括教师的教法和学生的学法，充分体现师生在教学中相互联系、相互作用统一的活动特点。任何忽视和单纯强调教与学任何一方的认识都是错误的，其无助于对教学方法真正含义的认识和理解。

（2）教的方法与学的方法的相互统一性。教学方法包括教的方法和学的方法，二者上相互联系、相互作用的教学活动统一体的两个方面，是有机结合的，并不是机械的相加之和，在教学过程中教师教的方法制约着学生学的方法，学生学的方法也影响着教师教的方法。教师的教法可以通过学生的学法体现出来，学生的学法又是在教师正确指引下的学习方法。任何一种教学方法都是通过师生个别的教法和学法的有机结合与辩证统一来发生效力的。

（3）教学活动的目的性和发展性。方法从其实质上来说，就是一种活动规律的规定性和活动模式，它规定人们按一定的行为模式去活动。因此，揭示教学方法的实质，就不能完全把教学方法等同于教学工具或教学手段，而是对工具，手段的综合运用。同时也不能把教学方法看成某种固定的方式或动作，而是一系列完整成套的活动。这种活动是有目的的活动，是师与生、教与学的相互活动。

关于体育教学方法的概念，从以下四种视角进行界定。

第一种，从方式、方法角度来界定，体育教学方法是完成体育教学任务、实现体育教学目标的方式和办法。

第二种，从途径、手段角度来界定，体育教学方法是完成体育教学任务、实现体育教学目标的途径或手段，这种观点认为，方法最终要落实到手段层面，通过具体的手段呈现并实施。

第三种，从总称、总和角度来界定，体育教学方法是多种途径、手段、组织的总称，这类观点多是从教育学或教学论引入的，但这种概念给人的感觉比较模糊。

第四种，从师生活动角度来界定，体育教学活动是一种双边活动、师生统一的过程，不但

有教师教的方法，也有教师指导下学生学的方法，还有教师组织课堂的方法，这类观点近年来很是流行，也普遍得到大家的认可。

体育教学方法的概念界定不一，但有几点是共同的：第一，教学方法是师生共同的活动；第二，教学方法不仅指教师的教法；第三，教学方法最终要通过具体的技术和手段来实现。

（二）体育教学方法的分类研究

目前体育教学方法多种多样，内容极为丰富，怎样把这些零散的、没有条理性的教学方法整理成系统性的体系，以便广大体育教师更好地掌握和运用，这就涉及到体育教学方法的分类问题。

1. 体育教学方法分类的意义

目前对体育教学方法进行分类研究，不仅是明确体育教学方法概念的必要前提，而且具有非常重要的现实意义，这是因为：

首先，体育教学方法的分类有助于体育教学方法科学体系的建立。体育教学方法的分类，是以对每种具体的体育教学方法进行详细分析为前提的。在明确某种方法的实质、作用和特点的基础上，根据某一标准，将若干相同或相近的体育教学方法归为一类。由于分类有一个依据的标准，各种体育教学方法不仅可以彼此区别，而且可以看出，在这个标准上，各种体育教学方法之间的关联和层次。

其次，体育教学方法的科学分类有助于教师准确有效地选择和运用体育教学方法，从而提高教学效率。理论研究的最终目的是为实践服务，关于分类体育教学方法的研究自然也不例外。体育教学方法一经恰当分类，建立起一定的体系，各种具体教学方法的特点、功能及其在整个体育教学方法体系中的地位便会一目了然。这样，不仅有利于教师从整体上把握各类体育教学方法，而且可以使教师根据教学目标的需要以及其自身的实际情况，选择能够有效地提高体育教学质量的体育教学方法。

2. 体育教学方法的分类列举

体育教学方法的分类像它的概念界定一样，争论不断，下面列举了部分具有代表性的分类方式（见表 3-2）。

表 3-2　不同学者对体育教学方法的分类表

学者	分类标准	具体类别及例子
马特维耶夫	方法来源	①体育教育的专门方法，如严格规定的练习法、游戏法、比赛法 ②一般的教育学方法、手段，如语言法、心理调节法、直观法等
王广虎	教学原则	①技术教学法，如分部分解法、分段分解法、分化分解法 ②组织教学法，如分流法、循环法、游戏竞赛法 ③教学组织法，如循序分期法、均衡对称法、综合恒定法等
樊临虎	师生角色活动	①教师的指导法，如讲解法、示范法、纠错法 ②学生的练习法，如观察法、听讲法、练习法等
张学忠	教学功能	①传授知识、技能类方法，如直观教学法、练习法、矫正法 ②激发情感类方法，如游戏法、鼓励表扬法 ③培养审美的方法，如形体练习法、鉴赏和创造法 ④人文教育的方法，如鼓励法、批评法、思想引导教育法等

续表

学者	分类标准	具体类别及例子
曲红军	要素本质属性	①原理性教学方法，含知识性教学方法和能力性教学方法 ②操作性教学方法，含以语言为主的方法和以语言为辅的方法等
冯晓丽	方法论层次	①作为指导思想的教学方法 ②作为教学操作程序和步骤的教学方法 ③作为教学方式、手段的教学方法等
彭小伟 杨国庆	整体教学方法	①以传授知识技能为主的方法，如讲解法、演示法 ②以发展学习能力为主的方法，如示范法、探究性教学法 ③以形成心理品质为主的方法，如念动练习法、暗示教学法 ④以培养团队协作精神为主的方法，如合作性学习法等
毛振明	学生认识活动	①以语言传递信息为主的方法，如讲解法、问答法、讨论法 ②以直接感知为主的方法，如示范法、演示法、保护与帮助法 ③以身体练习为主的方法，如分解完整法、循环练习法 ④以比赛活动为主的方法，如游戏法、比赛法、情景法 ⑤以探究性活动为主的方法，如发现法、问题探究法、小群体法等
刘海元	信息感知途径	①语言感知类，如讲解法、提示法、问答法 ②视觉感知类，如示范法、演示法、观察法 ③本体感知类，如分解法、完整法、巡回法 ④统合感知类，如游戏法、比赛法、榜样法等

体育教学方法的分类多样、形式不一，各有各的标准和理由，总体上给我们的启示有以下几点：

第一，没有无懈可击的分类，任何一种分类只不过是相对其他分类而言更全面、更好理解、更结合实际，但也存在或多或少的弊端和不足；

第二，自上而下对体育教学方法的分类越来越具科学性、合理性；

第三，分类依据呈现从教育学、方法学到心理学的转变；

第四，避免为分类而进行分类，“我们没必要不断地推翻已有的种种分类，对教学方法进行无止境的标新立异的分类，因为分类本身不是目的，为分类而分类则毫无意义”。

3. 体育教学方法的具体分类

由于教学观念的不同，对教学方法有许多种分类方法，有的是根据教学任务，有的是按教学活动的性质分类等。但是，教学论必须对教学方法的各个侧面的具体现象做出分类和系统化，才能把握本质和事实关系。本章通过对我国体育教学方法分类的演变过程作了回顾，并归纳、总结了对体育教学方法的分类状况有以下几种：

第一种分类法，根据体育教学任务进行分类，将完成某一类教学任务常用的方法，相对的分为一类。比如：1990 年由北京体育学院出版社出版的《学校体育学》一书，其分类为：发展体能的方法（含重复练习法、变换练习法、综合练习法、循环练习法）；运动技能的基本教学方法（语言法和直观法、练习法、预防与纠正错误法）；思想品德教育的方法（含说服劝告法、典型榜样法、规范指导法、评比竞赛法、表扬与批评法）。这种分类是根据体育教学的 3 方面任务提出来的。这种分类方法以各种教学方法追求的目标为依据，这样的体系保证了每一项体育教

学任务都通过相应的方法来实现，但教学方法分类过程中分类基础不够分明。

第二种分类法，根据教学活动的主动性将教学方法归纳为三种基本类型：教师主导型教学方法（讲授法、演示法、呈示法）；师生互动型教学方法（对话法、练习法、情境法）；学生自主型教学方法（观察法、讨论法、发现法、尝试法等）。这种分类方法在不同学科中具有很大的通用性。

第三种分类法，根据师生之间信息传递的方式进行分类。体育教学方法主要的功能之一是传递师生双方的信息。信息的发出与接收有不同的途径，因而也存在不同信息传递途径的体育教学方法：视觉信息类方法主要通过视觉感知教学信息，信源有人体和实物等；听觉信息类方法主要通过听觉获得有关的教学信息，信源有人体和实物等；触觉信息类方法主要通过触觉感知教学信息，信源有人体和实物等。这种多信息传播途径的方法体系，保证了师生多种感官参加教学活动，对于成功地、有效地进行教学是非常必要的。因此，体育教学方法分为视觉信息类体育教学方法、听觉信息类体育教学方法、动觉、触觉、本体感觉信息类体育教学方法三大类。

第四种分类法，根据教学方法的来源进行分类，一般分为三类，即体育教学传统中的教学方法，相关学科引进的教学方法，在实践中创造的教学方法。传统教学法包括语言法、直观法、完整与分解法、练习法、比赛法、预防纠错法等；引进的教学法包括掌握法、发现法、程序法、学导式教学法、问题法、范例教学法、自学辅导法等；创造的教学法包括成功教学法、快乐教学法、情景教学法、小群体学习教学法、领会教学法、重点教学法和游戏教学法等。

第五种分类法，依据教学活动中获取信息的主要途径进行分类。按照体育教学方法的外部形态（信息传递途径）和这种形态下学生认识活动对体育教学方法进行分类。分为以语言传递信息为主的体育教学方法、以直接感知为主的体育教学方法、以身体练习为主的体育教学方法、以比赛活动为主的体育教学方法、以探究活动为主的体育教学方法等5类。这是由5大原因造成的。

（1）信息传递途径本身就是教学方法的重要构成因素。

（2）这样的界定和分类肯定了实际教学工作中存在的教学方法的多样性，避免了因否定教学活动中存在的方法的多样性而出现的定义教学方法时不周全的现象，也避免了因分类不当而出现的论述中的混乱。

（3）从实践意义上讲，这样的分类层次分明、逻辑性强，便于从事实际教学工作的教师能清晰地掌握教学方法的理论，也便于分清教学方法的指导性和操作性，使教学理论能够真正地指导教学实际。在教学中，根据具体的教学目的、任务、内容和学生的实际情况创造出高效能的、能使教学取得最佳效果的操作性方法。

（4）这种分类既注意了教学方法的外部特征，也注意了学生学习活动的内部过程。一般来说，教学方法都是按教学活动的外部形态区分并命名的，这种形态体现了一种教学活动，具有独特的教学功能；同时，它也反映了学生认识活动的特点。

（5）师生之间的相互制约活动，在很大程度上取决于所选择的教学方法的外部表现形式。所以，按照教学方法的外部形态和这种形态下学生认识活动的特点进行分类，有利于实现教与学活动的相互作用和统一，也有利于教师主导作用的发挥和学生学习积极性的调动。

通过上述对体育教学方法分类的分析、讨论，认为依据教学活动中获取信息的主要途径进行分类是比较合适的（如表3-3所示）。

表 3-3　体育教学方法分类一览表

分类	方法
以语言传递信息为主的体育教学方法	讲解法、问答法、讨论法
以直接感知为主的体育教学方法	示范法、演示法、纠正动作错误与帮助法、视听引导法
以身体练习为主的体育教学方法	分解法、完整法、循环练习法、领会教学法
以情景和竞赛活动为主的体育教学方法	游戏法、比赛法、情景法
以探究性活动为主的体育教学方法	启发式教学法、发现法、问题探究法、小群体学习法

以语言传递信息和以直接感知为主的体育教学方法是根据教师向学生系统传授知识技能的方法这一共同特征；以身体练习和以比赛活动为主的体育教学方法集中反映了体育教学方法以身体练习为主的专业特征这一共同特点的改革趋向；以探究性活动为主的体育教学方法共同体现了现代教学的民主化发展方向和教学相长，并充分利用学生的身心潜能组织教学，并着眼于完善学生的能力结构。

从表 3-3 可见，体育教学方法的分类，揭示了体育教学方法分类体系的多维复杂、纵横交错的组成内容，展示了未来体育教学方法改革与优化的发展趋势。随着科学技术的进步、体育教学理论的进展、体育教学内容的变化和学生个性多样化的发展，加上新的教学观念、教学原则和教学手段的出现，必然使体育教学方法更为复杂和多样。也就是说，人们将从更多的角度去研究、分析整理各种教学方法的特征，形成教学方法体系结构研究的系统化与综合性、多元化与扩展化、科学化与现代化、专业化与示范性等多样化趋势。因此，体育教育工作者应采用具体相应对策，并付诸改革实践，以确保体育教学方法分类的改革向最优化方向发展。

（三）体育教学方法的层次研究

黄南洁（1996）对日本国立教育大学的体育教学方法进行阐述，形象地勾勒了体育教学方法的构造层次，并以图的形式展示了以教师为主导型教学和学生以自己活动为中心的教学两种形式。

陈雁飞，董文梅，毛振明（2006）从体育教学方法的概念入手，在探讨教学方法与教学行为的区别的基础上指出体育教学方法与教学行为之间的关系，并剖析两者区分不清的原因，提出体育教学方法的层次由上位层次“教学方略”、中位层次“教学方法”和下位层次“教学手段”三个层次构成。

盛建国（2006）指出根据体育课教学内容向前推进的顺序和特点，每一个教学内容在教学方法上都可以分为相互连接的三个层次（见表 3-4）。

表 3-4　体育教学方法的层次表

教学方法	教学方法的属性
第一层　组织教学法	为适应教学的需要，进行各种形式的教学分组（如班内分组法、组内分组法与个别指导法）
第二层　技术教学法	选用适宜的教学方法进行技术教学（如分部分解法、分段分解法、分化分解法）
第三层　教学练习法	为巩固、掌握技术和提高体能，组织学生进行练习的方法（如重复练习法、间歇练习法、循环练习法等）

于素梅（2008）从体育学法结构中的内外层四要素（体育学习目标、体育学习内容、认知策略、行为方式）的内涵入手，对体育学法内外层四要素动态结构进行分析。得出的结果为：体育学法由四个要素构成，核心结构又分为外显与内隐两个层面，构成了一个动态结构，此结构将随时间而发生改变。

于素梅，毛振明（2009）按照宏观、中观、微观三个层次对体育学法进行分类：宏观层面分为“以练为主式”和“以学为主式”两种，中观层次“以练为主式”包含展示类、练习类、模仿类等，“以学为主式”包含讨论类、提问类、观察类、听讲类等，微观层面又有各自的分类，可谓是归纳全面，具有深度。

施朝阳（2008）依据方法论层次，把体育教学方法归为三个层次（见图 3-1）。

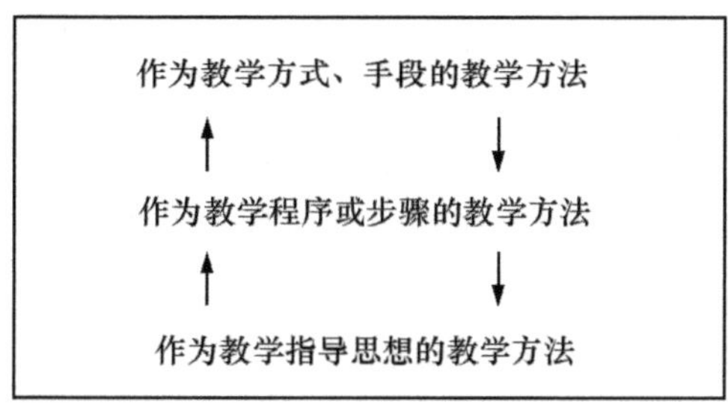

图 3-1　体育教学方法的三个层次

陈少青，杨国庆（2011）提出“3＋1”体育教学法体系，“3”指的是教法的三个层次，教法的范畴是三个层次的整合，是一个完整的体系。“1”指的是贯穿于三个层次中的学法，即在教学过程中所关联到的相应的学法。

表 3-5　“3＋1”体育教学方法分类体系

层次	整体层	元素层	手段层
类别	四大类	十种基本方法	两部分
内容	以传授知识技能为主：程序教学法、掌握教学法、领会教学法 以发展学习能力为主：发现教学法、学导教学法、问题教学法、案例教学法 以形成心理品质为主：游戏教学法、比赛教学法、情境教学法 以培养团结协作为主：小群体教学法、运动教育教学法	讲解法、示范法、问答法、演示法、辅导法、口诀法、诱导法、反馈法、表象法、保护与帮助法等	利用教师身体部位的手段 利用外在的教学工具的手段
诸如听讲法、观察法、讨论法、模仿法、练习法、试误法、表象法等学法贯穿于三个层次中			

体育教学方法的层次及体系从总体上来说，越来越注重指导思想的作用，把教学策略作为体育教学方法实施的先导，把理念设计到方法之中，在实施的过程中，又必须通过具体的技术和手段来实现，这样的层次基本有三个（指导思想层、方法层、技术手段层）。就像体育教学方法的概念、分类一样，各个学者出发点不同，对体育教学方法的层次的理解和认识也不尽相同。

（四）体育教学方法的设计研究

苏建（2009）指出“现代体育教学方法设计应遵循的原则有讲究健身性、提倡多样性、注重选择性、突出竞争性、增加趣味性等，针对体育教学所能发挥的作用和效能设计体育教学方法。牢记创新教育思想的目的、明确教师角色转变的意图、升华教学技能的艺术品位、搭建展示学生自我的平台，把学生培养成具有创新精神、创造力的未来人才”。

杨钰（2010）指出“体育教学方法设计是系统规划教学方法、教学过程的安排，反映事物本质特性的思维形式。体育教学方法是为实现体育教学目标服务的，理应站在教学的全局去审视教学方法，以整体的、动态的观念把握教法设计，避免绝对化、机械化倾向”。

吕超（2006）从建构主义学习理论的由来入手，在剖析目前体育教学存在普遍问题的基础上，提出建构主义理论指导下的体育教学方法的应用设计“建构性的教学目标分析是教学方法设计的基础；体育教学方法的设计应突出学生的主体地位，应尊重学生的情感体验，应重视教师的主导地位等”。

王运武（2003）设计了几种体育教学法的思路。

（1）启发式：教法（引导—启发—点拨—总结）；学法（预习—思考—质疑—练习—理解—练习完善）。

（2）自学辅导式：教法（提出预习内容—诊断—监督）；学法（自学—质疑—练习完善）。

（3）互助式：教法（讲解示范—统一指导—分组练习—解疑）；学法（思考—指导练习—组内互学—质疑—巩固提高）。

（4）尝试式：教法（引导—组织讨论—解疑）：学法（感知新教材—变通迁移并练习—讨论—尝试练习—质疑—理解—掌握）。

杨进波（2007）体育教学设计具有哲学方法、系统科学方法和模式化方法的基础，“体育教学设计的任务是设计和开发经过验证的、能实现预期教学功能的体育教学系统方案。体育教师就是综合运用哲学的、系统科学的和模式化的方法开展体育教学设计工作”。

体育教学方法的设计渗透着教育理念的思想，涵盖着具体的教学手段和工具，对体育教学的组织实施起到重要作用，是体育教学方法实施前的必要准备。

（五）体育教学方法的选择、运用研究

高菲菲（2006）指出“使用体育教学方法应弄清几个原则：第一，遵循体育教学过程的基本规律，确定体育教学方法；第二，多法兼用，形成整合的体育教学方法；第三，遵循体育教学过程的规律，创新教学方法。并提出几点建议：第一，坚持以启发式教学为指导思想；第二，注重多种教学方法的优化、组合及综合运用；第三，重视学生外部活动与内部心理变化的统一；第四，坚持教学方法的灵活性，在教学中渗透教育机制，突破方法的局限性，应随具体情况灵活运用”。

杨钰（2010）指出“体育教学方法的选择需要考虑几点：第一，针对性，选择教学方法必须以课程的教学目标、类型、内容及教学对象为依据；第二，统一性，教师指导法与学生练习法要统一，体育教学的教与学、练要统一；第三，结合性，即教学方法的单一性与多样性相结合；第四，可变性，体育教学是动态的，教学方式要有可变性，即在动态的定式中求变正是体现因材施教的原则”。

对于选择和运用体育教学方法，各有各的出发点，表述也不相同，但总的考虑因素基本相似，都是从以下几个因素进行论述的：

第一，教学目标、任务。就体育教学方法本身而言，无论哪个时期的概念，基本上都是为了实现教学目标、完成教学任务而进行的，可以说体育教学方法本身就是方式、手段，这种方

式、组织、手段都是为了实现教学目标、提高教学效率进行的，大家一致认为，体育教学方法优选首先要考虑教学目标和任务。

第二，教学内容、教学项目特点。教学任务是通过内容来实现的，如果把体育教学方法放大，它能涵盖教学内容，如体育教学方法的设计，设计的基本是内容的组织或完成内容的手段。教学项目的特点也是体育教学方法的必须考虑的因素，体育项目繁多，项目的差异性决定了完成项目手段的多样性。

第三，学生的基础和接受能力。学生是学习的内因，也是解决学习矛盾的主要矛盾，他们的基础和可接受能力决定了教师的施教方式，不了解学生的教师不可能教好学生。

第四，教师自身因素。教师虽说是教学主导，是外因，但对学生的影响至关重要。教师实施体育教学方法时，不能一味标新立异，要找到能适合学生的，自己又能得心应手的方法进行施教，还要善于对原有方法进行改造和加工。

第五，设施条件和教学环境。设施和环境是教学的外环境，部分教师抱怨设备不好、条件不够，这都是借口，关键还是对设备和环境的利用和开发不够。我们不否认设备条件对教学方法实施的影响，但落后的地区依然有很精彩的体育课，所以说提高体育教师的课程开发意识与改善体育设施同等重要。

（六）体育教学方法存在的问题及对策研究

黄超群（2009）从体育教学方法的内容入手，论及这些内容是从西方体育项目移植过来的，与现代教育理念不相符的特点表现为："第一，用体育课堂教学代替了体育教学；第二，受传统教育思想影响，过于强调技术、技能教学；第三，忽视了学生的主体地位；第四，重视三基，强调教学的统一、规范、组织严密，致使体育教师以教练的方式进行体育教学，使教学竞技化、训练化等"。

胡永红（2009）认为"任何一种教学方法都不是万能的，具有应用的情境性。其一，调整原教学方法；其二，组合多种教学方法；其三，改造原有教学方法；其四，创新体育教学方法等"。

陈宗权（2010）指出"体育教学方法应注意有效配合，如教与学配合、外与内配合、前与后配合等"。

李建生（2004）从健康理念切入，指出"体育教学方法要突出三维健康观、要适应个人与群体健康；研究新的教学方法不能仅局限于我国教学的基本原理，更要多注意与国内外学校体育教学的指导思想、内容、方法和手段的相互交流与借鉴；体育教学方法实施的关键是方法的最优化及实施过程的高效性"。

胡阔海，王卫中（2007）先从训练方法与教学方法的本质入手，剖析了训练方法与教学方法的功能，提出一些对策和建议，如转变观念、突破传统教学的束缚、改造体育教师师资培养体系等。

路书红（2009）指出："教学理论科学化的表征之一是移植科学方法。教学理论要发挥指导教学实践的功能，还必须指出'教学应该如何'，作为符合规律性和目的性的统一，教学理论除需要探究教学事实中存在的一定程度的因果联系之外，尚需哲学、伦理学等为教学理论提供目的性支持，指明教学发展的基本方向，才能引导教学承担责任，走近理想，最终促进人的完善和发展。”

总之，教学贵在得法，广大体育教师一方面需要学习相关的理论知识，掌握前人行之有效的方法，另一方面需要不断总结、实践，形成自己的一套创新的教学方法，只要是为提高教学效果服务的就可以选择和优化创新。

(1) 体育教师应注意常规教学方法与创新教学方法的协同运用，在实际教学中总结经验，形成适合自己特点的一套体育教学方法实施体育教学；

(2) 加强对学生自主学习和探究意识的培养，注重指导学生的独立活动，留给学生创造、探究的空间和时间；

(3) 正确对待教学方法中的师生互动关系，承认学生的个体差异，实施因材施教的策略；

(4) 转变传统的教学观念和模式，打破习惯的传统教学方式，强化对现代教学技术的应用，加速教学方法和手段的现代化进程。

(七) 体育教学方法的改革、创造研究

李秉德，李定仁（2001）主张每个教师都努力提高自己的教学修养，掌握多种多样的教学方法、手段和技巧，形成高超的教学艺术和教育机制，并能因时、因地、因人制宜，灵活运用。在思想方法上把形而上学的门关上，把唯物辩证法的门打开，不断改革、不断创造。

高峥，李书玲（2003）从体育教学改革入手，针对体育教学方法为了适应素质教育理念、当代体育教学改革理念，“注重学生主体的充分发挥，注重体育学习全体性的体现，注重体育教学的认知性学习，重视学生体育学习的良性情感体验，关注学生的社会性发展，注重体育教学方法的整体性效应”。

王威（2008）提出教学内容改革与教学方法改革要同步进行；要综合性地选择教学方法，考虑对学生思维力、创造力的培养。

雍世仁（2002）提倡“教师应具有教学方法的创造性思维，能针对各种教学内容不断总结改进教学方法，善于创设出各种契合的现代教学方法，确保教学质量不断提高，这是提高教师教学心智技能的一个重要方面”。

白忠波，王新（2002）总结了体育教学方法创造性思路，如类比法、联想法、移植法、逆向思维法、因果分析法等。

赵长录（2003）以教学论基础为出发点，以师生双方、主导主体、教与学的统一过程为切入点，从现代体育教学方法特点及体育教学方法发展趋势两方面进行宏观论述，并对体育教学方法的发展前景进行概括和归纳。

伍天慧（2004）在调查和访谈的基础上，运用系统的观点，对体育过程中基本的组织形态和常用的体育方法进行全面地考察，探讨了它们与实现体育目标的内在联系及优选时要考虑的主要因素，提出了建立符合体育实际的组织形态和科学的体育方法体系的基本思想，指出了体育方法所要面临的课题。

周庆瑛（2004）“体育教学思想是体育教育的内核，而体育教学方法则是实现特定教学思想的外在手段，内核一般是稳定的、不变的，而外在的方法则是可变的，甚至可能是千变万化的。”

常国新（2009）提出“培养学生实践能力几种方法的注意事项：启发式教学法（通过理

论—实践—再理论—再实践的过程)；逆向教学法(由后向前顺序，从中发现问题、解决问题，利于提高学生的练习兴趣、主动参与的积极性，培养学生的实践能力，满足其好奇心)；模仿教学法(多用名人效应，配合启发教学法同用)；分层教学法(解决吃不饱和吃不了的矛盾，使之合理配置)”。

孙璞，苏荣海(2011)从班杜拉社会认知理论入手，对体育教学示范方法过程中的机制与原理进行分析，得出几点启示：第一，体育教师应重视学生对示范动作的注意程度；第二，要对示范教学注入情感；第三，在示范教学过程中引入学生之间的合作指导。

学者对体育教学方法的改革、创造的思路各不相同，也都以实例来说明，但大多数是从理论分析或从教育学、心理学角度进行阐述的，针对体育这个特殊学科，还需要进行进一步地验证和改进。

二、体育教学方法的相关实践研究

(一) 突出新型体育教学方法的研究

施芹(2006)运用多通道信息反馈教学法和传统的教学方法对学生运动技能的学习效果进行定量研究，借用标枪项目，针对动作技术规格、投掷的远度、出手速度进行分析，得出结论“多通道信息反馈教学法能加强学生在体育课堂上对动作技能的认知能力，激发练习的积极性，提高学生探索学习的能力”。

宋元平(2001)通过实验得出结论，改革与创新的“班内层次调整”教学方法不仅符合体育教学规律，也符合学生生理、心理特征，又能营造教师乐教、学生乐学的教学环境。

孔维峰(2004)以“激发引导兴趣教学法”和传统教学方法对学生进行实验研究。

戴德翔，关颖嵘(2008)使用“非正规体育教学法”(是指有目的地针对学生的需求灵活选择教学手段的一种教学方法)对上饶师院的147名学生进行实验，“非教法符合教学规律，能激发学生学习的积极性、自觉性、针对性、灵活性；应用时要考虑学生个性需求”。虽然这是次大胆尝试，但如何运用方法、使用了哪些方法、手段交代得不清楚，给人感觉得出的结论不具有足够的说服力。

罗胜天(2006)在分析了比较分析教学法的理论依据的基础上，指出运用“比较分析教学法”对于学生形成正确的动作概念和掌握正确技术及练习方法，加快学习动作的进程非常重要。

蔡士凯(2006)把自主学习、探究学习、合作学习进行理性构思，构建一种新型“自主探究—合作”性体育教学法，并对122名学生进行实验研究。

(二) 注重体育学习方法的研究

魏晓燕(2005)在论述体育课程学习方法的释义、动态特征的基础上，得出几点启示“体育教师指导学生应尊重学生的主体性、主动性；注意课堂学习方法指导的延伸；避免产生学生知识的应用性缺陷；注重建立学习小组等”。

王坤(2010)阐述了体育合作学习的博弈、策略理论，如何促进和评价合作学习等，并针对合作学习的应用做了归纳和总结。

张艳萍，葛会欣(2002)运用“自主学练法”对河北农业大学的136名学生进行实验，每节课分为5个环节(自学、自练、自评、自创、自养)，各环节互为一体，自学、自练是基础，自评是手段，自创是目的，自养是保证。得出结论“自主学练法不但适合大学生健美操教学，而且优于传统教学方法”。

丛培林（2008）指出“讨论研究性”学习法突出学生的主体性，具有启发学生积极思维、勤于实践、敢于质疑的特点，表现出学生学习的选择性、能动性、自主性和创造性。

苏占国（2010）以实验来证明“程序教学与时空认知结合”的教学方法有利于提高学生学习的积极性，有利于培养学生的思维能力。

（三）强调体育学习方式的研究

吴本连（2010）重点对大学生体育自主学习的量表研制、自主教学法的设计、实验及案例进行研究，主要从学习动机、学习过程、学习结果和学习环境几个维度进行实验，得出的结论主要有“自主学习法在提高大学生的自主学习能力、身体自我效能感、锻炼的态度、创新能力、体质健康和体育课的成绩等几方面比传统学习方法效果好；自主学习方式适合人群、适合的体育项目、文理科、男女生所产生的效果各异”。

纪维龙（2011）对 2001 年 5 月到 2011 年 5 月期间有关体育学习方式的文献进行了系统剖析，提出三点建议：“第一，体育学习方式研究必须以学生为研究对象；第二，中小学教师从事此研究应以实践加以验证；第三，体育学习方式研究提倡从‘小处’入手。”

肖红香【（2011）从新课标实施下的学习理念（如探究理念、全面学习理念、有效学习理念）】入手，论述了体育学习方式的含义和类型（自主学习、探究学习、合作学习）。

傅健（2007）阐述了体育认知形式的特点，在认知过程中学习方式具有体验性、自主性、探究性、合作性等特征。

（四）“以学为主”教学方法的研究

卢梭曾指出，“把儿童当儿童看待”，倡导“适应自然”的教育方法。杜威、罗杰斯等人的“以学生为中心”的教育理念都影响着“教法和学法”的变革。

刘璐红（2009）指出，“以学为主就是把学生视为学习和发展的主体，以学生、学习为主，目的是培养学生学习的自主性、能动性、创造性，培养学生的创新精神和实践能力”。要求学生学习积极自觉、注意力集中、参与主动、思维活跃、情绪高涨，不断强化练习技能。

王健（2004）通过两个实验（实验一，足球项目运动技能教学过程的研究；实验二，排球运动技能教学过程的研究），对开放式运动技能教学方法进行实验，得出开放式运动技能教学方法对足球、排球技能的提高具有明显效果。

李鸿浩（2006）通过两个案例，结合平常教学实践，对“以学为主”的教学设计进行深入探讨。“教学方法主张以学生为中心，放手让学生自我选择、自我发现。”对教师而言，以情景导入、小组合作等形式进行教学，把自身的角色定位为学习动机的激发者、学习的引导者、学习氛围的营造者。

对体育教学方法的实践研究，多数涉及的往往不是简单的一两种体育教学方法或手段，而是将多种体育教学方法、手段、工具组合起来，构成某种教学法，得出的结论也各不相同。这些研究给了我们很大的启示，但也存在一些不足之处，如某些教学法实施的程序不详；大多是从好的方面进行研究，使用范围和注意事项往往被忽略掉；实验结果对假设的证明性不强，只是简单的说服；实验对整个论文想要说明的问题支持力度不够等。

通过对体育教学方法理论与实践的相关研究综述，总体上表现为以下特征：

体育教学方法理论研究很多，最突出的是对体育教学方法的概念、分类进行研究，这类研究层出不穷，如标新立异的分类、不同视角的层次构建等；

体育教学方法的实证研究多集中在对某个教学法进行研究，如探究式教学法、自主性学习法等，不能从整体上对体育教学方法进行创新性研究。

第三节 高校体育教学方法的内涵与体系建构

一、体育教学方法的内涵

在西方，方法（method）一词源于希腊文，是“沿着（meta）”和“道路（hodos）”的合成，本意是沿着某一道路或按照某种途径，后来指达到某目标或做事的程序或过程，表示研究和认识的途径、理论或学说。

中文“方法”一词，最早出现在春秋战国时期，在思想家墨子的《墨子·天志》中，指的是度量方形之法，后转意为知行的办法、门路、程序等，再后来，含义逐步扩大和演化成做事的手段和方法。

教学方法的内涵，众说纷纭，莫衷一是，可概括为三类：第一类，教学方法是教师向学生传授知识的策略。第二类，“教学方法为达到既定的教学目标，根据教学原则，将教育内容内化为学生的知识、技能及品性而运用的方式和手段，包括教师教的方法和学生学的方法”。第三类，“教学方法是教师与学生之间的活动，强调互动的特征”。达成的共识：“教学方法要服务于教学目的和教学任务；体现教师的教和学生的学之间的密切联系；是教学中师生双方行为动作的总和体系；具有多方面的功能。”

体育教学方法到底是什么，本章从体育教师认同的内涵和理论推导两方面进行剖析。

（一）体育教师对体育教学方法概念的理解

在体育教师的理解中，认为体育教学方法①“是在体育教学过程中教师的教法与指导学生练法的总和”的占近两成；②“是在教学过程中，完成教学任务所采用的途径与手段”的占近三成；认为③“是实现体育教学任务或目标的方式、途径、手段的总称”的占极少数；认为④“是在一定原则下，师生互相作用，为实现教学目标，合理组织和运用场地、器材及手段的活动方式”的占近三成；认为⑤“是在教师指导下，按照体育教学计划，有目的、有步骤地促进学生身心发展，掌握体育知识与技能、提高体育能力、贯彻思想品德的教育过程”的占近四成；多数教师认为体育教学方法⑥“是为实现教学目标、完成教学任务有计划采用的教学活动”。

对体育教学方法内涵的把握，总体上越来越具体，对它的特征把握也越来越准确。超过一半的教师认为第六种解释比较恰当，其次是持第五种观点的。从调查结果反映出一线体育教师对体育教学方法内涵的理解重在从实用的角度出发，他们对内涵的理解不会像学者一样把每个字眼都抠得很细致，反映了他们实用的倾向。

（二）体育教学方法概念的理论推导

本书从体育—教学方法—体育教学方法进行了理论推导（见图 3-2）。

体育教学方法内涵的推导虽然不是那么严谨，但足以反映出体育教学方法的本质和特征。

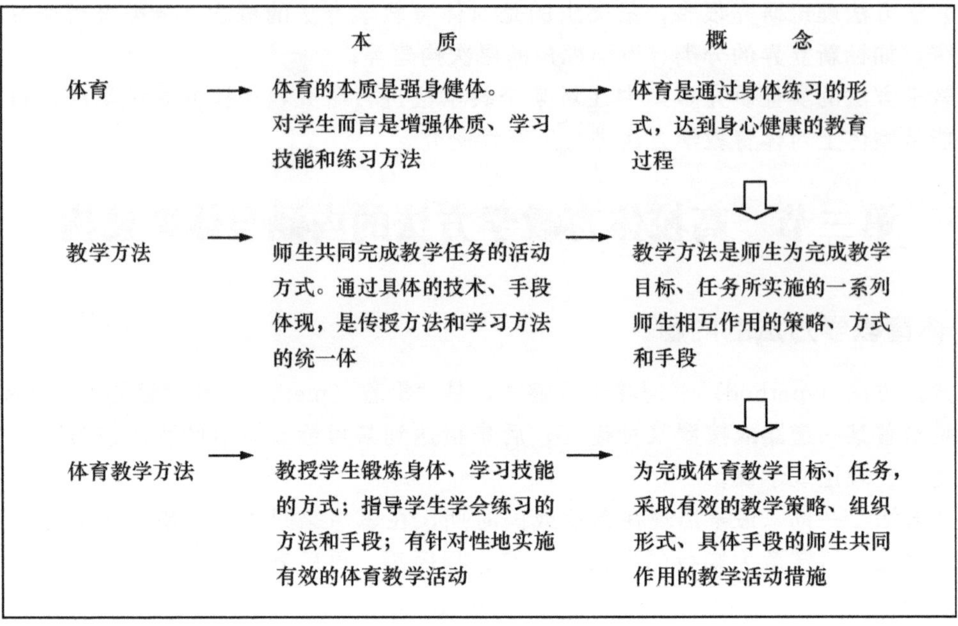

图 3-2　体育教学方法概念的推导图

对体育教学方法内涵的理解，一方面以一线体育教师的反馈为依据（反映其实用性和教师渴望达到的效果），另一方面从理论层面的逻辑推理及体育教学方法的本质特征为依据，把体育教学方法定义为："体育教学方法是师生为实现体育教学目标、完成体育教学任务，采用一系列教学策略、组织方式、具体手段的教学活动措施。"有突出"以教为主"的体育教学方法，也有突出"以学为主"的体育教学方法。

二、体育教学方法的体系构建

（一）体育教学方法的层次体系

科学方法有三个层次，第一是最高层的方法，适用于所有学科；第二是中层的方法，对某类领域有共同指导规律，具有跨学科特征；第三是某个学科中特有的可操作的方法。体育教学方法也有三个层次（如图 3-3）。

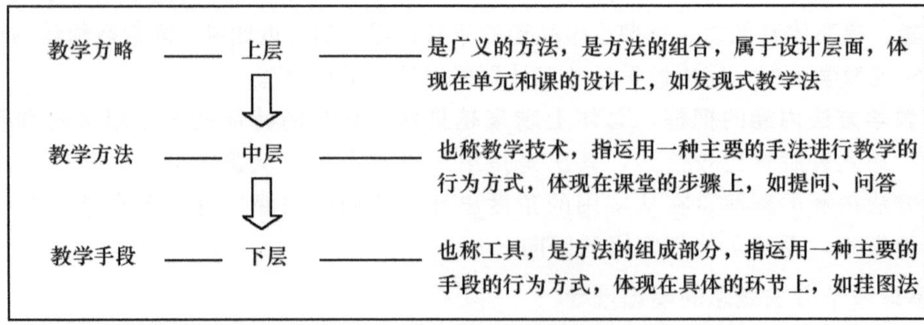

图 3-3　体育教学方法的层次

第一层：教学方略（模式），实质是教师运用多种手法和手段的组合进行教学的行为方式，如发现式教学法，其中包括提问、组织讨论、启发等多种教学手法，也包括图片演示、实地测试等多种手段。它是教学方法的“上位”层次，即广义的教学方法，是传统概念中的教学方法的组合，属于教学方法的设计层面，可称为教学模式、教学方式，主要体现在单元或课的设计上。

第二层：教学方法（技术），是指教师使用某种主要的手法实施教学的行为方式。它是教学方法的“中位”层次，亦称教学技术，等同于传统界定的教学方法。主要体现在体育课中的某个教学步骤上。

第三层：教学手段（工具），是教师运用一种主要的手段进行教学的行为方式。这是教学方法的“下位”的层次，也称为教学工具，是传统定义上教学方法的组成部分，它是教师运用一种主要的教学手段进行教学的行为方式。主要体现在体育课中的某个教学步骤中更具体的教学环节上。

（二）体育教学方法的类别体系

本书以“体育教学活动主体及教学方法实施突出的重点”为依据，把常见的体育教学方法归为两类（见图 3-4）。

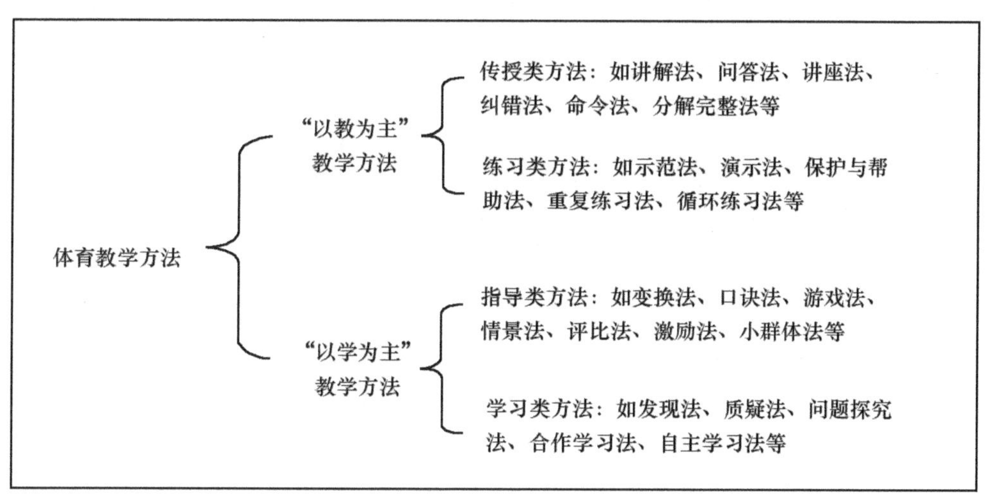

图 3-4　体育教学方法的类别图

第一类是“以教为主”的体育教学方法，如讲解法、示范法、纠错法、重复练习法等，主要突出的是教师以传授知识技能为目的，以便于自己完成教学任务，以课程内容为出发点，把“教”视为知识技能的主要获取渠道，针对“传授”为核心而进行的教学方法；第二类是“以学为主”的体育教学方法，如情景法、发现法、探究法、小群体法等，主要突出的是如何让学生更好地获得知识，出发点是学生，按照学生的需要而设计实施的教学方法。两类体育教学方法的区别（见表 3-6、3-7）。

表 3-6 两类体育教学方法内涵的对比表

	"以教为主"体育教学方法	"以学为主"体育教学方法
概念	是指以运动技术技能的传授、教学任务的完成为主要目的，以教师的讲解、示范、辅导等为主要手段的一种教学方法。	是指以发展学生的能力为主要目的，以学生的发现、探究、合作等为主要形式，在教师指导下自主或合作完成教学任务、发展能力的教学方法。
理念	传授知识、技能，完成任务。	发展学生的能力，提高创新意识、能力。
出发点	以"教师"或"教"为出发点。	以"学生"或"学"为出发点。
教学目标	以运动技术技能传授为主要目标，教师把自己的意愿转嫁给学生。	以传授技术技能、发展能力为目标，关注学生情感体验、接受力、内化力。
教学方式	以教师的讲解、示范，学生的模仿为主，"我讲你听""我教你学""我演你练"的灌输式教学。	多种多样的方式，既有讲解、示范，又有自主、探究、合作，留给学生自由发挥的空间和发表意见的机会。
教学评价	以学习结果为主，重点以完成的动作与所教的动作的相似度为准。	既看结果，又看教学过程、学习的进步幅度、锻炼习惯的养成等。

表 3-7 两类体育教学方法特征的对比表

	"以教为主"体育教学方法	"以学为主"体育教学方法
特征	以学生掌握运动技术为主要目标，以保证基础知识、技能传授为主，追求运动竞技的成分，追求技能学习的精确度、速度、高度、远度，不强调学生的个体差别，轻视对知识、技能的理解，很少关注师生之间的交流。	强调学生的创新性，突出学生的主体性，师生活动的多变性，注重学生学法的指导性，手段的多样性，穿插现代教学技术，尊重个性与社会的协调性，学生多方位的参与性。
具体方法	讲解法、示范法、分解练习法、重复练习法、循环练习法、纠正错误法、演示法等。	探究性教学法、合作教学法、发现教学法、自主学习法、讨论法、小群体法、口诀法等。

"以教为主"的体育教学方法基本上类似于我们所说的传统体育教学方法、常规体育教学方法，主要突出的是教师按照"教"的意愿进行教学，很少考虑学生的感受和接受能力，重点是把知识、技能传授给学生就万事大吉。

"以学为主"的体育教学方法以发展学生能力为主要目的，以学生的发现、探究、合作等为主要形式，在教师指导下自主或合作完成教学任务、发展能力的一种教学法。重点是对学生发现问题、解决问题能力的培养，学生学会学习或练习的方法，关注学生的感受和体验。这类方法既含有理念，又含有具体手段和技术。

（三）教学方法与教学法的关系

一般来说，教学法既包括教学方法和教学原理，又包括教法、学法及组织法。教学原理包含教师的教授原理、组织原理和学生的学习原理。教学方法涵盖教授方法、组织方法和学习方法。（见图 3-5）

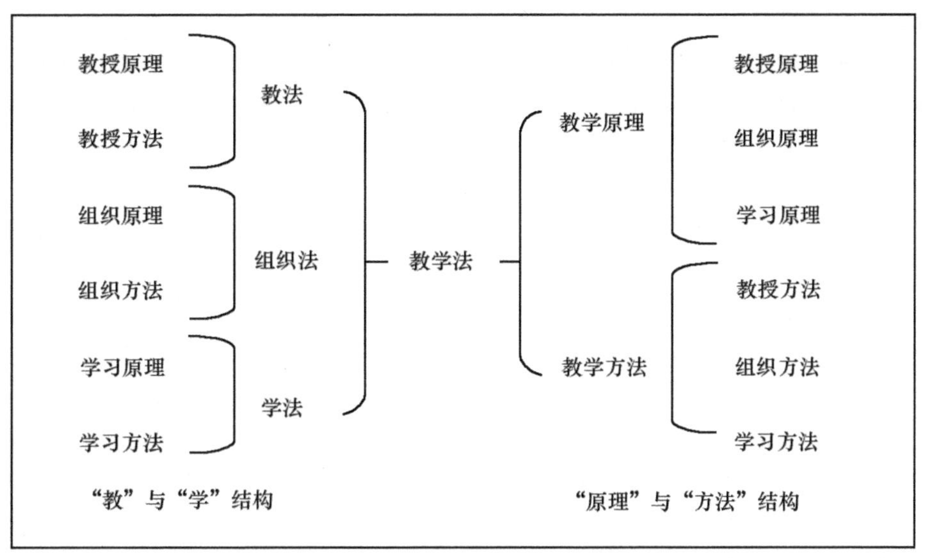

图 3-5　教学法结构要素图

第四节　高校体育教学方法的影响因素及优化

一、高校体育教学方法的影响因素

系统的等级性观点认为，系统的每一个组成部分又可以被看作一个系统，而被研究的系统本身则只是更大的系统的一个组成部分。根据这一观点，体育教学方法系统便是从属于体育教学过程系统的一个子系统，它的存在与发展不是孤立的，它与体育教学过程其他结构成分是相互影响、相互体现的。因此，优化体育教学方法，不仅要考虑体育教学方法系统内部的影响因素，还要考虑体育教学方法系统外部的影响因素。体育教学方法系统内部的影响因素实际上就是组成体育教学方法系统的各要素、各子系统的功能特点及其相互关系。外部的影响因素实际上就是体育教学方法系统的环境特点。下面我们就从这两个视角分析影响体育教学方法优化的因素。

（一）内部影响因素——体育教学方法系统的功能特征

1. 整体涌现性

若干部分按某种方式整合成为一个系统，就会产生出整体具有而部分或部分总和所没有的东西，如整体的形态、整体的特性、整体的功能、整体地解决问题的途径等。一旦把系统分解为它的组成部分，这些东西便不存在。就是说，系统与部分或子系统相比有质的提升，新的飞跃。系统科学把这种整体才具有、孤立的部分及其总和不具有的特性，称为整体涌现性。例如，单个物质分子没有温度、压强可言，大量分子聚集为热力学系统，就具有可以用温度、压强表示的整体属性。整体涌现性的通俗表达，就是“整体大于部分之和”，从整体中必定可以发现某些在部分中看不到的属性和特性。这种属性和特性实质上就是系统各部分之间的关系和联系。由于这种关系和联系，诸元素的组合则变为有联系的整体，其中每个元素最终都是同所有其他元素联系着的，不考虑这种联系，就无法理解其属性。同样，系统的属性也不是组成系统的个别元素的属性的简单相加，而是由诸元素之间存着的那种联系和关系的特点决定的，即由作为一个整体的系统的综合性属性构成的。用萨多夫斯基的话说，就是“按系统方式组织起来的联系和关系，是描述任何系统时的一个重要方面。恰恰是这些联系和关系体现了系统的整体属性和综合属性，决定着系统的特点”。

同理，由各种体育教学方法按一定方式整合而成的体育教学方法系统，必然具有单个体育教学方法所不具有的整体涌现性。体育教学方法系统中，各种体育教学方法或各子方法系统内部有着相互依存、相互促进、相得益彰的关系，其内在的逻辑性与规律性构成了体育教学方法完整体系的整体功能。例如，原理性体育教学方法系统作为体育教学方法完整系统的最高层次，虽然对思考、选择与运用各种体育教学方法起着关键的指导性作用，但是，由于它不能直接解决具体的教学任务，只能通过影响教学主体的思想、观念，渗透到具体教学情境的设计和实施中。操作性体育教学方法系统虽然具有普遍的适用性，能够直接解决体育教学中具体的教学任务，但是，它并不能从整体上把握一节课或一个学习阶段需要采用什么样的方法。因此，原理性体育教学方法系统和操作性体育教学方法系统都只具有体育教学方法完整系统的某一方面的属性，而不具备体育教学方法系统的整体属性。所以，在选择运用体育教学方法时，只有把握体育教学方法的整体属性，注意各种体育教学方法的性质、层次、功能及其相互关系，才能取得更好的教学效果。

2. 功能互补性

体育教学方法系统从整体上来看，具有各子方法或子方法系统所不具有的整体涌现性，但是从其子方法或子方法系统来看，它们又各司其职、各尽其功，具有功能上的差异性。正是这种差异性，决定了它们在功能上的互补性。所谓功能的互补性，就是体育教学方法系统内部各子方法或子方法系统在发挥功能和作用时所表现出的相互补充、协调一致的关系和特点。具体表现在：(1) 体育教学方法系统中每一要素或子系统的功能都是其他要素或子系统所缺少的，但又是其他要素或子系统发挥功能所不可缺少的。(2) 既然每一要素或子系统的功能都是其他要素或子系统发挥功能所不可缺少的，那么每一单个元素或子系统是不会孤立地独自发挥其功能的，而必须由主体把它们组织起来，通过主体的活动使它们运动起来，在运动中相互作用、相互补充，这样才能发挥各自的功能。由此可见，体育教学方法系统内部各要素或子系统在功能上的互补性，是其整体功能得以形成的原因。它要求我们必须客观地认识各种体育教学方法的作用。

体育教学活动的复杂性、多元性决定了体育教学方法的多样性。但是，各个具体的体育教学方法又具有独特的个性特征。体育教学方法就其本质而言，都是辩证的、具体的。所谓辨证的，是指任何一种体育教学方法总是既有优点，但同时又有弱点，既可能有效地解决某一问题，但同时又不能有效地解决另一问题。例如，发现学习法强调学生在活动中探究、发现并解决问题，无疑能增强教学的启发性和探索性，有利于培养学生发现问题、研究问题的习惯。但是，实践表明，这种方法比较费时，易延缓教学进度。如果教学的信息量大，运用这种方法显然是不经济的，也很难办到。所谓具体的，是指任何一种体育教学方法都是以一定的条件（包括体育教学目标、体育教学内容、教学设备、学生的实际水平和教师的特长等）为转移的，不存在能够包罗万象、一统全局的万能的体育教学方法。所以，体育教师只有客观地认识各种体育教

学方法的作用，才能从体育教学方法系统的整体性、关联性出发，有效地利用它们的功能互补性。

（二）外部影响因素——体育教学方法系统的环境特点

一个系统之外的一切与它相关联的事物构成的集合，称为该系统的环境。任何系统都是在一定的环境中产生出来，又在一定的环境中运行、延续、演化，不存在没有环境的系统。环境与系统之间的相互关系是系统的外部规定性。"一般来说，环境也是决定系统整体涌现性的重要因素，在一定的环境条件下，系统只有涌现出特定的整体性，才能与环境相适应，形成稳定的环境依存关系。随着环境的改变，系统需产生新的整体涌现性，以达成新的环境依存关系。环境复杂性是造成系统复杂性的重要根源。因此，研究系统必须研究它的环境以及它同环境的相互作用。"系统与环境之间的相互联系、相互作用主要是通过物质、能量、信息的交换实现的。由于客观世界本身是一个多层次的大系统，某一系统的环境实际上是由另一个系统组成的，所以系统和环境之间的交换关系可以归结为系统和系统之间的交换关系。

体育教学方法是体育教学实践的产物，它与体育教学过程的其他结构成分共同构成了体育教学系统。所以，对于体育教学方法系统来说，其最接近的环境其实就是体育教学系统。因此，体育教学过程其他结构成分不可避免地成为影响体育教学方法选择运用的重要因素。有关影响体育教学方法选择的外部因素，目前体育教学领域的研究还不够深入，但是我们可以借鉴教育学的研究成果。

国内外教育学者们从理论和实践两个方面，对教学方法的优选标准进行了比较广泛和深入地研究与探索，其中苏联教学论专家们，尤其是巴班斯基在这一理论研究领域中的精辟著述最具有代表性。巴班斯基不仅提出了教学过程最优化理论，而且对教学方法也进行了系统而全面地研究，他在综合了其他专家的意见的基础上提出了教学方法的六条优选标准，即教学的规律及由此引申出的教学原则；教学的目的和任务；教学内容的特点；学生学习的可能性；外部条件的特征；教师本身的可能性。巴班斯基认为，以上六个方面是从系统方法的整体性观点出发提出的，忽略其中任何一条标准，都会破坏选择程序的完整性，从而影响所选取的教学方法的效果。美国、日本和我国学者在教学方法的优选标准上也有类似的观点。

各国教育学者关于教学方法优选标准的研究为我们确定影响体育教学方法选择的外部因素奠定了基础。但是，由于体育教学与其他学科的教学相比，具有许多独特之处，这就决定了我们不能完全照搬教育学中的研究成果，而必须从体育教学本身出发，确定体育教学方法的优选标准。通过对体育教学系统的综合分析，结合当前体育教学改革的实际，我们认为现阶段体育教学方法的优选标准主要为：体育教学的指导思想、体育教学的目标、体育教学的内容、学生的实际情况、体育教师自身的素质、体育教学的设备条件等。

1. 体育教学的指导思想

体育教学方法的选择与运用不仅受制于人们对方法理论的了解程度，而且还取决于人们业已形成的教学指导思想及其科学性。在错误教学思想的干扰下，无论采用多么先进的体育教学方法，也不会取得理想的教学效果。过去，我们的体育教学过于注重对运动技术的系统传习与掌握，忽视学生的主体需要和个性发展。受这种技术教学思想的影响，我们所选择的体育教学方法也仅限于完成运动技术的掌握这一单一的教学目标。结果学生不仅没有真正地掌握运动技术，形成必要的运动技能，而且逐渐地对体育课失去了兴趣，甚至产生厌烦的情绪，使原本应该生动活泼的体育课变得枯燥无味。现阶段的体育教学改革提出了“健康第一”的教学指导思想，就是要改变技术教学模式的种种弊端，促进学生身心的全面发展。但是，要使这一教学思想对体育教学起积极的指导作用，还需要体育教师正确理解其内涵，即明确强调“健康第一”并不是要忽视运动技术的传授。只有这样，体育教师才会在正确教学思想地指导下，兼顾知识掌握和能力培养两方面的教学目标，科学地选择与运用体育教学方法。

2. 体育教学的目标

体育教学目标是体育教学主体在具体的教学活动中所要达到的预期结果和标准。它是体育教学活动的出发点和归宿，影响着教师对教学方法的选择，同时也提供了检验教学效果的标准。体育教学目标是预期的，即它在体育教学活动前就已经在教学主体的观念中存在了，这种观念的东西必须依靠相应的体育教学方法来实现和完成，不能具体到体育教学方法的体育教学目标终究只是一纸空文。所以说目标与方法是统一的，目标是方法的灵魂。明确体育教学的目标是选择体育教学方法的基本前提，脱离特定的体育教学目标就无法选择运用恰当的体育教学方法。现代社会的发展和教育的进步促成了教学目标的多元化，这种多元化的教学目标不仅包括全面而完整的知识体系，还包括科学能力和动机、兴趣、意志、气质、性格等情感领域的内容。在这一发展趋势下，我们的体育教学改革根据“健康第一”的指导思想，结合课程特点构建了五个领域（运动参与、运动技能、身体健康、心理健康和社会适应）、三个层次（课程目标、领域目标和水平目标）的课程目标体系，并提出体育教学中要以目标的达成来统领教学内容和教学方法的选择。这种新的课程目标体系对体育教学方法的选择运用研究提出了更高的要求。由于完成不同的目标要求有不同的体育教学方法组合，所以，根据不同的学习领域目标选择优化体育教学方法，是提高体育教学质量和效果的最为直接有效的手段。由此可见，体育教学目标是影响体育教学方法选择的一个至关重要的因素，教师在选择体育教学方法时，必须考虑哪些体育教学方法适合达到什么样的教学目标，要认识到不同的教学目标等级应该与不同的教学方法相匹配。

3. 体育教学的内容

体育教学内容是指为实现体育教学目标而选用的体育卫生保健基本知识和各种运动动作，它是实现体育教学目标的根本保证。方法是内容的运动形式，体育教学方法依体育教学内容而存在，它的选择和运用受体育教学内容的制约。首先，体育教学内容的形态制约着体育教学方法的选择。例如认知形态的教学内容要选择以语言为主的体育教学方法作为主要的方法，而操作形态的教学内容则要选择以语言为辅的体育教学方法作为主要的方法。其次，体育教学内容的复杂程度制约着体育教学方法的选择。比如，对于复杂的运动技术可以选择分解练习法进行练习，而对简单的运动技术则采用完整练习法进行练习。再次，体育教学内容的多少制约着体育教学方法的选择。在一定的教学条件下，体育教学内容过多，会造成体育教学方法选择的单一性，而将教学内容减少或压缩一些，就会促进体育教学方法选择的多样化。所以在体育教学过程中，教师只有独立地对体育教学内容进行重新加工，真正地掌握其特点，并把它们转化为自已的知识体系，才能在体育教学方法上获得选择与创新的自主权。

4. 学生的实际情况

学生是体育教学的主体，是体育教学过程中最活跃、最丰富多彩的变量，他们除了有年龄、

性别等差别以外，还存在着许多个体差异。不仅不同年龄的学习者的思维水平以及兴趣、需要、情感、态度等都会有所不同，而且即使是同一年龄阶段的学习者也会表现出一定的差异，例如，认知方式的差异、智力的差异、原有知识结构的差异，性格的差异、各种不同的学习风格的差异等。教育心理学的研究表明，学生的个体差异能对教学过程产生重要影响。比如，学生的认知方式会影响他们的学习方式。有的学生习惯听觉学习，有的习惯视觉学习，有的则更喜欢通过触摸或各种感觉的综合来学习。在不同的教学条件下，学生学习风格的差别也会产生不同的学习效果。场依存的学生喜欢别人向他们提供结构严密的教学，喜欢跟随教师的引导，注意同学们的反映；而场独立的学生则讨厌“菜单式”的指导，喜欢自己探索，不跟随大流。这些特点都是教师在考虑教学方法时必须给予极大重视的。除了学生的个体差异外，学生的集体特征（如班级内学生人数的多少）也是影响体育教学方法选择与运用的一个不可忽视的因素。因此，为了更好地安排体育教学的内容，实现体育教学的目标，促进学生主体的个性发展，我们在选择体育教学方法时必须充分考虑学生的个体差异和集体特征，从而保证绝大多数学生能完成课程学习目标，并且使每个学生都能体验到学习和成功的乐趣，以满足学生自我发展的需要。

5. 体育教师自身的素质

体育教师是教学活动的组织者，其主导作用在体育教学过程中贯穿始终。教师除了在德才方面要为学生做出榜样之外，还必须熟练地掌握教材，了解教材的结构和学生的知识结构，协调影响学生学习的诸多因素，并能根据教学内容及学生学习过程中的个体差异与集体特征设计教学，使学生在教师所设计的教学情境中建构自己的知识经验，形成一定的技能和态度。不仅如此教师自己也要学会学习，要善于反思、善于总结。由此可见，学生在学习过程中的主体作用与教师在教学过程中的主导作用是相辅相成的，有着互不矛盾的辩证关系。正因为如此，教师自身所具有的教学经验、专业理论和技术水平、个性品质特征以及教学风格等方面都直接关系体育教学方法的选择和运用情况。另外教师的某些特长，某些弱点和运用某种方法的实际可能性都应成为选择体育教学方法的重要依据。所以教师在教学过程中，应注意了解自己，善于发现、分析自己的长处和短处，做到扬长避短，逐渐形成有自己特色的教学风格，切不可盲目效法他人。

6. 体育教学的设备条件

体育教学的设备条件主要是指体育教学的场地、器材等。体育场地、器材是体育教学过程得以开展的最根本的物质保证，也是现阶段加强素质教育，提高体育教学质量，增进学生健康的物质保证。如果这些条件不具备，就会限制某些教学方法的选择运用。体育教学设备条件对体育教学方法功能的全面发挥有着一定的制约作用，特别是现代教学手段的充分运用，会更进一步开拓教学方法的功能和范围。教师在选择体育教学方法时，要在时间允许的情况下最大限度地运用和发挥体育教学设备的功能与作用。

二、高校体育教学方法的优化原则

优化体育教学方法不仅要考虑一系列的影响因素，还要遵循一定的原则。根据体育教学方法系统的特点和功能，结合体育教学方法在实践中的运用情况，我们提出了优化体育教学方法必须遵循的三大原则，即系统整体原则、综合复用原则、简便优化原则。它们是科学地选择与运用体育教学方法、提高体育教学效果的根本保证。

（一）系统整体原则

瓦·尼·萨多夫斯基认为：“一般说来，可以肯定，对任何所研究的系统起码都要求有对它进行三种不同水平的描述：（1）从它所具有的外在整体属性的角度；（2）从其内在结构和把其成分‘包括到’形成系统的整体属性的角度；（3）从把这一系统理解为更大系统的子系统的角度。”萨多夫斯基的这段话给予我们这样一个启示：选择体育教学方法要遵循系统整体原则。系统整体原则反映的是方法的存在、运动和发展的客观规律，它揭示了方法存在的普遍形式和一般特点。它要求我们从系统联系的角度考察体育教学方法，用系统的、整体的观点来对待体育教学方法的选择问题。

首先，从体育教学方法系统本身来看，它既然以系统的形式存在，就必然具有系统整体性。这种系统整体性表现在以下几个方面：（1）构成体育教学方法系统的各要素或子系统融合为一个有机联系的整体，这个整体具有组成它的各要素、各子系统所不具有的整体质，即系统质，也就是我们前面提及的整体涌现性。（2）体育教学方法系统内部各要素、各子系统具有相互联系的有序性、层次性、不可分割性及各自功能的不可替代性。（3）体育教学方法系统的各要素、各子系统虽然各具功能和作用，但是它们都有助于达到一个共同的系统目标，即整体目标。它们会在相互联系、相互作用后产生一个总的整体结果。（4）体育教学方法系统内部分与部分、部分与整体之间具有相互依赖、相互制约的关系。

其次，从体育教学方法系统与环境的关系来看，它与环境有物质、能量、信息的交换，是一个开放系统。作为一个开放系统，它只有对环境开放，同环境相互作用，才能生存和发展，并且开放得越充分有效，越有利于其自身的生存发展。所以，我们只有遵循系统整体原则，一方面认真研究体育教学方法内部各组成成分之间的各种联系，另一方面认真深入探讨体育教学方法与体育教学过程其他结构成分及其整体结构之间的本质联系，才能真正认识体育教学方法这一特别复杂的多方面的教育现象的本质及其在体育教学过程中的职能，才能保证所选择的体育教学方法科学有效。

（二）综合复用原则

根据体育教学方法系统内各元素或子系统功能上的差异性和互补性，我们提出了优选体育教学方法必须遵循的第二条原则，即综合复用原则。综合复用原则的基本内容是：为达到某一或某些目的，必须把若干个方法或方法系统组合起来加以运用，发挥方法的综合功能，而不能把方法孤立起来单独运用。综合复用原则从人类如何运用方法以及该方法采取什么方式发挥其作用的方面，反映了方法存在和发展的客观规律，揭示了人类在运用方法方面上的辩证性。

各种体育教学方法在功能上存在的差异性，主要取决于每种方法的方法域。所谓方法域，就是制约和限定方法有效性的方法的适用领域和适用范围的相对界限。它是标示方法适用领域和适用范围大小、宽窄的概念，是制约方法有效性的诸因素对方法的适用领域和适用范围的总体规定，也是测定方法的适用性大小的尺度。方法域的存在是一个普遍现象，它说明了任何方法都有其局限性。体育教学方法当然也不例外。但是，正是这种局限性促进了体育教学方法的不断发展与变革。纵观体育教学方法的发展史，可以看出，任何一种新方法的出现都是基于这样一个实际情况，即原有的诸多体育教学方法由于其自身的局限性，已经不能很好地适应体育教学的发展。体育教学过程非常复杂，教学内容很丰富，所要完成的任务又是多方面的，这就

必然要求有多种多样的体育教学方法与之相适应。但是，由于种种原因，人们往往对体育教学的这种复杂性认识不足，经常固守于某一种体育教学方法或模式，其结果如何可想而知。体育教学方法的单一性不仅容易抹杀体育教学过程的复杂性，不能反映体育教学的本质规律，而且也不能取得很好的教学效果。

近些年来，国内外不少教育学者提出了教学方法互补融合的问题，并对此进行了有益地探索。他们认为，在众多的教学方法中，一种方法的优点可能恰恰是另一种方法的不足所在，反之亦然。倘若能利用各种方法之间的互补性，并将具有互补性的方法结合使用，一定能取得好的效果。著名教育家布卢姆曾经指出，在现有的教学策略上加上另一种新策略，其效果虽不会因此而倍增，但确能增加效果。苏联学者巴班斯基也说过："各种方法的结合能最佳地顾及教材内容的特点，而让学生最佳地了解自己的学习认知的可能性和能力，给自己选定最合理地掌握知识的方式。在多样化方法的基础上，可以为学生学习认识的可能性的全面发展创造条件。"

总之，遵循综合复用原则选择体育教学方法，是体育教学方法发展的必然趋势。在选择体育教学方法的过程中，只有对各种体育教学方法的优点和缺点都了如指掌，注意比较各种体育教学方法在功能上的差异性，寻找它们之间的互补关系，才能更好地发挥体育教学方法的整体功能。

（三）简便优化原则

人们在运用方法时并不仅仅满足于方法的合目的性、有效性，还要追求方法的简便易行、高效率、高效益、多功能等。因此，从这一方面，我们提出了优选体育教学方法必须遵循的第三条原则——简便优化原则。简便优化原则从方法的价值标准的角度反映了方法存在和发展的客观规律，不仅揭示了主体对方法的一般要求，而且还揭示了方法进步的发展方向和基本趋势。为了更好地理解该原则，我们从简便性原则和优化原则两个方面对其进行分析。

1. 简便性原则

人们在选择和使用方法时所遵循的简便易行的思想，称为简便性原则。贯彻简便性原则的一个突出表现是舍弃方法中不必要的、多余的动作和操作，简化方法的步骤和程序，使方法在结构上变得更紧密、更连贯、更精简、更协调。一般说来，人们对于每一种方法都是如此对待的。比如说，一种方法在刚刚产生的时候，最初被运用，人们对它总是不熟练，它本身也是不完善的。这时方法在结构上往往呈现出离散性和烦琐性，各要素的结合很松散，各步骤、各程序间彼此不够连贯，许多重复的动作和操作夹杂其间。这样不仅给操作者加重了负担，而且方法的效率和效益往往也是不高的。虽然按这种方法办事最终也可以达到目的，符合方法的合目的性和有效性的要求，但它却浪费了人们的体力和精力，浪费了时间、物力和财力。谁都不会否认，体育教学中衡量教学的质量还要看单位时间内学生对知识的掌握程度。对给定教学内容的掌握，耗费时间越长，教学效率越低；耗费时间越短，教学效率越高。所以，教师在选择体育教学方法时，在不影响体育教学效果的前提下，还要注意简化各种方法的操作程序和步骤。总之，在保证体育教学方法的功能和保证实现教学目标的情况下，方法总是越简便越好，越省事越好。这可以说是评价方法的一个标准，即简便标准。

但是，简便性原则并不是人们选择运用方法的唯一原则，简便标准也不是人们评价方法的唯一标准。如果我们在选择运用体育教学方法时，仅仅固守这一原则和标准，那将是十分片面的，有时甚至是错误的，行不通的。例如，生产一种产品的方法有两种，一种虽然简便易行，但经济效益不高；另一种则较为复杂，但却能创造出十分高的经济效益。两种方法相比，我们宁愿选择后一种方法，也不选择前一种方法。所以，简便性原则并不能孤立地运用，而要受其他原则的制约，甚至以其他原则为前提。这就涉及方法的优化原则问题。

2. 优化原则

所谓优化原则，就是人们在创造方法时，总是追求方法的优化结构；在选择方法时，总是挑选优化方法；在运用方法时，总是期望方法的优化结果。人们在创造、选择和运用方法时的这种追求方法优化的观念，就叫作优化原则。遵循优化原则选择体育教学方法，并不是简单地将各种体育教学方法组合起来，而是对具体的教学情境具体分析，比较各种体育教学方法的优点和缺点，寻求某一情境下的最佳组合方案。所以，优化原则并不是对方法提出的某个单方面的要求，而是对其多方面要求的综合。正如巴班斯基所说："所有这一切都要求教师不是简单地使用多样化方法本身，而是要在每个具体场合选择其最优的结合。为此，首先必须认清选择方法的情境本身，这就是说，要对情境多加了解和思索，提出选择的根据，而不是自发地和偶然地来进行的。"

第五节　高校体育教学方法的创新实例与选用

一、高校体育教学方法的创新实例

（一）异步教学法

异步教学法是一种能体现学生的学习过程和学生在教师地指导下进行自主学习的现代教学模式。在这种教学结构中，"六步学习法：自学—自发—复习—作业—改错—小结"体现了学生学习的自学过程；"举三归一，以一反类"体现了学生学习的科学思维过程，并进行创造学习；"八个基本：基本事实、基本理论、基本技术、基本技能、基本作业、基本实践成果、基本思维方法、基本生活态度"体现了学生创造性地解决学习问题的学习实践过程。

异步教学法在体育教学中的应用以实证研究为主，钟华的《诠释大学生速滑课的"异步"教学法》通过对牡丹江师范学院2000级物理系一班（实验班）、二班（对照班）进行两年的跟踪"异步"教学实验，结果发现对照组学生的达标成绩速滑、技评都低于实验组。高淑艳的硕士论文《异步教学法在普通高校网球教学中的应用研究》实验结果表明：实验组学生与对照组学生相比，实验组的学生在练习过程中错误动作出现次数明显少于对照组；学习的动机要优于对照组，学习的主动性强于对照组；理论考核成绩、运动技能各项考试成绩以及综合成绩方面，对照组均劣于实验组。李磊的硕士论文《异步教学法在足球选项课教学中的实验研究》得出实验结论：异步教学法能够激起学生对足球的兴趣，可以充分调动学生自觉学习的积极性、可以培养学生的竞争意识、能培养学生终身体育意识，并增强学生的意志品质。

（二）游戏教学法

游戏教学法就是以游戏的形式教学，也就是让使学生在生动活泼的气氛中，在欢乐愉快的活动中，在激烈的竞赛中，甚至是在刺激和上瘾中，不知不觉地学到教材中的内容，或者学到必须掌握的课外科学知识。然而当前，多数学生不是不喜欢体育课，而是觉得体育课太枯燥乏味、没意思，根本对其提不起兴趣。他们心中的体育课应该是丰富多彩、娱乐身心的一种方式，

而不是在各方面压力很大的情况下再去上什么“没意思”的体育课。游戏教学法恰恰能激发学生对体育课的兴趣和爱好，从教学方法上激发学生参与练习的积极性，并通过设计丰富多彩的教学内容、实施多种多样的教学方式和组织形式，以此调动学生主动地了解体育知识、掌握技术动作的能力，变“被动体育”为“主动体育”。游戏教学法的设计和编排需要体育教师多下功夫，捕捉技术动作的“娱乐”成分和元素，使用各种工具和手段调动学生参与的主动性。这种方法虽说给体育教师增加了备课的负担，但对学生来说，那种从体育课中获得娱乐的“快感”是坚持锻炼和积极投入到锻炼中的有效“催化剂”。但在应用中，应避免只注重娱乐，而忽视了体质锻炼和技能学习的目的，防止本末倒置现象出现。

（三）程序教学法

程序教学法，就是按照控制论的规律和循序渐进的原则，将教学内容编织成一系列有严密逻辑顺序的小单元或小步子来传授知识的一种方法。它是一种自觉性很高的教学方法，在教学过程中学生根据编制好的教学程序，选择适合自己的逻辑单元，采取学生自学自练的方式学习，通过师生评价的形式反馈信息，使学生及时强化正确的技术动作。在整个学习过程中，学生要主动获取更多的反馈信息，才能更快地提高学生的成绩和能力。

近年来程序教学法在我国被大量地应用于体育技术教学实践中。随着体育科学研究的进一步发展，一些体育教师在认知心理学地启发下，把认知心理学的观点应运到教学实践中，取得了理想的教学效果。其中，我国学者刘建国提出田径技术程序教学与时空认知相结合的教学法，并运用对比实验的研究方法，证明此教学法对培养学生思维能力和认知能力等方面具有良好的效果，并能缩短教学时数，对程序教学与时空认知相结合的教学法的推广有重要意义。在1995年刘建国《对推铅球技术程序教学与时空认知相结合的教学研究》（河北师范大学学报）和2007年许莉《程序教学与时空认知相结合的体育教学法研究》（教学与管理）这两篇著作中，充分体现了程序教学与时空认知相结合的体育教学法的运用，并取得了可喜成果。

（四）成功教学法

成功教学法是根据学生的实际情况和接受能力，适当把教授的技术动作转变为精华部分，以此降低难度，在教学中不过分追求速度、远度、准确度，以此激发学生以顽强的意志坚持把动作做好，并实施因材施教的方式，让学生在完成动作的同时体验成功的乐趣和快感（体育课中经常能体验到快乐和自信的学生比较少），并以此给予鼓励。学生具有很强的自尊心、自信心，往往一点点的成功喜悦感就会激发他们昂扬的斗志和坚持锻炼的决心。部分学生对体育不感兴趣，再加上看到同伴完成动作很好，自己内心就会排斥或不情愿参与，有了坚持的意志和积极参与的态度，对技术动作的认识和探索就会自然而然地加强。

在教学实施中，体育教师要为学生创造成功的机会，使其体验成功的快乐，促使其追求成功的愿望得到实现，最终达到学生主动积极的自学自练的目的。但不可使用过度，因为处处都是成功不但起不到激发学习练习的信心，而且会让学生“飘飘然”。

（五）群体激励教学法

群体激励教学法又称“智力激励法”“头脑风暴法”，源起美国人奥斯本，是指通过集体思维共同相互激励的形式，引发众多反应，产生多种解决问题的设想的一种教学方法。类似于启发法和小组讨论法的叠加。首先是教师先提出问题，然后让学生通过创造性思维和实践去探究，最终形成正确的答案或结果。在长期的传统教育观念影响下，很多体育教师不给学生主动探究新方法、新练法以及自由表达、讨论的机会。这种方法针对我国传统应试教育培养出来的学生来说，培养他们的创造力和创新意识具有重大功效。学生在探索问题的同时就是寻找解决问题的过程，再加上教师专门设置的一些疑难问题，迫使学生开动脑筋、启发思维，必然提升了学生的创新意识和解决问题的能力。

后面篇章主要以异步教学法、游戏教学法和程序教学法为例，着重介绍新的教学方法在高校体育教学中的具体应用实践。

二、高校体育教学方法的选用

体育教学中教学内容的主题始终都是对运动技术的学习，这一点是毋庸置疑的。但是，素质教育的全面实施，不仅要求学生掌握运动技术，还要求发展学生的个性能力。这就涉及如何协调学生的知识掌握与能力培养两者关系的问题。我们认为，学生知识的掌握和能力的培养是同一个教学过程的两个不同的方面。在体育教学中，强调素质教育并不是要忽略甚至不需要运动技术的传授与掌握，而应该使学生在运动技术的学习过程中加强自身体育能力的培养，提高综合素质。然而，体育教学方法自身所具有的辩证本性，决定了我们要同时兼顾知识的掌握和能力的培养，就必须考虑运动技能形成的特点和规律，并以此为基础选择合理的方法组合，达到各种体育教学方法在功能上的互补融合。

行为主义心理学和认知心理学有关运动技能的学习理论为体育教学方法的选择提供了心理学依据。运动心理学的研究表明，运动技能的形成过程可以划分为三个阶段，即运动技能形成的认知阶段、联系阶段和自动化阶段，并且在不同阶段的学习具有不同的心理特征。为了更好地提高体育教学的质量和效果，适应学生主体的全面发展，我们从体育教学方法的角度出发，根据体育教学方法的分类体系（如图 3-6 所示），以运动技能形成的不同阶段所具有的不同心理特征为基础，选择既有利于技术掌握，又有利于个性能力培养的体育教学方法。

（一）运动技能形成的认知阶段体育教学方法的选择

认知阶段是运动技术学习的初期，此时练习者的主要心理特征表现为神经过程处于泛化阶段，内抑制过程尚未精确地建立起来；注意范围比较狭窄，知觉的准确性较低；精神和全身肌肉紧张，动作忙乱、呆板而不协调，多余动作较多；虽然能初步地利用结果的反馈信息，但不能察觉自己动作的全部情况，难以发现错误和缺点。在此阶段，练习者主要是通过视觉观察示范动作并进行模仿练习，较多地利用视觉来控制动作。

鉴于以上心理特征，我们认为该阶段的体育教学应以运动技术的学习与掌握为主。因为掌握一定的运动技术是学生其他能力发展的基础，只有具备了一定运动技能，学生才能够更好地融入丰富多彩的体育活动中去，才能在不同的活动中提高自身的综合素养。由于运动技能一经学会之后，便不易遗忘，学生在运动技术的学习中一旦形成了错误的动力定型就很难纠正。因此在运动技术学习的关键时期，让学生掌握正确的运动技术，是体育教学最基本的目标。根据体育教学方法的分类体系，我们认为该阶段选择知识型体育教学方法最有利于学生对运动技术的学习与掌握。知识型体育教学方法是教育学者们经过长期的研究与探索而创造出来的，它们是经实践检验过的、能有效地促进学生知识掌握的一类教学方法。经过比较分析，掌握学习法

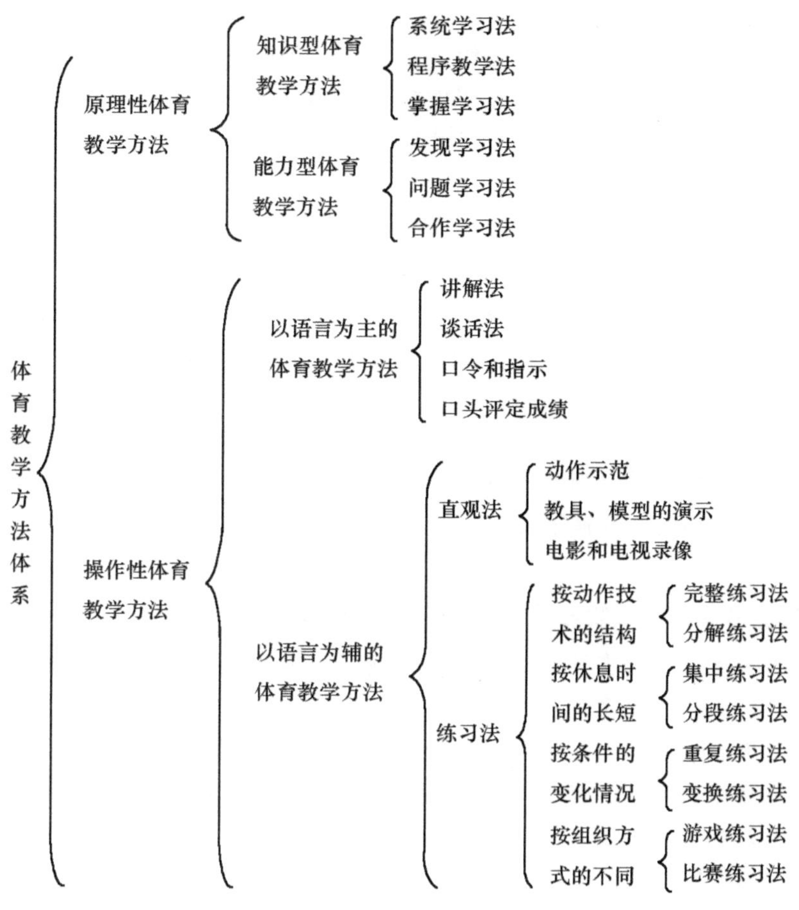

图 3-6 体育教学方法分类体系示意图

比其他知识型体育教学方法更能有效地促进体育教学目标的完成。掌握学习法是针对传统教育只注意培养少数尖子学生而忽视大多数学生的现象而提出的一种新的教学方法，其核心思想是：在所有学生都能学好的思想指导下，以集体教学为基础，辅以经常及时的反馈，为学生提供所需要的个别帮助，从而使大多数学生达到课程目标所规定的掌握标准。所以，在运动技能形成的认知阶段选择掌握学习法去学习，不仅可以大面积提高体育教学的质量，提高大多数学生的学习效率，而且能培养学生的体育能力和自信心，激发其学习的兴趣，还能培养学生之间相互关心、相互支持的合作精神。

原理性体育教学方法并不能直接地完成某一具体的教学任务，它的具体实施必须依靠操作性体育教学方法。运动技能形成的认知阶段是学生形成正确的运动表象、理解动作概念的关键时期。在这一阶段，学生学习的主要途径为：以视觉、听觉接受信息和指示，以肌肉的本体感觉、感知动作，对所要学习的运动技术的动作方式进行了解，并在头脑中形成运动表象。所以，这一阶段应选择直观法和以语言为主的体育教学方法作为主要的方法，选择练习法作为辅助的方法。运用直观法可以使学生对所学运动技术的结构、技术细节、运动轨迹等建立正确的视觉表象；运用以语言为主的体育教学方法可以使学生明确所学运动技术的要领、做法及要求，同时使学生理解运动技术的原理、原则等；运用练习法可以使学生在练习的过程中获得适当的反馈信息，有效地提高练习效果。这种方法组合不仅可以加强两种信号系统的协同活动，而且能够加深学生对动作概念的理解程度。需要明确指出的是，练习法在这一阶段虽然相对于其他两种方法是辅助方法，但是它的作用却是不容置疑的。

由于练习法种类颇多，如果教师对其选择运用不恰当，即使进行大量地练习，也不会取得良好的教学效果。所以，在此有必要分析一下练习法的选择。首先，如果所学习的运动技术的结构比较简单，或者结构虽然较为复杂但是把该运动技术从结构上分成几个部分后会破坏它们之间的联系，这时选择完整练习法最为合适。如果所学习的运动技术的结构比较复杂，并且将其分为几个部分后不至于破坏动作之间的联系，这时选择分解练习法最为合适。其次，由于在运动技术学习的初级阶段，学生在练习时不能及时感觉、发现自己的错误动作，所以此时不宜采取集中练习法，而应该选择分段练习法。因为集中练习容易出现反应定型化，甚至把学习过程中的错误定型化，而分段练习则能消除和调整不正确的反应，并且可以防止抑制性反应。再次，在运动技术学习的初期，选择重复练习法比变换练习法更有助于学生对运动技术的改进和提高。

（二）运动技能形成的联系阶段体育教学方法的选择

经过一段时间的练习后，练习者已经逐步掌握了一系列局部动作，并开始把这些动作联系起来。这时练习者的神经过程逐渐形成了分化性抑制，兴奋与抑制过程在时间和空间上趋于准确，内抑制过程逐步加强，分化、延缓及消退抑制都得到一定程度的发展；注意的范围有所扩大；动作之间的相互干扰减少，紧张程度有所减弱，多余动作趋于消失，动作的准确性提高，识别错误动作的能力亦有所加强，初步形成了一定的技能，但在动作之间的衔接处常常出现间断、停顿和不协调的现象。在此阶段，练习者的注意力主要指向动作技术的细节，越来越全面地意识到动作的整体，并开始通过思维对动作的本质特征进行分析与概括。这时视知觉虽然起一定作用，但已不起主要作用，肌肉运动感觉的自控作用逐步提高，可以根据肌肉运动感觉进行分析判断。

根据上述特点，我们认为该阶段在促进学生运动技术掌握的同时，尤其要加强对学生能力的培养。因此，能力型体育教学方法应成为该阶段最主要的教学方法。经过认知阶段的学习，学生对所学习的运动技术已经有了一定的知识储备，并且具备了识别错误动作的能力。他们能够在教师地引导下独立地寻找动作之间的联系，分析运动技术的细节，完成对运动技术的整合。所以，选择能力型体育教学方法作为主要的方法，不仅可以培养他们分析问题、解决问题的能力，而且可以培养他们的学习兴趣和团结合作的精神，同时能够激发他们的求知欲。经过对能力型体育教学方法的比较分析，我们认为合作学习法比其他教学方法更适合运动技能形成的联系阶段的学习。因为合作学习法不仅能够大面积地提高教学质量，更为关键的是，它更注重对学生个性能力的培养。合作学习法有五个必不可少的要素，即积极互赖、面对面地促进性相互作用、个人责任、社会技能和小组加工。这五个要素的相互联系与作用，体现了一种多边活动观。处于这种多边活动中的教师，能够充分发挥其主导作用，而学生则能够成为体育教学中的真正主体。合作学习法以小组活动作为主要的教学组织形式，强调同伴之间的合作互助，小组内的成员可以各得其所，共同提高。

经过认知阶段的学习，学生对所学习的运动技术已有了基本的认识，虽然初步掌握了一些局部动作，但是对动作之间的衔接仍然不协调。我们认为在运动技能形成的联系阶段，还需要不断地改进运动技术。因此，这一阶段要选择练习法作为主要的操作性体育教学方法，而以语言为主的体育教学方法和直观法只作为辅助性方法，其中以语言为主的体育教学方法又相对重要些。

在运动技能形成的联系阶段，练习法的选择运用与认知阶段有着明显的不同。由于这一阶段学生运动技术的学习主要应着眼于动作的连贯性和协调性上，所以，要以完整练习法为主；又因为经过前一阶段的学习，学生的错误动作明显减少，为了更快地形成动力定型，应以集中练习法为主；为了让学生对不同条件下的运动技术有更深的认识，这一阶段最好采用变换练习法。

（三）运动技能形成的自动化阶段体育教学方法的选择

经过前两个阶段的学习，练习者的动作已经在大脑中建立起巩固的动力定型，神经过程的兴奋与抑制更加趋于集中与精确，掌握的一系列动作已经形成了完整的有机系统，并且已经稳定和巩固下来。各动作能够依照顺序按连锁的反映方式表现出来，自动化程度扩大，意识只对个别动作起调节作用；练习者的注意范围扩大了，主要用于对环境变化信息的加工上，对动作本身的注意较少；肌肉运动表象更加清晰与稳定，动觉控制的作用加强，视觉控制的作用减弱，练习者能借助准确而分化了的动觉及时地发现并纠正错误。

根据这一阶段运动技能形成的特点，我们认为该阶段的体育教学不能一味地强调提高运动技术水平上，而应着重发展学生的运动实践能力。经过前两个阶段的学习，虽然学生对所学习的运动技术的结构、原理等都有了深刻的理解和体会，能够比较精确地完成完整的运动技术，但是，他们仍不能灵活机动地将所习得的运动技能运用到实践中去。所以在这一阶段，学生运动实践能力的培养和个性的发展是主要的教学目标，与此相应地就要选择能力型体育教学方法作为主要的方法。经过比较分析，我们认为，在自动化阶段发现学习法比其他能力型体育教学方法更有利于学生能力的培养。发现学习法最本质的特征是强调探究过程而不是现成的知识。它的指导思想是以学生为主体，独立实现认识过程，即在教师地指导启发下，使学生自觉地、主动地探索，科学地认识解决问题的方法和步骤。发现学习法要求教师首先要创设问题情境，向学生提出要解决的问题，因此，运用这种方法可以促使学生在不同的学习情境中学会独立地分析问题、解决问题的能力，同时也能激发学生的内在学习动机。

要培养学生的运动实践能力，就必须让他们都投入到具体的运动情境中去，在诸多的操作性体育教学方法中练习法最为合适。所以，在运动技能形成的自动化阶段要选择练习法作为主要的操作性体育教学方法，而以语言为主的体育教学方法和直观法则起辅助作用。

由于在运动技能形成的自动化阶段，学生个性能力的培养是最主要的教学目标，所以，教师要为学生提供良好的练习情境。我们认为在自动化阶段，游戏练习法和比赛练习法是最合理有效的练习法。其原因如下：其一，在这一阶段，学生动作的自动化程度较高，他们在练习的过程中不必把过多的精力放在运动技术本身，从而有足够的精力分析外界条件的变化，寻找解决问题的对策，还能更好地理解战略战术及游戏、比赛的规则和要求。其二，游戏练习法和比赛练习法不仅能有效地调动学生从事练习的积极性，使其获得体力和智力的发展，而且可以培养学生团结合作、勇于竞争的精神。

以上我们根据体育教学方法的分类体系，仅对运动技能形成的不同阶段选择了比较合理的方法组合。但是，随着体育教学方法地不断发展进步，其方法组合会逐步完善，当发展到一定阶段时，必然会出现与之相适应的新的方法组合。这就要求我们对已有的体育教学方法体系不断地进行研究与探索，才能不断地提高体育教学的质量和效果。

第四章　异步教学法在高校体育教学中的应用实践

异步教学法是黎世法教授经过多年大量地调查以及实验研究的结果，现已形成具有中国特色的异步教育学派。黎世法教授在《异步教学论》中指出异步教学模式指的是一种有明确教学目标的，有计划、有组织的，以学生为学习的主人，老师为学生学习的引导者，能将老师的三种指导形式（个别指导、分类指导和全体指导）与学生的五种学习形式（自学、对学、群学、请教教师和全体学）有机地统一在一个教学过程中的教学方法。这种方法使老师的五步指导（提出问题—指示方法—明了学情—研讨学习—强化效应）与学生的六步学习（自学—启发—复习—作业—改错—小结）紧密结合进行；运用一切可能的教学条件，以学生的个体学习为基础，充分实现学生学习的个性化和老师指导的异步化。通过培养学生的自学能力、创新能力和科学思维能力，达到轻负担、高效率、大面积提高教学质量的目的。异步教学方法是一种学习效果能及时反馈，可控制的现代教学方式。异步教学法保留和吸取传统教学方法的精华，并对传统教学方法的缺陷及运用中存在的问题加以改造和演变，赋予它浓厚的时代特色。异步教学法是在继承、改造和更新传统的基础之上使自身得以丰富和不断发展的方法，也符合现代教学方法的发展趋势。

第一节　异步教学法的理论依据

异步教学法作为一种建立于传统教学方法基础之上的新式教学法，有其科学的理论依据。

一、哲学依据

（一）外因与内因的哲学观点

辩证唯物主义认为，事物在其发展变化过程中，变化的根据是内因，变化的条件是外因，外因通过内因来起作用。在教学过程中，教学的目的是促进学生的全面发展，教学的矛盾是学生已有的心理状态或已有的知识水平同教学大纲对学生提出的要求之间的矛盾，即学生心理已有的状态与教师实施教材之间的矛盾。这个矛盾就是学生发展过程中的外因和内因之间的矛盾。在平时的教学实践中常常会遇到这种情况，老师在课堂教学时使用同样的教学方法对全体学生施教，即通过外因影响内因，结果是部分学生成绩优秀，部分学生成绩良好，部分学生成绩不及格。这种结果表明外因对内因影响上有差别。老师的施教如果能根据学生的个体差异进行，教学结果差异可能不会如此之大。

（二）质变和量变的哲学观点

辩证唯物主义认为，事物在发展变化过程中经历着质变和量变，而且质变和量变相互转化，其转化过程呈现出连续性和阶段性。其中，质变体现的是阶段性，量变体现的是连续性，质量互变的原理认为，在事物发展中不仅新旧事物之间，而且在同一事物同一发展的各个阶段都是连续性和阶段性的统一，总的量变过程中部分质变的原理，揭示出同一过程、同一事物中存在着的阶段性；质变过程中量的扩张的原理，揭示出在不同的发展阶段之间又存在着连续性。学生通过课堂教学获得知识，形成各自的人生观和世界观，都要经历由量变到质变的过程，学生知识的积累，技能的掌握，人生观的形成都要经历量变的积累到质变，再到量变，进而形成新一轮质变的过程。质变和量变的观点体现在教学上，就是连续性和阶段性的统一。学生获得知识的阶段性和知识的连续性是相辅相成的，新知识的获得必然会与以前的旧知识相互关联。根据阶段性和连续性互相渗透的原理，想要取得非常好的教学效果，教师教学指导肯定要更加细致，必须遵循分类指导和个别指导相结合的原则，在施教过程中教师既要兼顾部分学生发展的连续性和阶段性，又要面向全体学生发展的连续性和阶段性，而且还要注意个别学生发展的连续性和阶段性。异步教学正是运用这一原理，提出了学情理论，创建了三种形式的五步指导教学方式。

（三）矛盾存在的特殊性与普遍性的哲学观点

矛盾的特殊性和普遍性原理揭示了事物在运动过程中的特征与本质。人们在认识事物的本质时离不开矛盾的普遍性，对具体事物认识时又要在普遍性原理地指导下，对具体问题进行具体分析，这就是矛盾的特殊性。矛盾的特殊性告诉我们：不同物质运动的形式中有不同的矛盾；在同一运动方式的不同过程中，也各有不同的矛盾；在事物发展的一个完整的过程中，往往又区分为不同的发展阶段。不同的阶段中的矛盾也有其特殊性。用这种观点去解释教育的现象，我们可以看出学生在学习过程中会表现出各自的差异。在班级授课中，学生作为受教育的对象，在同一个班级，有相近的年龄和知识水平，但学生由于受遗传或后天因素的影响，在生理、心理、智力等方面都存在着差异。传统的教学的方法施以同步教学忽视了教育对象的个体差异。同一学生由于在不同的年龄生理、心理并不是一成不变的。

二、心理学依据

心理学是教育科学的基础，当今世界教育科学发展的趋势是教育理论心理化。异步教学理论是现代教育科学理论的组成部分之一，它同样与心理学紧密相关。学习心理和差异心理是异步教学理论的心理学主要依据。

（一）差异心理

当代心理学者认为，心理差异是指个别差异或个体心理的差别性，即一个人在其先天素质的基础上，通过后天的实践经验逐渐形成起来的不同于他人的、相对稳定的个体心理特点。心理差异代表了一个人的独特个性。但主要表现在知识水平差异、智力差异、能力倾向差异、认知风格差异、性别差异、学习动机差异、人格差异等方面。异步教学是以学生为对象的教学活动方式，其心理学依据也遵循学生个体的心理差异。

1. 认知差异

认知方式也称认知类型或认知风格，它是指个体进行信息加工时，通过其知觉、记忆、思维等内在心理过程在外显行为上表现出来的习惯性特征，具有持久性和一致性的特点，分为场依存型与场独立型、冲动型和沉思型、具体型和抽象型三种类型，认知类型没有绝对的好坏之

分，不同的个体、不同的问题情境可能适合不同的认知类型；学生在认知上的差异主要在记忆、思维、知觉、注意等方面表现出来。

2. 智能差异

学生的智能差异主要表现在三个方面：智能水平的差异、智能类型的差异和表现早晚的差异。智能在发展水平上有很大差异。智能水平在全体人口中呈正态分布，即智能极高和极低的人占少数，大多数人的智能属于中等水平；学生在智能方面存在的差异集中体现在智能发展水平、智能的类型和智能的表现上。现代心理学认为，学生在智能发展的水平上存在“一般”“低”和“高”三种现象。智能发展水平上的差异在教学中的具体体现：用相同的教学方法对同一教学内容施教，有的学生能十分轻松掌握，有的学生掌握起来非常吃力，有的甚至不能掌握。学生在智能类型上的差异是指学生在记忆、观察、思维等方面的表现。在智能表现的时间上学生表现得早晚各不相同。如一些学生 12 岁时智能水平不高，但到 14、15 岁时却异常突出；有的学生 12 岁时智能水平发展已经较高，在以后的两三年基本没有变化。

3. 个性差异

学生在性格、气质、需要、动机和世界观上的差异，是学生个性差异的具体表现。学生个体由于受遗传因素和成长环境的影响，在性格倾向上心理学家根据人的心理活动的指向把人的性格分为外倾型和内倾型两种。外倾型性格的同学性格开朗、举止大方，对事物能提出自己的看法，遇到问题敢于向别人请教，这些都是对学习十分有利的性格特点；性格内倾的同学喜欢一个人做事，不愿意很多人在一起，他们独自学习时效率往往比较高。教师要根据学生的性格特点选择学习方法才能收到好的教学效果。

（二）学习心理

学习心理学是教育心理学的重要组成部分，它立足于学生的学习本质，是学生通过对学习过程、思维方式、行为方式、生理、学习类型、认知理论、信息加工、记忆原理、学习策略、学习技巧、学习迁移等领域的研究，总结出一系列的学习理论和学说。运用学习心理学的理论和方法，可以从根本上解决学生的学习和行为问题，达到科学地学习的目的，真正做到学会学习，也是教师选择教学方法的依据。以桑代克为代表的联结心理学派认为，一切学习都是通过条件作用，在刺激 S 和反应 R 之间建立直接联结的过程。强化在刺激—反应联结的建立中起着重要作用。在刺激—反应联结之中，个体学到的是习惯，而习惯是反复练习与强化的结果。习惯一旦形成，只要原来的或类似的刺激情境出现，习得的习惯性反应就会自动出现。当人们受一定强度的刺激后就会产生反应，但每个人对刺激的强度大小要求各不相同，受神经元结构制约。但是教师若能根据个体的对刺激强度的要求采用不同的刺激强度或改变刺激方法就会取得较好的刺激效果，这种刺激就是学生接受的教育，异步教学法就是针对这种差异提出来的。这种指导思想是符合心理学规律的。

三、教育学依据

由于每个学生知识水平、兴趣爱好、智力水平、接受能力、学习动机、学习方法等存在差异，接受教学信息的情况也就有所不同，所以教师必须从实际出发，根据学生在以上几个方面的差异制定不同层次的学习目标，采用循序渐进的方式，才能使不同层次的学生都能在原有程度上学有所得，逐步提高，最终取得预期的教学效果。中国古代著名的思想家、教育家孔子针对学生的个体差异提倡教育学生要“视其所以，观其所由，察其所安”。近代德国著名教育家第斯多惠认为：教育要考虑到学生的个体差异，教育的目的不是把所有的人都培养成一模一样的人。

学生来自不同的城市，身体素质差异较大，对部分身体素质好的学生来说不用体育锻炼考试都能达到良好，对部分身体素质差的学生来说天天锻炼也难达到及格的标准，这就使教师的教与学陷入困境。若依《教学大纲》要求按部就班完成体育课程，对体育“尖子”和困难生的学习积极性打击较大，根本无法保证全部学生全面发展。异步教学法符合人在发展过程中存在的个别差异的客观规律。教学目标根据不同学生的实际能力制定，充分的调动学生学习的积极性，使不同层次的学生能在和谐的学习环境中轻松愉快地学习，进而使全体学生都能得到充分发展。

第二节　异步教学法的研究现状

一、国外异步教学法的研究现状

由于异步教学法是有中国特色的教学方法，异步教学与国外的差异教学十分相似，其研究成果中较有代表性的著作有：《多元能力课堂中的差异教学》[（美）Carol Ann Tonlinson 著，刘颂译，2003 年]，该书首先讲述了差异教学的概念，进而论述了差异教学的理论基础、差异课堂中的教师角色与学习环境，并联系实例阐述从课堂内部洞悉差异教学等内容。同时介绍了在不同年级、不同学科领域的多元能力课堂中，教师如何根据学生的准备水平、学习兴趣和学习风格来开展教学，以适应学生之间的个别差异，使学习内容、学习过程和学习成果适合学生的学习需要，促进每个学生的成长与进步；《差异教学——帮助每个学生获得成功》[（美）Diane Heacox 著，杨希洁译，2004 年]，该书基于本杰明·布鲁姆（Benjamin Bloom）的教育目标分类学和霍华德·加德纳（Howard Gardner）的多元智能理论以及真实的教学实践，探讨了什么是差异教学、差异教学中的学生及教学内容、教学方法等并且介绍了如何在各种教学情景中开展差异教学；《差异教学的学校领导管理》[（美）Carol Ann Tomlinson，Susan Demirsky Allan 著，杨清译，2005 年]，该书从领导者的角度考虑如何发展差异教学，并结合美国部分学区和学校开展差异教学的情况进行了讨论。

二、国内异步教学法的研究现状

（一）异步教学在非体育领域中的应用研究

异步教学法从诞生至今已有 30 年的历史，它的科研成果丰硕，是当代世界唯一一个有中国特色的教育学派。从《光明日报》在头版以“改革‘满堂灌’做法，实行异步教学”为题进行连载报道，到《人民日报》海外版以“现代教育理论的奇葩”为题向全球报道，异步教学改革实验不仅获得了丰硕的成果，而且还享誉海内外。异步教学从湖北省诞生到面向全国、走出国门，是根据其教学理念“顾全全体学生，针对学生的个体差异形成独特个性，并让每个学生能

全面发展，学生学习负担轻、学习效果好、教学质量高”而发展的，它符合信息时代对人才培养的要求。推广异步教学实验的实践已成为教学改革的热潮。

黎世法教授在推广异步教学实验方面的主要著作：1989 年 6 月湖北教育出版社出版的《异步教学论》、1992 年 9 月学苑出版社出版的《学生学习的科学方法》和《异步课堂教学的理论与方法》、1994 年 12 月当代中国出版社版出版的《异步教育学》。他在以上的著作中分别阐述了异步教学法的教学理念和主张，其中《异步教育学》的诞生是异步教学法理论体系走向成熟的标志。《异步教学研究》是黎世法与牟子文主编的专门用来宣传、推广异步教学的期刊。当前对异步教学法的研究分为两类：一类为理论研究，如黎世法《异步教学论》《新时期高等学校异步教学改革思路》，赵复查、陈平的《论异步教育学派》，赵复查的《异步教学理论依据浅探》《论异步教学的教育本质观》，刘家义的《异步教学法研究与应用》；另一类为实证研究，如蔡粤生的硕士论文《EFL 环境下的听力异步教学研究》对 130 名非英语专业的大学一年级学生分为实验班与对照班进行异步教学法实验，两个班的听力测试平均分出现了显著性差异：实验班的平均成绩显著高于对照班的成绩。证明在 EFL（EFL 的全称是 English as a Foreign Language，该水平考试由教育部考试中心和英国剑桥大学地方考试委员会合作举办，于 1996 年开始引进）环境中，听力异步教学模式是有效的。孙建国的《异步教学教法探讨与分类分层控制研究报告》结果表明：(1) 实验班学生的学习能力和学习水平明显高于同龄同类学生学习水平，异步教学有助于优生超前发展，差生学有所得，有效地实现了“上不封顶，下能保低”的愿望。(2) 异步教学实验提高了教师的研究和授课水平。

作为一种新兴的现代教学模式，除上述应用实例外，异步教学已被广泛运用于其他各学科的教学活动过程之中。异步教学在充分尊重学生个体差异性的基础上，教师根据学生的具体情况给予指导，真正在教学活动过程中贯彻了因材施教的教学原则，获得了广大师生的一致好评。

（二）异步教学在体育领域的应用研究

异步教学法应用于体育领域相对较晚。在知网全文数据库中输入关键词“体育、异步教学”，结果显示，时间最早的是 1995 年吴文琪发表的一篇有关田径技术教学的异步教学实验的论文。他将异步教学法引入田径教学中，通过将异步教学法与常规教学法进行对比教学实验，证明了与常规教学法相比，在田径教学中，异步教学法更能取得理想的教学效果。随后，王允民将异步教学法运用到游泳教学中，结果表明，异步教学法有利于克服教学场地不足等限制因素，有利于提高游泳场地设施的利用率从而有效提高游泳教学的教学质量。

2000 年后，异步教学的方法和理论发展日趋成熟，被广泛运用于各学科教学实践活动过程中，异步教学在体育领域的运用也日益活跃起来。2006 年，马耀明采用异步教学法进行普通高校速滑教学，将学生分为实验组和对照组，进行动态分组和互动教学，按照学生的具体情况对不同学情的学生采取不同要求，使学生自身不断获得进步与发展的空间。实验结果表明：采用异步教学法不仅可以极大地提高教学质量；同时还有利于充分调动学生学习的积极性，发展学生与他人的合作精神，提高学生的组织传授能力等。2009 年，刘扬在《异步教学法在普通高校篮球选项课教学中的运用研究》一文中指出，异步教学能为教师的指导提供更广阔的空间，它从学生的具体学情出发，使教师的“教”与学生的“学”相互适应，更能充分调动学生学习的积极性和主动性，维护学生学习的主体地位。2010 年，李良明将异步教学法运用于健美操普修教学之中。他以两个自然班为教学实验对象，实验证明：异步教学法有利于活跃课堂气氛，增强学生的教学能力、评价能力、鉴赏能力、竞争意识以及集体荣誉感；对于端正学习的动机、增强学习的自信心以及健美操专项素质的提升均有较大的裨益，同时还有助于学生创新意识和能力的培养。2011 年，张怀成在普通高校羽毛球基本技术教学中运用异步教学法，从学生自身的身体素质状况和既有的技术水平出发，有针对性地进行教学，因材施教。从而充分调动了学生学习的兴趣，极大地促进了学生个性的发展。2013 年，黄伶霞以学生个体化学习为主线，针对不同学生在不同学习阶段的不同学习情况和任务进行有针对性地指导，改变了体院学生以往学习乒乓球的被动学习方式，有效地维护了学生学习的主体地位，使得教师的主导作用得到更大限度的发挥。近两年，有关异步教学法应用于网球教学的研究也逐渐增多，异步教学法开始应用于越来越多的体育科目中，在体育教学中效果显著。

第三节　异步教学法在高校体育教学中的实践研究

把异步教学法引入到体育教学中，有利于提高体育教学质量、优化教学结构。当前异步教学法被广泛应用于各项体育科目中，其中有代表性的是网球和篮球教学。通过将异步教学法引入某一体育项目中，再进一步推广到普通高校体育其他项目教学中，能有效促进体育教学方法的改革。

一、异步教学法在高校网球课教学中的实践研究

（一）异步教学在我国高校网球课教学中的应用研究

目前来看，虽不断有快易网球教学法、程序教学法、小群体教学法等新的教学方法被移植于网球课堂教学中，但我国高校网球课的教学大多仍使用传统的教学方法。传统的网球教学方法分为五个阶段：（1）教师讲解并示范各项技术动作的动作要领；（2）学生跟随教师做各种模仿练习；（3）教师发现并纠正学生所存在的问题；（4）学生在基本掌握击球动作的动作要领后进行分组练习；（5）教师对学生的练习成果进行考核和评价。以下是异步教学法应用于网球教学中的一些成功案例。

高淑艳在《异步教学法在普通高校网球教学课中的应用研究》一文中认为：异步教学的实施充分调动了学生的学习兴趣，使学生的学习能力和学习成绩显著提高。同时她还建议教师应正视学生间的个体差异性，在充分了解学生学情的基础上，切实做到因材施教。丁利和、王志朋运用异步教学法把学生分为实验班和对照班进行网球技术教学实验，实验结果表明：实验班的各项技术测试成绩均明显优于对照班。蔡明在武汉高校网球普修课正反手技术教学中运用异步教学法进行实验研究，通过与传统教学法对比分析，在提高学生专业素质、技战术掌握和使用能力、社会适应能力以及运动成绩等方面，具有明显优势，尤其是在对击球的控制能力方面，实验班明显比对照班更好。在《异步教学法在网球教学中的应用研究》一文中，汤珍指出：异步教学法在面向全体学生的基础上，注重其个性的发展。采用异步教学法进行网球技术教学，能充分调动学生学习的积极性和主动性，有利于自主自学习惯的养成，从而提高其学习成绩、学习能力以及实践创新的能力。倪握、张云峰则认为：异步教学法有利于端正学生学习网球的

态度和动机，提高学习兴趣，尤其是在提高学生网球技战术能力、技战术理论知识的掌握等方面具有明显的优势。目前，异步教学法应用于体育领域已有很多成功的经验可供借鉴。但将异步教学法运用于网球教学实践的经验相对比较少，还有待进一步地开发、论证。

（二）异步教学法在高校网球课教学中应用的研究意义

1. 研究的理论意义

传统的网球教学主要通过教师的言传身教，在整个教学活动过程中学生往往被动地进行机械的模仿练习，极少去主动思考与学习，教师自身的技术水平常常决定了学生所能到达的高度，学生与教师之间存在着很强的“遗传性”。异步教学法在高校网球课教学中应用研究力求通过真实的数据得出科学的结论，为丰富高校网球教学训练方法和理论添砖加瓦。

2. 研究的实践意义

宏观层面的意义：

（1）通过异步教学法在网球教学中的移植运用，进一步探索学生学习的规律，建立科学的学习理论，以便指导学生的学习活动，实现学生学习的个体化。揭示教师的指导规律，建立科学的教学理论，以便有效的指导教师的教学指导活动，实现教师指导的异步化。揭示学生的学习规律和教师的指导规律之间的内在联系，并根据它们之间的内在联系，建立科学的异步教学理论、方法及手段，形成完整的教学文件和实施经验。因此异步教学是其他教学活动可以借鉴和学习的一种教学模式。

（2）通过对网球教学在手段和方法上的运用、制定、实施和评价等几个环节的研究，总结出在普通高校进行网球选修课教学，能提高教学质量，缩短教学周期，提高学生对网球技术更深刻的认识和对网球基本知识的更深刻的理解，激发学生学习的激情，为异步教学法在普通高校体育教学中进一步展开使用提供依据，也为其他教学模式的建构奠定理论基础。

（3）根据网球异步教学法设计与实施过程，也为我们提供了网球教学方法改革的研究思路，即依据项群理论原理中其他运动项目先进、合理的教学方法和教学手段通过移植的方法，运用于网球教学中，优化网球教学结构，提高网球教学质量，使网球教学的方法和手段推陈出新并朝着多元化、多样化的方向发展。从而进一步向整个体育教学方面推广，为不断丰富和完善体育教学方法做出贡献。

微观层面的意义：

（1）提高学生的技术水平。异步教学的过程是学生在教师的指导下进行独立自主自学的过程。这就要求学生需要在学习过程中不断地进行独立思考、发现并解决问题。相对于传统的技术教学来讲，学生通过自身的独立思考，能更好地理解各项技术技能的发力原理、发力方向以及动力链等问题，也更能激发学生学习网球的兴趣，从而使自身的技术、技能得以提高。

（2）端正学生学习网球的动机，激发学习网球的兴趣。异步教学针对每一位学生在每个学习阶段所呈现出的不同特点，因时制宜地制定学习目标。学生学习不是跟别人比，而是跟自己比。这样一来，差生就不会因为与他人的差距而自暴自弃；优生也不因优于别人而自我满足。每一位学生都能不断地从学习中收获进步的喜悦、体验成功的快感，从而更进一步地端正学习的动机、提高学习的兴趣。

（3）提高学生自我指导，自主自学学习网球的能力。相较于传统教学方法而言，异步教学一改传统教学教师向学生灌输知识、技能的面貌，学生需要在教师地指导下进行独立自主的学习。在学习过程中，遇到问题先要进行独立思考，即使因解决不了而向教师请教，教师也不是直接给出答案，而只是给学生指示解决问题的方式方法，以启发学生进行自主自学，在潜移默化中培养学生的学习能力。

(4) 提高学生的社会交往能力，形成良好的竞争氛围。在异步教学过程中，学生需要经过自学、对学、群学以及全体学等各个环节的学习，各环节教师均给予相应的指导。学生的独立自主自学不是闭门造车，而是需要在学习的过程中不断地与他人进行沟通和合作，从而促进其良好人际关系的形成。

(5) 提升教师自身的教学业务水平

不同于传统教学填鸭式的讲授，异步教学鼓励学生进行独立自主自学。在学习的过程中，学生通过不断地思考会发现更多的问题。从表面上看，教师好像什么都不用做，而实际上，在面对这样或那样的问题时，教师需要做得更多。这就要求教师要在进行经验累积的同时，不断学习新的知识以面对新的问题，不断提升自身的教学业务水平以满足学生日益增长的学习需要。

(三) 网球异步教学法的设计

异步教学法的教学设计是根据异步教学理论原理和网球教学的特殊性，以传播网球知识、网球技能为基础，运用系统的方法分析教学中的问题和需要，确定解决教学问题的步骤。

1. 网球异步教学法设计原理

异步教学法是通过学习实现学生学习的个体化和教师指导的异步化，使教学活动成为教师指导活动和学生的学习活动的有机统一过程。在教学过程中，将个别教学、分类教学和全体教学在整个教学过程统一中进行，要求以学生发展为中心，根据学生兴趣爱好和个性差异进行自主学习和老师指导相结合，从而全面发展学生身心健康，提高教师的教学效率。

(1) 分类教学——课开始时，教师在实验组进行异步教学，根据实验组的学生情况，按照教学任务，兴趣爱好，运动能力，身体素质和教学要求把学生分在不同的组里，当学生在各自的组中进行网球练习时，对他们进行分类教学指导，确立动作要领，建立评定标准。在学生学习和练习之前，提供问题背景，设置问题，启发学生在练习前进行思考，启发学生对网球技术和知识的心理认识，激发学生的兴趣和求知欲望，并向学生明确学习的内容，学生在各自的组中进行学习与练习。

(2) 个别教学——在上课中，根据教学的指示，学生在各自的组中相互学习，相互切磋。针对学生在练习中出现的错误动作和特殊问题，如练习正手击球时，后摆引拍晚，击球点靠后转体不充分等问题，教师及时反馈，找出原因，并对症下药给予纠错。对于学生提出的各种问题和疑问，教师应给予具体指导，开出运动处方，设计出有利于学生学习和改进及有利于激发学生兴趣的各种练习方式和手段。学生再根据教师指导的练习方式加以巩固和改进，达到事半功倍的效果。

(3) 全体教学——进入正式教学后，除了集合、准备活动及教师讲解、示范、总结外，大部分时间以小组为单位进行学习和练习。教师在整个过程中起监督和组织的作用，对随时出现的共性问题进行集体指导和纠正。

2. 网球异步教学法设计的理论基础

(1) 人文主义的教育理论基础。异步教学法重视学生的学习主体性，主张发展个性和追求

自我价值的实现。异步教学法以学习者为中心，根据不同的学习者制定不同的学习目标、教学计划、教学手段，使基础接近的各层次学生有共同的努力目标，克服教学流程中那些离散因素和负面效应，从而创立一个优化的教学环境。在这个优化的教学环境中，充分发挥学生在学习过程中的主体作用，把自我实现的选择留给学习者，激发学生学习新内容的动机和欲望，激发学生在学习和练习中的创造性和自学能力。

（2）教学论方面的理论基础。异步教学理论能充分发挥学生的学习主体作用和教师的指导作用，保证学生学习的个体化和教师指导的异步化，有效地培养学生的自学能力和创造才能，减轻师生的教学负担，在短期内能取得较好的教学效果，能消除体育教学长期存在的低效率的教学状况，促进学生的全面发展。把培养学生的自学能力和创造才能摆在学校教学的首要位置，同时把学习的时空转向受教育者的终身，将技能的掌握向实践应用转化，这正是反映了现代教学理念的趋势和体育教育的客观规律。培养学生的自学能力和发展学生的创造才能是提高教学质量的根本保证。

（3）运动心理学方面的理论基础。从认知结构上看学生认知过程的规律制约着课堂教学程序的组织。课堂教学程式与学生的认知规律相适应，教学效果就好，否则，就会走向事物的反面。体育教学中大量的运动技术学习和练习则是一种操作性知识，它需要逻辑思维与操作思维相结合。心理学研究揭示，同龄青少年的智商值，极高者与极低者只占1%～2%，余者的智商相差不大，按照学生认知性知识程度相差不大而设计的传统班级授课制，有利于大规模高效地培养人才。而体育教学中需要的形象思维和操作性思维虽然也离不开学生的智商因素，但它主要涉及人的身体素质，而身体素质在遗传、后天训练程度的差异上是非常显著的。因此以显著的身体素质差异为起点来进行统一的操作性练习，则会取得事倍功半的效果。异步网球教学既承认了学员在智商方面基本无差异的同时又注意了学生的个体素质差异，它是符合认知结构规律的一种尝试。

从“最近发展区”来看，苏联心理学家维果斯基说：“教学应该创造‘最近发展区’，然后使发展区转化为现有发展水平。”意思是说，教学应该走在发展的前面，教学难度应掌握分寸，要把学生的积极性调动起来，教学要设置一种能为他们经过努力所能克服的困难，而不能把目标定得过高或过低，使学生失去信心或学习过程过于容易，那将会抑制学生的学习积极性，这种掌握分寸的“难度”就是“最近发展区”。传统班级的体育教学，由于学生体质水平的参差不齐，教师就无法制定适宜的“最近发展区”的教学目标，而异步网球教学会根据学生体质及基本活动能力不在同一水平上，使教师容易根据“最近发展区”的理论制定适宜的教学目标和内容，克服上述的难题，从而使学达到最佳效果。

3. 网球异步教学法设计的原则

高校学生在系统上网球课之前多数都不会打网球，只有极个别的学生接触过一点，所以从学生网球运动技能方面来看学生之间没有差异。因此在研究中只能依据不同学生的身体素质差异以及不同学生学习动机差异来对学生进行网球异步教学。

在网球教学中，教师应根据学生的个性差异从学生不同体育基础出发，因材施教确定符合学生实际的教学要求、教学难度、教学方法。同时教师还应根据学生的不同兴趣爱好以及对网球运动表现出不同的个性心理倾向对学生进行分组，这样可以使同学们相互帮助，相互鼓励，从而培养学生团结协作，勇于创新的精神。

4. 网球异步教学法的教学框架与具体内容设计

（1）网球异步教学框架的设计。异步教学模式是教师与学生的教学双边关系，包括教师、模式和学生三大因素。图4-1是网球异步教学方法的教学框架。

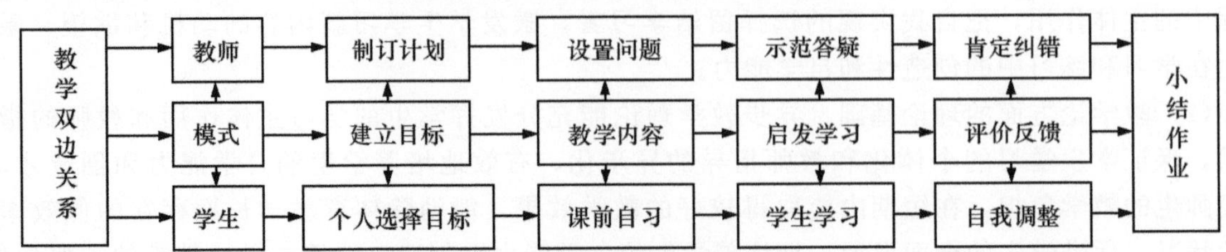

图4-1 网球异步教学方法的教学框架

（2）网球异步教学模式的具体内容。异步教学法是通过对实现学生学习的个体化和教师指导的异步化，使教学活动成为教师指导活动和学生的学习活动的有机统一过程。那么，怎样培养学生的自学能力和创造才能呢？根本的一点就是要使学生学习的个体化与教师指导的异步化高度有效地统一起来。建立适合学情的一种能将个别教学、分类教学和全体教学统一在一个教学过程中进行的，以个别教学为基础的异步教学理论和异步课堂教学方式，实现课堂教学活动现代化。首先我们把异步课堂教学结构分为学生的课堂学习程序和教师的课堂异步指导程序两部分。二者的关系是学生的课堂学习程序是基础，教师的课堂异步指导程序必须符合学生的课堂学习程序。六阶段单元教学的课堂教学结构是学生的课堂学习程序和教师的课堂异步指导程序这两部分的辩证统一。异步课堂教学结构实际上是课堂教学规律的集中反映。

①学生的异步化学习模式。根据学情理论，我们认为学生的课堂学习程序是“六因素”：自学—启发—复习—作业—改错—小结。学生学习的个体化，就是利用独学（包括对学、群学）的方式。在课堂教学中，学生通过“自学”，初步弄懂力所能及的内容，接着对照问题“启发”思维，对重点难点问题做更系统更深层次的理解和掌握。例如在练习正手击球技术中的前挥击球动作时，教师应向学生明确学习内容，让学生通过集体或分组的形式进行讨论、研究。对于有的学生身体和手臂协调配合较差的情况，在做正手击球技术中的前挥击球动作练习时，可通过自己的实践，徒手做挥拍动作来练习身体和手臂协调配合用力。而对于那些协调性较好的学生则可以直接进行击球练习，找出适合自身特点的学习方法。弄懂在自学过程中发现的难点后，再利用“复习”，将通过“自学”和“启发”两个因素已经掌握的技术联系起来，使之系统化，并在理解的基础上记住最基本的内容。然后通过“作业”和“改错”（教师指导）两个因素，检验“自学—启发—复习”三个因素所获得网球技术的正确程度。最后通过“小结”，使知识进一步概括化，技能进一步综合化，从而获得比较完整的知识和技能，这也叫“六步学习法”。课堂教学是学生在教师地指导下，解决一个又一个有内在联系的学习问题的认识过程。这个认识过程的程序就是“六因素”。在课堂教学中，学生的学习过程中，就是一个以“六因素”为一周期的循环往复、有规律地不断地向前运动的认识过程。

②教师指导的异步化程序。教师的课堂异步指导程序指的是，教师在六阶段课堂教学中，指导学生运用“六因素”进行学习，解决任何一个不懂的学习问题的步骤。学生是学习的主人，要实现教师的课堂指导程序异步化，必须使教师的课堂指导程序符合学生的课堂学习程序。从根本上讲，就是要使教师的课堂指导程序符合学情。因此，我们认为教师在六阶段课堂教学中

的异步指导程序是“提出问题—启发思维—研讨学习—强化效应”，简称“问题—启发—研讨—强化”四个步骤，这也叫“四步指导法”。施教之道，贵在引导。设置问题是启发学生去认识问题、分析问题、解决问题的一种手段。在这个教学阶段中，最重要的是培养学生的自学能力和分析问题、解决问题的才能。培养和提高学生的自学能力，是当今教学方式改革的主要目标，也是异步教学的先决条件。问题化教学关键是教师根据本次课的教学内容提供问题情境，并设置问题，指示学生自学的方法，启发学生的思维，引发学生心理认知冲突，激发学生的兴趣和求知欲望。如在练习正手击球技术中的前挥击球动作之前，教师有意识地引导学生思考只用手臂发力击球和身体与手臂配合用力击球的差别，体会不同的感受，激发学生想要亲身体验的欲望，并借机引导学生练习并掌握正确的动作，努力做到使学生“身体”“大脑”并用。这样就把学习的时间和空间交给学生，使学生成为学习的主人，减少教师的无效劳动。教师再根据学生的提问进行示范答疑，针对学生的练习状况进行肯定和赞扬或纠正练习动作时的错误动作。在六阶段课堂教学中，教师异步指导的形式分宏观异步指导和微观异步指导两种。不论是宏观指导，还是微观指导，方法都是“四步指导法”。

③实施弹性教学，使各层次学生共同发展。弹性教学实施主要从教学目标和教学内容设计两个方面出发，针对不同层次的学生制定不同的尺度标准，进而达到学生学习内容和目标的难易适度、容量合适，并不断在合理的评价中获得成功体验，从而激发学生学习的积极性。

a. 网球异步教学目标的弹性设计：对于教学目标的设计，活动的水平只有定位在学生正在形成和发展的区域内（即维果茨基所主张的最近发展区内）才具有教育的价值。在教学中，每次课的教学目标要贴近各层次学生的技能最近发展区。因此制定教学目标要有层次，形成阶梯目标，抓两头，促中间，明确最低要求和标准。只有对各层次学生制定不同的教学目标，才能调动学生学习的积极性，使处在不同起点学生的学习成为可能，使课堂体育教学效益得到提高。因此，要求学习网球技术比较快的学生，在准确完成各种技术技能的基础上，达到一定程度质与量的要求，鼓励他们纵向发展，进一步进行实战练习，并培养他们自觉锻炼能力，逐渐树立自觉锻炼思想。学习网球技术一般的学生，在增强体质的同时，能准确完成教师传授的各种技术和技能，了解自我锻炼的方法，树立参与意识，鼓励学生横向发展。学习网球技术较差的学生，在提高身体素质的基础上粗略掌握各项技术、技能，并能简单模仿老师传授的技术，使其进一步理解身体锻炼的价值。

b. 网球异步教学内容的弹性设计：课堂教学内容的设计是教学过程的一个重要环节，也是学生掌握基本技术与技能的主要过程。要取得良好的教学效果，对于不同层次要充分考虑好、中、差班学生的学习水平，要给全体学生留有学习、发展的余地。在充分掌握学生学习情况的基础上，要求每个教师对每个组要分别设计不同层次、深浅各异的练习内容和方法。在学习速度上，对于基本技术、技能及一般素质训练，各层次学生可按同一教学进度教学；对于有一定难度的技术练习，教学进度应有所不同，领会比较快的学生可以提前完成教学任务，同时提出更高的技术要求，进行深层次的学习，培养好学生有学无止境的精神；对于领会比较慢的学生应增加练习数量，给学生更多的思考机会，通过采用课外前置补偿、诱导性练习、个别辅导、降低练习难度等方法手段，使差班学生能在练习中分享成功的喜悦。改变过去同一班上好生等差生，教师催差生以及困难学生沮丧、茫然不知所措的局面。在整个异步教学程序中使学生都能在具体目标地引导下，循序渐进地达到目标，并使其尽可能地上升到高的层次。同时在层次分组的基础上，依照各层次的具体目标和学生学习锻炼效果，适时进行调整，能够达到所在层次目标的学生，即可调整到高层次组，以调动学生学习锻炼的积极性，使其达到更高的目标。

5. 网球异步教学模式的实施

教师要充分了解学生的情况，根据不同的学生制定不同教学内容、方法和目标，使每个学生都能达到教学的要求。

教学内容：球性的练习；正手击球动作练习。

教学目标：通过介绍与学习，培养学生的兴趣，增加对网球运动的感性认识；初步掌握原地正手击球技术。

组织、教法与要求：

课前准备部分，教师带领学生做好准备活动，通过练习充分活动身体各部位，以便能顺利进入运动状态，避免运动伤病的发生。

课中部分，自由练习阶段，自由练习所学的内容，教师仔细观察学生练习情况，提示动作的关键在哪，使学生进一步理解动作的难点部分。根据学生的练习情况将学生分为好（一组）、中（二组）、差（三组）三个等级，以下称一组、二组、三组，针对不同的组有不同的要求。

（1）球性的练习：主要是对球和球拍的弹性、力度的控制能力练习。

一组：行进间的隔网颠球练习。要求：两人对颠时，直接击球传给对方，不能在拍面上颠球再传，球不能落地，自己控制好力度，来回是一次，共做 5 次。

二组：行进间隔网颠球练习。要求：两人对颠时，球可以落地一次再击球传给对方或球在拍面上颠一次再传给对方。来回是一次，共做 6 次。

三组：原地隔网对颠球练习。要求：两人对颠时，球可以落地一次或在拍面上颠一次控制一下方向、力度再击球传给对方。连续不少于 20 次。

（2）正手击球练习

动作要领：准备姿势、后摆引拍、前挥击球、随挥跟进。学生弄懂在自学过程中发现的难点后，再通过复习，把已经掌握的技术联系起来使之系统化，发现问题及时纠错。

一组：正手击球练习，喂球人要远距离抛球，这样增加了球的前冲力或增加旋转，要求击球人自己判断球的落点和击球时机，也很容易发现哪个阶段出现不足。掌握好的学生要求打出固定的角度或落点，差的学生降低难度或增加练习次数。

二组：正手击球练习，每击球之前做一次连续挥拍练习找找感觉，要求喂球的人在打球人正手方向 45 度左右，距离 3 米抛球，球只有向前冲的力不增加旋转，打球人自己掌握好击球点位，要求将球打在界内。

三组：先练习正手挥拍动作，连续挥拍 30 次，突出每个动作阶段的特点。对动作不流畅或没有掌握的学生进行分部讲解、纠正指导，适当增加练习次数，使动作定型。再进行击球练习时先做好击球的准备姿势，要定点喂球，喂球人要求直臂让球自由落体，没有任何旋转和角度，弹起的高度在腰部以下正好是打球人合适的击球点位。要求：把动作做完整将球打过网即可，对于进步快的学生可适当增加难度。

在教学过程中对学生出现的个别问题要个别纠正，对于共性的问题，应集体讲明动作要领，强调重点难点，让学生慢慢体会并理解动作要领。

课后部分，要做好课堂总结与反思，分析不同组别的教学情况，以对比得出异步教学法对网球教学的促进作用。

二、异步教学法在高校篮球课教学中的实践研究

篮球异步教学实验内容的设置安排也包括学生的异步化学习模式、教师指导的异步化程序、实施弹性教学，使各层次学生共同发展三部分，内容基本相同，涉及具体技术动作的细节部分则与网球有所区别。

（一）篮球异步教学的实施

异步教学的实施首先要求老师必须对学生的情况有较清楚的了解，对不同组别的学生制定不同教学内容、方法和目标，使每个学生都能达到教学的要求。

课堂任务：

（1）学习基本站立姿势与起动，初步掌握基本站立姿势及起动方法。

（2）学习侧身跑，初步掌握跑动中身体侧转的技术环节。

（3）学习高、低运球（原地与行进间），初步掌握运球的技术动作方法。

（4）学习原地双手胸前传、接球技术，初步掌握双手传球的动作方法。

教学目标：通过学习，提高每个学生学习的兴趣，使每个学生在技术方面以及认识方面都有不同的提高。

组织、教法与要求：

1. 准备活动

绕球场慢跑教法：内容、任务安排要循序渐进，要求学生提前预习，对所学的东西有初步地了解与认识，并以最大的热忱感染、启发学生。

组织：围绕球场外沿线一个跟一个跑动。

组织队形（如图 4-2）：

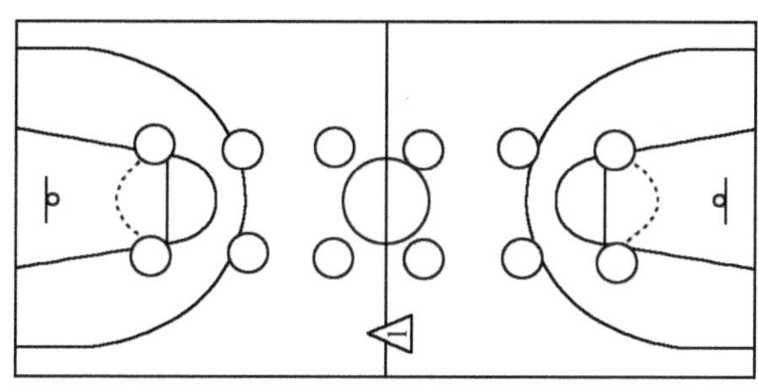

图 4-2　绕球场慢跑

2. 拉伸练习

头部运动；腹臂运动；颈后手臂拉伸；额前手臂拉伸；单脚盘腿下蹲；弓步下压拉伸；小腿动态拉伸；坐姿拉伸、蝴蝶拉伸。

教法：新生由教师带操，逐渐培养值日生领操。

组织队形同图 4-2，第一组站第一排，第二组站第二排。

3. 专项准备活动

球性练习：左右弹拨球；颈后、背后、腿部绕环练习；单腿绕环练习；双脚绕八字环绕；左右手前后拉运球；单手体前左右拉运球；体前左右高低拉运球。

教法：先由学生自己练习，并体会其动作。

抽几个同学出来做示范，其他同学边看边试着纠正其错误的地方。

教师讲解示范并纠正刚才学生动作中错误的地方。

练习：第一组学生每个动作做 20 次，要求动作准确，减少失误和错误动作。第二组学生每个动作做 30 次，降低学生动作的难度以及频率，减少失误，让学会更好地体会动作要领。在练习过程中教师应及时纠正学生的错误动作，尤其对个别学生的错误进行及时纠正。

4. 学习基本站立姿势与起动

要求：认真体会动作，逐步做到动作规范，起动时注意重心地转移。

教法：先由学生自由练习，检查预习的成果，并体会其动作。抽取几个同学出来做示范，其他同学边看边试着纠正其错误的地方。教师讲解示范并纠正刚才学生动作中错误的地方。

练习方法（如图 4-3 所示）：

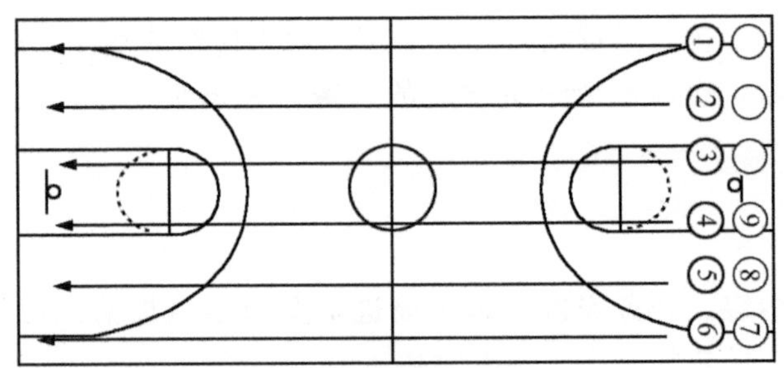

图 4-3　基本站立姿势与起动练习

5. 学习侧身跑技术

要求：练习强调上体侧转，放松协调跑动。

教法：先由学生自由练习，检查预习的成果，并体会其动作。抽取几个同学出来做示范，其他同学边看边试着纠正其错误的地方。教师讲解示范并纠正刚才学生动作中错误的地方。

练习方法（如图 4-4 所示）：

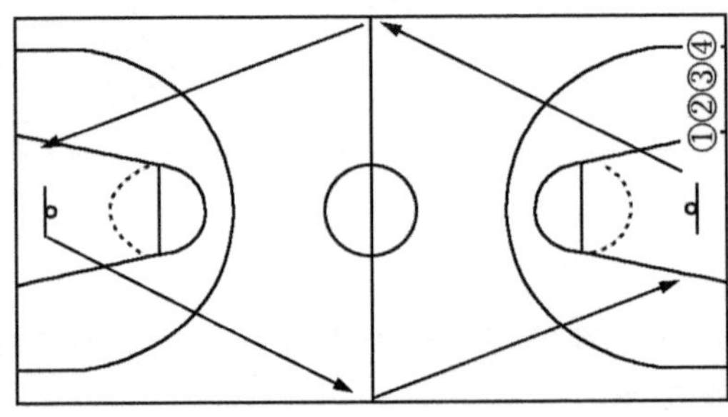

图 4-4　侧身跑技术练习

第一组学生 4 个来回，要求学生注意侧转角度准确，跑动协调。第二组学生 5 个来回，要求学生先进行原地的摆臂侧身练习接行进间的练习，动作较准确而且协调。教师在学生练习过程中及时纠正其错误的地方（个别纠正、组别纠正、整体纠正）。

6. 学习高、低运球（原地、行进间）

动作要点：拍球时，以肩关节为轴，大臂带动小臂，协调用力拍球；五指自然分开，手触球部位是指根以及手掌边缘触球；原地高、低运球时球的落点，身体的侧面；行进运球时球的落点应在身体的正前方。

教法：先由学生自由练习，检查预习的成果，并体会其动作。抽取几个同学出来做示范，其他同学边看边试着纠正其错误的地方。教师讲解示范并纠正刚才学生动作中错误的地方。

组织练习队形（如图 4-5 所示）：

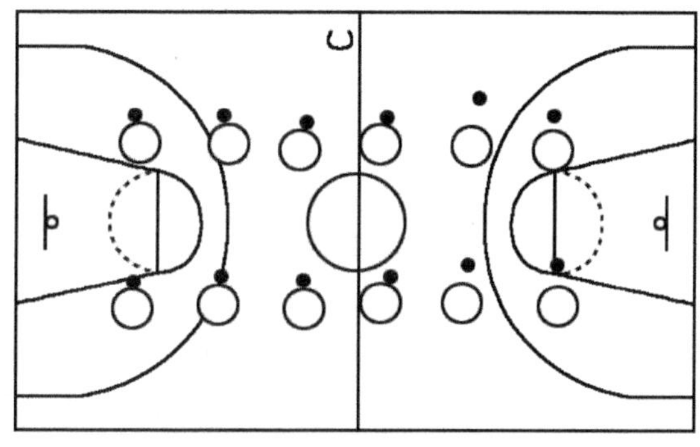

图 4-5　运球练习队形

练习：第一组学生原地高、低运球各 20 次，共五组，要求学生运球时尽量不要看球，动作要标准，发力准确。第二组学生原地高低运球各 30 次，共七组，要求学生先仔细体会发力的顺序，拍球的手指部位，可以看着自己的拍球练习。教师在练习过程中要及时纠正学生的错误动作（教师对各个组别分别指导并对个别学生认真指导）。

行进间高、低运球练习（如图 4-6 所示）：

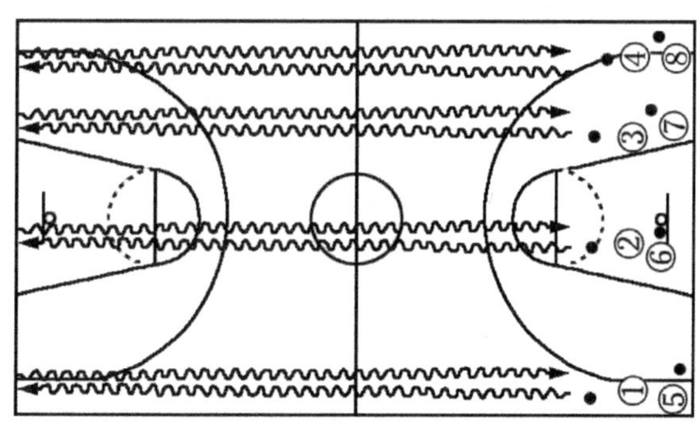

图 4-6　行进间高低运球

第一组学生行进间高、低运球各 4 个来回，要求动作协调标准，速度较快，眼睛尽量看前方。第二组学生各 5 个来回，要求学生速度放慢，保持动作的协调可以适当地看着球，减少失误。教师在学生练习过程中要及时纠正其错误（教师在练习过程中对个别学生以及组还有整体学生做不同的指导）。

7. 学习双手胸前传接球

要求：接球时五指自然张开、肩臂放松；传球时注意伸臂、抖腕动作连贯。

教法：先由学生自由练习，检查预习的成果，并体会其动作。抽取几个同学出来做示范，其他同学边看边试着纠正其错误的地方。

教师讲解示范并纠正刚才学生动作中错误的地方。

练习队形如图示：

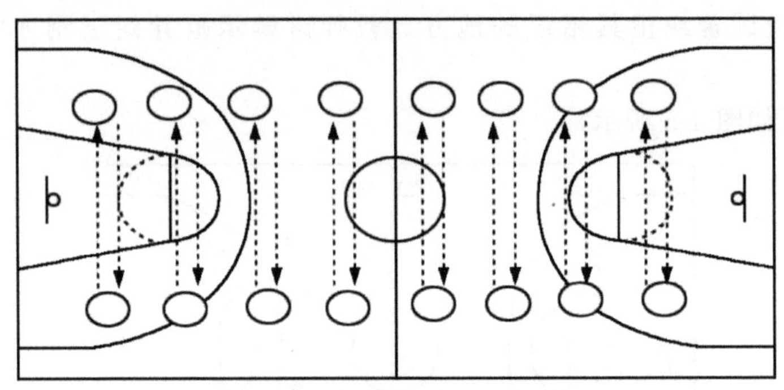

图 4-7　原地双手胸前传接球

第一组学生传球 20 次为一组，共四组，要求距离适中，学生动作连贯发力准确，球落点的较到位。第二组学生传球 30 次为一组，共四组，要求距离较近，学生练习动作较连贯发力较准确，落点较准确。在练习过程中教师应及时纠正其错误动作（教师对个别学生以及整体学生做指导）。

8. 结束部分：集合、放松操；小结、布置课外作业；收拾器材，下课。

组织队形：

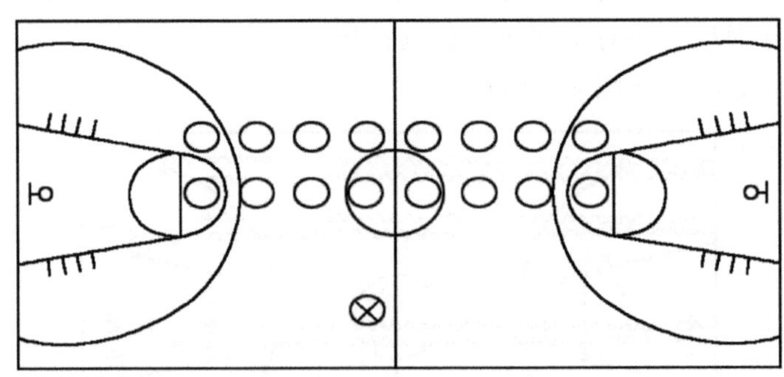

图 4-8　集合队形

放松肌肉，调整呼吸。

（二）异步教学法在篮球普修课中的教学效果及反思

1. 异步教学法的教学效果

（1）异步教学法对学生技能目标的提高。通过实验研究，采用异步教学法的实验组不同层

次的学生在基本技术、技能方面都有不同层次的提高，并且不同层次的学生对技术、技能的掌握都有一定的了解和认识。通过学生最终成绩的考核，实验组与对照组相对最初的成绩都有较大地提高，但实验组与对照组学生的成绩有显著性差异。也就是说异步教学法相对于传统教学法还是有一定的优势，使学生基本技术、技能得到了很好的提高，也达到了预期的教学目标和教学效果。

（2）异步教学法对学生认知目标的提高。首先学生对教师的技术、技能及业务水平都是比较肯定的；其次，实验组的学生不仅仅在学习态度、学习兴趣等方面较对照组有明显地改变，另外学生对参加课外体育活动的动机、行为等方面有较大提高，很好地培养了学生参加体育锻炼的意识，使学生较好地认识到体育锻炼的重要性，更好地培养学生终身体育的意识。最后，通过学习，不但使学生养成了良好的学习习惯，而且给学生更多的机会去表现和展示自己、挑战自己的机会，提高了学生的求知欲和竞争力。

（3）异步教学法对学生情感目标的提高。在学习过程中，学生与学生之间、教师与学生之间的感情有了明显的提高。学生与学生之间的相互学习、相互信任以及相互合作的精神也得到充分地体现。另外，虽然学生与学生之间存在一定的竞争关系，但是并没有太大影响到学生们学习的热情，学生之间的交流甚至是批评也促进了他们之间的友谊加深，使他们相互了解，相互信任。最后，在教学中，教师与学生的关系相处得非常融洽，师生的感情也得到升华。学生对教师各方面能力的肯定让教师充满激情，教师对学生的细心指导也让每个学生感受到体育学习的乐趣。因此在这样一个良好的课堂气氛中，达到了教师的预期效果。

2. 教学过程中的反思

（1）异步教学法的优势。有利于教师与学生、学生与学生之间沟通与交流。该教学首先由学生来展示自己预习的情况，与以往都是教师在讲不同，这样可以让学生感到更亲切，由其他的学生进行评价，每个人都可以展示，这样学生之间的交流与沟通就会增加。然后再由老师去点拨，去启发学生，这样也促进了老师与学生的交流，使课堂没有以前那么拘谨或者放不开，因此该教学法能够使学生与老师更好地沟通与交流。

有利于充分发挥学生的主体地位。在教学中，学生是学习的主体，在教学过程中学生要摆脱自身以及教师的思想束缚，充分地去展示自己、表达自己。在该教学中，大多以学生为主，学生是主动探索知识的构建者，而不是模仿者。对不同层次的学生进行分组以及个别指导和整体指导，为学生提供主动求知的机会，让学生用自己的方式探索知识，那么在教学中学生的主体地位才能更好地得到体现。

有利于教师对学生学习情况的掌控。教师对学生的掌控体现在教学内容的设计以及教学目标两个方面。对于不同层次的学生设置的教学目标和教学内容有所不同，这样才能使学生去更好地学习，以适应该教学。在内容上对学生练习量合理把握，在目标方面适当调整其学习的目标，这样就能够使不同层次的学生都能够得到成功的体验，从而激发学生学习的积极性，让学生更好地学习。然而教师在指导学生学习的过程中，首先要对不同层次学生的学习情况有一定地了解，学生也可以及时反馈学习情况，这样教师就可以通过学生的反馈以及教师的再指导更好地掌握学生的学习情况。

（2）异步教学法存在的不足。首先在对学生的分组中，有些学生可能因为分在较差的组，心理方面接受不了，会产生自卑心理。那么学生会感觉压力比较大，是否能变压力为动力要看学生自己怎么想。其次学生对教师的依赖可能会减小，大多同学可能会不好意思去问老师，而把询问的目标转向同学，对同学的依赖感增强。最后有些学生可能会更注重学习的结果而忽略了学习的过程，毕竟学生之间存在竞争，而且每个组的学生的位置并不是一定的，学生怕自己的成绩不好会调到较差的组，因此学生把结果看得很重也会影响该教学的效果。

第五章　游戏教学法在高校体育教学中的应用实践

游戏教学法是顺应教学目标和课程标准的要求，把作为载体的体育游戏视为教学的方法与手段，同技术教学有机结合，组织学生在游戏的愉悦氛围中学习和拓展知识技能，充分调动学生的学习自主性和创造性，从而达到预期教学目标的一种教学方法。这是针对本章研究主题，结合体育教学法的相关概念给出的定义。本章从游戏教学法的国内外研究现状及其在高校体育教学中应用的相关理论与实践研究角度来详谈游戏教学法对高校体育教学的促进作用。

第一节　国内外关于游戏教学法的研究现状

一、国外游戏教学的研究历史与现状

国外对于游戏教学的研究最早可追溯到古罗马时期。对游戏教学法最早做出科学系统阐释的是德国教育家福禄培尔，他最先提出游戏教学化的思想，将游戏和教学二者结合，统一在具体的教学过程中。

现代西方许多学者专家仍然致力于研究游戏与教学的相互关系，这促使游戏教学理论和教学形态逐步形成并不断发展成熟。在20世纪的教育理论领域，美国著名哲学家和教育思想家杜威从“活动经验”理论的角度，为游戏教学法的哲学基础做了很好的奠定。杜威的教学理论是现代教育理论的杰出代表，他十分重视课堂活动与游戏对教学的影响，指出学生要“从做中学”“从活动中学”“从经验中学”，让学生在主动的活动与经验组织中进行自我思考，即让学生在主动的课堂和课外活动作业中自主发现并讨论所发生的问题，并对问题进行理解和假设验证，以求自己想出解决问题的方法，使智力得到充分应用与发展。

虽然对游戏理论的研究起源很早，但游戏教学法的正式提出是在20世纪80年代至90年代期间，那时Southborough大学的Thorpe and Bunker研究出了Teaching Games for Understanding的教学方法。当时Bunker为改变以传统的技术为中心的体育教学，采用游戏教学的方法，首次提出了更易于理解和接受的游戏教学法。他通过对当时学校体育教学现状的调查与研究，发现以技术教学为中心的教学方法仍然占着体育课的大部分时间，没有给学生留下玩游戏的时间。即使有游戏的时间，体育教师也很少把技术与游戏结合起来，也很少有人了解技术与游戏结合的适宜时机。从那时起，此方面的研究广泛地吸引了体育教师等研究者的关注。一些研究者认为，游戏教学法应该比技术教学法更受学生欢迎，能在一定程度上提高学生参与运动的热情。到90年代后期，一些研究者对游戏法做了验证，并获得了一些经验性的成果，验证了游戏法的教学效果，一致认为游戏法的教学应该代替传统的、以技术为中心的教学方法。

各个国家对游戏教学法都保持了很大的兴趣并不断研究。课程中的游戏和竞技特色在英国历来受到重视和推崇，这一特色一直沿袭并发展至今，经历了不同的时期并在每个时期都做出

了各自的研究贡献。传统的英国体育教学就视游戏和竞技为基本手段，并以此为手段来组织教学，不断推动学生的个性发展和能力的提高。日本国内的体育教学改革发展也经历了不同的时期，包括学习探索时期、自主发展时期以及改革深化时期。在关注身体健康运动的同时注重让学生去真实感觉运动带来的乐趣，健康和安全并重，尤其珍视公正、合作、负责作风的培养。由于日本人善于学习、勇于创新，在改革中学习欧美，使东西方文化达到有效地融合。其中“快乐体育论”在日本的学校体育界影响最为深远，“快乐体育论”的主张着眼于把学校体育运动课程当作今后生活中体育训练内容的源泉，致力于建立学生终身体育运动的健康思想。它提出在体育的整个教学过程中要让学生充分感知到体育活动的内在乐趣，促进学生的自主性和自发性的养成与提高。

综上所述，国外不同国家和学者也对游戏教学法表现出极大的兴趣，并做出相关地努力，进行了大量地研究。作为一种教育方法和教育思想，游戏教学在不同国家的教育实践和活动训练中不断被运用和推崇，得到了良好的教学成效，促进了相关领域的研究深化和发展。理论和实践相结合的研究得以凸显，是近年来体育应用研究的一个重要研究课题。作为一种重要的教学方法，游戏教学法的深入研究一定会取得不断地突破。

二、我国有关游戏教学的历史与研究现状

游戏是伴随着社会生产力的发展而产生、发展并不断完善的。在西安半坡最早发掘出来的石球是我国有关游戏教学的最早考证。当时正处于生产力水平极其低下的原始社会，而原始社会的教育和生产劳动是紧密结合在一起的。游戏的产生是从极其简单原始的社会生产中分化出来的一种形式，意识模糊，并没有清晰的概念与分类。随着社会生产的发展，人类进入奴隶社会，在当时的社会生产条件下，出现一部分占有生产资料的奴隶主，奴隶主的出现促使教育逐渐与生产劳动相分离。因此游戏作为一种学习方式也渐渐挣脱生产劳动的束缚，自成体系，相对较为独立。而游戏被奴隶主们作为娱乐、乞神的活动工具，游戏雏形形成。到了封建社会，社会生产力得到充分发展，游戏已不再是少数人的专属活动，这一时期游戏得到了大规模地发展。

游戏教学的系统形成是在传统的制度化教育中。学校作为最主要的教育机构和场所，是孕育教育性游戏的重要地方。学校体育游戏是教育性游戏的重要组成部分。国内学校体育教学中最早的体育游戏出现在1902年清政府颁布的《奏定学堂章程》中。此章程规定“各级学堂均开设体操课”，即当时的体育课。“体操一科，幼稚者以游戏、体操发育其身……”。此后又将游戏教学规定为师范类体育专业学生的必修课程。一直到民国时期，游戏教学仍然在体育教学中占有十分重要的地位。民国时期的体育教学内容明确规定“按部颁标准分游戏、韵律活动、体操、运动四类以及其他活动”。新中国成立之后，国内的教育专家仍然将游戏视为学校体育教学的重要组成部分，游戏教学相关的法令及文件相继颁布。

国内致力于游戏教学的专家层出不穷。金钦昌在其学术著作《学校体育学》中提出，游戏法是教师灵活组织所有或部分学生，在规则允许的最大范围内进行活动、开展游戏的一种教学组织形式。国内资深教育理论家、卓越的青年运动领导人杨贤江先生更是把体育教学放在各科教育的首位，重视体育对其他学科的带动和对身体素质的培养作用。早在1992年他就曾表示：“游戏也是要紧的，游戏本身有许多价值。”近代教育家王冬立先生针对传统的教学方法的不足，

反对注入式、填鸭式的教学，明确表示在教学中采用游戏法大有裨益，他指出游戏教学对培养学生的学习兴趣、调动学生学习自觉主动性有重要的意义。

总结所有已查阅的文献资料，从体育游戏教学实践的角度来看，胡建成和郑一兵认为，在排球课的实际教学中，可以将排球相关的所有单项技能战术编排成游戏进行教学。在实际的教学效果上，用游戏法来教学有利于营造积极活跃的课堂环境，激发并保持学生浓厚的学习积极性和兴趣，有助于培养学生的进取心以便帮助学生更好地掌握排球运动的基本知识和战略战术。杨德俊从实现快乐体育的目的角度出发提出了体育教学的游戏法，他通过把实验班和对照班的体育成绩做细致的对比从而具体阐述了体育游戏法在体育教学中的可行性和实际教学成果，他总结提出游戏法在体育教学中占有重要地位。学者杨雪芹还指出在体育教学中恰当灵活运用游戏法的目的和意义就在于从游戏过程中产生的胜利感和竞争感来增强学生的快乐和自我效能感，从而有利于提高学生学习的自主性和主动性，充分感受到体育的真正乐趣和价值，建立持久的体育热情和更广阔的体育相关兴趣，促进学生在今后的学习中更加主动地参加到体育教学中，保证体育教学任务顺利完成。杨雪芹提到在体育知识技能和战略战术的教学中恰当正确地利用体育相关游戏，可以从根本上转变乏味枯燥的单边教师讲解、学生练习的形式，极大提高学生的学习兴趣。肖谋远和马斌根据国内学校体育教学内容单一、方法落伍的情形，认真分析和系统研究了体育游戏的特点、作用及组织结构，他们认为体育游戏的运用在教学中能有效地改善传统体育教学方法的缺陷，充实丰富课业内容，优化教学手段与方法，最终达到体育教学的基础健身和发展娱乐功效。他们建议在学校体育教学训练中，教师要转变传统的教育观念，深入研究体育游戏的作用，熟练掌握体育小游戏的组织结构和教学方式，科学准确地运用游戏法进行体育教学。杨国庆和李卫东认为，游戏教学法指在游戏中学习技术、知识的教学手段与方法。游戏教学法的运用增强了技能战略战术的运用并致力于综合能力的培养，使学生们在游戏过程中体会动作的结构、学习知识技术，在很大程度上提高了学生的学习兴趣和课堂的教学效果。马斌系统分析总结了体育游戏教学法在高校体育与健康课程中的实际用途，他认为体育游戏法颠覆了传统体育教学只注重技术教学的单一乏味教学模式，极好地改善和提高了学生的竞争水平和努力意志，除此之外，作为一种合作性的新型教学方法，游戏教学法的使用还有助于学生智力的培养提高，突出表现在创造性思维的能力发展上。在游戏教学方法指导下的体育教学，不仅能实现基本的体育教学目标，而且对于培养学生的良好思想品德，锻炼意志努力，形成良好的审美情趣和审美能力也有着非凡的意义。不足之处在于他的阐述仅限在理论层面上，没有进行真正的教学实验加以验证，难以具有科学的说服力。在这一层面上，学者陈哲夫做了有效的改善，通过开展系统的教学实验，把自然对照班与实验班加以控制比较得出实际的数据，有效地证明了游戏教学在排球选项课中的良好教学效果。

总结以上国内的游戏教学的结果不难发现：不同学者纷纷从理论或者实践层面上证实了游戏教学方法在体育教学中存在的客观必然性及实施的有效性。但不足之处在于所做研究内容分散，方法不够融合，理论和实践的结合研究相对不足，仅仅从一个层面上去证明游戏教学法的有效性难以得到大家的共鸣，它缺乏客观依据，使研究难以继续深入。基于各方面的研究原因，许多相关领域的研究仅限于推理式的简单证明游戏教学法的可适用性，但并没形成强有力的理论支撑，不能深入探究教学游戏法在体育教学与健康课程中的实施步骤与具体成效。

第二节　游戏教学法在高校体育教学中应用的理论研究

一、关于游戏教学的理论分析

（一）游戏教学法的相关理论

1. 认知结构理论

根据认知结构理论不难发现，学习的实质在于主动地获得一种认知结构，而这种认知结构就是知识在人们头脑中的有序合理的储存形式。学习者要主动地获得知识，并把获得的知识和已经存在于头脑中的知识联系起来建构合理的知识体系。获得学科的基本结构和基本知识理解在这一学习过程中至关重要，把头脑中的知识通过动作、图像、符号等进行编码存储。在此思想的指导下，教育学家所倡导的学习方法主要为发现法，发现是儿童学习的主要手段，发现实际上就是让学生用自己的头脑去亲自获得知识的一切形式。用发现法代替系统的教授学习，依据学生的能力将科目知识教给任何年龄阶段的儿童。

2. 人本主义心理学理论

人本主义心理学派反对把学习者看作是动物或机器，认为这是行为主义者的主张，也批评认知心理学家虽然重视人类知识的结构，但却忽视人的情感、态度、价值感等因素对学习的影响。作为人本主义心理学界的主要代表人物，罗杰斯认为，心理学应该要探究完整的人，忽视人的价值，强调人有发展的潜能和自我实现的倾向。

马斯洛从总体上把人的需要分为两部分，缺失性需要和发展性需要。他认为基本的生理、安全、归属和爱的需要等属于基本的生活学习所必需的，与人的基本需求相联系，是需要优先得到满足的，否则其他需要无从谈起。尊重、求知、审美和自我实现的需要属于高一层次的需要，是发展性的需要。

人本主义心理学家倡导有意义的自由学习，强调教学内容与学习者之间的意义联系。罗杰斯创立了“以学生为中心”的教学观，这一教学观是建立在其学习观的基础上的。他认为教师的任务不是教给学生知识，也不是简单地教授学生怎样去学习知识，而是要为学生提供各种学习的资源，创造一种有益于学习的环境，让学生自己决定怎样去获得知识。学习中心的学习模式叫作非指导式教学模式。教师在其中不是权威者，而是“助产师”和“催化剂”。学习完全交由学生自由支配，教师只为学生提供方便的学习条件，或是咨询和平等的参加讨论，充分地把学生从单一模式中解放出来，充分发扬学习者不同的个性。他认为只有在这种条件下，才能够真正培养出具有高创造性的学习者个体。罗杰斯强调学习内容与认知情感的有机统一，强调“有意义自由的学会学习”和创造性学习，突出自我评价在学习过程中的重要作用。

3. 建构主义学习理论

建构主义是认知学习理论的新发展，对当前的教育教学改革产生了重要而深远的影响。它不是一种特定的学习理论，而是许多观点的统称。建构主义的思想核心是：知识是在主客体间的相互作用的活动中架构起来的。建构主义在一定程度上对知识的客观性和确定性提出了相当的质疑，强调知识的动态变化。建构主义的学习观强调学习的主动架构性，强调学习共同体的

互动结合学习，共享教学资源，共同完成教学任务，同时强调教学的情境性，知识存在于具体的可感知的活动之中，不是一套独立的符号系统，学习是通过某种社会实践的参与而逐渐掌握相应知识的过程。学生观上强调学生经验世界的丰富性和差异性，强调学生巨大的潜能。

4. 选择理论

哥拉斯博士是美国加利福尼亚哥拉斯学院的创建者和校长，他曾经指出：青少年学生有四种需要值得我们教育者特别的关注，这四种需要分别是归属（友谊）的需要、影响别人的力量（自尊）的需要、自由的需要和快乐的需要。当这些需要中的一种或几种得到满足时，学生就会得到愉快的体验。即使是成绩差的学生或者是有孤独感的学生，在他们的内心深处也隐藏着这一种最真实的归属的需要，他们需要得到友谊和关心，也需对别人关心和照顾的满足，每一名学生在潜意识中都有自尊的需要，希望得到别人的承认。学生作为一个人，一个正在社会化的人，一个充满灵性的活生生的有感情的人，他只有在找到了自己的归属，获得了这种需要时，才能在他所属的集体中生存下去，才能有更充沛的精力投入学习。

（二）游戏教学法的指导思想

运用游戏教学法要充分体现教学过程的双边性，强调教师的主导作用和学生的主体地位的实现。在体育知识技能的学习中要通过灵活选择设计游戏活动，注重通过游戏让学生真正感觉、体会正确的动作要领并获得相对应的知识体系，以此来促进激发学生的体育学习动机，培养学生的学习兴趣和主动性，让学习者以正确的态度投入到体育学习中。贯彻落实“健康第一”的指导思想，创造轻松愉快的学习环境。

（三）游戏教学的教学目标

游戏教学的教学目标是充分调动学生体育学习的兴趣和动力、帮助学习者养成良好的体育学习态度。促进学生的个性发展、创新精神和创造型思维的发展。增加体育教学的趣味性，提高学生技术学习的有效性，培养良好的体育学习习惯，使学生真正获得终身体育学习的动力和能力。

（四）游戏教学的教学评价

体育教学评价是依据一定的体育教学总体目标和具体的体育教学原则，运用系统科学的方法，对体育教学之中的“教”与“学”的双边过程及其结果进行的预测或价值判断及评估。体育教学评价的对象分为“教”与“学”两部分，这两个部分的过程和结果都当作评价的对象，而这其中对受教育者也就是学生的“学习”的评价是教学评价的重要组成部分。

针对游戏教学的评价，采用了诊断性评价和终结性评价两种评价体系。

1. 诊断性评价

诊断性评价是在研究开始阶段，为了解学生的学习准备状况及影响学生的学习因素而做出的评价。在本章的研究中，诊断性评价指在体育活动教授开始之前，为有效地实施教学计划而进行的评价。它的主要功能在于检查学习准备状况，决定对学生的体育学习做适当的安置，预测判断对学生造成动作学习困难的原因，一直到后续的体育教学中。

游戏教学法出现在体育教学的准备阶段，通过事前对学生进行诊断，可以检验学生已有的技能水平、心理特征、能力状况、个性特点等情况，这就为学习小组的划分以及教师体育游戏的选择和设置安排提供了合理可靠的参考依据。

游戏教学法的诊断性评价内容主要包括：专项身体素质测试、专项技术测试（技评、达标）、心理指标测试。

2. 终结性评价

终结性评价又叫总结性评价，是指在一个大的学习单元或一门课程结束时对学生学习结果的评价。终结性评价注重的是学生对某一学科的整体掌握程度，概括水平较高，测验内容范围广阔，常在学期末进行。在教学活动中，总结性评价的主要作用有：评定学生的学习成绩，证明学生对所学的知识技能的掌握程度以及实现教学目标的程度，为制定新的教学目标提供了依据，也对学生的后续学习做了预测和判断。在本研究中，终结性评价发生在体育教学活动后是为判断教学效果而进行的评价。

利用游戏教学法进行教学后，研究者对学生进行终结性评价，可以得到学生掌握技术的真实水平、明确教师的教学效果，以便充分提高学生的心理指标和学习能力。

利用游戏教学法进行终结性评价主要包括两方面的内容：专项技术测试（技评、达标）、心理指标测试。

（五）游戏教学的教学过程

游戏教学的具体教学过程见图 5-1：

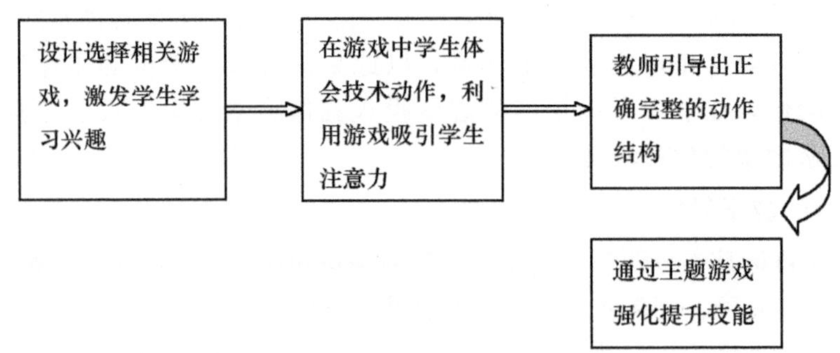

图 5-1　游戏教学的教学过程

（六）游戏教学法的教学特点

游戏教学的主要特点是将教学训练内容，按一定的要求与目的分解搭配成具有一定情节性、竞争性、娱乐性且在一定的规则引导下的学、练目标多样的活动，吸引学生主动进行由易到难的创造性学、练活动。因此，游戏教学能有效激发提高学生的学习兴趣，提高学生的身体素质，优化教学效果。游戏教学法注重内在游戏的灵活选择与运用。体育教学不仅包括运动技能的学习也包括情感与态度的学习与转换，如果体育教学偏袒哪一方，都将影响教学的效果。传统教学法往往仅对运动技能的准备十分充分，但经常忽略了学生的学习态度与兴趣以及对运动情感体验的关注。

二、关于游戏教学法在体育教学中应用的理论研究

（一）关于体育游戏的理论研究

1. 游戏及体育游戏的内涵

从游戏的起源来讲，游戏最早的形式产生于人类原始社会早期，为了满足生产生活的需要而形成的一种具有一定规则的娱乐性活动。“游戏”作为人类社会的普遍现象，每一种游戏都深

刻地反映着游戏产生之时的特殊社会生产生活情景，并且在部分研究中这种观点已被证实。在人类社会的早期，游戏就被人们作为一种教育手段，人们借助游戏对年幼的生产者进行教育、传授各种生产和生活的经验。因为游戏自身与生产和生活“互为表里”的关系，而使人类社会早期的人们通过游戏教育使年幼的生产者又快、又早地融入到现实生活之中，游戏自身也随着社会物质生活条件的发展而不断丰富。而对于体育游戏来讲，它无非是从“游戏大家庭”里划分出来的一个分支，是游戏内容的重要组成部分和表现形式。在现代社会最为流行的体育活动项目中，也有大部分是从最初的游戏形式被人们不断的规则化而发展形成的，这也使得“游戏”“体育游戏”和“体育项目”形成了内在的联系。关于“体育游戏”的概念，不同的学者虽然都从不同的角度进行了阐释，但在本文中采用的定义为：体育游戏是按一定的目的和规则进行的一种有组织的体育活动，是一种有意识的、创造性和主动性的活动。在现代的体育教学中，人们往往采用的游戏教学法中的游戏自然也是通常的“体育游戏”。所以本文的目的就是达到既能完成技术教学或辅助教学，又不失游戏自身的特性，最终取得良好的教学效果。

2. 体育游戏的特点

体育游戏作为游戏的一种重要表现形式，其自身不仅能够表现出游戏的一般特性，又能够凸现体育的主要特征。体育游戏主要是以人体完成基本体育动作为主的游戏，是一种能将人的德、智、体的发展寓于一种浓厚的娱乐氛围中的有效方法。其主要特点表现如下。

(1) 娱乐性。娱乐性是任何一种游戏的“生命”，体育游戏也不例外，在体育教学中合理的运用体育游戏，能让体育课生机盎然且不失活力。娱乐性使老师和同学们在体育课堂中唤醒原始的娱乐冲动，表现得兴奋和活跃，对每一部分教学内容能够积极应对。

(2) 普及性。体育游戏的内容是丰富多样的，不同的人群通过不同的选择都能够满足不同的游戏需求。在教学中也是如此，不同的学生、学段、教学内容都能够选择或创编出合适的体育游戏，来满足健身、娱乐、教学等不同的需求。

(3) 规则性。体育游戏的规则性既能够从原始的游戏中传承，又能够在实际的创编中不断地创新，目的就是要使体育游戏不断地满足不同的需求。在体育教学中的游戏更是如此，它需要一定的规则才能够保证教学有条不紊地进行，顺利地实现教学目标。

(4) 竞争性。如果说体育游戏的娱乐性激发了人们原始的娱乐冲动，规则性保证了体育游戏的顺利进行，那么，竞争性则可以说是最大限度地调动了人们参与体育游戏的积极性。通过竞争，体育游戏的效果将发挥到极致，人体自身的潜能也能得到充分发挥。现实中的体育游戏大多也都是以个人或者集体取胜为目的的竞争性游戏，通过游戏完成的数量、质量和速度来评判游戏的胜负，表现出人们在体力、智力以及合作能力方面的竞争形式，获胜者能够满足内心的愉悦并能够充分地展现自我。通过竞争培养的这些能力对于体育教学来讲无疑是有利的，它会帮助学生更深刻地体会体育的精神内涵与魅力，更加出色地完成体育课的教学任务。

(5) 目的性。通常人们进行体育游戏都具有一定的目的，或者是愉悦身心，或者是培养团结协作的精神，或者为完成某些体育活动任务而进行的一种有意识的体育活动。比如人们在体育教学中进行体育游戏，或是为了调动大家的兴奋性，或是为了活动热身，或是为了使某一枯燥的技术学习环节更加生动有趣而采取游戏性教学方式等。体育游戏的进行就是行为和目的的统一。

3. “游戏教学法”概念的界定

对于“游戏”一词，通过查阅相关词典书籍发现，其解释也略有不同。《教育大辞典》对游戏法、体育游戏、教学游戏有着不同的解释。认为，①游戏法是教师组织学生，运用游戏的方式，在规则许可的范围内，充分发挥学生的主动性和创造性，以达到游戏目标的一种练习方法。②体育游戏，亦称“活动性游戏”，是体育教学方法的一种。为提高学生的兴趣，将某种体育活动加上情节或规则，以活动的结果作为判断胜负的依据，可提高学生参加锻炼的积极性的一种体育教学方法，构成的基本要素是身体活动、情节、规则、方法、结果和场地器材等。③教学游戏亦称“游戏教学法”。根据教学大纲，将教学内容与生动有趣的游戏相结合的教学方法。金钦昌在《学校体育学》一书中认为，游戏法是教师组织学生，在规则许可的范围内，充分发挥个人主动性和创造性，达到预期任务的一种方法。游戏法通常有一定的情节和竞赛成分，内容和形式多种多样。季浏也曾提出，游戏化教学法是在教学过程中，教师通过各种各样的游戏为手段，使学生进行学习，并培养多方面能力的教学方法。这一方法突出了学生在教学中的主体地位，强调情感和活动的因素在教学中的作用。

综上所述，本书定义“游戏教学法”的概念为：游戏教学法是教师根据教学内容和教学大纲的要求，把做载体的游戏为教学方法，组织学生在游戏的氛围中，充分发挥学生的主动性和创造性，从而达到预期教学目标的一种教学方法。

4. 体育游戏教学法与高校体育教学特点的内在联系

游戏教学法就是要通过游戏自身娱乐性、竞争性、普及性等特性的发挥，有效辅助体育教学目标的实现。目前，我国高校培养学生的目标根据学校类型的不同各有不同，正因如此，造成了高校学生在身心发展方面的差异。高校学生更注意个性能力和综合能力的培养，体育课提供的各种竞争性内容，为学生社会适应能力的发展、勇于竞争锐意进取精神的培养提供了较大的空间。体育课具有一定的量和强度，枯燥、单一的传统教学模式很难满足高校学生的内心特点。所以，丰富生动的游戏教学形式能够使学生很容易融入体育教学中，既能满足学生的特殊心理需求，又培养了学生良好的运动技术技能，使其领悟到体育的魅力，为终身体育奠定了基础。所以，游戏教学模式在高校体育教学中与学生特殊的心理特点形成了内在的一致性，能够有效地保证高校体育教学目标的实现。

5. 体育游戏在体育教学中的作用

从体育游戏的特点看来，体育游戏之于体育教学的作用是明显的，它激发了学生的体育学习动机，培养学生的集体主义精神，教育学生遵守纪律、团结协作，巩固和提高学生的体育技能，历练学生的创新思维和敢于拼搏的竞争精神，其价值对于体育教学有着深远的意义，具体作用主要表现在以下几个方面。

(1) 对教学的有效辅助作用。在倡导游戏教学法的教学实践中，体育课教学的每一环节都能穿插游戏内容或者整个教学过程都能通过一个游戏的过程来完成，并且在实践中得到了验证。首先，体现在对体育课准备部分的教辅作用。在体育课的准备阶段，学生的身心一般都处在安静状态，身体关节灵活性差，肌肉发僵，内心体育冲动不强，大脑兴奋性不高，尤其是一些对体育学习兴趣不高的学生，更表现出对体育课态度的消沉。而对于高校的学生来说，由于中小学阶段一直接受传统体育课的教学模式，他们对传统的体育课教学已经厌烦甚至麻木，参与体育课的激情自然不会高昂，上述特点表现突出。所以，游戏教学法的引用就表现得尤为重要，

它更能满足学生对体育课的需求。在体育课的开始阶段采用游戏教学法，能够有效地帮助学生在一个娱乐的气氛中实现身体预热，提高学生参与的积极性并产生对体育活动的兴趣。正如某些心理学家所说，“兴趣”是学习最好的老师，通过游戏教学法使同学们产生参与体育学习的兴趣，等于为同学们提供了体育学习的动力源泉。合理有效地选用游戏更能使学生大脑产生超乎意外的大脑亢奋，所以在体育课的准备阶段采用游戏教学法，对于体育课基本部分的有效进行是十分有益的。其次，就是对体育课的基础部分的辅助作用。通常体育课准备部分的内容以复习旧知识和传授新知识为主，传统的教学只注重言传身授，教学方法单一，很难提高学生学习的兴奋性，使其是对旧知识的复习。通过游戏教学法，能够迅速提高学生大脑的兴奋性，使其注意力得到集中，在游戏中完成对旧知识的复习和对新技能的学习，使同学们面对难度较大的技术动作时，不会再因为产生恐惧感而退缩，而是在轻松愉快的游戏氛围中把技术动作逐渐掌握。尤其是采用经过合理创编的针对性强的游戏，更有益于学生学习新、难的技术动作。再次，在体育课的技术部分安排合理的轻松愉快的游戏，有助于学生缓解体育课高度兴奋的神经和疲劳的肢体，以放松、平静的身心投入到文化学习之中，同时充满对体育课的期待。

(2) 强化了体育课健身功能。在以往的体育课教学中，由于教学方法单一、枯燥、活动性不强直接影响了学生宝贵的体育课身体活动时间，造成了学生体育课学习兴趣低下，参与体育活动的积极性不高，直接影响了体育课的健身效果。通过游戏教学法的应用，能够有效地提高学生对体育课学习的积极性和对文化知识学习的兴奋度，让学生通过在体育课上对体育知识和技能地有效学习，充分地了解体育的魅力所在，养成体育运动的习惯。另外，体育游戏的形式多样，也保证了体育游戏教学法在实施中不受严格的人数限制，使得每一位学生都能够在体育游戏过程中获得身体锻炼的机会，同时学习了体育知识和技能，这所有一切都保证了体育课健身功能的强化。

(3) 赋予了体育教学的娱乐功能。传统的体育教学多是教法单一、气氛沉闷，体育课给人的感觉是又累又枯燥。而游戏教学法的合理采用，正好迎合了学生繁忙的文化学习后内心的需要，使传统的枯燥教学变得生动有趣，感受到游戏娱乐气氛的学生兴奋性强烈，对体育课中知识和技能的学习表现积极，使体育课教学收到满意的效果。

(4) 拓宽了体育课的教育功能。体育游戏都是有一定规则的，学生在积极接受游戏性教学的同时必须遵守游戏的规则。同时，游戏的内容和形式又是多样的，其参与的形式不拘一格，有单个人参与的，也有需要多人分组合作的游戏，而且体育游戏都要根据完成的数量、质量、速度等标准判别胜负，这样就使体育游戏的行为内涵更为丰富，教育功能更加全面。首先，体育游戏培养了学生踊跃参与公平竞争的精神。体育游戏的进行最终分辨出胜负，参与体育游戏的集体或个人都会产生一种强烈的获胜欲望，并且要求游戏的参与者要遵守规则，公平竞争，这些精神正是现代社会人们所必须具备的品质。其次，培养了学生团结协作的精神。集体性的体育游戏为了获得最终的胜利，特别需要发挥集体的智慧力量，团结一致，相互配合，最终获得游戏胜利。这样的集体性游戏在体育教学中最常用，所以有力地培养了学生的团结协作精神。再次，有利于学生思维的启发和创新能力的开发。在体育教学中，某些技术动作或基本技能尚未被学生熟练掌握的情况下，教师通常采用对技术、技能融入游戏的办法，精心设计游戏，利用游戏的特性引导学生的思维在无形中掌握基本的技术和技能。另外，学生能够通过熟练掌握的技术、技能，在老师地指导下自行组织、创造新的体育游戏，满足课堂体育游戏的需求，这样的体育游戏既能够让学生有效地参与，又能够通过对游戏地创编开发增强学生的自主创新能力。

（二）关于体育教学中游戏选择的研究

从游戏教学法的特点和产生的特殊效果可以充分看出，游戏教学法的应用改变了以往枯燥、乏味的体育课堂气氛，使得体育课生机盎然，对学生各方面能力培养和课堂教学效率的提高起到了积极的促进作用。在游戏教学法的采用产生各种有益教学效果的同时，游戏的正确选择应用是必要的。比如在课的准备部分选用活动量大的游戏，在教学过程中选用内容不健康的游戏，或者选用危险程度大的游戏等，都会直接影响体育课的教学效果，事倍功半。所以通常游戏的选择会遵循以下几个方面的原则。

1. 体育游戏的内容应是健康向上的

在游戏教学法的实践中，教师都会积极选择或者创编最为有效的游戏形式和内容，来辅助教学目标的实现。但这些游戏内容和形式的选择和创编必须是健康向上的，否则，虽然直接实现了体育课堂活跃的气氛和体育教学的课堂要求，但是却直接影响了体育教学最终的思想教育的内涵。

2. 体育游戏的选择必须具有趣味性

体育游戏的趣味性是体育游戏的生命所在，更是其自身价值的有效体现，一个不富有趣味性的游戏就像一个没有生命的个体，在体育教学中不仅不会起到应有的助学作用，反而会引起学生的反感。正如有些心理学家所说“兴趣乃是最好的老师”，一个富有趣味性的游戏必然会引发学生内心的娱乐冲动，对体育游戏产生浓厚的兴趣。体育游戏是一项较正规的、相对体育比赛又十分轻松的体育活动，对游戏者并没有过于严格的规则要求，所以参加者能够在体育游戏中以轻松愉悦的心态实现自我、表达自我。同时游戏参加者在轻松的氛围中，注意力能够高度地集中在活动内容上。通常游戏竞争性越强、情节生动，其趣味性越强。这样的游戏会使枯燥、乏味的体育活动变得生动有趣，有效地调动学生参与体育锻炼的积极性。

3. 体育游戏要富有教育意义

学生通过参加体育游戏能够有效地使身体得到锻炼，提升身体运动技能，这只能算是体育游戏有益的一个重要方面。体育教学中对选择体育游戏的要求不仅要体现在身体方面，同时游戏的实施更要突出其教育功能。没有教育意义的游戏选择对于体育教学来说是不完美的。在体育课中选择体育游戏要体现出德育、智育、体育的全面教育作用，这也是体育活动自身的魅力所在。通过参加体育游戏活动，使学生学会交往，学会合作，更要学会思维的发散和思路的创新，以适应千变万化的竞争环境。这样的体育游戏才是与体育教学相匹配的，才能辅助体育教学功能的全面实现。

4. 体育游戏的选择要简便易行，富有针对性

在体育教学中游戏教学法实施的首要目的就是要使游戏起到有效的教学辅助作用。这就要求游戏的规则要简便易行，目的突出，既不失游戏的内涵，又要有效地实现教学目标。如果一个游戏的选择过于繁杂，会牵扯更多的精力到游戏的学习之中，这样在体育教学中势必会“喧宾夺主”，浪费大量的课堂教学时间，使教学效果适得其反。另外就是要注意游戏的利用效率，漫无目的的游戏更是会对教学计划的实施和教学目标的实现形成障碍。针对性强，利用效率高，

才会取得事半功倍的效果。比如，在课的准备阶段结合本次课的教学目标采用简单有趣、肢体活动针对性强的游戏，既调动了学生进行体育课学习的兴奋性，又着重实现了重点肢体关节的预热效果；而在课的基础部分，简单易行并富有针对性的游戏选择，既能有效地完成旧知识的复习，又能够有效实施新知识的传授；结束部分的游戏选用，自然要实现放松身心的目的，以使学生心态平静地步入下一阶段的文化知识学习之中。

5. 体育游戏的选择要充满安全性

在当今体育教学实践中，学生安全问题已成为学校体育教学过程中最为棘手的问题之一。在游戏教学法的实施中，体育游戏的选择自然把学生安全问题放在第一位。游戏的实施出现安全问题，其一切教育意义等于功亏一篑。毕竟教育的最终目的是要培养全面发展的人才。所以在实施体育游戏时，教师的注意力必须高度集中，在游戏前期进行有效的安全教育，注意体育器材地合理选用、布置与利用；注意学生的身心发育特点，合理安排活动量；掌握学生的游戏节奏，以免兴奋度过高而发生意外损伤。

（三）体育游戏在教学中实施的理论研究

通过合理的游戏规则，体育游戏的实施成为游戏教学法中最为重要的环节，体育游戏的组织实施效果如何，会直接影响游戏教学法全面功能的发挥，最终影响体育教学的整体效果。科学合理的研究体育游戏教学的组织实施对游戏教学法的实践具有深远的指导意义。

1. 体育游戏的组织实施要把握好体育游戏的质和量

对于体育游戏的质和量的把握，最重要的一点应该是明确体育游戏在体育教学中所充当教学辅助作用的角色。对于游戏的质来讲，游戏的内容一定要贴切教学目的，比如在课的准备阶段，体育游戏的实施要尽可能地起到身心预热的作用，为课的基础部分做好全面的身心准备工作；在课的基础部分，尤其是教授新内容时，游戏的采用要注意对新授内容的针对性，起到最有效的引导作用，游戏的针对性和效益性一定要高。对于游戏的量来讲，游戏的活动量太大会直接影响体育课的教学效果，毕竟体育课的目的不仅是锻炼学生的身体素质，更重要的是完成教学计划，授予学生正确的运动技术和技能，为学生终身体育习惯打下坚实的基础。另外，游戏的质量还应考虑学生身心发育的特点，否则也会间接地影响体育教学的效果和质量。

2. 体育游戏的实施要注意发挥游戏的特色

体育游戏是集娱乐性、竞争性、教育性等特性为一体的体育活动。发挥体育游戏的竞争性，就是要合理地编制游戏规则，保证学生公平地完成体育游戏；发挥体育的娱乐性，就是要摆脱体育游戏的正规竞赛性。简单易行，情节生动，又能合理竞争并且实现胜负，这样就能让同学们在体育游戏中乐此不疲。教育性的发挥体现在体育游戏实施过程中的每一个细节上，团结协作，公平竞争，善于创新都是体育游戏教育功能的具体体现。时刻保持游戏自身特色的发挥，才能充分挖掘游戏教学法为体育教学带来的效益。

3. 体育游戏的实施要保证安全第一

体育教学的培养目标就是要培养德、质、体全面发展的人才，游戏教学法在体育教学中的应用也必须遵循这一总体目标。体育游戏自身形式和内容的多样性常常使得体育游戏应用中组织形式不拘一格，而且鉴于体育教学环境的特殊性，安全性自然成了教学过程中需首要注意的问题。首先，在游戏教学法的实施前要进行必要的安全教育，严守游戏规则，保证课堂的组织纪律性。其次，注意检查游戏器材和游戏场地的安全性。再次，要注意控制学生的游戏活动节奏，防止游戏中学生的兴奋性过高，忘乎所以，导致意外损伤的出现或因情绪失控导致学生之间的争执而出现安全隐患等。

第三节　游戏教学法在高校体育教学中应用的实践研究

现今，由于我国高校武术教学仍没有彻底摆脱传统教育的影响，仍然不同程度地存在着各种问题：学生武术学习的起点低且学习难度较大；一周一次两学时的教学课给学生记忆动作造成客观性的困难，如此短的教学时间不利于武术运动地深入学习；教学内容单一，教学方法单调。对于这些问题，不少高校引入游戏教学法，不仅丰富了游戏教学法在体育教学中的应用实践，而且也为其他的体育项目提供了参考和借鉴。以下就以武术教学为例，来展开游戏教学法在高校体育教学中应用的实践研究。

一、武术“游戏教学法”引入高校武术教学的意义与作用

（一）武术“游戏教学法”有利于提高学生认识水平

通过武术游戏教学，学生对所学知识和技能有了更深刻地体验和内化，更进一步认识和理解了体育和武术。在多种多样的武术体育游戏教学活动中，学生找到了自己较为感兴趣的武术运动。武术参与意识的增强，武术知识的掌握，武术技能地运用及同伴之间地相互帮助，也使学生产生了积极的自我调整和自我教育。在教学中，学生对武术知识和技术有了更深刻的情感体验，从而促进学生武术知识和能力的提高。

（二）武术“游戏教学法”有利于学生智力和非智力因素的发展

根据武术教材特点选择各类武术体育游戏教学方法进行教学，能使学生在更和谐的气氛中进行武术学习。它有利于学生武术学习兴趣的产生及保持，有利于激发学生武术学习的动机。经常地采取武术游戏法进行体育教学，能有效地提高学生情绪和情感，促进学生的智力和非智力因素。武术体育游戏往往是通过学生的模仿武术动作、体验武术技术以及激烈的武术竞争来实现教学目的，这使得学生的思维十分活跃，当思维活动与身体运动相互协调和统一的配合时，能更好地培养学生感觉、知觉、想象、注意、性格、意志、情感等各类心理品质。学生可以在不断地武术游戏教学中，感觉教学中存在的问题，从而发展自我积极性，增强竞争的态度，对学生的学习、生活、理想、观念及人际关系等都会有极大地促进作用，并使学生在感情上得到升华，这类高校武术教学必然对发展学生的智力和非智力因素起着重要的作用。

（三）武术“游戏教学法”有助于顺利完成学校体育教学计划

体育教学中充分利用武术游戏，对高校体育教学计划的顺利完成起着十分重要的作用。在武术教学中学生的注意力并不相同，兴奋性也各具差异，这样就会影响教学计划的贯彻和执行。体育教师应在教学的开始部分和准备部分中，积极采用各类武术游戏教学，提高学生中枢神经兴奋性，调整学习的心理状态。如武术模仿游戏、武术项目报数游戏可以提高学生的注意力和兴奋性，使人体由相对的安静状态逐步进入教学工作状态，以达到教学的准备活动的基本目的，使学生在生动、和谐的气氛下进入武术教学的基本部分的学习和练习。由于有些武术教材难度

较大，学生的情绪容易受到一定影响，这时任课教师就应及时地改变教学方法，有计划地选择一些武术体育游戏法进行适应教学，如在武术耐力教学中，教师根据教学进度和学生的实际水平，可以采用相互监督和促进武术游戏进行教学。

（四）武术"体育游戏"教学法提高了学生心理健康水平

武术教师以"游戏教学法"为基础，考虑武术体育教学的教法选择，适应学生的实际情况，引导学生学习武术知识和能力地发展，保证武术教学的科学性。从而在教学中更好地促进学生心理健康水平。各类武术体育游戏不断引入课堂，活跃了课堂教学气氛，调解了学生学习情绪，使学生在笑声中掌握武术知识和技能，在愉悦中锻炼自己。

（五）武术"体育游戏"教学法有利于学生思想品德的提高

在高校武术游戏教学活动中，满足了学生的基本需求，使学生体验到获得成功的情感体验，提高了学生对武术教学活动的兴趣，使之自觉地把武术锻炼活动贯穿在自己的今后生活中。我们在武术游戏中创造出具有一定难度和更加有趣的游戏方法和手段，不仅发展了学生的体力和智力，更重要的是发挥了教学的思想品德教育的作用，这对于培养学生良好的竞赛道德，勇敢的精神，负责的态度，遵守纪律的习惯，活泼乐观、进取创新的品质都有积极的作用。

总之，高校武术教学中应用"游戏教学法"是上好高校武术课的关键，是提高武术教学质量的必要手段，各类武术体育游戏是发展学生思维、促进学生智力、提高学生身体健康的重要教学活动形式。而且它既可用于发展学生一般性的身体素质，同时又可用于发展武术的专项性素质。也是培养学生遵守纪律、战胜困难、团结互助、热爱集体、积极进取等优良道德品质的基本手段。

二、"游戏教学法"引入高校武术教学的教学设计

随着课改的深入，教师对教学观念、教学手段、教学策略、教学目标、教学评价等方面的把握都有了实质性的进展，发生了翻天覆地的变化，在很大程度上改变了传统教学中存在的一些形式，取代以全新的方式方法。作为教学中的一个重要环节——教学设计是教学目的性、过程性、科学性与艺术性的统一。

（一）"游戏教学法"引入高校武术教学的目标

课程的教学目标是一个阶段性学习指南，所有的教学活动都围绕如何实现目标来实现。学校武术的基本教学目标是传播身心健康、武术运动技术、传统文化知识和思想。体育游戏教学法，作为一种较为新颖的体育教学方法，通过利用体育游戏的趣味性，使学生在和谐的气氛里从事武术练习和锻炼，并使学生乐于接受武术教学。游戏教学法引入武术的教学目标是促进学生参与意识，克服厌学情绪，在游戏中设计武术动作，体会发力、劲力、协调，动静、快慢的武术精髓，同时培养学生的创新精神。

（二）"游戏教学法"引入高校武术教学的内容

如果武术教学内容陈旧、难以掌握动作要领和领会动作深意，将使学生对教学内容产生厌烦和无聊情绪，有些武术动作偏难，也使学生产生厌学和心理障碍。通过对学生教学内容的调查发现，目前学生对武术教学内容不是很满意，更多的学生希望修改教学内容。

现如今，高校的学生更倾向于散打，太极、器械等实用性强的武术内容，学生对武术基本功的学习不太喜欢，对武术套路的态度占中等。我们发现学生更倾向于实用性和适用性较强的散打和太极器械上，那么游戏教学法所采用的内容也应更激烈一些，同时要强调游戏教学的内容选择。

（三）“游戏教学法”引入高校武术教学的教学结构

1. 武术“游戏教学法”在教学准备阶段的运用

体育教学的基本结构是由开始部分、准备部分、基本部分和结束部分组成。在教学实践中，人们根据教学的规律以及学生在教学各个教学组成部分中所处的身体、心理状态，总结出了许许多多的有针对性的各类武术体育游戏，发展成较为系统的各个武术项目教学体系和方法。

在高校体育教学中充分利用武术体育游戏对教学任务的顺利完成起着十分重要的作用。学生在开始上体育课的时候，身心状态基本处于安静的阶段，也由于各种原因的影响，比如学生的注意力并不相同，兴奋性也各异，这样就影响了课堂教学计划的执行。如果此时教师在教学的开始和准备阶段，积极采用有利于提高学生兴奋性，调整心理状态的各种武术体育游戏。如“武友相聚”“大刀接力”等游戏来提高学生的心理注意力和兴奋性，使人体生理状态由相对的安静逐步进入工作状态，以达到准备活动的目的。

准备活动阶段通常我们采用慢跑、体操等教学手段，它只能达到调节学生生理机能的目的。如果这些手段长期反复使用，就会使学生感到枯燥，产生厌烦心理，而武术的游戏教学法则能在短时间内迅速将学生的心理调节到最佳状态。

所以，在此阶段应结合教学内容有针对性地选择一些提高学生注意力和兴奋性的武术游戏，把高校武术教学准备活动安排得丰富多彩，形式新颖多样，把学生的身心调节到最佳状态，以饱满的热情全身心地投入到课堂教学中，为以后的教学打下良好的基础。

2. 武术“游戏教学法”在教学基本阶段的运用

武术的基本技术、技能的教学是教学的最重要环节，是衡量教学效果的主要部分。这一阶段的主要任务是使学生掌握武术的基本技术、技能，形成动力定型。

为达到这一目的，需要我们根据武术教学课的任务、内容、性质和学生的特点，适当安排一些武术动作的游戏，改变单一枯燥的武术练习形式，提高学生学习武术的兴趣，使学生在轻松快乐的气氛中完成教学任务。

武术游戏内容的选择要以武术课的教学内容为中心，具有较强的趣味性，才能激发学生的学习兴趣，真正做到边学、边练的目的。另外武术游戏教学时机的选择也非常重要，一般在技术动作形成的初期不宜采用游戏法，以免影响技术动作的巩固，应选择在学生开始重复武术动作练习时，这样效果会更好。

由于有些武术教材难度较大，学生的学习情绪容易受到影响，教师就应及时地改变原有的教学方法，有计划性地选择各种武术体育游戏法进行教学，如运用武术的套路教材可以发展耐力素质，有效地提高心肺机能，这在大学体育教学中居于非常重要的地位。

学生对武术耐力教学十分反感，如果教师始终采用普通练习法进行教学，学生就会感到单调和枯燥，其学习情绪和意志品质的培养就会受到一定影响。这时在武术耐力教学中，可以采用武术的一些耐力性游戏法进行教学。

3. 武术“游戏教学法”在教学结束阶段的运用

整理和放松活动在体育课的结束部分，这时学生已经处在疲劳期，需要尽快消除疲劳，恢复身体的机能，使学生的身心由紧张状态过渡到相对安静状态。这时可以运用一些小负荷的武术游戏进行教学。整理放松活动的武术游戏要充分体现趣味的特点，在武术游戏的内容、形式上，力求做到轻松、活泼、精彩和幽默，在欢乐中使学生的身心得到整理和放松。

三、武术“游戏教学法”在高校武术课堂的组织教法

目前针对学生学习出现许多好的教学方法，例如，武术音乐辅助教学法、讲授武术故事法、武术口诀教学法、武术特色教授法、武术情景教学法等，都对学生学习武术动作技术起到一定作用，而在武术教学中运用游戏教学法是一种尝试，将会对学生学习武术产生巨大的吸引力。在高校武术课堂上运用游戏教学法，必须遵循一定的教学流程，才能实现武术游戏教学法应有的效应，提高高校武术教学的质量。

具体来说，武术游戏教学法在高校武术课堂的组织教法应该按照以下的一些步骤和流程进行。

（一）武术游戏的讲解和示范

组织武术游戏，必须给学生讲解武术游戏的目的、方法、规则。可以按照武术游戏基本要求，讲解游戏的目的、任务、内容、规则、活动方法以及相关的要求，让学生了解要注意的一些安全事项，从而使学生在游戏规则允许的范围内享受游戏教学的乐趣。

武术游戏的讲解顺序是：游戏的名称、目的、意义、组织和方法、规则和要求、注意事项等。讲解时，教师应选好讲解位置，做到第一，每位学生都能听到讲解内容，游戏的重点内容、关键的词句要讲清楚；第二，学生处于舒适的位置。同时应注意，讲解与示范相结合，重要的教学内容要做示范，以有利于学生的理解和对游戏的认识程度。

（二）根据武术课的教学的目的和内容来选择武术游戏

各类武术游戏具有很强的针对性，可以服务于各类具体的武术教学活动中。武术课的形式多样、内容丰富，选择何种武术游戏活动应根据武术课的具体目的和内容而定。例如，课的开始与结束部分所选择的武术游戏应有所不同，不同器械武术教学课所选择的游戏也应有所不同，不同拳种教学课所选择的游戏还应有所不同。

作为高校武术教师，应根据不同的武术课的教学内容和形式，选择不同类型的武术游戏。无论选择什么类型的武术游戏，其目的就是所选用的武术游戏既要让学生得到身体的锻炼，又能为武术知识技能教学服务，有效地完成武术课的教学任务。

（三）科学地组织武术游戏教学活动

武术游戏课的组织工作也非常重要，科学地组织课上游戏活动，能调动学生积极性，保障学生的练习时间。武术教师应考虑如何有效地完成武术课的教学任务，如何注意学生的差异性，如何在游戏教学中调动队伍，如何充分利用游戏教学的场地和器材，如何发挥教学中学生体育骨干的作用，如何合理掌握和调节学生的运动量等。

（四）武术游戏中的合理分组问题

一些武术游戏是采用分组或分队进行教学的，这时教师应做到合理分组。在武术教学中，

分组和分队的方法主要有：教师分组、报数分组、行政分组、组长分组和固定分组。教师用何种分组方法，应根据具体的武术游戏内容、形式、教学条件，以及学生的具体情况来确定，做到分组和分队人数基本相等、实力大致相当，只有这样在武术游戏活动中才能充分调动学生的积极性、主动性和创造性。

（五）做好安全组织、裁判工作并及时调整

在一些武术集体游戏中易出现拥挤推伤事故，在教学前应做好预防工作，提醒学生易出现的问题，并加以引导，组织学生有序地进行活动。游戏时应做到公平、合理，判罚明晰，多鼓励和表扬，游戏中的运动量、运动强度和情绪都要加以控制和调节。

（六）做好武术游戏教学的总结

各类武术游戏为达到一定的目的，不仅仅是练习，也包括游戏的总结和奖惩。在武术教学游戏过程中，如果出现问题要适时停止游戏，并当场总结该处存在的问题以及应注意的事项，做到有的放矢的教学，从而达到事半功倍的教学效果。为了让武术游戏活动进行得更精彩，对学生应多鼓舞，多表扬，多评定他们的优点，充分发挥学生的智慧，让学生们不断提高。

（七）预防武术游戏教学中的基本问题

在武术课的教学中，可能会出现一些教学问题，主要问题有以下几种。

（1）游戏教学中的各类伤害事故；

（2）在游戏教学中，由于组织不当，加之学生争胜心强，易出现一些过激行为，如学生不团结现象，学生之间的相互责备、埋怨等；

（3）游戏运动负荷不合理；

（4）学生思想涣散、纪律性不强等现象。

为防止出现游戏活动的基本问题，在教学中必须注意以下问题：

（1）游戏的选择要科学，内容合理；

（2）规则制定准确，裁判公平、公正；

（3）游戏组织严谨认真；

（4）加强学生的纪律性和安全教育。

综上所述，高校武术教学的“游戏教学法”有着丰富的内容和形式，如果我们在武术教学中科学合理地运用，能够激发学生学习和练习武术的自觉性和积极性，从而达到增强学生身体和心理素质的目的，熟练掌握武术的基本技能和技术，保证武术课教学任务的完成。

四、高校武术“游戏教学法”在运用中的注意事项

（一）武术游戏活动的设计应该具备以下特点

（1）武术游戏目的明确针对性强。设计武术教学用游戏时，要先明确游戏的目的，教师应根据教学内容，有针对性地设计武术教学游戏，以提高武术教学质量。

（2）武术游戏有趣味性。只有武术教学游戏新颖、有趣，才能充分调动学生的学习兴趣。

（3）武术游戏科学合理。武术游戏的教学组织要考虑学生知识、技能和体质，根据由浅入深、由易到难、循序渐进的原则，针对不同的学生从实际出发，安排科学合理的游戏。

（4）具有竞争性。即利用学生的好胜的心理进行武术教学游戏的设计。

（二）有明确的武术教学目的，教学组织周密而细致

教师对武术教学游戏的选择，要和教学内容统一起来，游戏能够充分调动学生的学习积极性，从而顺利地完成教学任务。同时应考虑学生的性别、性格特点，身体素质等因素，合理地组织教学活动。

（三）武术游戏教学应因材施教

武术游戏教学可丰富教学内容、激发学生学习的自觉性和积极性，增强学生的素质，掌握基本武术知识技能，保证教师武术课教学任务的完成。但是在具体的教学中，体育教师应根据学生的具体情况，教学的具体情况，学校的实际条件，进行有的放矢地教学，做到因材施教。

（四）注意武术游戏教学活动结束后的评判和总结

武术游戏教学活动结束后要进行公正地评定和总结。体育教师要对游戏教学活动的结果进行评判和总结，指出学生在武术游戏中学习了什么，掌握了什么，游戏有什么值得肯定和需要改进的地方。

总之，游戏教学法在高校武术教学中各个环节的运用非常广泛，内容和形式也在不断创新和丰富。在武术游戏教学中只有精心选择，合理安排，准备充分，才能提高教学质量。

第六章　程序教学法在高校体育教学中的应用创新

随着我国教育事业的改革和素质教育地不断推进，倡导并培养学生心智能力、实践能力和创新能力成为教育改革和发展的方向。为此广大教育者积极进行教学尝试，把心理学和教育学的教学方法交叉融合，取得了可喜的教学效果，从而加快了素质教育的进程。认知心理学的观点和一些新的教学方法被广泛应用于体育技术教学和训练中。其中最典型的就是通过对程序教学和时空认知的研究，通过二者的结合并应用于某些体育项目上，来为程序教学与时空认知相结合的教学方法在高校体育教学的应用提供理论基础，促进高校体育教学卓有成效地进一步发展。

第一节　程序教学法的研究现状

一、程序教学法的国外研究现状

程序教学法最早起源于美国。20 世纪初期，美国心理学家普莱西首先开始研究程序教学，从此，这一教学方法逐步走向实际运用阶段。美国著名心理学家斯金纳是第一个把程序教学应用于实际中的人，他通过大量的动物实验研究，提出了条件反射和积极强化理论，为后来的程序教学奠定了理论基础，并且他在 50 年代发表了《学习的科学和教学的艺术》和《教学机器》两篇文章。

60 年代，一些国家开始了程序教学研究，典型的有苏联教育学博士叶里尼克和保加利亚教育学博士基耶特夫于 80 年代初同时在国内进行实验，取得突出效果。1980 年叶里尼克提出，在编制动作技术学习程序时，首先应培养学生保持动态姿势的能力，然后再掌握所学动作整体编程系统，学习过程按照每一步的程序进行，每一步的学习内容都是通过全部作业的必要环节。这一教学法非常适合对体育基本技术的教学和训练，在教学应用中能够降低练习失误率，降低教学难度，提高学生的学习积极性和主动性，缩短教学进程，提高教学质量以及优化教学手段；同时，对于提高学生独立学习能力起着重要的作用。现代程序教学法将控制论和信息论的思想融入其中，把程序控制自动化和计算机模式化作为教学过程的基础，自动化地控制了整个教学过程。当今世界大多数国家的体育教师和教练员已经把程序教学法作为一种提高体育教学和训练的有效的教学方法。

二、程序教学法的国内研究现状

20 世纪 60 年代初期，程序教学法传入我国，直到 90 年代后程序教学法才被众多的研究学者通过实验的方式应用于体育技术教学实践中，且都获得了良好的研究成果。近年来程序教学理论在我国被大量地应用于体育技术教学实践中，一些理论研究者通过教学实验研究，已取得

不错的成绩。

理论方面的研究有：1998 年 9 月，师小蕴著《程序教学法的运用与探讨》(体育学刊)；1998 年，王跃凤发表的《体育程序化教学新探》（体育学术研究）；2001 年 3 月，涂绍生，肖红青著《体育程序教学法浅释》；2001 年 6 月，张先松著《略论体育程序教学法的运用技巧》（武汉教育学院学报）。

实践方面的研究有：1990 年 2 月池建的《程序教学法及其在体育教学中的应用》（北京体育师范学院）；1995 年 9 月，李登光著《铅球程序教学实验研究》（陕西师大学报）；2000 年 2 月，曹策礼著《跨栏程序教学“小步子”设计的实验研究》（浙江体育科技）；2000 年 7 月，刘宏宇的《浅谈篮球“程序教学”的控制作用》（西安体育学院学报）；2000 年 9 月韩桂凤，张学纲，何丽娟合作发表的《程序教学法在体操普修课跳跃项目上的实验研究》（北京体育师范学院）；2001 年，杨增平的《程序教学在体操教学中应用的实验研究》（教学探讨）；2002 年，陈亮著《程序教学法在运动技能教学中的运用》（福建财会管理干部学院学报）；2002 年 6 月，李霞著《程序教学在排球技术教学中的应用》；2003 年 2 月，黎珍的《程序教学法在跨栏教学中的应用研究》(体育科技)；2004 年 5 月，尚保春著《“台阶式”程序教学在排球教学中的应用》；2005 年 3 月，程毅著《网球课程序教学法中两种形式与效果的研究》(沈阳教育学院学报)；2007 年 7 月，冯达著《程序教学法在速度滑冰教学中的应用》（高师理科学刊)；2009 年 3 月，张庭华著《程序教学法在挺身式跳远教学中的应用》（海南广播电视大学学报）；2013 年 11 月，李睿珂著《程序教学法在乒乓球教学中的应用研究》(体育世界)。

以上研究成果充分说明了程序教学法在体育技术教学中应用的可行性和有效性。虽然应用十分广泛，但大多数应用于球类和其他项目上，而在田径技术教学中应用得较少。

第二节　程序教学法的理论基础

程序教学法的理论是由控制论、信息论、心理学、运动技能形成规律所构成。以反馈信息为主线，把控制、反馈、强化应用于整个教学过程中，改变了传统教学中“模仿—记忆”的学习形式，倡导学生利用“发现—解决—记忆”的学习方法。改变了传统教学中教师为主的满堂灌的教学形式，重在培养学生发现问题、解决问题和自学的能力。

一、操作性条件反射原理

操作性条件反射是斯金纳通过动物实验得出的。斯金纳从小白鼠实验中得出人的行为可以分成两类：其一是应答性行为，是由原来的刺激所得的反应；其二是操作性行为，是有机体本身做出的反应，和其他任何刺激物无关。行为主义理论的核心思想是操作性条件反射。另外，他把条件反射也分为两类，与应答性行为相应的是应答性反射，称为 S（刺激）型，S 型名称来自英文 Simulation；与操作性行为相应的是操作性反射，称为 R（反应）型，R 型名称来自英文 Reaction。S 型条件反射是强化与刺激直接关联，R 型条件反射是强化与反应直接关联。例如在网球教学中，学生对每个技术动作反复练习，通过对球的落点控制与挥拍动作这一行为的强化，逐步加强对技术动作的熟练程度，从而能够熟练地掌握每个技术动作。通过对各个技术的小步子学习逐步形成正确的完整的动作定型，符合操作性条件反射原理和动作学习规律。

二、强化理论

斯金纳通过实验研究指出：学习的过程就是对所学知识的不断强化的过程。为了增强某种行为的过程必须对某种行为进行不断地强化，这个过程就需要利用强化物对某一行为增加一定的刺激，才能保证这种行为不断地进行下去。根据斯金纳理论可把强化分为积极强化和消极强化两种。积极强化就是获得一定的强化物以增强某个反应，如小白鼠按压杠杆可得到食物。消极强化就是去掉讨厌的刺激物，由于讨厌的刺激推出而加强了积极强化的效果，如鸽子用啄键来免除电击伤害。在教学中的积极强化就是教师的夸奖和自我良好的体验等。教学中消极强化表现在教师的皱眉和语言提示等方面，这两种强化都能增加某个反应再发生的可能性。斯金纳指出不能混淆了积极强化和消极强化的作用。他通过系统的实验分析得出了重要结论：惩罚就是企图体现消极强化物或去除积极强化物去刺激某个反应，仅是一种治标的办法，它对被惩罚者和惩罚者都是不利的。他的实验表明，惩罚只会暂时降低某个动作的反应概率，而不能减少消退过程中反应的总次数。在他的实验中，当白鼠牢固建立按杠杆得到食物的条件反射后，在它再按杠杆时给予电刺激，这时反应率会迅速下降。如果以后杠杆不带电了，按压率又会直线上升。斯金纳对惩罚的科学研究，对改变当时美国和欧洲盛行的体罚教育起了一定改善作用。斯金纳用强化列联这一术语表示反应与强化之间的关系。强化列联由三个变量组成：辨别刺激、行为或反应、强化刺激。刺激辨别发生在被强化的反应之前，它能使某个行为得到建立并得到及时强化。学到的行为得到强化就是刺激辨别的过程。在一个列联中，在一个操作—反应过程发生后就出现一个强化刺激，这个操作再发生的强度就会增加。斯金纳认为，教学成功的关键就是精确地分析强化效果并设计特定的强化列联。强化原理在球类技术动作的学习中是非常重要的，在教学过程中对每个小步子（程序）进行多次练习以强化其对某一动作的认识程度，通过不断地去打球强化动作的完整性，从而使学生能够深刻地掌握每个技术动作。如在发球教学中，学生通过一定的程序对发球技术进行学习，对于每一次的成功发球都是对某个动作的进一步强化。直到学习者能够发出有效并高质量的球。球类项目中的任何技术都可以通过设计程序教材对动作进行不断地强化从而增强学生对球类技术动作的掌握效果。强化原理不仅在球类教学中有重要的作用，在体育的各个项目中都起到非常重要的作用。

三、程序教学法的控制论基础

程序教学是一个闭环式的循环控制系统，在这个系统中，要使学生沿着一定的路径达到教学目标，就必须对这个过程进行控制。而反馈是实现控制的必要条件，教学中只有通过学生的信息反馈发现问题，然后才能及时改进程序序列和教学方法，这就实现了反馈控制这样一个循环控制系统。体育教学过程符合这样一个控制过程。在体育教学活动中，教师通过正向控制运用教学手段和程序教材控制学生学习某项技术过程。利用反馈控制渠道，通过一定的评价方式和检验方法了解学生对运动技术的掌握情况，及时纠正程序中不合理的地方，然后根据程序教材施行更合理的教学程序，这样，就能不断地提高所编程序的科学性。经过如此多的闭环式的控制过程，使学生的学习结果科学地接近程序制定的预定目标。程序教学法的应用过程见图6-1。

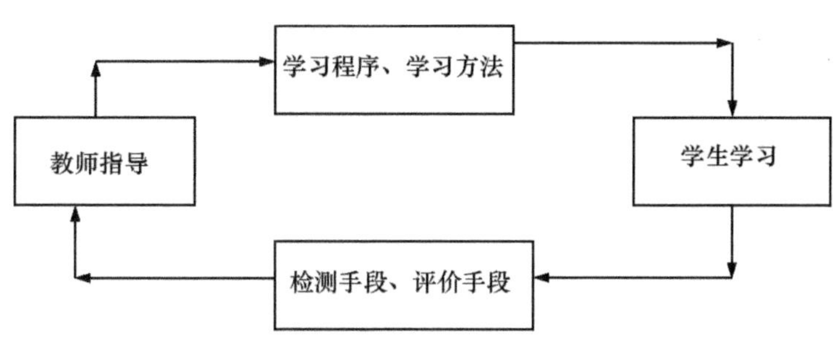

图 6-1　程序教学法应用过程

四、程序教学法的信息论基础

一位学习者学习动作的过程可以看作是一个信息加工的过程。简单地说就是一个传递信息、获取信息、存储信息、检索信息和使用信息以及信息反馈的完整过程，而且是以大脑皮质对动作的掌握以及调节为基础的。研究表明：在日常的信息中，只有15％～20％的信息来自听觉，60％～80％的信息是通过视觉接受的，而且视觉信息的内容比听觉信息的内容更丰富、更细腻、更形象。各个体育项目的教学有其特殊的信息传递规律，但在一定程度上也反映了这一规律，即教师获取学生完成动作的反馈信息。体育教学过程是一个以身体练习为主的教育过程，在体育教学过程中学生通过听觉获取信息的时间要比其他教学过程少得多，这样也无形中提高了视觉信息在体育教学中的重要性。教学信息反映着教学系统自身的各种状态和特征。信息在现代教学训练中的运用主要表现在以下几个方面：运用控制信息有效地调节和控制学生的学习；运动信息反馈对正在进行学习的过程进行有效地检测和调控；运用信息对学生学习过程与状态进行诊断，了解学习过程的进展情况，评价学生的学习效果；运用获取的信息改进教学工作不断地创造新的技术、教学手段与方法；用扩大知识信息获取量提高教师和学生的知识和技能水平；运用各种不同的信息对教学、学习过程进行多学科综合调控。

信息论的观点是把教学系统看成是信息系统，研究教学信息的传递、处理和储存，以揭示教学信息系统的活动规律和控制规律。程序教学过程中及时反馈、及时强化的控制作用是通过信息的传递、储存、处理而实现的，因此研究体育技术教学，运用信息论方法是十分必要的。体育教学中教师通过一定的手段把信息（也就是技术动作）传递给学生，学生通过对信息的加工处理进而形成正确的动作概念。所以在体育教学中运用程序教学也是有信息论基础的。

五、程序教学法的心理学基础

（一）行为主义心理学

美国心理学家认为：学习过程实际上是一个刺激—反应，强刺激—强反应的过程，有怎样的刺激，就将产生怎样的反应，弱的刺激将产生弱的反应，强的刺激将产生强的反应。同时很多学者认为繁重的学习任务将提高学生的学习焦虑水平，而过高的学习焦虑水平反而会降低学生的学习效率。如何一方面让学生的学习任务增强另一方面又不会使学生产生过高的焦虑，是体育工作者面临的重要课题。因此，在程序教学中科学合理地编制教学程序是非常重要的。

（二）体育心理学原理

体育心理学原理表明，动机是激励人去行动以达到一定目的的内在动因，它以欲望、兴趣、理想等形式表现出来，是个体发动和维持其行动的一种有意识的心理活动倾向。体育教学中学生的学习动机是指推动学生学习运动技术、经常参加体育活动的心理动因，是学生掌握运动知识、技能的前提。学习动机一般是由学习的自觉性和对学习内容的直接兴趣这两种心理成分组成的。学生对体育活动的学习动机，其自觉性和直接兴趣是互相促进并在一定条件下相互转化的。学习的自觉性可以进一步提高其直接兴趣，而直接兴趣也有利于培养其学习的自觉性，使学习效果更加理想。利用程序教学法对体育技术进行教学能够提高学生的学习兴趣进而提高其自觉性，使得其学习是主动学习而不是被动灌输。

（三）运动技能形成规律

从运动技能形成原理来看，形成运动技能就是要在刺激不断重复下建立“运动条件反射短时性神经联系”，形成正确技术动作。只有外部刺激才能形成运动技能，在学习中除了外部刺激其内在的心理活动如情感、态度、思想活动等的作用对学习效果的影响也很重要。如情感在技能认知中进行活动定向，意识的作用在于支配动作的实施。学生在学习中表现出的主动性和积极性是建立在情感上对教学信息的接受上，并认识到学习内容的价值，这时意识控制才会加强。虽然在练习中会出现错误动作，但由于可以得到及时的信息反馈，能够在主观上朝向练习目标。随着学习者控制能力的提高从而形成熟练的运动技术。运动技能从开始学习到熟练掌握全过程可以分为“泛化过程、分化过程、巩固过程、自动化过程”四个时期，这四个时期是一个完整的动作技能形成过程，这个过程是互相联系、互相影响、统一且不可分割的。从体育教学具体实践方面来看，所谓“程序教学”就是借助一定的方法（控制论中叫“算法”），按一定的顺序有控制地学习任何一种动作技能的教育过程，是一种新的具有综合性特点的教育过程。程序教学训练师根据控制论、信息论、系统论的一般规律确定的一种运动技能教学训练的方法与过程。程序教学的实质和核心是提高练习者掌握知识技能过程的控制性，即把学习知识和掌握动作技能的过程置于体育教师的最科学合理地控制之下，使这个过程的顺序性、经济性和实效性均达到最佳的程度，从而大大提高体育教学的效果。在体育教学中，教师根据具体的技术动作编写合理的教学程序，实质上就是对动作技能进行科学合理地控制，通过信息的传递与反馈控制学生学习技术的程序，使其有一定的顺序性，避免学生盲目学习，从而提高学习的经济性与实效性。

第三节　高校体育教学中程序教学法的编制及应用

一、程序教学法的编制方式和应注意的问题

（一）程序教学法的编制方式

1. 直线式程序教学

“直线式程序教学”是将教材分成若干个小的“步子”，并按一定顺序进行教学训练。其基本特点是练习者提出的所有问题都是按一定的直线单向序列进行的。它是一种相对比较简单的

模式，对于简单的技术项目可以采用此程序。其模式如下图：

图 6-2　直线式程序教学模式

2. 分支式程序教学

“分支式程序教学”是将教材分为比直线性程序更大的“步子”，每个大的步子中再确定一些具体的算法程序（即具体的方法和手段），根据选择的算法从每步所要学的教材中向学生提出各种检查性的问题，或是对前面学过的教材作补充性的解释，然后再给新的检查性问题。例如，网球教学时，将正手动作分为引拍、击球、随挥几个大的步子，然后按以上办法分几步教学。每一步采取各种具体的算法进行练习，并用检查性的问题或手段进行检查或考核，完成一步后再进行下一步教学。分支式程序教学在教学中往往用于促使练习者动作技能提高和技术结构较为复杂的运动项目的教学。例如，网球的动作复杂，所以适合用分支式程序教学模式进行教学。分支式程序教学模式如下图：

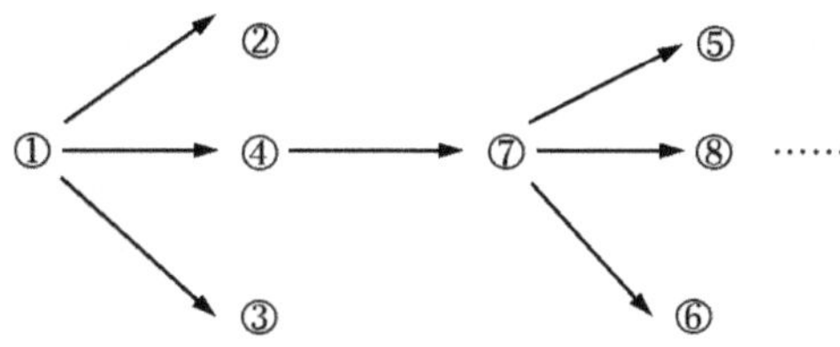

图 6-3　分支式程序教学模式

（二）网球程序教学法编制应注意的问题

（1）了解网球动作结构，遵循动作技能形成规律。网球技术是一项复杂技术，在教学中应遵循运动力学和运动心理学原理。在网球技术教学中必须遵循动作学习规律，编制程序时要考虑动作学习的先后顺序和内在逻辑联系，先学哪个动作后学哪个动作，哪个动作的学习对下一个动作有正迁移作用，这些都是编制程序时必须考虑的问题。在编制程序时要遵循程序中的“小步子”原则，注意步子与步子之间的衔接要得当。科学合理的程序教材能使正确的动力定型更容易形成，能够使每一步骤的教学做到有目的、有重点地进行。例如正手抽球动作教学中要注意引拍—击球—随挥动作的连贯性，重点强调动作的完整性。发球教学中抛球与击球的连贯性和身体的协调用力。整个发球动作身体的各个部分就像一个链条系统中的各个链环，一个链环产生的力量连续不断地传递到下一个链环。在用力过程中大肌群先用力然后扩展到小肌群，肌群用力由大到小产生最佳用力效果，保证动作流畅。发球技术动作中协调链环及产生的力量如下图：

身体部分：腿部用力 ⟶ 转体转肩 ⟶ 大臂抬起 ⟶ 小臂伸直 ⟶ 手弯曲

产生的力量：增加髋部速度 ⟶ 增加肩部速度 ⟶ 增加肘部速度 ⟶ 球拍对准增加腕部速度 ⟶ 增加球拍速度

图 6-4　发球技术动作中协调链环及产生的力量

从上图可以看出，发球力量来源并非依靠躯干和手臂产生的爆发力，而是来源于腿部动作中的膝盖屈伸。正是这一动作产生的爆发力传递至整个链条系统。所以在编制网球程序教材时一定要了解网球动作结构，才能有效地提高教学效率，达到事半功倍的效果。

（2）了解学生的初始状态和学习过程中可能出现的心理状态。在进行程序教材编制前应全面了解学生的网球基础及身体素质，包括身体形态、健康状况和技术水平。根据学生的网球水平制定技术动作学习框架和顺序。从简单到复杂，让学生体验到学习的兴趣并培养其自学能力。学生学习中的心理状态包括兴趣、恐惧、焦虑等。应根据出现的心理状态调整教学内容和程序序列。

二、高校网球课程的教学程序编制

（一）网球技术的教学内容及程序序列

在程序教学中，编制程序时要深入了解网球技术特点和教学内容，要根据教学内容来制定程序。本书是根据高校公共体育教学大纲和网球技术教学内容来编制程序的。网球技术教学内容见下表：

表 6-1　网球技术教学内容

一级指标	二级指标		
正手	平击球		上旋球
反手	平击球		上旋球
截击	正手截击		反手截击
发球	平击发球	上旋发球	侧旋发球

程序教学中教师在编制程序时要了解教学的内容，根据内容制定教学程序。本文是根据体育教学大纲以正手和发球教学为例编写网球技术教学程序。编写程序时严格按照程序教学编写原则，采用“小步子”教学原则进行编写，整个过程符合技术动作学习规律，有利于不同层次的学生进行有效学习，能够提高学生的学习效率和学习网球的兴趣。网球正手抽球教学程序如下：

（1）准备姿势及握拍方法

（2）后摆引拍

（3）转肩、转腰及上步（要求重心要低）

（4）挥拍击球

（5）利用简单模型固定徒手击球动作

（6）原地击打定点球（体会击球空间感觉）

（7）随挥跟进

（8）隔网击打老师送来的慢球体会随挥动作

（9）移动中连贯完整的正手抽球动作

图示：

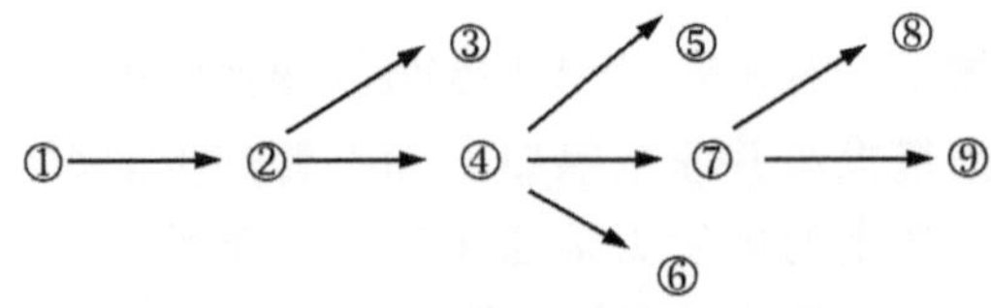

图 6-5　网球正手抽球教学程序

（二）程序教学法的特点

1. 教学内容的时序性

这种时序是根据项目的点按照一定的逻辑顺序而编制的，并按照一定的教学手段执行。另外程序教学的控制作用比传统教学更强。这是由于程序教学比传统教学更重视对教学过程的监督和考虑这个反馈来实现的，因而对教学过程的控制（约束、限制）就比传统教学多很多。

2. 程序教学比传统教学的实际教学效果要好

程序教学比传统教学实际教学效果好，主要表现在：程序教学能更有效地提高练习者学习动作技能的积极性与自觉性；在分组教学与训练时，程序教学仍可以进行个别的教学与训练；程序教学是建立在各阶段教学效果得到保证基础之上的，因而最终的教学训练效果不仅较好，而且教学训练过程也能得到保证。传统教学中教师大多是根据“经验”来进行教学的，缺乏必要的教材研究与分析，容易造成与学生的学习能力不相符合的情况。另外，传统教学缺乏严格的、周密的评价方式，对学生的运动技术掌握情况往往是经过一段时间后才进行检验与考察。所以，教师不能得到及时的反馈信息，这就容易使体育教师传授教材与学生学习掌握教材之间出现失调现象，学生未能掌握的教材也会因为教师未能及时发现而产生恶性积累，直接影响以后各步子程序的掌握，从而影响整个教学的效果。程序教学并不完全排斥传统的教学，因为它是在传统教学方法的基础上发展起来的。目前，很多国家都在研究如何将传统教学与程序教学密切地结合起来进行动作技能的教学，以做到严格的程序与教师的经验及掌握教学过程的灵活性相结合。

3. 程序教学法是在规定的程序教材中完成的

程序教学是一个完整的控制系统，这一系统是学生与教师之间的信息传递过程。教学中先由教师传授信息，学生接受信息，在动作学习的具体环节上教师又通过学生在练习过程中反馈的信息进行重新组合，找出该过程的优点和不足变换成更科学合理的、更适合学生接受的信息而输出，使信息不断频繁交换，使学习内容不断深化和提高。

（三）程序教学原则

1. 小步子原则

程序教材是把所学内容进行整理设计，把所要学习内容分成几个部分，每部分就是一个知识段也就是所谓的“小步子”，把这些小步子科学地连起来编制成很长的序列，后面的步子比前面的步子增加一点难度。学习过程中学生按照此序列完成到最后一步也就掌握了本次的学习内容，遇到难题只要返回上一步重新巩固就可以了。学习内容是逐步呈现的，学习者能够循序渐进地掌握所学内容并最终完成学习任务。

2. 即时强化原则

学习过程中如果没有教师的及时指点，学生遇到困难进行思考仍解决不了时很容易放弃对本内容的学习。但是学生根据程序教材学习时，学习者自己能够及时地找到解决问题的方法，也就是返回到上一步的学习，这样就可以对所学内容加深印象，在一定程度上相当于对学习的强化，更容易对学习内容的掌握。心理学研究表明，人对知识的学习是不断强化的结果。而知道答案也是一种强化，因为学习者可以增强其自信心并获得奖励，从而使学习者对学习内容更有兴趣，能够不断地进行学习。

3. 自定步调原则

在传统的体育教学中，教师是根据学生的技能水平和教材内容进行教学的，这种方法忽略了学生的个体差异，结果造成差生跟不上教学进度，优生不能满足其对内容的学习。对体育教学来说，由于身体素质的差异导致这种教学方法教学效率不高。程序教学中学习者可以根据自己的实际情况掌握学习进度，学生可以根据对学习内容的掌握程度自定步调按照自己的进度进行学习。自定步调体现了以学生为主体的指导思想，使不同水平的学生都能按自己的学习进度对教材进行学习。

4. 主动反应原则

程序教学内容是由每一小段（步子）内容按照一定序列组合起来的完整的内容，是一个完整的链条，学生能够不断地按照程序所提供的问题或方法进行学习。学生学习完一个内容后可以立即被强化或奖励，这样既保证了学习者能够处于积极的学习活动中，又增强其对学习的兴趣。

（四）程序教学目标

程序教学是在高校体育教学改革的背景下为弥补传统教学的不足而提出的一种教学方法。传统的教学中老师强调的是达标，就是要求所有的学生达到同一个教学标准，它忽视了学生的个体差异，往往导致基础好的学生稍加努力就达到了教学目标，而基础差的学生付出很大的努力仍然达不到教学要求，这就容易挫伤学生的积极性。程序教学的目标是能够让 90%以上的学生掌握基本技术动作，了解技术原理。另外，能够提高学生的自学能力，培养学生的体育兴趣，为终身体育奠定基础。

（五）程序教学的控制系统

我们可以把程序教学过程看成一个控制系统，这一控制系统是教师与学生之间的信息运动过程。在程序模式的教学中，先由教师将信息传递给学生，学生接受之后在具体实践中提出反馈，教师利用反馈的信息重新调整教学程序与内容，然后再将调整后的信息传递给学生。如此循环往复，使得教学内容不断深化，教学效果不断提高。

程序教学具有严格的逻辑顺序控制系统和连贯的动作技术要求，对动作技术的程序化教学的调控过程都是利用信息反馈来实现的。为了获取最优的教学效果，必须建立快速而有效的信息反馈控制系统。在程序教学中的反馈控制系统模型如图 6-6 所示。学生通过程序教学控制系统的调节，对所学动作与正确动作进行比较，发现问题，提出改进动作程序，不断修正错误。例如，在完成正手抽球动作技术时，中枢神经系统不断获得有关动作的用力大小，动作节奏、动作方向等方面的信息，然后再通过新信息去纠正错误动作，从而提高正手抽球动作的质量。这样，在每个技术教学的阶段都有一个合适的信息传递给学生，保证了学生的学习质量。另外，从反馈调控的角度看教师能及时在每一程序得到学生反馈信息，便于了解学生学习状况，及时调整、控制输出的信息，使学生在不同的序列里能获取最佳适宜信息最后达到总体优化的目的。

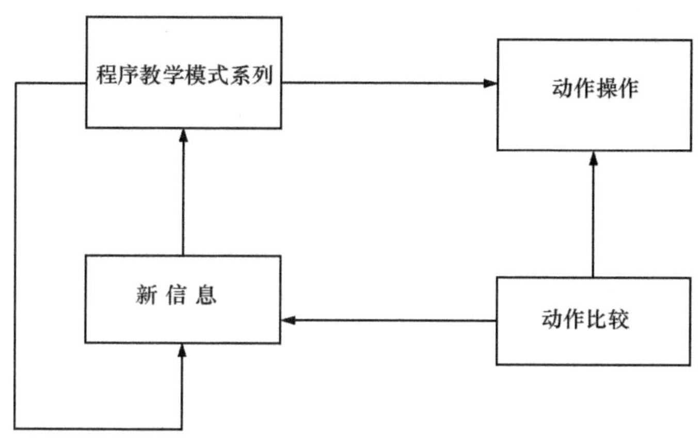

图 6-6　程序教学的反馈控制系统模型

第四节　程序教学法在高校体育教学中的实践创新

程序教学法作为一种有效的新式教学法，在改善并促进体育教学地不断发展。然而，当前不少体育教师不满足于程序教学法的教学效果，提出程序教学法与时空认知相结合的体育教学法，即“程序—时空认知”教学法，不断地对程序教学法进行创新研究并应用于实践中。

一、程序教学法与时空认知相结合的体育教学法

（一）时空认知

时空是一种客观抽象的概念，是万事万物存在的基本属性，能被人们所感知，它是人们感知的一切事物的存在形式。而认知则是一种主观抽象的概念，是对外界事物的认识过程。时空和认知是作为人类认知事物的客观和主观的两个方面。认知心理学认为：“人不是被动的刺激物接受者，人脑中进行着积极的对所接受的信息进行加工的过程，这个加工过程是认知过程。”即人的感觉器官对外界事物带来的刺激进行信息加工的过程。所以时空与认知结合在一起的理解就是：人脑对所感知到的外界事物的存在形式进行信息加工处理的过程。

（二）时空认知教学的国内外研究现状

1. 时空认知教学法的国外研究现状

时空认知简单来讲就是对事物时空特征的认知过程，属于认知心理学的范畴。认知心理学是 20 世纪 50 年代在西方国家掀起的一种心理学思潮，它的核心是信息输入和输出之间发生的内部心理过程。当时的认知心理学已经拥有了许多实验研究成果和自己独立的内容体系，成为心理学中最富有生命力的一个分支，同时也在心理学的研究领域占据了主导地位。认知心理学将人看作一个信息加工的系统，用信息加工理论的观点研究人的感知、注意、记忆、思维推理、知识表征、创造力和解决问题等心理过程和认知过程，促进了人类认知能力的发展和智能的开发。随后认知心理学被应用到体育运动领域，对整个体育运动领域的研究影响力越来越大。

在 1977 年 Mahoney 首次提出运动行为的认知技能和 1984 年 Straub 和 Williams 首次出版《认知运动心理学》以来，通过认知心理学的认知方法提高运动行为和运动技术已经统治了运动

心理学的研究方向。Sliva 曾提出运动员认知干预的三个不同阶段，即认同阶段、认知重组阶段、配对阶段。运动员将自我教育的表象和语言符号线索、具体的思维方式应用到实际操作中，运动员每天通过学习这些表象并使新的思维自动化。同时，认知干预能不断地改进运动员的成绩。Greenspan 和 Foltc 在 1989 年发现在 11 个有关认知重组干预研究中，全部报告有积极的结果。近些年来，社会认知理论（social cognitive theory）对体育运动领域整个动机研究的方向所起的影响作用越来越大（Roberts，1992）。随着社会认知理论的发展，班杜拉（Bandura，1977）提出自我效能感理论。认知心理学（Cognitive Psychology）的核心理论观点是信息加工论。因此，认知心理学又被称作信息加工学。它兴起于 20 世纪 50 年代中期，认知心理学以其丰富的实验研究成果，对后来心理学的逐步分化产生了巨大的影响，当前认知心理学已成为占主导地位的心理学思潮。在此期间，认知心理学在丰富的研究成果的基础上，又有了自己独立的内容体系，因此它被看作心理学的一个最具有生命力的新的分支。认知心理学运用信息加工理论观点来研究认知活动，其研究范围主要包括感知觉、注意、表象、学习记忆、思维和语言等心理过程或认知过程，以及人类的认知发展和人工智能。

2. 时空认知教学的国内研究现状

20 世纪 90 年代，体育科学研究领域引进了国外的一些观点，取得进一步地发展。此时，认知心理学并未被广泛地应用到体育运动领域，而是部分教师受到启发后在个别体育教学实践中运用了认知心理学的观点，进行了教学尝试，同时也验证了认知心理学对提高教学效果有促进作用。此时，最著名的是我国河北师范大学体育系的教师刘建国首次提出程序教学与时空认知相结合的教学法并应用到田径技术教学中，通过在教学中进行对比实验研究，用实验结果分析证明了程序教学与时空认知相结合的教学法不仅在教学进度、教学效果而且在培养学生思维能力和认知能力等方面都具有非常好的效果。1995 年刘建国在《河北师范大学学报》上发表了《对推铅球技术程序教学与时空认知相结合的教学研究》。进入 21 世纪后，我国的学者在认知心理学方面的研究呈现了百家争鸣的状态，在针对程序教学与时空认知相结合的教学法的研究的侧重点各不相同，但都应用了相同的研究方法。2007 年许莉在《教学与管理》期刊上发表了《程序教学与时空认知相结合的体育教学法研究》；2011 年李鸿亮在《教育与职业》期刊中发表了《体育教学中程序教法与时空认知的相互融合及应用范式构建》；2015 年袁博在《延安职业技术学院学报》中发表了《程序教学和时空认知结合教学法在篮球技术教学中实验研究》，在这几篇文章中，他们都论证了在体育教学中运用程序教学与时空认知相结合的教学法的可能性和可行性，为体育实践教学的运用提供了可靠的理论基础。

(三)"程序—时空认知"教学法

"程序—时空认知"教学法是教师根据不同体育技术项目的教学程序与学生时空认知的时空感觉、时空表象以及时空认知建立、发展和巩固的规律紧密结合在一起，在教学过程中将两个程序结合起来进行教学尝试的教学法。

这一教学法对体育教学训练中基本技术动作的教学非常适用，能够提高教学进度与质量，提高练习成功率，缩短教学时数，对有效提高学生自主学习效果起到了重要作用。同时这两种教学法有机结合，能充分调动学生学习的积极性和主动性，培养学生思维能力和认知能力以及创新能力。另外，在教学过程中把教材分成严密的逻辑顺序单元，使学生对技术认知和技术的

掌握逐步进行，从而降低教学难度，以提高学生的学习自信心。在教学过程中应对学生的每个反应做出反馈和调整，并及时对错误动作进行纠正，这样连续的信息反馈可以使学生沿着正确的学习方向进行学习，学生的学习不会因为个体素质及基础的差异而影响整体的学习进程。学生可以按照教学程序的要求在适合自己的学习速度上进行学习。再者，教师对每次的学习情况都应详细了解，从而发现教学程序的不足之处，并及时对教学程序进行修改、补充和完善。

二、"程序—时空认知"教学法在高校体育中的应用

（一）高校跳远教学中"程序—时空认知"教学法的实验研究

1."程序一时空认知"教学法在跳远技术教学中的实验设计基本程序

（1）实验编制的理论依据。程序教学与时空认知相结合的教学法的理论依据是由教学思想、教学理论、学习心理、控制论、信息加工论、体育新课标指导思想、运动技能形成规律等学科内容构成。程序教学把教材编制成若干逻辑单元，在每个单元学习中以步步反馈为主线，把对学习的控制、学习信息的反馈、正确动作的强化贯穿在教学的整个过程中，提倡学生"发现问题—分析、讨论问题—交流意见—提出解决方案—纠正错误"的学习活动，重在培养学生主动发现问题、解决问题的能力。时空认知教学法通过对理论知识地初步了解，在练习中形成时空感觉，建立时空表象，通过对信息的反馈、强化和巩固，使学生以意识为中介，通过感知—理解—领悟—主体动作的完整学习过程，学会分析、思考和用心脑解决问题的能力，从而形成完整的动作动力定型。这种教学法以培养学生学习的主动思维意识、积极创造性、适应性素质为出发点，体现了新教学法的优点、作用和意义。

①体育新课程理念下的教学思想转变。教学理念是人们对教学活动内在规律认识的集中体现，同时也是人们从事教学活动的指导思想。随着社会的发展，人们对教育规律的认识正逐步深化，教学理念也在不断更新发展。在 21 世纪初期人们提倡培养终身体育能力和习惯的指导思想下，体育课程理念有了新的突破，对课程的性质、价值有了新的界定，明确提出了新的课程理念（"健康第一"指导思想；激发兴趣，培养终身体育意识；以学生发展为中心；全面发展每一个学生），体现了当今教育以学生身心发展为本，关注每一个学生的个性发展、全面发展和可持续发展的新特点、新趋势。新课程标准拓宽了课程内容的范围，拓宽了教师对教材、教学内容选择的自由度，扩大了教师的思维空间，改变习以为常的教学方式、教学行为，呈现"以学论教"的特点，激发兴趣，培养学生终身体育意识，充分体现学生的教学主体地位，强调不再以"本"为本，挖掘更适合学生身心发展的课程资源，结合实际包装"教材"，使"教材"更具情趣化、生活化、活动化。同时，在体育教学中教师要抓住两个构建（认知构建和心理构建）和三个培养（兴趣、习惯、能力），结合学生的实际生活引导学生去关注、去探讨、去体验体育与健康知识、技能。

②控制论基础。在 1984 年美国心理学家伯特·维那所著的《关于动物和机器中控制和通讯的科学》一书中，对控制论狭义的定义："是指在研究机器和动物中信息过程和有目的的行为之间的关系。"广义的定义："控制论应用于社会系统，提出用一种新的途径，用信息过程和信息流的术语去分析复杂的社会系统。"

控制论中的反馈控制理论是实施程序教学的重要基础。在教学中，要实现预定的教学目标，

就必须进行反馈与控制，把学生在学习中的信息及时反馈给学生，使学生及时了解自己的学习情况，进行纠正练习，教师也可以及时调整教学方法，因材施教提高教学质量。

③信息加工理论。“信息加工理论”基本理论思想是把人看成计算机式的信息加工系统，认知行为是由大脑内部的信息流程决定的。学习实质上是由习得和使用信息构成的，是分析信息的加工和传递过程机制。掌握和运用其规律，是提高教学和训练效果的重要途径。

依据学习的记忆过程和信息加工理论，加涅提出了学习结构的一个典型模式，用以阐明学习的一般过程。他认为信息经过选择性知觉的加工而进入短时记忆这一结构，这样就形成短时记忆。通过语意编码，在短时记忆中作为知觉的主要特征的有用信息转换成了概念的或有意义的样式。显然，这种方式储存的信息形成可理解的并能在环境中加以参照的概念。根据信息加工理论，我们编制了跳远程序和跳远时空口诀，以便让学生在学习中加深对跳远技术的理解，充分掌握动作技术要领。

④格式塔学派的完形——顿悟说。格式塔心理学家苛勒在1913—1917年间，通过对黑猩猩的问题解决进行了一系列的经典实验研究，提出了与当时盛行的桑代克的联结主义学习理论相对立的第一个认知学习理论——顿悟说。在他的认知学习理论中，着重强调顿悟在学习中的重要性，他认为学习不是动作的积累或盲目的尝试，而是学习主体利用自身理解力与智慧对情景及自身关系的顿悟。对于刺激与反应或环境与行为之间的关系，格式塔心理学同联结主义是以意识因素为中介的，它是一个三项式，即S—O—R。因此，在跳远技术教学中，对跳远技术动作和操作方式等知识结构进行合理的组织以及从认知角度对跳远时空口诀的建立都是十分必要的。

(2)“程序—时空认知”教学在跳远技术教学中的编程方法及应注意的问题。

①直线式教材编制的方法。直线式教材编制的方法是指：把教材按照直线形式编制成一些严密的逻辑小单元，按照直线的正向步骤进行每一单元的教学和学习活动，在学生掌握了第一单元的练习内容后，再学习第二单元、第三单元的内容，依次类推，最后进行完整的技术学习。直线式编排法一般按照动作技术的技术环节的先后进行编排，但有些教师、教练员根据教学实际需要对技术环节的先后顺序进行调整。

②编制教学法的程序应注意的问题

在编制跳远程序时应结合现代跳远技术特点，技术动作的结构，合理安排技术教学步骤，同时，要考虑两种教学方法各自的独立性和共性，在运用时必须根据实际情况，将两种教学方法优化组合，取长补短，使整个教学过程趋于合理化，从而提高教学效果。在本实验研究中，根据跳远技术结构，在建立教学程序的每一步中都渗透着对学生时空认知能力的培养。在整个教学过程中既遵循了程序教学方法的特点又结合了对学生时空认知能力的培养，使学生在学习每一步练习时，通过信息反馈、强化练习，进而转入下一步学习，最后完成完整技术学习。

第一，教学中要考虑同时实现多方面教学目标。每一种教学方法都有其各自的优点，所以每种教学方法对教学效果是有区别的，几种教学方法的优化组合能够保证学习者效率最高和目标实现最优。在制定跳远技术程序与时空感口诀时，就应考虑两种教学方法的最优结合，制定合理的步子和跳远动作时空感认知口诀，从而降低教学难度，提高学生的学习积极性，培养学生情感意识和对事物的认知能力和思维能力。

第二，教师在编制教学程序时应注意的因素。程序教学与时空认知教学法在跳远技术教学

中的编程，应了解学生实际，结合现代跳远技术特点，将两种教学方法相互渗透，同时要考虑教学目标和教学效果。另外，还必须考虑前后步骤间的安排，应有利于各环节技术衔接，能促使动作定型朝着正确的方向形成，避免教学走弯路。在教学实践中，普遍存在着由于教学方法选择不当，教师和学生精力体现出高耗低效的现象。故在选择教学方法时，应充分考虑教材和学生实际情况，制定出适合学生接受能力又能充分提高教学效果的教学程序。

（3）“程序—时空认知”教学法在跳远技术教学中教学程序的建立。根据现代跳远技术特点、结合程序教学法的编程方法及其特点，同时依据程序教学与时空认知相结合的教学法在跳远技术教学中教法程序的构建基础，制定出跳远程序与时空认知程序流程（见图 6-7、图 6-8）。

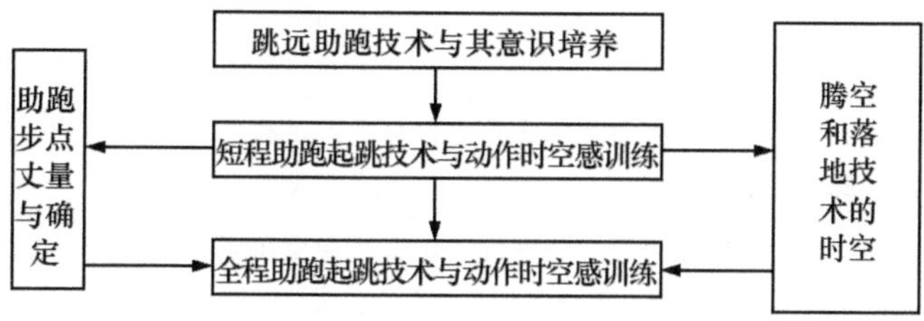

图 6-7　培养学生跳远时空认知能力示意图

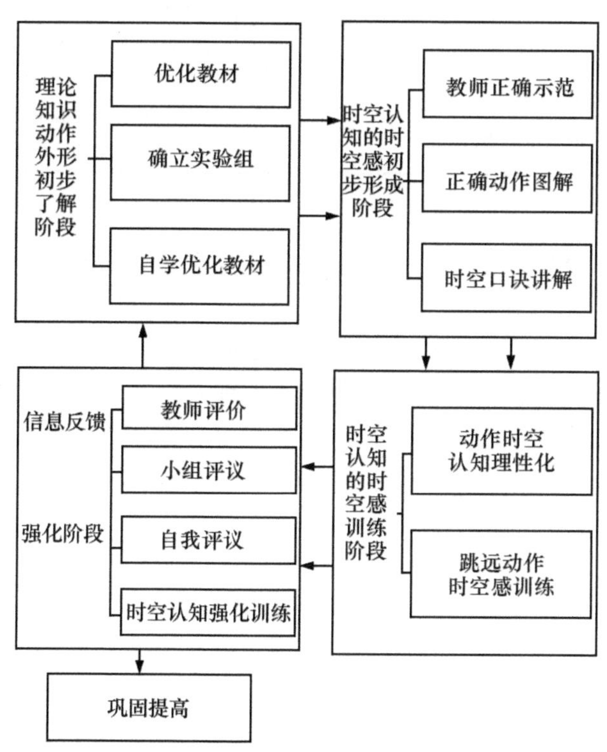

图 6-8　跳远时空认知形成教学程序流程示意图

程序教学与时空认知相结合的教学法在跳远技术教学实验研究中，把对学生的运动思维意识培养贯穿在教学的始终，通过课前对时空口诀的学习，结合课前技术动作演练，加强学生对跳远技术动作的整体认识，课中教师对学生技术动作学习的及时评价和信息反馈，对学生学习中产生的错误动作给予及时的纠正，对正确技术给予及时的强化，来促进学生对技术动作的掌握；在教学中通过时空口诀的学习和演练，使学生形成广泛的“感性认知”；通过课堂教学强化、信息反馈和调整，使学生对跳远技术进行理性概括并逐步上升到“理性认知阶段”。

2. “程序—时空认知”教学法在跳远技术教学中的实验实施

（1）教学实验整体阶段安排。结合程序教学和时空认知教学以及现代跳远技术特点，在教学试验中把教学实验整体阶段划分如表 6-2：

表 6-2　教学实验整体阶段安排

	第一阶段	第二阶段
教学内容	初步学习助跑、起跳、腾空、落地技术	完整技术教学（改进技术和巩固、提高技术教学）和统一技术考评（达标、技评）
教学目的	提高运动技术成绩，培养学生的时空认知能力和观察、分析、解决问题的能力	改进和提高技术动作，建立巩固的技术动作动力定型
教学组织与教法	教师讲解跳远“程序—时空口诀”并进行动作示范，学生进行演练和强化练习，并通过信息反馈、强化、师生相互评议的方法，加强学生对技术动作的掌握	学生在练习过程中通过教师与学生观察、分析，不断地改进技术动作，通过信息反馈和强化练习，加强学生对跳远时空口诀的学习和对技术动作的巩固和提高
教学评价	教学过程评价：学生学习的积极主动性；学生认知能力和心理能力的提高以及学生发现、分析、解决问题能力的变化情况	终结性评价：对教学目标的完成情况，学生学习成绩的掌握情况（评价标准按照统一的教学大纲），教学方法的实效性和有效性的评价以及学生对新教学方法的满意度进行评价

（2）教学实验课堂操作流程。

第一步，在课的开始前教师要做好准备工作，首先应分解好教学目标、确定本节课的学习内容，教给学生跳远时空感口诀，并进行演练。在课的开始部分，教师先进行课堂常规教学，然后进行讲解示范，并让学生观看技术图片，加强跳远运动时空感训练。

第二步，自学练习阶段，教师引导学生进行自主练习，通过学生之间的相互交流，互相反馈意见，找出产生错误动作的原因，同时教师根据学生产生错误动作的原因，及时帮助和指导学生进行改进错误动作，再进行强化练习，来完成技术学习。

第三步，教师通过测试，测试结果分为三种：通过就是学生能熟练地完成技术动作；基本通过就是学生能完成技术动作，但不熟练、动作不连贯、僵硬，必须通过强化训练后才能通过；未通过就是学生不能完成技术动作，需要重新讨论分析教师与学生之间、学生相互之间的交流，反馈学习过程，找出解决办法，经过强化练习后通过的，进入下一单元学习，未通过的继续学习，直至学会才能进入下一单元学习。

第四步，每次课结束前填写时空认知问卷，课后回忆课堂教学程序、手段和自己的感觉与体验。

3. “程序—时空认知”教学法在跳远技术教学中的应用原理分析

（1）教学目标控制分析。通过程序教学与时空认知相结合的教学法在跳远技术中的实验研究，培养学生热爱集体、团结互助的品德，使学生能够正确理解跳远技术原理、掌握跳远的基本技术，提高学生技术技能水平；通过课堂中学生积极主动的观察，分析学习中存在的问题，

并能够主动提出解决方案，预期达到提高学生发现、分析、解决问题的能力，使学生养成自主学习习惯和良好的体育意识，从而提高学生的技术技能水平。

（2）教学原则应用分析。

①优化组合原则。程序教学与时空认知相结合的体育教学法是教师根据不同体育技术项目的教学程序与学生时空认知的时空感觉、时空表象及时空认知的建立，发展和巩固的规律紧密结合在一起，在教学过程中将两个程序优化结合起来的教学法进行教学，有利于学生对技术动作的掌握和运动成绩的提高。

②自定步调原则。在整个教学中把教材分成若干小步子，并结合时空认知口诀进行教学。在学习过程中学生可以根据自己的掌握情况，进行自定步调，鼓励每个学生以自己最适合的速度进行学习，同时，在教学过程中教师对学生的学习及时做出反馈，对错误的技术动作让学生及时思考，找出解决问题的办法。另外学生在每个学习单元中除了课前预习时空口诀，还得在课堂中不断地进行想象和体会。

③小步子原则。程序教学把教材分成若干小的逻辑顺序单元，编成教学程序，使后一步难度略高于前一步。分小步按顺序学习是程序教学的重要原则之一。程序教学的基本程序是：教师讲解示范—学生练习—教师对学习给予确认—学习第二小步……如此循序进行直至完成一个完整的教学单元。

④学思结合原则。将这两种教学法结合起来，对有效提高学生独立学习效果起到重要作用，它能充分调动学生学习的积极性，培养学生思维能力，在教学过程中学生结合时空口诀和编制的教学程序，边学习边思考，可以加深学生对技术动作的认知程度。

⑤及时反馈与强化原则。在教学过程中应对学生的每个反应立即做出反馈，对存在问题的学生，通过学习编制的教材程序和时空口诀，对自己的动作进行对比分析，积极思考，找出解决问题的办法；对于正确的学生，教师应及时给予肯定，这样及时的反馈与强化能使学生形成正确的动力定型，反馈越快，强化的效果就越大。这种强化方式有利于提高学生的学习信心。

⑥提高成功率原则。在教学程序编制中，把教学分成逻辑顺序单元，使学生对技术认知和技术的掌握逐步进行，从而降低教学难度，提高学习信心和练习成功率。

⑦尊重个体差异原则。在本书实验研究中，把教材编制成一些小步子，学生可以根据自己学习掌握情况自定步调，基础较好的同学可以学得快一些，基础差的同学可以根据自己的掌握速度进行学习，在掌握第一个学习单元后，依次学习下一单元。另外，在编制教学程序时，根据学生个体差异和各自特点，设计教学程序，这样既结合学生的个体差异又能调动学生学习的积极性。

（二）高校排球教学中“程序—时空认知”教学法的实验研究

1. 排球技术教学程序和时空口诀的编程方法及注意事项

排球技术教学程序和时空口诀的编制是进行实验研究的前提，它的合理与否直接关系到教学能否顺利进行，还会影响到教学效果，所以教师在编制程序和时空口诀时一定要按照程序编程方法，了解注意事项，遵循由易到难、由简到繁、循序渐进的原则，才会编制出符合实际情况、满足学生实际要求的教学程序。合理的教学程序和时空口诀是教学实验成功的第一步。

（1）程序编制方法。直线式程序的编制方法：把一个完整的技术动作分成若干个小步子，也就是有若干个学习目标，学生在学习中掌握了第一个学习目标后，再学习第二个、第三个……按照顺序依次完成全部的小步子后，进行完整的技术动作练习，反复强化巩固，直到熟练掌握为止。

集中式程序的编制方法：学生先学习前几个小步子的内容，当前几个目标掌握并巩固后再进行下一个目标的学习，直到最后完成整个技术动作。

交叉式程序的编制方法：遵循“整—分—整—分—整”的学习模式，即先了解完整技术动作，再学习第一步的内容，掌握了第一步内容后重新学习完整技术，接着再学习第二步，掌握了第二步后再重新学习完整技术，以此类推，直到熟练掌握完整技术动作。

（2）编制排球技术教学程序和时空口诀应该注意的事项。在编制排球技术教学程序时要遵循编程方法，结合排球运动的技术特点、技术结构和内在规律，将排球四大技术分别分解成几个小步子，再合理重组每一项排球技术的教学步子，形成一个新的教学程序。同时在课堂前设计的“时空口诀”是根据教学程序的小步子编制的，它的作用就是让学生更好地理解排球技术的时空特征，使学生更快地掌握排球技术。所以在设计时空口诀时一定要结合排球技术动作要领，口诀要简单明了，便于学生理解和记忆，让时空口诀在辅助技术动作的学习中发挥最大的作用。在排球技术教学程序编程中，必须注意教学程序的合理性，才能保证时空口诀的合理性，两者合二为一才能使学生又快又好地掌握技术动作。

在编制排球技术教学程序时随着程序的深入，动作难度加大，为了减少给学生学习带来困难，就要对排球技术动作进行结构分析，剖析出动作的关键点、难点和重点，并在技术上合理地调整小步子，此时可以采用集中式或交叉式的编程程序，让整个技术的衔接更顺利、更完整，也更容易形成正确的动力定型。针对动作的关键点和难点，应着重强调和反复练习，避免形成动作脱节的现象。从结构上可以把一个动作分成若干个小环节，难点就是对于学生来说比较难掌握、难理解的环节，它对学生完成动作的好坏和技评的高低有着重要的影响。关键点和难点有时相同，有时不同。但是重点就复杂点了，有时重点就是关键点和难点，有时重点只是一节课堂中所要侧重解决的那个问题。所以，在教学中分清楚关键点、难点和重点对学生的学习效果有很大的影响。

在教学中要实现的教学目标不止一个，而是多方面的。不同的教学方法都有着不同的优点和不同的教学效果，为了实现多方面的最优目标，可以将几种新的教学方法以最优化的结合方式融合在一个教学中，不仅能克服以往教学中所遇到的困难，还能使学生提高学习效率达到最佳的教学效果。但是必须注意，在编制排球技术教学程序与时空口诀时，既要考虑其合理性，又要考虑到两种教学方法的特点，必须要把这两种教学法的优点结合起来共同融入教学中，才能使教学效果最大化，同时完成提高学生运动技术水平和终身体育意识以及培养学生思维认知能力和自学能力等多方面的教学目标。

编制排球技术教学程序主要是为了让学生更容易掌握排球技术，所以在编程过程中应事先了解学生个体情况的差异，以及对排球运动的认识程度和感兴趣程度，只有在了解了这些信息后编制出的教学程序才能符合学生的实际，被学生完全接受，才能在教学中取得理想的效果。

2. 排球技术教学中教学程序的设计与编制

（1）排球技术的总体教学程序。在编排程序时，只有根据教学大纲的要求和教材的内容才能编制出合理又实用的教学程序。其教学内容安排见表 6-3。图 6-9 为排球技术学习程序示意图。

表 6-3　排球技术教学内容

一级目标	二级目标
准备姿势和移动	准备姿势、移动
垫球	正面双手垫球
传球	正面传球
发球	正面下手发球、正面上手发球
扣球	正面扣球

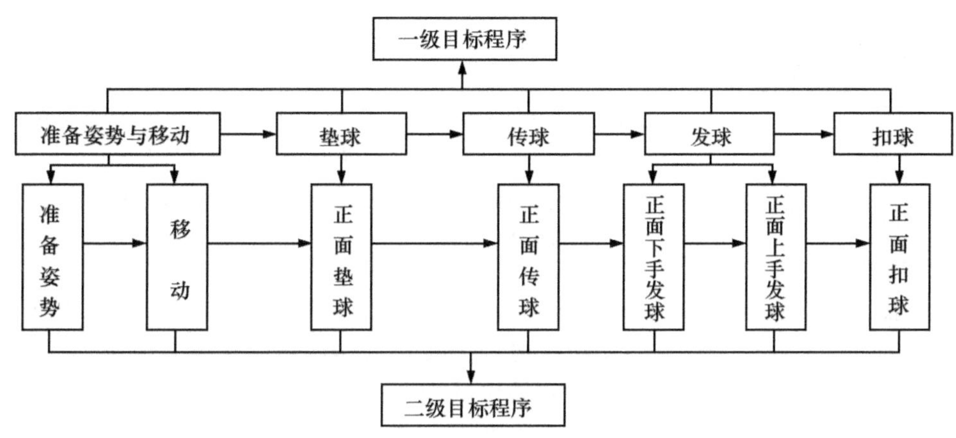

图 6-9　排球技术学习程序示意图

（2）排球正面双手垫球教学程序。正面双手垫球是各项垫球技术的基础，也是最常用的一种垫球技术。它主要适用于接发球、接扣、吊球及接拦回球，有时也用来组织进攻。正面双手垫球的完整技术分析是：准备姿势—击球手型—击球部位—击球点—击球用力—协调配合。通过专家访谈制定的正面双手垫球的学习顺序（见图 6-10），按照教学程序编写的时空口诀（见表 6-4），提高垫球技术的单元辅助练习（见表 6-5），垫球练习中常犯的错误及纠正方法（见表 6-6）。

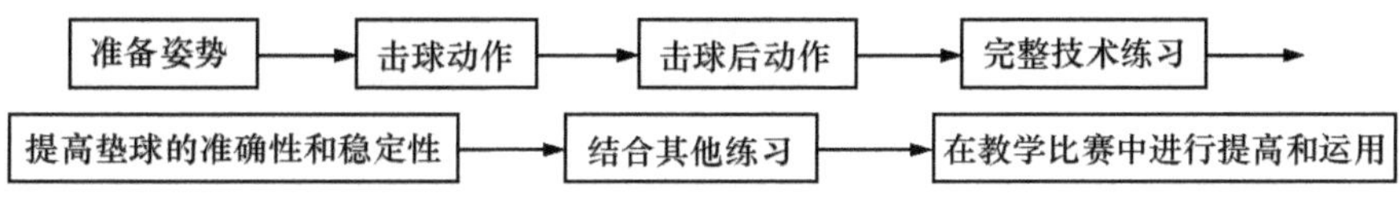

图 6-10　正面双手垫球的教学程序

表 6-4　正面双手垫球的时空口诀

各个单元	时空口诀
准备姿势	面对来球成半（稍）蹲，重心前倾
击球动作	“插”——两臂前伸插球下 “夹”——双臂夹紧、腕下压 “抬”——蹬地跟腰、提肩顶肘、抬臂
击球后动作	身体重心伴送球

表 6-5　正面双手垫球的辅助练习

各个单元	辅助练习
准备姿势	两名同学面对面互教互学；听口令做动作反复练习
击球动作	一人持球另一人垫球；对墙垫球；两人移动垫球；多人垫球
击球后动作	自抛自垫；从坐姿到离椅击球，体会身体协调用力及抬臂击球和手臂伴送球动作

表 6-6　垫球技术常犯错误及纠正方法

常犯错误	纠正方法
手形不正确，两臂不并拢，垫击面不平	徒手练习两臂夹紧动作；垫固定球或抛球；原地自垫
移动不及时，对不正来球	徒手做准备姿势身体前倾动作；多练各种步法移动；移动后垫抛球
身体动作不协调，抬臂动作过大	徒手模仿垫球协调动作；垫击固定球；对墙垫球
垫球不抬臂，身体向上顶，耸肩或上体后仰	徒手模仿抬臂垫球的全身协调动作、两臂前插动作；穿过网下垫固定球；向前垫球过网练习

(3) 排球正面传球教学程序。传球是排球最基本、最重要的技术之一。它主要作用于将接、防起的球传给进攻队员进攻。它是一项细腻精确的技术动作，不仅需要有较高的手指指腕控制和调整球的能力，还需要有较协调的上下肢动作的配合。传球技术的好坏直接影响到战术配合的质量和扣球技术的效果。正面传球的技术分析是：击球点—手指手腕的击球动作—全身协调配合。通过专家访谈制定的正面传球的教学程序（见图 6-11），对应的时空口诀（见表 6-7），提高传球技术的单元辅助练习（见表 6-8），正面传球练习中常犯的错误及纠正方法（见表 6-9）。

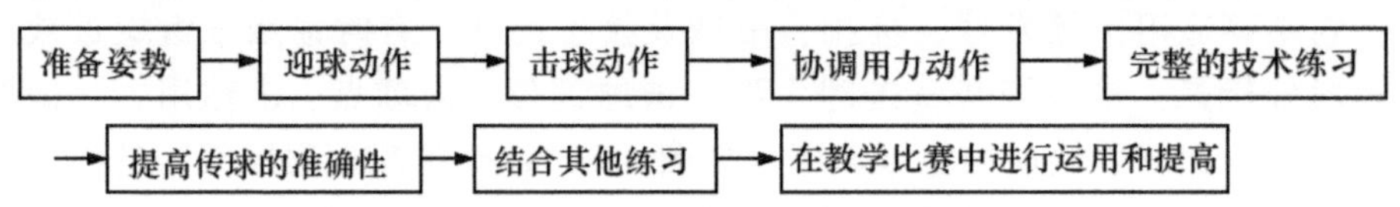

图 6-11　正面传球程序教学程序

表 6-7　正面传球的时空口诀

各个单元	时空口诀
准备姿势	两脚开立，脚跟微提，膝稍屈，上体直，重心前，眼盯球
迎球动作	蹬地伸臂对正球，额前上方迎击球
击球动作	手腕后仰，触球手型成半球，指腕缓冲反弹球
协调用力动作	蹬地、伸膝、伸腰、伸肘、伸臂、指腕屈伸

表 6-8　正面传球的辅助练习

各个单元	辅助练习
迎球动作	徒手反复做迎球手形；自己抛球至头顶上方，用传球手形接住
击球动作	对墙连续传球；两人一组，一抛一传练习；两人隔网对传
协调用力动作	两人远距离对传；一人用传球手形持球置于额前上方一球距离，另一人用手扶住球，持球者做向前上方伸臂的传球动作

表 6-9　传球技术常犯错误及纠正方法

常犯错误	纠正方法
手臂不正确、形不成半球状	一抛一接轻实心球，自抛自接，接住后自我检查手型。距墙 40 厘米左右连续传球，并且不断检查和纠正手形
击球点过前或过高	击球点过前多做自传；击球点过后多做平传或平传转自传；传固定球，体会正确的击球点
传球时臀部后坐，用不上蹬地力量	将接球时协调用力的重要性；一人手压球，另一人做传球的模仿练习
传球时上体后仰	两人对传，传出球后立即用双手触及地面
两肘外张过大或紧张内夹	示范正确动作后，反复做模仿练习（两臂上抬和自然放下动作）
传球时有推压或拍打动作	多做原地自传或对墙传球，增加指腕力量，体会触球感觉

（4）排球正面上手发球教学程序。发球是排球技术中唯一不需要与同伴合作的进攻技术。正面上手发球是发球技术中最常用的一种发球方法，它是指发球队员正对球网站立，一手抛球的同时另一只手引臂，利用转体收腹的力量带动手臂加速鞭打，在右（左）肩前上方的最高点处，用全手掌将球击过球网的发球方法。完整的发球技术分析：准备姿势和发球取位—抛球与引臂—挥臂击球。通过专家访谈制定出的学习程序（见图 6-12），对应的时空口诀（见表 6-10），提高发球技术的辅助练习动作（见表 6-11），发球练习过程中常犯的错误及其纠正方法（见表 6-12）。

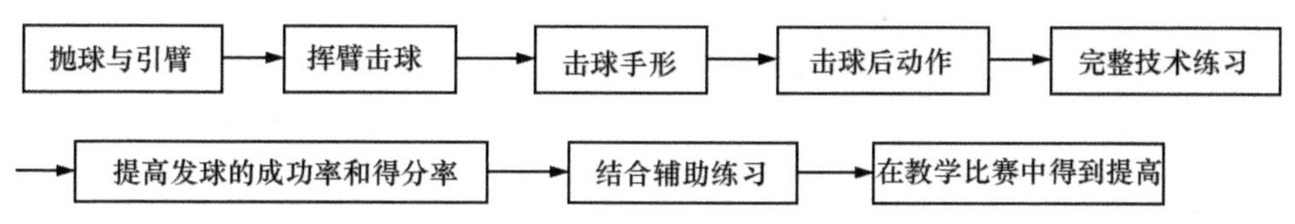

图 6-12　正面上手发球程序教学程序

表 6-10　正面上手发球的时空口诀

各个单元	时空口诀
准备姿势	面对球网，两脚开立，持球体前
抛球与引臂	平托垂直上抛，右（左）肩前上 1 米高，抬头、挺胸、展腹、上体右（左）转、重心移右（左）
挥臂击球	转体收腹带挥臂，弧形鞭打加速快
击球手型	全掌击球中下部，手腕推压球上旋

表 6-11　正面上手发球的辅助练习

各个单元	辅助练习
抛球与引臂	每人一球，做不离手的抛球练习，同时做引臂和挥臂击球（不实击）练习；在篮球球筐下反复做抛球练习，要求平稳上抛，球不旋转
挥臂击球	一人双手持球在击球点，另一人做挥臂击球练习，不要击出球；击固定吊球；对墙正面上手发球
击球手型	两人面对面相距 10 米，对发练习；进退法隔网发球练习

表 6-12　正面上手发球技术常犯错误及纠正方法

常犯错误	纠正方法
击球点偏前或偏后	找一高度适合的悬挂物，反复向上抛球或设一圆圈使垂直上抛的球落入圈内
转体过大	击固定球，徒手练习挥臂动作
没有推压带腕	对墙近距离发球，要求手包住球，使球旋转
全身协调用力不好	上手抛羽毛球或实心球，注意抛和挥的配合

(5) 排球正面扣球教学程序。扣球是队员跳起在空中，用一只手臂做鞭甩式挥动，将本方场区上空高于球网上沿的球有力地击入对方场区的一种击球方法。正面扣球是最基本的扣球方法，也是排球技术中攻击性最强的一项技术。虽然近几十年来出现了许多新的扣球技术，但是那些技术都是在正面扣球技术的基础上发展或派生出来的。正面扣球的完整技术分析：助跑—起跳—空中击球—落地。通过访谈专家制定出的学习程序（见图 6-13），其对应的时空口诀（见表 6-13），提高扣球技术的辅助练习（见表 6-14），正面扣球学习过程中常犯错误及纠正方法（见表 6-15）。

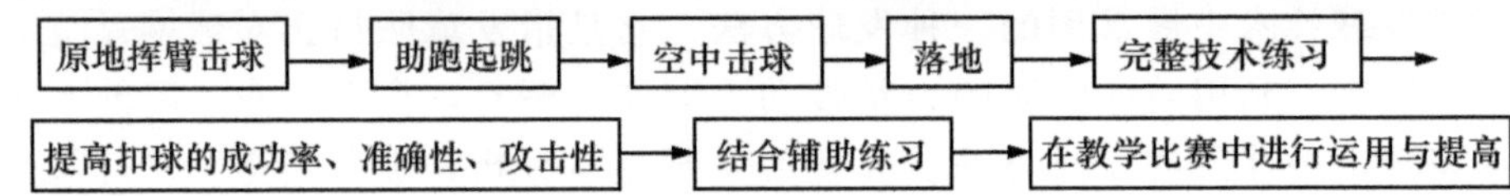

图 6-13　正面扣球程序教学程序

表 6-13　正面扣球时空口诀

各个单元	时空口诀
原地挥臂击球	屈臂敞肩拉得开，腰腹发力要领先，向上挥臂如甩鞭，全掌包住打满球
助跑起跳	助跑步幅小到大，一步定向两步跨，双脚起跳猛蹬地，两臂积极向上摆，依球落点定起跳点，依球高度定起跳时间
空中击球	挺胸展腹上体右转，腰腹发力带动臂，弧形挥臂成鞭打，击球要在最高点，全掌击球呈上旋
落地	双脚着地，屈膝缓冲，自然落地

表 6-14　正面扣球的辅助练习

各个单元	辅助练习
原地挥臂击球	徒手模仿扣球挥臂；对墙扣抛球；两人原地对扣
助跑起跳	原地双脚起跳；两步助跑起跳摸高；变向助跑起跳
空中击球	助跑起跳扣吊球；4 号位扣固定球；网前一抛一扣

表 6-15　扣球技术常犯错误及纠正方法

常犯错误	纠正方法
助跑起跳时机把握不准	以口令、信号限制启动起跳时间；固定二传弧度练习扣球
起跳后人球位置控制不好	多做完整的徒手练习，再多练习上网扣固定球，体会合适的人球位置
击球时手臂无鞭打动作	徒手做挥臂鞭打动作体会手臂放松或两人一球互相甩球练习
挥臂屈肘，击球点偏低	连续甩臂击打适当高度的固定球
击球手法不正确，手未包满球，击出的球不旋转	击固定球，对墙平扣，打旋转；低网原地扣球练习；反复练习手腕推压、甩鞭动作

3. “程序—时空认知”教学法在排球技术教学中的实验实施

（1）对实验组的学生教师采用的是程序教学与时空认知相结合的教学法进行教学，课堂操作分为以下 5 个具体的步骤，详细的操作流程（见图 6-14）。

第一步，在上课之前教师要做到三点：“教材”“学生”“方法”。具体而言，“教材”就是课前教师已经预先编好的教学程序和时空口诀，“学生”是指在课前要让学生记住时空口诀，对排球技术有一个初步的了解，为课堂上的练习提供理论基础。“方法”就是将教材和学生结合在一起，即将技术动作和时空口诀进行动作演练，让学生对排球技术动作建立起正确而完整的认识。

第二步，在上课的开始部分依然是常规教学模式，教师给学生进行技术动作的讲解与示范，强化学生已经形成的动作时空感觉，从而诱发学生进行自觉练习。

第三步，在学生自学自练阶段，教师为了提高学生的自学能力，引导每一位学生根据自己的能力和水平选择适合自己的学习程序，这样不仅能提高学生的学习兴趣，也能收获更好的学习效果。鼓励学生之间相互沟通，交流意见，互相帮忙找出对方的问题所在，分析原因解决问题。同时，教师与学生之间也要经常交流，给予学生及时的评价和反馈，纠正其错误动作，强化和巩固正确动作，帮助学生顺利完成课堂目标。

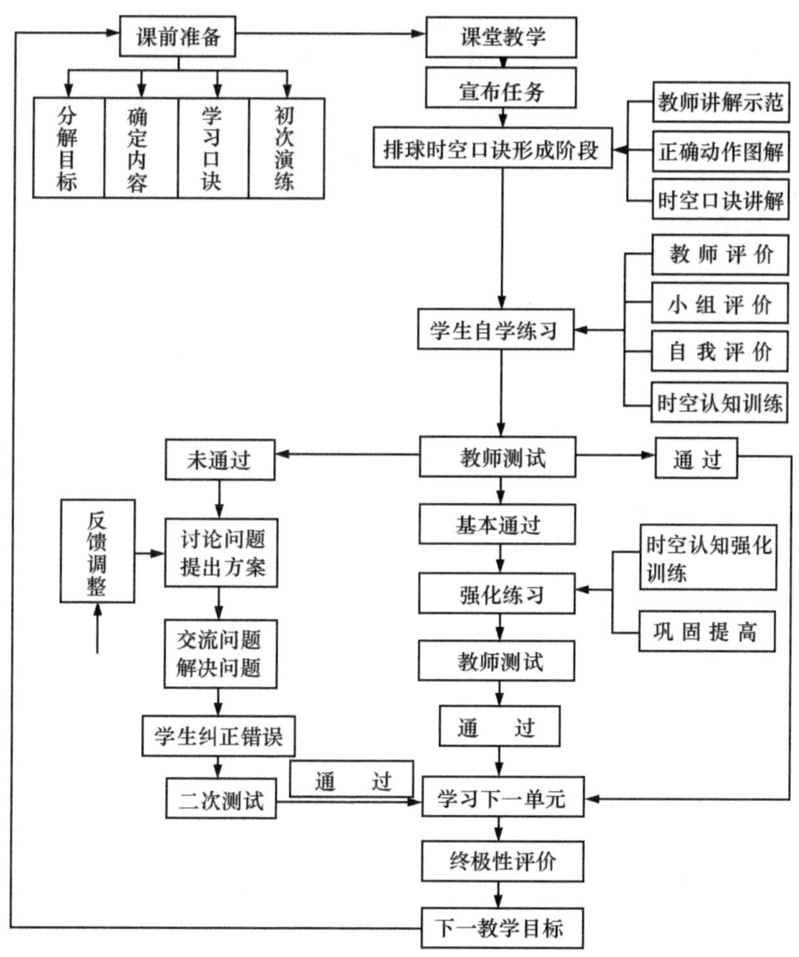

图 6-14　“程序—时空认知”教学法教学实验课堂操作流程图

第四步，教师的主观测试。有三种情况：①学生很顺利地完成动作——通过。②学生动作完成的不熟练，还需要加强练习——基本通过。③技术动作完成不了或动作错误——未通过。针对未通过的学生要重点去抓，更需要教师和其他学生的帮助和关心，而且未通过的学生应该主动找老师和其他学生交流讨论，找出问题及解决方法，纠正自身错误动作，强化正确动作的练习后再通过。如果一直没有通过的话，就一直练习直到通过为止。

第五步，在每一节课下课前都要填写时空口诀信息反馈表和自评细则表。了解学生的学习信息和课堂体验情况。

（2）对照组的学生采用的是传统教学法，一节课分为 3 个部分，操作流程（见图 6-15）。

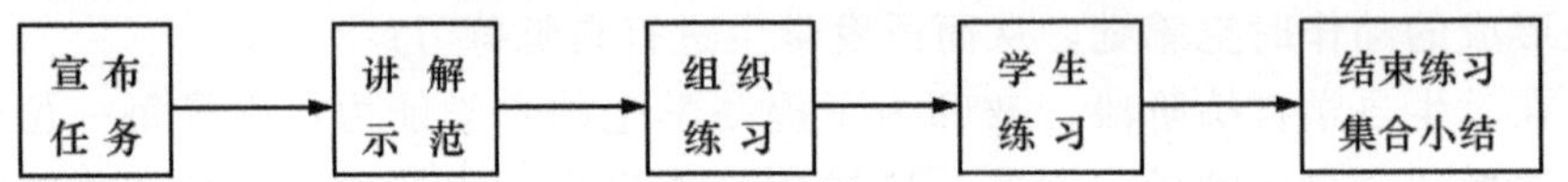

图 6-15　传统教学流程

第一部分，准备部分就是让所有学生集合列队，清点人数，宣布本堂课的教学任务和课堂目标。通过各种一般性的走跑练习、徒手操或球操练习、集中注意力练习、提高积极性练习、游戏和专门性的活动练习，使身体各器官系统机能尽快进入工作状态。

第二部分，基本部分的内容从讲解动作要领和示范动作以及组织学生练习开始，然后再最大限度地利用场地、器材进行辅助练习、分解练习，最后完成完整的技术动作并进行反复练习直到掌握技术动作。

第三部分，结束部分一般采用一些放松练习，让学生的机体逐渐恢复到相对安静状态。同时简要地进行课堂讲评和小结，布置课外作业等。

（3）在学习期间，对实验组进行调查测试。测试项目包括：每次课结束前填写时空认知口诀调查表，每一项技术学完后对学生进行技术学习反馈信息调查表。

4. “程序—时空认知”教学法在排球技术教学中的实验效果分析

（1）两组学生运动技术、技能评定成绩的对比分析。“运动技术是指完成体育动作的方法，是运动员竞技能力水平的重要决定因素。”“运动技能是指人体在运动中掌握和有效地完成专门动作的能力。”运动技术、技能作为体育课的知识主体，对它的掌握是体育教学中最基本的要求。对于高校体育专业的学生来说，对体育运动应该有浓厚的兴趣和很高的运动自觉性，只有采用更好的教学方法形成规范的运动技术动力定型，提高他们专业的运动技术、技能水平，才能使体育教育更好地发展。因此，本书的主要内容之一就是在体育专业排球普修课技术教学中分别应用程序教学与时空认知相结合的教学法和传统教学法，比较这两种教学方法带来的技评效果。

实验组的成绩高于利用传统教学法的对照组的成绩，证明了程序教学与时空认知相结合的教学方法在传球技术教学中的应用效果比传统教学法的效果更明显，真正做到了尊重学生个体差异，自定步调，最终都能很好地掌握技术。这也充分体现出程序教学与时空认知相结合的教学法在提高学生运动技术、技能方面的优越性。具体原因从以下几方面进行分析。

①教学方法对比。传统教学方法在体育实践教学中重教师轻学生、重训练轻思考、重模仿轻理解。教学活动过于死板，教师是课堂的中心，过分控制学生，整个教学过程就包括教师反复地讲解示范，学生反复地模仿练习，学习气氛沉重，学生兴趣低落，使得学生只能被动接受

教师一味灌输的知识。教师从不站在学生的角度考虑他们是否能接受，是否能满足学生的需求，忽略了学生在教学中的主体地位。简单说就是传统教学法只注重教师的教，却忽视了学生的学。同时，还一味要求大量的身体练习，忽略了学生能力的锻炼与培养。而在本教学实验研究中，该教学方法凝结教育学、心理学、教学论、控制论、信息论等理论观点，充分体现和应用了新的教学理念。在本教学实验中运用的新教学方法是将教学内容分成若干个独立但又相关的小单元，每个单元的动作都有相应的时空口诀，可以帮助学生更好地掌握技术动作要领。从整个教学过程中看，该教学方法是以学生的自学自练为主，教师的讲解示范为辅，以信息反馈为主线。所以在教学中不仅有教师的教也重视了学生的学，有效提高了学生对技术动作的思维能力和认知能力，也培养了学生的自学能力。因此，在教学方法对比方面，可以看出程序教学与时空认知相结合的教学方法优于传统的教学方法。

②教学目标分析。顺利实施教学的重要保证就是建立一套科学合理的教学目标体系，这也是影响教学效果的一大因素。传统教学法中最大的、唯一的教学目标就是：学生最终掌握知识技能的程度，教师都是围绕这个教学目标而展开所有的教学工作的。在本教学实验中，程序教学与时空认知相结合的教学方法将教学大纲中的教学目标与实验设计的课堂目标相结合，教学中对每个阶段的教学内容进行分析并确立教学目标，再把各阶段的教学目标落实到课堂教学中。本教学方法将教学内容优化分成多个小步子，并结合排球时空口诀的学习和演练，将教学中每个小步子的目标逐渐呈现给学生，使学生更加明确了学习的目标。在完成教学目标的过程中，学生可以根据自己每个小目标的完成情况，选择适合自己的小步子，尊重学生间的差异性，同时调动学生学习的自主性和自信心，教师根据学生的实际情况，给予及时的信息反馈，使学生明白自己对在哪错在哪，及时纠正错误动作，从而提高学习效率。

③生理学角度分析。程序教学与时空认知相结合的教学方法在实践操作中是以刺激—反应—反馈—强化为范例而建立的强化关联，运动技能的形成过程，就是在多种感觉技能参与下和大脑皮质动觉细胞建立暂时性神经联系的过程。本教学方法，通过演示优秀运动员完美、精湛的技术动作的视频录像，结合所学的时空认知口诀，再加上练习中教师的评价和学生的互评反馈，可以刺激学生的大脑皮层而发出正确的指令，形成更加准确的正反馈信息，同时也强化运动技能的形成。

④认知心理学方面。在程序教学与时空认知相结合的教学原理中可以看出，教学程序可以使学生在学习动作时降低难度，当技术动作再配合时空口诀时，开启学生的思维意识，做到想练结合的学习状态。这样会使学生对技术动作有一个很正确的理解和记忆，也加快了学生掌握技术动作的速度，降低了动作的错误率。该教学方法可以激发学生的思维认知能力，促进学生对整个学习内容都能融会贯通，让学生在每一步的学习中都有自己明确的目标，从而提高学生的学习效率。

（2）两组学生观察、分析、解决问题能力对比分析。我们要想落实素质教育，就必须要提高学生的观察、分析、解决问题的能力，也是人类智力的重要构成部分，是学生必须掌握的一种基本能力，也是一种知觉，一种有计划、有目的的反应、思考、理解的思维知觉。体育教学不仅只是传授学生基本的体育知识和运动技术、技能，还要重点培养学生体育运动的自学能力和运动技术的分析研究能力。在传统的教学中，只要求学生掌握好技术，从不注重对学生其他能力的培养，这就导致好多学生一方面只会做动作，但不理解动作，更不会教别人动作；另一方面，当技术动作出现问题时，自己解决不了。而程序教学与时空认知相结合的教学法可以弥补传统教学法在这方面的不足。为了证明这一观点，在实验后对比分析了两组学生观察分析解决问题能力的测试结果。

实验组学生的观察、分析、解决问题的能力比对照组学生高出很多，说明程序教学与时空认知相结合的教学法比传统教学法更有利于培养学生观察、分析、解决问题的能力。其原因是：程序教学与时空认知相结合的教学法以学生自学和步步反馈为主，在练习中出现问题后，及时进行学生与学生、教师与学生之间的讨论和分析，通过教师的反馈和学生的反馈提出解决问题的方法，再强化练习，巩固正确动作。在整个过程中，学生都在积极地参与问题的分析和解决，这样的锻炼会使学生的能力不断地提升。

（三）对高校体育教学中“程序—时空认知”教学法应用的再认识与建议

1. 对高校体育教学中“程序—时空认知”教学法应用的再认识

程序教学与时空认知相结合的教学法在教学中，先让学生通过时空口诀的学习，初步建立起技术动作的时空感觉，再将技术动作和时空口诀结合起来进行演练，加强学生对技术动作的认知，形成正确的动作概念和时空表象，降低了动作的学习难度，也减少了动作的错误率。通过录像、视频等教学手段反馈和强化学生自己的技术动作，进而达到提高学生运动技术和技能水平的效果。

程序教学与时空认知相结合的教学法可以将总体教学目标有机分解，很大程度上降低了技术学习的难度，最后将分解的目标再优化组合，更容易完成总的教学目标。除了一般目标以外，程序教学与时空认知相结合的教学法在课堂教学中，以教师评价、学生互评、学生自评的方式反馈信息，激发学生的思维认知能力，在学习中主动发现问题、分析问题、解决问题。不但提高了学生的自主性，更重要的是培养了学生的能力。

2. 对高校体育教学中“程序—时空认知”教学法应用的建议

课堂前设计的“时空口诀”是为了帮助学生理解和记忆技术动作的，它是形成正确动作概念的前提，因此时空口诀的设计一定要紧紧围绕动作的技术要领，使口诀简单准确，更方便学生的理解和记忆。

程序教学与时空认知相结合的教学法将教学内容合理分解，虽然降低了学习难度，适应了不同水平的学生，但在教学中也要采用适当的辅助手段（语言、动作、电脑课件等），充分调动起学生学习的自信心和积极性，更要注意引导学生练习的同时不断地思考，做到学思结合，反馈与强化并存，这样才能提高技术动作的正确率。

在教学程序编程和时空口诀编制的过程中，不单要考虑教材内容的特点和两种教学方法的优化组合，更重要的是必须结合学生的实际水平，才能编制出合理有效的教学程序。

程序教学与时空认知相结合的教学法在具体的教学课堂中，不能简单地套用程序，也要结合其他教学方法的优点和教学经验辅助教学，这样才能使教学效果最大化。

第七章　高校体育教学模式的理论与实践研究

随着现代教学思想的发展，我国高校体育教学正在进行着深刻的变革，体育教学课程设置中存在的问题暴露得越来越多。为此，高校体育教学的改革正如火如荼地进行，其中对体育教学模式改革的研究与实践是一项极为重要的课题研究。为更好地改善高校体育教学现状，我们有必要通过对体育教学模式的理论与实践进行研究，以实现高校体育教学的创新与发展。

第一节　高校体育教学模式现状及发展趋势

一、高校体育教学模式研究现状

（一）国内外体育教学模式的研究现状

目前，国际上主要流行着两类体育教学模式，一类是体育课程与健康课程相结合的教学模式，取名为健康教育与体育，作为一门独立的课程进行教学，多采用着眼于探究的教学模式，如“发现式体育教学模式”“探究训练教学模式”，和着眼于整体优化的教学模式，如“教学过程最优化模式”“最优化教学模式”等；另一类是分设体育与健康课程，多采用着眼于非理性主义的教学模式，如“非指导体育教学模式”“暗示体育教学模式”“快乐体育教学模式等”。

改革开放以后，我国学术界对于体育教学改革进行了一系列研究与探索，这些研究与探讨以多种体育教学思想的涌现为先导，通过学术争鸣使体育教学基础理论得以逐步完善，也推动了体育教学实践的革新，但理论的探讨与体育教学实际之间尚有距离。于是，许多学者试图将理论引入实践，用理论指导实践，这时就出现了以体育教学方法为代表的教改实验。教学方法的改革，一方面丰富了理论，并形成了以实用性为特征的体育教学方法体系，另一方面，它大面积提高了教学质量。然而，在实践中发现，如果体育教学的改革只停留在教学方法上，那么改革只能停留在表层而不能深化。因此，从20世纪80年代中期，我国学者在现代教学论研究指导下，开始探讨包括体育教学指导思想、内容、方法、手段、组织形式等在内的教学整体改革——体育教学模式的改革尝试。最早的体育教学模式的研究，是引进国外有关教学模式的理论和实践的介绍性研究，缺乏对教学模式基础理论的阐述，并且教学模式的介绍也是片断的和零散的，缺乏整体性和系统性。随着对教学模式的认识和研究深入，有关体育教学模式的基础理论在20世纪90年代以后才相继出现。比较有代表性的成果有毛振明的《体育教学模式论》《关于体育教学模式的研究》，方建新、俞小珍的《关于体育教学模式的研究》，李晋裕的《体育教学模式的实验研究》，赵立、杨铁黎等的《体育教学模式与方法的理论与实践》《体育教学模式群的结构研究》，董金昆的《体育教学模式研究的理论与实践——体育教学过程、模式研究成果报告》，关槐秀的《即兴展现体育教学模式》，天津市河西区阎忠厚的《五种教学模式在体育教学中的理论与实践探索》等，这些研究探讨了体育教学模式的概念、本质、特点、分类、结构等基础理论，同时总结出一些具有体育学科特色的体育教学模式，如快乐体育教学模式、群体合作教学模式、发展体育能力教学模式、情景教学模式等，为体育教学模式的理论与实践探讨做出了较大贡献。

比较国内外出现的种种教学模式，可以看出，它们产生于不同的背景，适用于不同的情景，各具特色，互有长短，但它们都是现代教学理论与学科教学实践相结合的产物，因而又表现出一些共同的特征。如注重开发学生的智能；重视学生智力因素和非智力因素协调发展；既重视教师的主导又重视调动学生学习的积极性等，呈现出多元化趋势。因此，只有对体育教学模式进行整体优化，才能实现体育教学最佳效果，更好的指导体育教学实践。

（二）国内高校体育教学模式研究现状

在关于学校体育的目的这个问题上国内许多体育教育专家、学者和体育教师各抒己见，在我国学校体育改革的大潮中，主要的体育课程教学指导思想有：（1）体质教育的思想，这是目前最为典型的一种指导思想，它目的明确，强调增强体质，反对将竞技体育纳入学校体育的范畴；（2）技术教学的思想，这也是较为典型的一种指导思想，它强调动作技术的传授和学习；（3）竞技教学的思想，主张以竞技运动项目为中心教材；（4）自然体育的思想，强调学生按照自然适应性原则去自主地进行运动学习和体育锻炼；（5）培养能力的思想，注重学生各种体育能力的培养；（6）快乐体育的思想，强调让学生在欢快的学习气氛中学习和锻炼；（7）终身体育的思想，强调长远的效益，不注重眼前的结果；（8）全面发展的思想，强调以完成学校体育课程各项指标为主导，促进学生德、智、体、美、劳诸全面和谐发展。以上各种指导思想，只有体质教育独树一帜，其他的指导思想基本都是主张以运动技术教学为主线。全面教育的指导思想，目前较受推崇，但是全面教育作为学校教育的指导思想体现不出学校体育的特色。

刘绍曾等认为学校体育要向多目标的方向发展，增进学生身体健康和增强学生体质，作为学校体育的首要目标，从单纯的育体向全面育人的转变。陈伟霖等在《普通高校体育课程教学模式综述》一文中综述了几种教学模式，提出了从国情出发，根据学生的素质状况，应选择“并列型”教学模式，强调“基础体育课”的重要性；从发展趋势看，随着中学体育教育步入正轨，学生整体水平提高，俱乐部课内外一体化教学模式是最佳选择。雷继红、贾进社在《我国高校体育教学模式现状及其发展趋势》一文中对目前我国高校几种典型的体育教学模式的特征进行了分析和思考，并在此基础上探讨了高校体育教学模式的发展趋势，从五种教学模式的特征和教学思想发展目标，师生关系、教学方法、评价体育方面及其发展趋势进行了论述，旨在构建符合我国高校实际的体育教学模式。

我国普通高校经过对各种体育教学模式进行实践研究和探索，在原来教学模式基础上进行了大胆的尝试、发展和改进。第一种称为“三阶段—两形式型”，即一年级开设体育基础课，二年级开设体育选项课，三四年级开设选项辅导课；第二种为“并列型”，即在大学二年内，同时开设普通体育课与选项体育课，让不同条件和兴趣的学生分别学习不同的课程；第三种为“课内外一体化型”，即在开设体育基础课和选项体育课的同时，要求学生在课外活动中参与选项内容的学习，即课内、课外一体化，有的学校将课外活动的练习也算入学生体育成绩中去；第四种为“俱乐部型”，是指学生参加学校各种体育俱乐部的活动，教师根据自己的专业负责不同项目，并对学生进行辅导与考核；第五种为“分层次型”，按学生身体素质和运动基础，划分教学

班；第六种为“二段型”，一学年为基础体育课和保健体育课；二、三、四学年为体育选项课；第七种为“体育超市”，是一种选项课、俱乐部、培训班三种教学形式整合的教学模式。

体育教学模式的演变是随着人们对体育的理解不断深入而变化的，随着体育理念的不断升级而发展。同时，对体育教学模式的选择与运用不仅受制于人们对于模式的了解程度，而且还取决于人们已形成的教学理念和教学思想，普通高校体育教学注重学生的自主性和主体选择性，以满足学生对体育的需要。

浙江大学李赵来教授认为：在大学一年级开设体育选项课是完全可行的，这有利于发展学生的个性，激发其参加体育活动的兴趣。培养学生独立锻炼能力，掌握锻炼方法等，具有针对性、可操作性和有效性。在大学一年级开设体育选项课，使学生可以从持续时间较长的专项活动中有效地增强体质，提高运动技能，并能掌握一、二项终身受益的体育项目。再如南京理工大学通过教学改革，在一二年级均开设体育选项课，三四年级为选修课的体育教学模式，规定学生在第一、二学年中可按自己的意愿选择 4 个不同的体育项目进行学习和提高，同时要求学生除掌握所选项目的技术技能外，还必须在一年级学会太极拳，二年级学会游泳，这对学生今后从事终身体育锻炼具有较强的实用性。

当前，许多体育教育工作者提出体育课程改革应在调节课程形式和丰富教学内容上进行一系列改革。正如毛振明博士所说：“体育教学，为什么教、用什么教、教什么、怎样教、在哪儿教、谁来教、何时教、教给谁。”从调查情况看目前高校体育教学在教学方法和手段上，仍然受到传统体育教学模式的影响，而且有很多高校只是在模式名称上有所改变，但其内容与实质改变不大，亟待完善之处颇多，所以仍有进一步研究探讨的价值。

二、高校体育教学模式的发展趋势

（一）体育教学模式的发展趋势

任何一种教学模式都应是一个不断变化、更新的系统，虽然某种模式一旦形成就具有稳定性，但这并不意味着其内部要素和非本质结构不发生变化。所以稳定是相对的、暂时的，而变化是绝对的，发展是必然的。随着体育教学改革的逐步深入，教学理论的发展和教学观念的更新，一定会对原有模式中各要素或结构进行调整、更新，不断注入新的内容，予以充实。

现代体育教学模式有以下发展趋势。

一是突出体育教学的发展性。现代体育教学给予学生的不只是知识、技术、技能，更重要的是赋予学生接受体育教育的兴趣、动机和能力，懂得体育的价值，形成体育意识，使之朝着“快乐化、生活化、终身化”的方向发展，这是当代体育教学模式的时代特色。如发展体育能力教学模式、发展学生个性教学模式等，都将培养学生的能力放到重要位置上，积极地探索如何发展学生的智慧潜力，掌握科学的思维方法，创造性地运用体育知识、技术、技能。

二是突出学生的主体地位。在体育教学模式的发展中，出现了由教师中心教学模式向师生合作、生生合作方向发展，强调学生主体地位的教学模式的发展变化。如成功体育教学模式、群体合作教学模式等，其鲜明的特征就是有机地统一教与学的活动，注重调动学生参与教学过程的能动性、积极性。现代体育教学模式在教学方法的设计、选择、运用上，教学的组织、教学活动方式等方面，更加重视教法与学法的统一。教学过程中各类信息的传递方式由教师向学生单向行为，扩展为教师与学生之间、学生与学生之间、学生与周围环境之间的多向行为，而且努力实现学生的学习主体地位，注重研究学生的学习方法，注重学生自我学习能力的培养。

三是突出体育教学的情感性。在现代教学模式的构建过程中，改变了传统的教学活动中片面强调智力因素的作用，忽视非智力因素对人的发展功能的影响，把培养学生对体育学习的兴趣、激发学生学习动机、树立正确的学习态度、养成良好的体育锻炼习惯放到了教学活动的重要的位置。无论是教学方法的选择与运用、教学活动的组织与实施、教学效果的测验与评价，都考虑学生的心理需要，注意有利于发挥非智力因素的作用，力争使学生在愉快、积极、向上的情绪体验中掌握知识，培养和发展能力。如情境教学模式、快乐体育教学模式，使教学过程具有复杂、新奇、趣味等特征，学生在一种浓厚的兴趣、强烈的动机、顽强的意志状态下学习和掌握体育知识技能，更能激发学生求知的内驱力，保证学生以最佳的情感投入到体育教学中。

四是突出体育教学模式的多样性。随着体育教学改革的发展，体育教学实践的需要，新的教学思想层出不穷，借助多门学科的研究成果、技术和方法，构建了许多新的教学模式，出现多种体育教学模式并存的发展趋势。一些先进模式被引进体育教学中，先后出现了“发现学习模式”“导学式教学模式”“俱乐部制教学模式”“合作教学模式”“小集团竞争模式”等。任何一种教学模式，只能适合于特定的教学情境，每一种教学模式，都有其自身的优点和不足。不同体育教学模式不是排斥的，而是相互取长、借鉴、补充，发挥着各自特有的功能，为体育教学实践提供了选择体育教学模式的广阔余地。

五是突出体育教学模式的可操作性。体育教学模式的研究又要有可操作性，突出表现在模式的操作程序上，便于教师和学习者操作使用，提供具体指导，否则就会造成教学理论与实践脱节。现代体育教学模式的建立，反映了在一定的教学思想和教学理论指导下，所构建的比较稳定的教学活动结构。这种结构就是按照现代教学的整体目标，将各种教学方法和教学手段按照教学目标要求，进行优化组合、综合运用，发挥教学方法和教学手段的整体功能。这也正是体育教学模式研究的趋势。

（二）当代高校体育教学模式的发展趋势

1. 突出学生“主体性”的发展趋势

中共中央、国务院在《关于深化教育改革，全面推进素质教育的决定》中明确指出：“健康体魄是青少年为祖国和人民服务的前提，是中华民族旺盛生命力的体现，学校教育要树立健康第一的指导思想。”突出“健康第一”的理念，强调全面促进学生身心健康发展，体育课程目标实现了由单一的生物体育观到多维体育观的转变。现代教学方法与手段的综合运用，根据学生身心发展的规律以及不同学生特点采用不同的体育教学方法，做到区别对待。现代高校体育教学模式的发展趋势是重视学生的参与性，即学生的主体性，培养学生参与体育的兴趣和能力，懂得体育的内涵，使体育朝“快乐化、生活化、终身化”的方向发展，强调人在参与运动过程中达到自身满足的目的，强调人的身体、心理和社会等方面素质得到提高的目的，这是当代体育教学模式的时代特色。

2. 多种教学模式并存的发展趋势

“三基型”体育课程教学模式是一种传统的体育课程教学模式，在我国长期处于重要地位，尤其是 20 世纪 80 年代初期，大多数高校的体育课程以这种模式为主，直到 90 年代后期，我国

高校体育课程教学模式改革研究逐步深入，出现了众多不同的体育课程教学模式。体育课程内容发展的多样性，组织体育课程内容时打破了以往单一、固定的传统模式。高校体育课程的发展目标多样化势必会导致多种体育教学模式并存的发展趋势。诸如“三段”型体育教学模式、“俱乐部型”体育教学模式、“分层次型”体育教学模式等。每一种教学模式存在于特定的教学情境，这就要对已有体育教学模式进行整合，将各种教学方法和手段按照教学目标要求进行优化组合、综合运用，倡导科学的理论，形成比较稳定的教学模式。

3. “俱乐部型”教学模式将成为未来高校体育教学发展的主旋律

俱乐部型体育课教学模式是一种新型的、较理想的体育教学模式，它最大的优越性在于从学生的角度考虑体育教育，使学生在接受体育时有选择权，使体育教学弹性化。这种“俱乐部型”体育教学模式，增强了大学生的体育意识，培养学生经常锻炼身体的习惯，使体育教学“课内外一体化”，这有利于把大学生的体育教育过程延伸到高等教育的全过程中，有利于提高大学生的运动技术水平。因此，从发展趋势来看，“俱乐部型”体育教学模式将是未来高校体育教学的主要模式。在高校体育教学中要给予大学生全方位的体育，即体能教育、健康教育、娱乐教育、竞技教育、心理卫生教育和生活技能教育等，以适应知识经济时代竞争激烈的特点。为此，在高校体育教学中，无论选择什么教学内容、教学方法，采取什么教学模式，制定何种体育教学评价标准等，都要从全面育人的观点出发，只有这样才能取得全方位的体育教学效果以提高学生的组织能力，培养学生的锻炼自觉性，进一步提高学生的体育能力。

第二节　高校体育教学模式的相关理论分析

一、体育教学模式的概念界定

（一）教学模式

模式即指“模子”“样子”。我国汉语词典对模式的解释是：某种事物的标准形式或使人可以照着做的标准样式。英文“模式”为 Model 一词，它和“模型”“模范”是同一词。由于不同的研究者从不同的角度和需要出发对教学模式有不同的理解，关于教学模式至今没有一个明确的定义。其中，较有代表性的有以下几种。

“教学模式，是构成课程（长时间的学习课程）、选择教材、指导在教室和其他环境中教学活动的一种计划或范型”（乔伊斯和韦尔）；“把教学模式称为教学策略”（弗·鲍克良）；“教学模式是导向特定学习结果的一步步的程序”（因特、埃斯特斯、施瓦布）。

国内关于教学模式的定义，概括起来大致有下列几种。

第一种是认为“教学模式是在教学实践中形成的一种设计和组织教学的理论，这种教学理论是以简化的形式表达出来的”，可称其为“理论说”（张升武）。第二种是认为教学模式是在“一定教学思想或理论指导下建立起来的各种类型教学活动的基本结构或框架”，可称其为“结构说”（吴也显）。第三种是认为教学模式是“在一定教学思想指导下建立起来的完成所提出教学任务的比较稳定的教学程序及其实施方法的策略体系”，可称其为“程序说”（甄德山）。第四种是认为“常规的教学方法俗称小方法，教学模式俗称大方法。它不仅是一种教学手段，而且是从教学原理、教学内容、教学目标和任务、教学过程直至教学组织形式的整体、系统的操作模式，这种操作样式是加以理论化的”，可称其为“方法说”（叶澜）。

此外还有学者认为，教学模式是在一定的教学思想指导下，围绕着教学活动中的某一主题，形成相对稳定的、系统化和理论化的教学范型（李秉德）。教学模式是为开展教学活动的一整套方法论体系，它实质上是在一定教学思想的指导下和丰富教学经验的基础上，为完成特定的教学目标和内容而围绕某一主题形成的稳定且简明的教学结构理论框架及具体可操作的实践活动方式，它是教学理论的具体化，又是教学经验的一种系统概括（陈旭远）。

（二）体育教学模式

当前在体育教学研究领域，对体育教学模式的理解是多种多样的。主要有如下几种：

“体育教学模式是在一定的体育教学思想指导下，具有一定典型意义而相对稳定的课堂教学结构。它是人们可遵循的标准样式、标准结构。”（方建新）

“体育教学模式是体现某种教学思想的教学程序，它包括相对稳定的教学结构和相应的教学方法体系，主要体现在教学单元和教学课的设计和实施上。”（毛振明）

“所谓体育教学模式，是蕴涵特定体育教学思想，针对特定体育教学目标，在特定教学环境下实现其特定功能的有效教学活动结构和框架。是以简化形式表达的体育教学思想理论和教学组织策略，是联系体育理论与体育教学实践的纽带。”（李杰凯）

“体育教学模式是指在一定的教学思想或理论指导下，设计和组织体育教学而在实践中建立起来的各种类型体育教学活动的范型，它以简化的形式稳定地表现出来。”（樊临虎）

“体育教学模式是在一定的体育教学思想或理论指导下，在特定的条件和环境中，为了实现体育教学目标所建立的相对稳定的教学程序及其方法的策略体系。”（王文生等）

“体现某种教学思想或规律和原理的教学单元或教学课的程序，它包括相对稳定的教学群体、独特的教学过程结构和相应的教学方法体系。”（赵立）

“体育教学模式是指按着一定的体育教学原理和体育教学指导思想而设计的具有相应结构和功能的教学活动的模式系统工程。它是由体育教学指导思想（或教学目标）、教学组织形式、教学方法、教学内容、教学效应和相关条件等六个既相对独立，又彼此关联的程序工程系统组成。”（刘瑞平）

“体育教学模式是在一定的教学思想指导下，为完成规定的教学目标而形成的规范化程序，包括相对稳定的教学过程结构和教学方法的体育教学活动的操作体系。”（王斌、周桐）

通过比较研究，本人认为体育教学模式与教学模式两者之间就其内涵来讲并无本质差异，体育教学模式是教学模式的学科体现。体育教学模式是体育教学组织活动的一整套方法论体系，是在一定体育教学思想或体育教学理论指导下，为实现特定体育教学目标而设计的、相对稳定的体育教学活动程序，是联系体育教学理论和体育教学实践的纽带和桥梁，主要体现在教学单元和学时教学的设计和实施上。

二、体育教学模式的构成要素分析

体育教学模式存在于一定的空间和时间之中，在空间上表现为一定的体育教学理论和思想、体育教学目标、教师与学生在教学活动中的地位及相互关系，在时间上表现为如何安排教师教

与学生学的活动。不同的教学理论、教学目标、对师生的不同安排就构成了不同的体育教学模式（图 7-1）。因此，体育教学模式的基本结构因素如下：

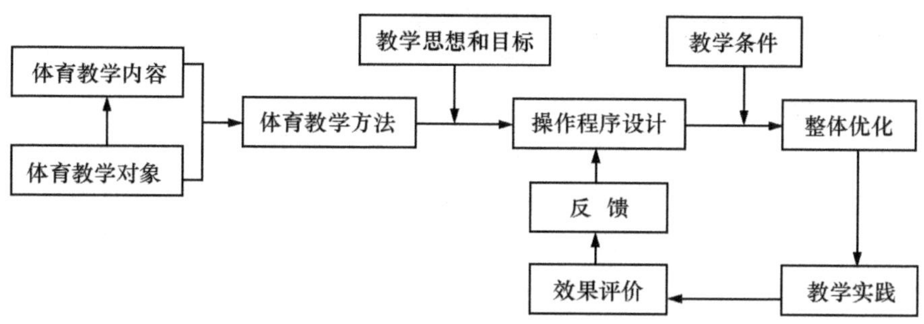

图 7-1　体育教学模式的结构要素

（一）指导思想

教学理论或教学思想是教学模式的深层构成要素，任何体育教学模式都是在一定教学思想或理论指导下提出来的，它是建立各种体育教学模式的理论基础和思想内核，也是区别不同教学模式的重要依据，它反映了模式的内在特征。它在体育教学模式中是个独立的因素，又渗透在其他因素之中。如快乐体育教学源于我国 20 世纪 80 年代的愉快教育与日本的快乐体育，是针对学生对体育厌学的状况提出的，为适应终身体育思想而发展起来的。

（二）教学目标

教学目标指教学模式所能达到的教学结果，是教师对某项教学活动在学生身上将产生的效果所做出的预先估计。任何教学模式总是为了完成特定的教学目标而设计的，它使主题更进一步具体化，在教学模式的构成因素中居于核心地位，对其他因素有制约作用，也是教学评价的标准和尺度。如群体合作教学模式的教学目标是改善课堂教学的心理气氛，全面提高体育教学质量。

（三）操作程序

操作程序指体育教学在时间上展开的逻辑步骤以及每个步骤的主要做法等。任何体育教学模式都具有一套独特的操作程序和步骤。由于体育教学过程中既有教材内容的展开顺序、教学方法交替运用的顺序，又有内在的复杂的心理活动顺序，一般是从不同侧面提出教学活动的基本阶段及其逻辑顺序。操作程序只能是基本的和相对稳定的，而不是僵化和一成不变的。如情境教学模式，其操作程序是设置情境—引发运动兴趣—体验情节—运动乐趣—还原五个步骤。

（四）实现条件

指促使体育教学模式发挥效力的各种条件（教师、学生、教学内容、手段、时间、空间等）的最佳组合和最好的方案。策略是体育教学过程中教师和学生所采用的教学方式、方法、措施的总和。要保证模式的程序在执行时的可靠性，提出的策略必须是清晰、确切的。

（五）效果评价

效果评价是指评价的方法、标准等。由于各个教学模式在目标、操作程序、实现条件上的不同，因而评价的方法和标准也就不同，即每种体育教学模式一般都有适合自己特点的评价方法和标准。如群体合作教学模式评价因素不同于标准化的评价，它的评价标准是采用计算个人和小组合计总分的评价方式。每一种教学模式具备自己独特的评价标准和方式，这样才能完成反馈过程，以便及时修正，提高教学模式的应用效果。

上述诸要素相互联系、相互制约，共同构成了一定的体育教学模式。至于教学模式中各要素的具体内容，则因教学模式的不同而有所差异。其中，指导思想是教学模式得以建立的价值基础依据，它对其他要素起着导向作用；教学目标是教学模式的核心，它制约着操作程序，师生组合，内容和条件等，也是教学评价的标准和尺度；操作程序是教学模型实施的环节和步骤；实现条件是保证模式的程序在执行时的可靠性；效果评价能使我们了解教学目标的达成度，并对活动过程进行反馈和监控，对操作程序和师生活动方式等进行调整或重组，使教学模式能更为有效地达到教学目标。一般说来，教学模式都包括这些基本的因素。

三、体育教学模式的特征分析

随着体育教学理论研究与教学实践的发展，出现了多种多样的体育教学模式。有的着眼于师生关系，有的着眼于教学目标，有的着眼于教学方法和手段，有的着眼于教学的程序，有的着眼于教学内容，有的则综合考虑了教学过程的各种因素。由于着眼点和侧重点有所不同，所以每种体育教学模式都有自己特定的适用范围与条件，有些教学模式的适用范围较广，而有些则只适用于较特殊的教学情境中。尽管体育教学模式的种类繁多，但它们都具有一些共同的特点。

（一）理论性

体育教学模式是教学理论及其教学思想（教学思想是教学理论的具体体现）具体转化的载体，因此教学模式必有其理论内核。一定的教学理论及其教学思想又通过教学模式具体而直观地加以体现，从而使得教学理论或思想和教学实践有机地结合起来。

（二）整体性

教学模式从整体上考虑教学的基本框架，既要研究教学各要素（教师、学生、教材、场地器材等）组合的内在关系，又要分析影响教学的外在因素（时间、气候等），以便综合地考虑体育教学目标的确立、教材和教学策略的选择、师生活动的规范等一系列问题，进而建构其基本的教学框架，并通过教学实践的检验调整与修正，以确立能够取得优效性教学效果的基本模式。

（三）稳定性

体育教学模式在经过长期的教学实践检验而定型后，就具有相对稳定的结构。因此，一种较成熟的教学模式，在其运用的教学条件适合时，就有一定的稳定性。无论在什么时候运用这种教学，其基本的程序和主要的环节都不应有大的变化，如果某种教学模式在不同人和不同的时间运用时都要产生大的变化，那也就是说明这个模式还没有成熟，一种模式不是通过个别或偶然的描述，而是大量体育教学实践活动的理论概括，因此，在不同程度上揭示体育教学活动普遍性的规律。这种理论的科学性、规律的普遍性，奠定了体育教学模式稳定性的基础。只有教学模式具有了稳定性，才能对它指导体育教学实践的可行性提供保证。

（四）操作性

由于体育教学模式在实验中经过了不断提炼和精心加工，其结构更加具体明了，而有些教学模式本身就是从长期的教学实践经验概括而来，因此，与教学理论或教学思想相比，它更具有实践意义和可操作性。

（五）简明性

体育教学模式的结构和操作体系是以精练的语言、象征的图像、明确的符号，去概括和表达体育教学过程。这样，既能使那些零乱纷繁的实际经验理论化，又能在人的头脑中形成一个比抽象理论更为具体的、简明的框架。

（六）优效性

体育教学模式一般都是从众多体育教学活动方式中提炼出来的、经过优选的一种模式。体育教学模式应具有特有的效力，亦即便于操作，又利于提高教学效率。优效性是体育教学模式的生命所在。如果一个教学模式不是优效的，就会被淘汰。

四、体育教学模式的功能分析

体育教学模式是在一定的体育教学思想指导下，针对体育教学目标，在特定的教学环境下，实现其特定功能的有效教学结构和与之相适应的教法体系的有机组成系统，是以简化形式表达的体育教学思想和教学组织策略，是联系体育教学理论与体育教学实践的纽带和桥梁。运用体育教学模式有利于改变教学理论和实际相脱离的状况。从体育教学模式的功能来说，总的可以概括为四个方面。

（一）中介功能

体育教学模式是体育教学模式和体育教学实践之间承上启下的“中介”，它既是一定的体育教学指导思想，体育教学相关理论的具体体现，又能为体育教师提供具体的操作程序和操作策略，以便开展教学活动。尤其是对具体的操作策略的制定，显得相当重要，因为操作程序虽有一定的共性，但体育教学活动与其他教学活动不一样，室外环境受干扰因素多，学生体育基础不一，练习的效果也不一样，因此体育教师应在一定的外在条件和环境变化情况下对操作程序进行相应调整，制定不同情景中的体育教学操作策略，这样才能有的放矢，达到更好的效果。

（二）简化功能

体育教学活动具有特殊性和复杂性，这种特殊性和复杂性仅靠人们的思辨和文字的方式去处理显然是不完全的。如果采用图示去揭示各系统之间的次序及其作用和相互关系，就可使人们对事物有一个整体的形象。因此，从客观上看它是符合现代体育教学任务的，既重视了体育知识的学习，又注重了体育技术、体育技能的学习与掌握；既着重于学生的学习目标，又着眼于教师的设计方案；既反映了教学理念，又注重具体的操作策略，因此它具有可操作性，具有一套比较完整的结构和机制。它比抽象理论更具体、简化，为体育教师提供了基本框架，接近教学实际，易被教师理解、选用与操作。

(三）预测功能

体育教学模式是建立在体育教学内在规律及逻辑关系的基础上的，因此，它可以帮助人们对体育教学的进程或结果进行推断，至少可以根据其内在规律来估计各种不同结局，甚至可以建立其假说，当一个模式建立后，可以根据其内在、本质的规律及其现象来完成推断功能。如快乐体育教学模式，注重的是学生在愉快中学习体育，并感受体育活动的快乐，同时学会一种基本的运动技能，为终身体育打好基础，但若在教学中并没有达到这种预期的目标，那么就应做相应调整，若达到了，则与事先的预测相吻合，证明理论与实践相统一。

(四）调节功能

根据具体的教学条件、环境，具体的教学指导思想而安排好的体育教学模式最终要受到实践的检验，如在具体的操作过程中，某种具体的教学模式并没有达到教学目标，则应对操作过程中的各环节、各因素进行具体的分析，分析其中的利弊，找出原因，从而为下一阶段的教学程序设计与实践操作打好基础，这就是体育教学模式的调节功能。

五、体育教学模式的归类分析

分类是研究教学模式的主要手段，它集中反映了研究者对教学模式性质的基本认识，也直接体现了研究的内容和方法。依据教学模式分类的理论，结合体育教学的特殊性，在总结体育教学模式研究成果的基础上，进行如下归类分析（见图 7-2)：

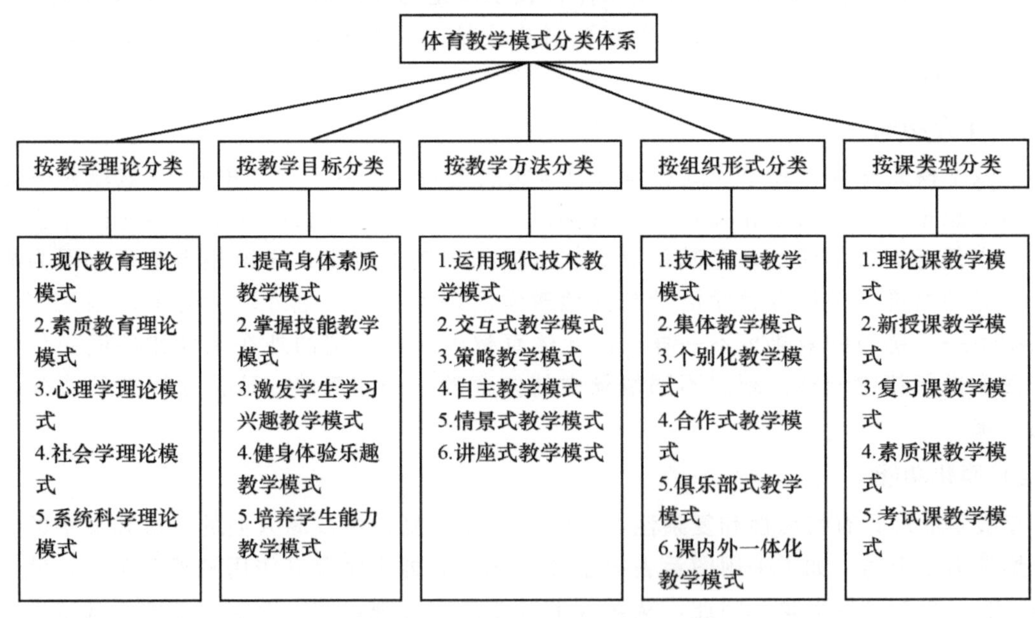

图 7-2　体育教学模式分类体系

(一）按教学理论分类

按蕴含现代教育理论分类，体育教学模式蕴含着先进的教育理论、教育思想和教育观念，这是构成体育教学模式的内核。依据其内容，构架具有该模式研究特点的教学策略。应该说现代教育理论在体育教学中的应用反映了当今学校教育的人才观、素质观以及先进的教学思

想和教学理论，这一点也正反映了我国体育教学模式研究所追求的质量效益观。现代教育理论给我们提供了较丰富的理论资源，如国外的掌握学习、程序学习、发现学习、范例学习、系统学习、发展教学、合作学习、终身教育。国内的自学辅导、引导发现、示范模仿、集体教学、俱乐部等。突出了当代教育思想的主题，如面向全体学生、学生为主体、个性发展、和谐发展、创造教育、发展能力等素质教育思想。体育教学模式蕴含着大量的现代教育思想和教育理论，能够较好的将在其他教育教学实践中创造的研究成果通过移植、应用到体育教学实践中。

（二）按体育教学目标分类

体育教学目标经历了历史的演进过程，70 年代以前以技术传授为主到以增强体质为主，70 年代提出学习技术、技能与增强体质并重的思想，80 年代初期重视学生的能力培养，90 年代提出知识、能力、素质同步发展的整体教育观念。体育教学模式目标也随之发生了变化，这一变化越来越表现在指向培养人才的目标要求上。在建立体育教学模式目标理论体现多元化的构想时，从实际应用过程看，却有明显的侧重，即一次课突出某一目标是符合教学实际的。由此出现下列分类，以锻炼身体、提高身体素质为主的教学模式，如发展运动能力、定向教学、处方教学；以传授体育知识、技术和技能为主的教学模式，如教师传授式、自学辅导式、引导发现式、程序教学等；以激发学生学习兴趣为主的教学模式，如快乐教学式、情景教学式、愉快教学式等；以自我健身体验乐趣为主的教学模式，如同步教学式、俱乐部式、小群体式等：以培养学生体育能力为主的体育教学模式，如思维教学、掌握教学、程序教学、范例教学、发现教学、自学辅导、合作教学等。

（三）按体育教学方法分类

教学模式被看作是教学过程和教学方法的中介和桥梁，教育理论向教学实践转化的途径和方法。教学方法的优化是体育教学模式研究的一个特征，教学方法按一定的理论指导，按确定的教学目标进行合理的组合，以发挥体育教学方法系统整体功能与综合效果，是体育教学模式一个重要的要素。运用现代教育技术学习模式，如电化教学、计算机辅助教学、网上教学、课件教学（CAI）、欣赏教学等；交互式学习模式，如讨论法、谈话法、协同法、学导式教学法等；策略学习模式，如发现法、暗示教学法、启发教学法、探究研究法；自主学习模式，如自练法、自我观察法、自我比较法、自我评价法等；情景式教学模式，如竞赛法、游戏法、模拟环境教学、现场体验法等；讨论式教学模式，如观摩讨论法、集体学习法、合作教学法等。

（四）按教学组织形式分类

体育教学模式体系建立对深化教学改革具有十分重要的指导意义，从体育教学模式研究的现状来看，不同特点的模式群反映构建体育教学模式的指导思想，同时也反映教学的策略。其实践意义在于应用指导体育教学实践，更好地为改进体育教学，提高教育教学质量，提供可选择的体育教学模式库，这是这类模式分类的意义所在。技术辅助教学模式，如电化教学、计算机辅助教学、网上教学、课件教学（CAI）、欣赏教学等模式；集体学习模式，如小群体教学、大体育课教学、团体教学、班级教学等；个别化学习模式，如自主教学、交互教学、个别化指导教学、策略教学等；合作式学习模式，如师生合作教学、师师合作教学、生生合作学习等；

俱乐部式教学模式，如课内俱乐部模式、课外俱乐部模式、课内与课外结合俱乐部模式；课内课外一体化教学模式，如课内与课外一体化、课外活动和社会一体化、学校与社会一体化。按教学组织形式分类，实际上是依据体育组织结构的变化，反映了现代体育教育观念的更新和现代教育思想上的渗透。

（五）按课类型分类

归纳我国学者教学模式理论研究成果，大体上分为教学过程范畴和教学结构范畴，就其教学结构而言，是指事物各要素之间的组织规律和形式。在体育教学研究中，教学结构实质是教学过程中的教师、学生、教材三个基本要素的组合关系。有的学者也从教学构成中的各个阶段、环节、步骤等要素的组合关系来进行分类。所以，我们按课的类型理论将体育教学模式分为 5 种类型，即理论学习模式，如讲授教学、专题教学、讨论教学、答疑教学、欣赏教学等；新授课学习模式，如目标教学、程序教学、范例教学、创造教学、发现教学等；复习课学习模式，如同步教学、自主教学、合作教学等；素质课学习模式，如处方教学、愉快教学、快乐教学、定向教学等；考试课学习模式，如标准评价模式，包括教师评价、自我评价、学生间互评等。

第三节　高校体育几种教学模式的比较分析

大学教育阶段是学生形成世界观的关键时期。理念教育在这一时期就显得尤为重要，高校体育教育不能仅停留在提高学生身体素质方面，还应该结合社会生活的需要和健康教育的思想，使学生明白体育并不仅只是具有健身的作用，还应发展与自身有关的体育意识，促使学生形成良好的体育行为和习惯，真正达到终身体育的教育目的。体育理念即对体育与健康的需要和认知程度，是人们对体育教育的价值追求，是长期蕴蓄和形成的体育教育价值取向的反映和体现。体育教育理念正确与否，直接关系到体育教育的发展方向与成效。目前，普通高校体育教学模式是在不同的体育理念指导下形成的。目前主要的教学模式见表 7-1。

一、传统的“三基型”体育教学模式

传统型教学模式其教学思想是注重传授学生体育基本知识、技能、技术，增强学生体质，教学内容和进度应统一。教学内容是以教学大纲规定技能评定项目为主要内容，教师在体育课中起着绝对主导作用，学生的主动性受到压抑。但此模式能使学生较为扎实地掌握体育基础知识、技术、技能，对培养学生的意志品质和集体主义精神起到一定的作用。

从我国高校体育教学改革的历程观察，传统的“三基型”教学模式在我国体育课程教学体系占主导地位，历时悠久，直至现在，该模式仍是部分教学条件相对较差的学校采用的主要体育教学模式。传统的“三基型”教学模式，与“健康第一”的教育理念是极不相符的。因此，从表 7-1 中可以看出，“三基型”教学模式退出历史舞台是可以理解的。

表 7-1　7 种不同体育教学模式的比较

	并列型	三段型	一体化型	俱乐部型	分层次型	二段型	体育超市
教学指导思想	注重调动学生体育学习积极性和体育能力提高，同时注重个体差异	注重体现终身体育、健康体育等现代教育理念，注意培养学生兴趣	注重增强学生体质和学生锻炼习惯的培养	注重培养学生体育兴趣和体育运动能力	注重大学生的本质规律，从其生理、心理出发	培养学生终生体育意识，全面发展学生的爱好和特长，追求体育教育的综合性	充分发挥学生的主体作用，教师的主导作用，实行开放式教学，拓展课堂的时间和空间
教学组织形式	1、2 年级同时开设基础课和专项选修课	第一学年以原教学班开基础课，第二学年按选项分班。三、四学年为选修课	早操课外活动与课堂教学有机衔接，其考核结果作为体育成绩的一部分	一年级开设专项选修课，二年级以教学俱乐部形式进行教学	按学生身体素质和运动基础划分教学班	一学年为基础体育课和保健体育课；二、三、四学年为体育选项课	选项课、俱乐部、培训班三种教学形式的整合
优点	能培养学生的体育能力，注重学生个体差异	注重学生体育基础、体育能力的提高	注重学生体质锻炼，培养学生体育锻炼习惯	能较好发挥学生学习的主观能动性	培养学生锻炼、健康意识和自学能力	贯穿大学 1—4 学年的体育教学，注重了学生身体素质的保持	满足学生个体发展的需要，激发学生学习的积极性，能充分体现因材施教原则，重视学生个体的选择性
不足	不注重方法的掌握，过分追求运动成绩	学生的主体性思想不够，是教师为主的权威式授课制	未充分体现主体性教学思想，学生学习被动、死板	只注重个性的发展，而学生的身体素质下降，不能保持	挫伤了体育弱势群体锻炼身体的积极性	课外体育活动所需场地和器材量大，教师的工作量剧增	学生活动不固定，管理难度大，教师对不同层次学生评价、指导难度大，对场地设施要求高
教学效果	已被很多高校采用，学生乐意接受	已被多数高校采用，教学效果显著	深受学生欢迎，是目前较为时兴的教学模式之一	主要受现有条件和经济因素制约	已得到专家的认可，并在一些高校采用	已被很多高校采用，学生乐意接受	已被多数高校采用，教学效果显著

二、“二段型”体育教学模式

“二段型”体育教学模式的教学思想是注重开发学生的潜能，促使学生健康成长，同时还要培养学生终生体育锻炼意识，全面发展学生的爱好和特长，增强学生学习的信心和生活的勇气，为社会主义现代化培养全面协调发展的人才。这种指导思想与“健康第一”的指导思想相吻合，是与“素质教育”相适应的，符合 21 世纪我国高校体育教学改革的方向。

其教学组织形式一般为一年级开设体育基础课，二、三、四学年开设体育选项课。在体育教学实践中，教师仍占主导地位，学生占主体地位，在学习过程中在一定程度上满足了学生的学习需求，但仍不能充分发挥其主体作用。

“二段型”体育教学模式的优点在于在整个大学四年中可以不间断地进行体育学习，这样做让学生打好了基础，增强了学生体质，克服了因为高年级没有体育课，导致体育锻炼明显减少，从而造成学生身体素质下降的现象。萌发于80年代中期的“二段型”体育教学模式成为现阶段我国高校体育教学主要模式之一。

目前“二段型”体育教学模式需要解决的主要问题是课程设置以及教师素质问题。课程设置上应以健身性项目和技能性项目为主。健身性项目（游戏、武术、健美操、体育舞蹈等）以难度小、易掌握、课堂气氛较活跃、健身、乐心的效果好，同时能满足大学生的心理需求而大受欢迎；体能性项目（田径的长跑、投掷等）大多由于内容单调无趣，智力因素所占比重较小，同学们在中小学阶段早已对其“厌倦”；而对技能性项目而言，也需要做一些尝试性的改变，既保持这些项目激烈竞争、团结协作的特点，使其成为一种增强学生“集体主义感”的有效手段，又要具有健身、娱乐的功能，例如，低网排球、软式排球、低栏篮球、三人篮球、小场足球、球类游戏等项目都是从教学实践中改造而来的。

很久以来，我国普通高校体育教学一直沿用竞技运动教材体系，采用培养运动员的那一套训练模式来给大学生上体育课，过分注重技术动作的规范，对动作的质量标准设计过高，因此被相当一部分同学视为“压力”，从而使他们对体育课失去兴趣，这与普通高校体育教学的目标大相径庭。体育课教学内容的选择应根据授课对象的兴趣爱好等实际情况而定，再者学生身体素质各不相同，运动基础水平参差不齐，因此应多选择同学们喜欢的、难度较低的、能够满足他们健身、娱乐需求的集体性项目作为体育课程的主要内容，做到因材施教。体育教师应尽快转变观念，为大学生提供宽松、愉快的学习氛围，帮助他们掌握尽可能多的健身方法，使其逐步建立“终身体育”的意识。

三、“三段型”体育教学模式

“三段型”体育教学模式的主要特点是注重学生体育基础、体育能力的提高以及体育锻炼习惯的培养。其教学组织形式为第一学年以原教学班为单位开基础课，第二学年按选项内容分班，三、四学年为选修课。但是其缺点是在一年级不能照顾到体育优等生，区别对待不够，开课层次多，对师资力量和场地、器材等要求相对较高。

但是“三段型”体育教学模式较好地解决了普通高校新生分班上课的问题，而且可以解决一些差等生的身体素质问题，对于大学生参加教育部《学生体质健康标准测试》有一定的帮助。许多高校在学生体质测试后发现，很多学生的身体素质存在极大的提升空间，因此，为了提高测试的及格率，就把大学第一年作为“脱贫阶段”，集中开设基础课，效果显著。从一定角度分析，这种解释是比较符合现实情况的，但是却不能解决实际问题。根源在于我国的教育体制还没有完全从“应试教育”中走出来，部分学生在中学阶段还没有接受系统的体育教育，导致身体素质的潜能还没有挖掘出来，这个问题值得我们深思。

四、“并列型”体育教学模式

“并列型”体育教学模式的教学思想是注重学生学习积极性的调动，重视因材施教，以技能

教学和竞技运动为主，对学生体育差异能区别对待，兼顾学生兴趣爱好。其教学组织形式为一、二年级同时开设基础课和专项课。这种教学模式看似解决区别对待和因材施教问题，实则满足部分体育基础相对较好的学生的兴趣爱好，不利于调动广大学生学习的积极性。

由于其优点比较突出，而且是对学生比较有利，所以这种教学模式很受广大学生的欢迎，其缺点只要经过认真的组织、安排，就可以得以解决，需要在开学伊始为分班做些准备工作，尤其是利用网络教学平台，使学生对于所选教师、所选项目等有一个提前的了解与认识，有一个第一志愿；其次，要加强教学研究活动的开展，发挥教研室的作用，不断研究教学中出现的新问题，寻求新思路解决问题。

五、“一体化型”体育教学模式

“一体化型”体育教学模式的教学思想是注重增强学生身体素质和体育锻炼习惯的培养。其教学组织形式为把课外体育活动与体育课的教学有机地结合起来，实施体育课整体课程体系。这样有利于最大限度地调动学生学习体育的积极性，最大限度地拓展学生的体育能力，形成以体育课教学为中心，辐射校园体育文化生活，激活学生课外体育参与意识，进而全面提升学生身体素质的整体体育教育观，也能使学校的体育场地和器材得到充分地利用。但是广大教师的工作量也会相应增加。

课内外一体化把课外体育辅导、有组织的校外活动、训练、培训等纳入体育与健康课程，形成课外、校外有机地联系为一体而形成一个全新的课程结构。为了减少体育教师的巨大工作量，有些高校采取的一些方法措施是值得借鉴的，即由学校有关院系自己负责组织早操、课外体育活动的开展，由体育教师负责辅助工作。这样做，既能锻炼学生团体的组织能力、创新能力和责任心，又不会使体育锻炼成为大家的负担，从而取得良好的效果。为了解决体育活动场馆不足带来的场地问题，有些高校则是采取折中策略，只在大学一、二年级有早操，而三、四年级则自由活动。这种模式在一些高职院校很受欢迎，在部分高校也有加以改造变形实施的，说明其还是具有一定生命力的。

其实，许多高校在进行体育教学模式的改革与研究时，只是过分注重了教学内容与课程体系的不断改革，过分强调了增强体质的生物功能，而轻视了体育的文化内涵、职业效能与全面素质的发展，而大学生体育社团作为高校体育的组成部分在学生的体育活动中起到越来越重要的作用，体育社团是高校公认的培养学生干部的摇篮，是系际、校际交流的中介，是体育文化传播的媒介，高校应加大对体育社团经费的投入，使体育社团的功能和作用得到充分发挥，这是对高校体育教育的有利补充。

六、“分层次型”体育教学模式

“分层次型”体育教学模式的教学思想是遵循高校体育的本质规律，从学生的生理、个性、心理特征等实际情况出发，在总的教学体系指导下，建立多种多样的教学组织形式，给学生更多的选择余地。这有助于发展学生的个性和创新能力，有利于形成生动活泼、积极主动的教学局面，有利于培养学生的自觉锻炼意识和自学能力。其教学组织形式为根据学生的体质状况及运动水平的差异，划分教学层次班。它强化了学生的体育意识，培养了竞争意识，为终身体育奠定了基础。

“分层次型”体育教学模式在教学目标、教材安排、教学方法上突出因班而异、因人而异的指点，强调了适宜性和针对性，最大限度地开发学生的潜在能力。这种教学模式还打破了院系和专业的界限，扩大了学生的交往范围，提高了学生的社交能力、自律能力和合作精神，为校园精神文明建设创造了一个相互学习与交流的平台，为教师在教学过程中实现目标管理创造了一个有利的条件。但是管理相对复杂，各级开班多，对师资和场地条件要求等相对较高。

七、“俱乐部型”体育教学模式

“俱乐部型”体育教学模式注重培养学生体育兴趣和体育运动能力，发展学生个性，以提高学生体育活动能力，自主自觉学习，提高学生学习的积极性和主动性，培养学生终身体育能力，重视学生主体的选择性，满足学生对体育的需要。体育教学理念是以学生为主体发展学生个性，遵循健康第一，终身体育的理念。“俱乐部型”体育教学模式在国内部分高校的试点反响强烈，取得了理想的体育教学成绩和教学效果。因其形式多样、内容丰富多彩，教学模式方便灵活，深受大学生和教师的喜爱。

在体育俱乐部中，学生在活动、竞赛中担任了组织、服务、裁判等不同的角色，在角色转移中增加了自我学习和自我锻炼的机会，这有利于培养体育骨干，对提高学生的能力有很大的作用。体育俱乐部是以学生为主体，通过学生自己的力量组织起来的，组织形式和活动内容由学生自主确定。对学生而言，“要我锻炼”和“我要锻炼”是截然不同的，很明显，前者是被动的，后者是主动的。学生在体育俱乐部中学习质量的提高是显而易见的。

也有研究指出，由于“俱乐部型”体育教学模式对各种场地、设备条件要求很高，学生的经济负担有所增加。但参加俱乐部学习的大学生对于场地与器材是满意的，认为开设的项目是基本满足其健身需要的，对于经济负担来说是不认同的，他们普遍反映俱乐部的学习费用在能够接受范围之内。而学生关心的最大的问题是他们在俱乐部的学习时间能否延长，想要学习的项目能否增加。大学生通过参加俱乐部的学习，在体育活动的自觉性与积极性方面普遍增强，进行学习的欲望空前高涨，学校应适时开设新兴项目，完善弹性课程管理体制，满足学生的学习需求。

八、“体育超市”体育教学模式

“体育超市”体育教学模式有利于充分发挥学生的主体作用、教师的主导作用，充分体现了素质教育和终身教育所追求的共同目标，有利于形成高层次的多元化校园体育氛围；“体育超市”实行开放式教学，拓展了课堂教学的时间和空间，使学生可以自主选择教师、上课内容、上课时间，营造生动、活泼、主动的学习氛围，使课堂教学与课外活动互补、学校与社会互补。

“体育超市”教学模式能满足学生个体发展的需要，激发学习的积极性，能充分体现因材施教的原则，重视学生的主体地位，能更好地提高学生的体育意识，激发学生积极锻炼的动机，体现“健康第一”的指导思想，符合新时期高校体育教学改革的需要。

“体育超市”体育教学模式以其教学形式新颖、项目设置多样、选项方法灵活、课时设计安排巧妙、教学评价严格而得到广大大学生的好评，也得到了国内专家的认可，在高校网络教学平台普遍使用的今天，这种教学模式的可操作性、可行性大大增加。

从前述分析中我们可以发现，这几种类型的教学模式各有各的风格和优越性，但也有其不

足之处。根据实施中教师、学生的反馈意见以及当前的教学设施、教学场馆、教学器材等实际情况，可以判断“俱乐部型”“二段型”“体育超市”是当前高校诸多体育教学模式中较优越的三种模式，受到大学生的普遍欢迎，具有强大的生命力，用发展的眼光来看，这几种模式将成为21世纪我国高校体育教学的主要模式。

第四节　高校体育教学模式的整体优化研究

一、高校体育教学模式的选择与构建

（一）体育教学模式的选择

目前多种体育教学模式的存在是有其合理性的，至于不同的高校采取哪种体育教学模式，以及如何完善、改进现存的体育教学模式，都要取决于在教学实践中的需要，以及教师与学生在教学实践中提出的合理性、可行性意见与建议。毕竟实践才是检验真理的唯一标准。

大学生对于现行的体育教学模式是有自己的意见与想法的，他们希望学校在大学四年中尽量增加体育教学的时数与次数，希望在高年级仍然能够参加体育课的学习，即使是选修课的形式。所以，仅从这一个方面来讲，上述现行的体育教学模式中，“二段型”“三段型”教学模式能够在大学四年中为大学生提供体育选修学习的机会，至少是符合大学生的学习愿望的。而单纯从迎合大学生的个性方面考虑，结合国外的一些做法，“俱乐部型”“体育超市”这些新兴的模式是比较受新潮的大学生欢迎的，而且，也是目前大学生的消费水平与能力基本能够承担和接受的。但是“俱乐部型”“体育超市”教学模式中往往有一些比较新兴的体育项目是受到90后追捧或喜爱的，为此，就给准备实施或已经实施这类模式的高校带来了培训或者引进人才的问题，为了满足当代大学生的需求，必须不断增设新兴体育项目，教师必须不断进行业务培训与进修，必须不断完善体育设施以及器材，这是高校体育改革和发展的必要条件。

为了适应新的体育教学模式带来的挑战，体育教师应不断钻研业务、加强学习，提高业务水平和科研能力，更好地为体育选修课教学服务。目前国内部分高校开设的交谊舞、啦啦舞、瑜伽、攀岩、健美、形体训练、围棋、皮划艇、定向运动、舞龙、舞狮等课程都是一些新兴项目，这些项目的学习、培训需要有学校的大力支持以及体育部领导的审时度势，有条件的及时上，条件不充分的改进以后上，没有条件的创造条件上，这不仅是增加几门课次的问题，而是牵涉到营造浓厚的大学校园文化氛围、提高精神文明建设，培养学生终身体育意识、提高体育素养的重要方面。

（二）体育教学模式的构建

1. 现代体育教学模式的特征

综合国内相关研究成果，总结出现代体育教学模式应体现以下特征。

（1）全面性。高校体育教学模式有一套系统的结构，在实施当中必须遵循教学规律，即学生的认知规律、运动技能形成规律、运动负荷规律、情感体验等，只有理论成熟了才能指导其实践教学，两者相互作用，最后系统形成一个完美的体育教学模式。在教学观、教学目标、教学方法、教学手段等方面要比传统的教学模式有所发展，教学目标要全面。

（2）稳定性。一套完整的高校体育教学模式是在理论或教学思想上提出来，然后经过反复的实践证明，所以它具有相对的稳定性。它是教学实践活动的理论概括，在一定程度上揭示了教学活动，带有普遍规律性，它不涉及具体的学科内容，只是为教师提供了一个教学行为框架，通过运行相应的教学方法体系，使教学过程具有很强的操作性并实现程式化，便于教师在课堂上有章可循，运用自如。

（3）多元性。现代体育教学模式要符合和体现现代先进教育思想和教育理论要求，具有可行性和推广性；多元性、灵活性是现代体育教学模式的另一个主要特征，不同的教学内容、不同性别、不同年龄层次等都具有自身的特性。体育教学评价应朝着多样性、综合性、过程评价与终结评价、自我评价与集体评价方向发展。因此，应注重统一性与灵活性相结合，建立多元的新型课堂教学模式。

（4）针对性。任何一种体育教学模式不是万能的，它有一个适应范围，由于现在高校体育的教学目标、教学内容、教学评价都呈现出多元化的局面，决定了其教学模式的多样性，所以高校体育教学模式要根据教学的指导思想及所处地域和学校实际的特点来确定适用范围，使教学模式具有很强的针对性，一味追求体育教学模式的“万能钥匙”是不客观的。特定的教学模式要达到特定的教学效果，因此，每一种教学模式都要有其明确的效果评价的标准。

这样的体育教学模式将符合新一代青少年群体的生理与心理特点，有助于激发大学生积极参与体育锻炼的内部动机，满足他们的多样性需求，有利于大学生长期坚持体育锻炼。使体育学习由一种“被动学习”变为一种主动行为，变“要我练”为“我要练”，使之觉得一天不锻炼浑身不舒服，真正成为一种自觉的行动，这是体育教学应该达到的效果。未来的普通高校体育将根据新的教学理念构建新的体育教学模式，在实践中不断发展创新。同时，积极吸收和借鉴国外的先进教学理念，不断完善自己，使我们的体育教学充满生机与活力。

2. 运动技能教学特征

纵观国内有关体育教学改革的有关成果表明，大学生参与体育锻炼的一个主要动机就是在当前的教育制度下，许多学生为了学分、考勤和体育成绩被动地参加体育活动和身体锻炼；还有一些学生是迫于老师、父母和好朋友的要求和期望。这类被称为制度和服从的外部动机与锻炼行为有较强的负相关关系，外部动机不利于锻炼行为。

因此，在运动技能的教学中应激发大学生的内部动机（乐趣、能力、外貌、健康和社交），削弱外部动机带来的不良影响。现代运动技能的教学不能仅仅满足某项技术的教学，更重要的是要学生学会自己进行体育锻炼的方法，学会用理论指导实践。同时根据个人的实际情况状况，编制个人锻炼计划，科学地进行体育锻炼。既要“授之以鱼”，更要“授之以渔”。坚决杜绝“不考试、不达标则不锻炼”“达标过后便脱离体育”的现象发生。

3. 体育教学评价体系的特征

在高校体育教学评价中，人们不知不觉地运用传统的方法对事物进行评价和判断。目前，我国普通高校采用较多的评价方法就是定量评价、终结性评价和绝对评价。

定量评价比较主要适合对学生的体能和运动技能做出评价，但忽视了不可量化的内容，如学生的学习态度、情意表现、合作精神、健康行为等方面的内容。

终结性评价是在体育教学活动结束时进行的评价，如期末的考核、考试等，目的是考查学生完成学习目标的程度，注重的是教学效果，主要是为了判定最终的学习成果，并作出成绩评

定。然而，由于这种评价方法是在阶段学习或学期末结束时进行，因而失去了评价的反馈功能，对激励学生学习，提高教学效果的教学意义不大。

绝对评价又忽视了学生在体育方面的先天性差异，对学生的自尊心是一个不小的伤害。

在高校体育教学评价中，评价的主体具有广泛性，学校的领导、教师，甚至学生都可以成为教学评价的主体。目前，高校体育评价的主体主要是教师，学生的自评和学生间互评还没有真正纳入到评价中去，这就造成了评价的片面性和评价主体的单一性。

有学者指出，随着由“应试教育”向素质教育的转轨，高校体育也应从学校的“阶段体育”向“终身体育”转变，从片面的生物学评价或运动技术评价向综合性评价转变。21世纪的学校体育教学将朝着现代化、全面化、自主化、终身化、开放化和多元化的方向发展。高校体育在素质教育中，不仅要有效地提高学生身心素质与体育文化素养，而且还要发挥自己的特殊的作用。这就需要构建科学合理的教学评价体系。绝对评价和相对评价相结合，过程评价和终结评价相结合，采用“多因素综合评价法”，把学生的学习态度、出勤、理论知识考试、技评、达标、学生的进步幅度纳入评价体系中，实现理论与实践、技术与能力、态度与效果相结合的形式。

科学的体育教学评价是实现体育教学改革和发展的保证，也是提高体育教学质量的有效手段。我们应当尽快淘汰单一的刚性评价体系，建立起合乎人性化的多元弹性评价机制。李振斌（2007）提出的“教师评价30％＋同学评价30％＋自我评价20％＋学习态度（出勤率）20％”的新型多元成绩评价体系是目前国内较为令人信服的评价机制。这一体系的建立有利于消除学生害怕考试的心理，使体育课真正成为学生喜欢上的快乐体育课。

4. 体育教师教学风格的特征

构建新型体育教学模式是当代普通高校体育教育改革的趋势，最大限度地挖掘高校体育资源，优化体育教学结构，是实现高校体育教育功能的重要前提，同时也是体育教师生存和发展依托的平台。体育教师必须认真思考高校教育改革对体育教学所带来的冲击，同时也应看到它所带来的机遇，转变更新教育观念、重新整合知识结构、探寻新的教学方法和手段，以适应新形势下对体育教学更高的要求。如何形成适合自己、学生喜欢的教学风格便是摆在眼前的一个现实课题。

独特的个人教学风格，是教师进入高层次体育教学境界的重要标志。所谓教学风格，就是在达到相同目的的前提下，教师根据各自的优势、特长，结合教学的具体情况，经常采用的一整套个性化的独特教法。教学风格不仅表现教师的教学思想、教学技巧等内在内容，而且还表现教师教学行为的外部特征。教学风格的形成是在长期的体育教学实践中，进行艰苦的探索，是教学一般规律与个人具体教学实践相结合的产物，是教学内容与教师灵感的交融升华，是教师个人创造性思维的结晶。

作为一名体育教师，如何才能尽快形成自己独特的教学风格呢？研究学者们认为，除了应具备良好的政治思想、专业技能、文化素养及自身特点外，还应根据不同的教学对象、内容、条件和环境，有意识、有目的地不断探索适合于自身情况的“最佳教学模式”。这就需要根据自己的知识结构、文化素养、气质类型以及治学领域的不同特点确立个人的教学风格。

二、高校体育教学模式整体优化研究

随着人类文化知识的不断积累和科学技术的不断进步，体育知识的总量也在不断增加，但是，学生在校的学习时间却是相对固定和有限的。怎样才能在最短的时间内使学生掌握更多的体育知识、技术和技能，达到增强体质、发展个性的目的就成为我们面临的重要课题。怎样才能提高教学活动的效率，使教学目标、教学内容、教学方法、教学组织、教学评价等因素合理地组成一个闭环通路，使体育教学模式能在畅通无阻的通道上运行，把教学活动的结构协调起来、功能调动起来等，所有这些问题都需通过体育教学模式的优化加以解决。同时，随着体育教学理论的不断丰富，体育教学理论研究的不断深入，出现了多元化的体育教学模式，在体育教学中选择和应用体育教学模式，实现体育教学目标，也需要对多元化的体育教学模式进行整体优化。通过对体育教学模式的初步认识，不难发现其“要素—结构—功能”的基本特征，这给我们提供了优化体育教学模式各要素—运用系统方法整体把握各要素—创立或优选结构—形成体育教学模式整体优化的基本思路。

（一）体育教学模式整体优化的概念

体育教学模式的整体优化是指体育教师运用综合性观点，对体育教学模式分析和综合的基础上，通过优选体育教学模式方案和科学地组织体育教学，在已有的物质基础条件下用最少的时间和精力获取最佳的体育教学效果。

（二）体育教学模式整体优化的理论依据

1. 系统科学整体优化原理

按照系统科学理论的思想和观点，任何事物、过程并不是各自孤立和杂乱无章的偶然堆砌，而是一个由各个部分组成的合乎规律的有机整体，而且它的整体功能要大于各部分功能之和。系统科学理论同时认为，任何系统只有通过要素和结构的优化，才能实现其整体功能的优化。根据系统科学原理和体育教学模式的概念特征，优化体育教学模式应优化理论要素、体育教学目标和教学内容，改造主客观因素，优化教学条件，改进教学组织形式与方法，优化教学过程结构、建立科学的课程标准评价体系等，才能实现体育教学整体功能优化。

2. 巴班斯基的教学优化理论

巴班斯基的教学优化理论，不是着眼于教学活动的各个变量和推演，而是着眼于教学过程的整体最佳的效果与效率。他给教学最优化所下的定义是：“教学优化可以说是从解决教学任务的有效性和师生时间消费的合理性着眼，有科学根据地选择和实施该条件下最好的教学方案。”他把教学最优化的理论和方法看作是科学地组织教育活动的一般理论的一个要素。科学地组织教育活动的一般理论认为按照科学理论依据来拟定教学目标，明确教学任务，创造必要条件，选择优化的方案，并随时进行调整、检查和考核。巴班斯基认为，如果不选择最优教学方案，实际上是不可能科学地组织教学活动。选择整体优化的教学模式是教学优化的前提。巴班斯基强调，辩证唯物主义的系统方法是选择优化教育决策的方法论基础，在做出决定时，只有考虑系统各个成分之间的一切规律的联系，才有可能选出优化的教学方案。巴班斯基教学过程最优化理论在教学论上被认为“有助于教师最优地制定教学方案和组织教学过程以获得最佳效果”的一种教学理论。

（三）体育教学模式整体优化的原则

系统科学理论的思想和巴班斯基的教学优化理论，整体优化体育教学模式时，应遵循以下原则：

1. 整体性原则

用整体的观点考察体育教学模式，有助于我们在教学实践中科学地把握体育教学模式的结构和活动环节。将体育教学模式看作是一个系统，它由纵横两个轴向构成，纵向是由学段、学年、学期、单元和课时等教学过程组成的；横向是由不同的体育教学模式组成的。用这种整体的观点才能更好地认识体育教学模式，才能对体育教学的大环境做一个具体的、整体的判断和分析。在此基础上才会实现全面优化教学目标、教学内容、教学方法、教学手段、教学组织形式和教学评价等。因此，在体育教学模式中必须整体而有序地考虑教学模式构成要素及相互联系，力求使体育教学模式发挥最大程度的整体效益。

2. 关联性原则

用联系的观点分析体育教学模式的结构和功能，可以发现体育教学模式存在着多种多样的内在和外在联系。其中主要有因果联系、发展联系和控制联系。

因果联系是指体育教学模式中设计和操作与效果之间存在着一定的相互依存关系，因此，在体育教学模式实施中及其结束之后，要不断地分析和研究各种现象之间的因果联系，寻求体育教学模式中的某些因素之间存在的本质的必然联系，并用这种联系达到体育教学效果优化的目的。

发展联系是指体育教学模式本身就是一个发展过程，而学生在教师影响下所产生的对掌握一定知识、技能、技巧的需求和满足这种需求的实际可能性之间的矛盾，是体育教学模式内部发展所固有的矛盾，这是推动体育教学模式不断前进的动力。因此，体育教学模式要充分发挥教师的主导作用，充分考虑学生的主体地位，精心选择教学内容、方法、形式和手段，以实现学生的身心发展。

控制联系是指实施体育教学模式是一个控制和自我控制学习认识活动的过程。表现在教师对学生学习活动的计划、组织和检查工作上，反映在体育教师教学的主导作用上。对体育教学模式操作控制太严，会压抑学生学习的主动性、独立性、创造性和学生自我控制能力的发挥；对体育教学模式控制太松，则会降低教师在教学中的主导作用，不利于学生主体地位的体现，影响学习效果。把握合适的尺度，寻求教与学控制之间的优化组合点是关键。

3. 综合性原则

体育教学内容的执行和体育教学目标的实现均建立在优选的体育教学模式基础上才能完成。而体育教学是一个复杂的系统，涉及的因素比较多，如教材的难度、场馆的设施、教师的亲和力、学生的基础、天气的变化、环境的清洁等，而这些因素都可能成为选择体育教学模式的关键点，所以在体育教学模式制定中要以综合的观点处理这些问题，优选体育教学模式方案，优化评价标准，综合思考体育教学模式的优化原则。

（四）体育教学模式整体优化的标准

巴班斯基认为："任何研究都应当有明确而具体的标准，只有这样，研究者才能按照这些标准来评价所提出整套措施或者一定教学方法的优化程度。"因而，由于体育教学模式指导思想、教学目标、操作程序等各不相同，体育教学模式优化的标准是最难制定的，从体育教学理论和思想上看，不论是传统的还是创新的，对体育教学都有一定的要求，都要对体育课堂教学和体育教学模式提出了具体的要求，这些要求也正是评价体育教学模式的标准。

体育教学模式整体优化必须有明确的体育教学目标，学生按照一定的教学目标进行学习，教师按照一定的体育教学目标进行教学。需要弄清体育教学前学生对该内容的掌握情况，并以此为起点，看其提高的程度。学生积极参与教学的程度，可以从他们积极参与教学的热情上来衡量。学生是否都想继续学习和深一步学习，学习的兴趣怎样，是否从学习内容中得到喜悦等。体育教学模式整体优化的标准有两方面：

1. 效果标准——体育教学效果优化

体育教学效果优化表现在教学所要完成的任务或所要达到的预期目标上。在体育教学中要根据体育教学目标、教学任务和要求，按照每个学生的体育基础和身体能力特点，使每个学生都得到充分发展。体育教学模式目标，在采用不同的体育教学模式时虽然有不同的侧重点，但不外乎运动参与目标、运动技能目标、身体健康目标、社会适应目标和心理健康目标，但无论是侧重哪一方面，只有全体学生都达到预期的任务或目标，才算是效果最优化。

2. 效率标准——体育教学效率优化

体育教学效率优化表现在达成教学任务或目标所耗费的时间、精力和费用的合理上，它表明教学的投入和产出的比例的合理性。不论采用哪一种教学模式，都必须讲究教学效率，只有省时、省力的体育教学才算是效率优化的体育教学。

在运用整体优化标准时应注意两个问题：一是要注意学生的全面发展，不仅要有利于学生掌握体育知识、动作技术、技能、身体素质和健康水平的全面发展，而且还要注意学生思想品德的形成和个性的全面发展；二是要注意统一要求与区别对待相结合，不仅要让学生完成体育课程标准和体育教学计划的要求，而且要让学生在自己潜能的范围内达到最大的发挥。

因此，效果标准与效率标准既有联系又有区别。效果主要是体育教学的质量问题，效率主要是体育教学的数量问题，只有两者都好才是优化的教学，体育教学模式整体优化必须是体育教学效果和效率的统一。

（五）体育教学模式整体优化的内容

影响体育教学模式结构的因素很多，包括教学思想、教学内容、教学程序、教学方法、教学条件等因素密切相关，在诸多的因素中选择了教学内容作为逻辑起点与突破口，对多元体育教学模式进行优化，其中教学条件、教师、学生特点是整体优化体育教学模式的主要因素。

1. 根据不同教学思想优化体育教学模式

体育教学思想是制定体育教学模式的灵魂，不同的体育教学思想赋予了具体教学模式以生命力，使教学模式有了明确的方向盘，并时刻把握正确航线，最终去完成它预期的目标。为了达成某种特定的教学思想，需要精选教材内容，但由于教学思想的多元化，教学内容的选用也体现了多样性、复杂性的特点。为使教学思想条理化、明确化，使之从整体上符合学校体育指导思想的大方向，根据教材内容的不同性质，把它分类为精细教学型内容（主要是指新大纲中规定的难度较大的必修教材、与终身体育相联系的选项教材等）、介绍型内容（主要指选修内容、尝试性内容、难度较小的内容等）。以上两种不同类型的教材所隐含的教学思想和要达到的

教学目标是不同的（如图 7-3 所示）。

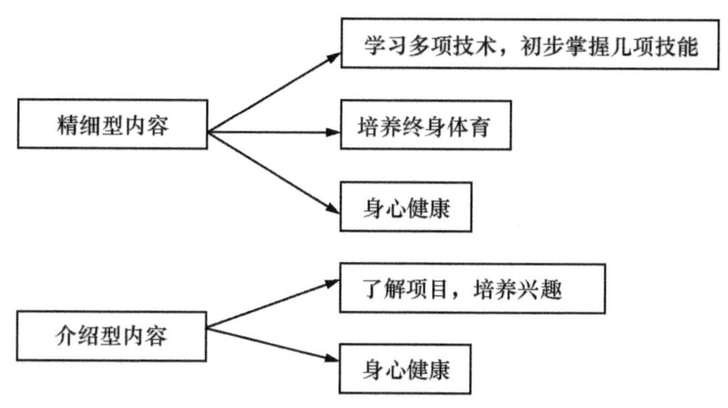

图 7-3 不同类型教学内容的体育教学目标

精细型内容包含的教材思想有三方面，其中“学习多项运动技术，掌握几项运动技能”最为重要，因为学校为学生准备了较好师资力量、良好的场地器材、充足的学时，使学生有机会、有条件接触与学习各种技术，并根据自身的兴趣、爱好，选择几项运动技术作为自己的深入发展目标，经课外体育的积极配合，掌握几项自动化的运动技能，培养终身体育意识与习惯，这同时也完成了第二条目标；在进行运动技术的学习、练习过程中，始终指向身心健康目标，完成青少年学生的身心健康发展的指向性功能。从效果上看，学习技术、初步掌握运动技能是外显效果，培养终身体育意识和习惯是长期效果，而身心健康则是内隐效果。该类型教材隐含的思想和应达到的目标已定，也为选择适当的教学模式指定了方向，应以选用心智类教学模式、运动技能教学类教学模式为主。其中心智教学模式在多项目单元教学中起到“导入式”作用，即通过情景设置（选择情景教学模式），来启发学生（选择启发式教学模式），使学生在学习正式运动技术前发现学习的意义（选择发现式教学模式），并领会其中的含义（选择领会式教学模式），充分调动学生学习的主动性、积极性（选择学生个性培育教学模式），进入最佳的学习运动技能状态（选择各种运动技能类教学模式）。

介绍型内容由于不需学习难度较大的运动技术，故了解体育项目、培养兴趣、增进健康作为该类教材的主要目标，其中培养兴趣与促进身心健康两个子目标相互联系、相互促进，共同实现该类教材的总目标，因此这类教材的教学模式应选择情感体验类模式和体能训练类模式为主要教学模式，让学生在无技术难度的宽松条件下，一方面提高身体素质，加大运动负荷，可选择训练式教学模式、身体素质模式、自练式教学模式等；另一方面通过快乐学习、成功学习，体验运动的乐趣，可选择快乐体育教学模式、成功体育模式、生活体育教学模式等。

2. 根据单元教学不同阶段优化体育教学模式

在精细教学类内容中，大纲规定了各个项目的学时，以确保各个运动项目单元教学任务的完成，并使学生能熟练掌握几项运动技能。因而“大单元教学”是一个非常重要的概念，它是指根据项目中的不同环节、重点主次安排不同的教学任务、教学步骤、教学方法，以确保各环节的衔接，并顺利完成完整动作的教学。由于在单元教学中，存在着掌握技能的不同阶段，因而在教学的不同课次、不同阶段，应有主次之分。有了主次，在教学模式选择上就有了差别，用图式表示如下（图 7-4）。

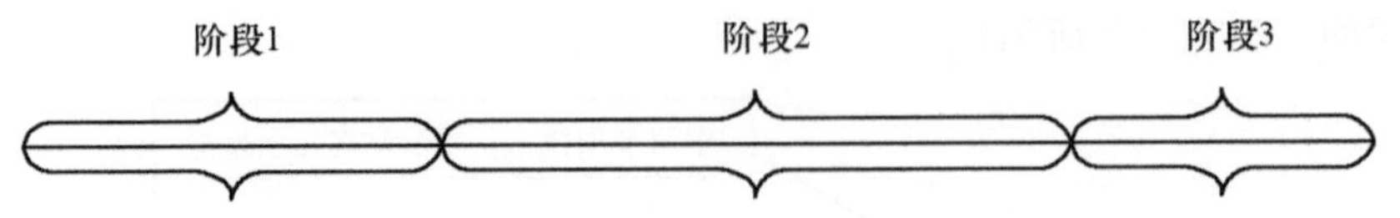

图 7-4　大单元不同阶段示意图

在初步学习动作阶段，因学生对有一定难度的运动技术缺乏了解，因而体育教师应尽力运用学生日常生活中的经验并通过一系列设疑活动，启发引导学生尽快地积极地、进入动作的学习状态。此时选用的教学模式应以情景教学模式、启发式教学模式、发现式教学模式、领会式教学模式等为主；在进入单元教学中的第二阶段，学生已产生了较强烈的学习动机与兴趣，为学习与练习关键技术环节做好了充分准备，此阶段应主要选择模仿式教学模式、程序式教学模式等技术教学类模式，对学生进行较系、统较全面地改进动作质量和纠正错误动作，并不断进行强化练习；在单元练习的最后一个阶段中，由于学生已基本掌握所学的运动技能，应进一步重复练习和巩固、并注意动作的细节问题，因而在此阶段应以选择能力培养模式、自学式教学模式、成功教学模式等教学模式为主。

3. 根据不同的外部教学条件优化体育教学模式

体育教学的条件分为两类：第一类指固定的一些硬件，如不同地区、各种体育器材、设备场馆；第二类是指不固定的硬软件，如各地区、各学校的传统体育项目、教具、幻灯、模型、多媒体等。优化的方法是指各硬件的不同组合形式，即针对具体的教学目标、教学内容，合理地选择多种体育场地器材，并对场地进行合理的布置，且运用多种教学辅助手段，如挂图、教具、幻灯、模型、多媒体课件等来实现不同教学目标。

由于体育教师运用体育教学手段和条件的能力不同，同一教学手段和教学条件，不同的人使用和组合，也会产生不同的效果。从教学模式角度而言，不同的体育教学模式，显然所选用的体育教学条件不同，但同一体育教学模式，由于选择的体育教学条件和组合形式不同，也会效果迥异，因而体育教师应根据具体的体育教学目标、模式要求，有创造性地、合理地、科学地运用和组合体育教学条件，使其产生最佳的体育教学效果。

4. 根据学生基础优化体育教学模式

教师是教学活动的主导，学生是教学活动的主体，主导与主体因素构成了体育教学活动的主要因素，它是教学活动要素中最重要的成分，因而在选用教学模式时，也要考虑到师生的具体情况、具体特点。

就学生而言，不同年龄段的学生明显存在着生理上、心理上的差异，在教学上应因材施教，并与教学思想相对应，构造各阶段所要达成的教学目标和相应的教学模式。

在学生同一层面上，也存在着体育基础、接受能力、个性等方面的差异，因而也可根据不同情况采取分组教学、分层教学并选用相应的教学模式，才能有的放矢，达到较好的教学效果。

就教师的主导因素而言，因其学历、知识结构、能力水平、教学风格等都体现了差异，一方面，应根据自身的实际情况、能力、水平，从众多的体育教学模式中选用适宜的体育教学模式；另一方面更要努力跟上教学改革的形势与需要，多学习、多实践，不断提高自己的水平，

掌握多种教学模式，并学会选择与运用适宜教学模式的技巧。

（六）体育教学模式整体优化的策略

1. 优化体育教学目标，使之具有明确性

体育教学目标是体育教学过程的起点和归宿，是需要首要解决的问题，因为在整个体育教学过程中它对教学内容的组织、教学方法的实施、教学结构的建构和教学手段的运用起指导和统领作用。体育教学目标的确定有一定的依据，它具体受教育目的、学校教学目标、学科整体目标等制约。确定体育教学目标时要明确、科学并具有可操作，各种目标之间要有鲜明的差异性和连贯性。体育教学目标的确定要有利于教学设计，要有利于监控教学过程，要有利于教学评价等。

2. 优化体育教学内容，使之具有可学习性

体育教学内容是体育教学过程中最基本、最主要的组成部分，是教学目标的载体。体育教学内容是教师和学生直接接触的材料，它是否受到学生的欢迎，学生是否对学习内容感兴趣都最终影响体育教学目标的完成情况。因此，一定要精选体育教学内容，使之更具有可学习性，能受到学生的欢迎。为了优化教学模式，教师必须选择那些学生喜闻乐见，锻炼形式活跃的内容，也可以对竞技项目进行必要的改造，使之更具有教材性。

3. 优化体育的课堂教学结构，使之具有合理性

课堂结构是体育教学模式的主要表现形式，课堂结构不仅是在规定的时空间内教学活动的各个环节、步骤的具体安排，更是教学目标、教学内容和教学方法等的具体体现。课堂结构是一个复杂的系统，根据系统论整体大于各要素部分之和的观点，在优化体育教学课堂结构时不能只重视局部优化，而要着眼于整体，使课堂教学结构的各个组成部分相互协调，相互促进。

4. 优化体育教学方法，使之具有实效性

体育教学方法是指在体育教学过程中，教师和学生为了实现体育课堂教学目标所采取的行为方式的总称。包括教师在课堂教学过程中的行为活动方式和学生在教师指导下学习体育知识和技能的行为方式。优化体育教学方法要使方法的选择适应教学内容、适应学生的基础水平，使学生在尽量短的时间内掌握较多的知识和技能，并受到全面的思想道德教育，得到全面发展。体育教学方法的选用要做到科学选用、高效突出、力求创新。

5. 优化体育教学评价，使之具有激励性

体育教学评价是体育教学模式中重要的一个环节，是指运用科学的手段，依据教学目标，对教学（教师和学生）活动进行全面的、全方位的定量或定性的分析，做出客观公正、准确的价值判断。优化体育教学评价要注意评价的全面性、民主性和发展性，最重要的是突出评价的激励作用，使评价成为学生学习的动力。

（七）新课程理念下体育教学模式整体优化的框架

通过以上对体育教学模式优化理论研究，可以证明教学过程中的教学目标、教材和学生发展水平能组合成“各种各样的体育教学模式”。适合于体育与健康课程标准中学体育教学的需要，对学生体育与健康意识的培养、体育能力的提高、体育兴趣、态度的形成以及人格完善与个性培养等都有良好的效果。具体组合框架设计如图 7-5 所示。

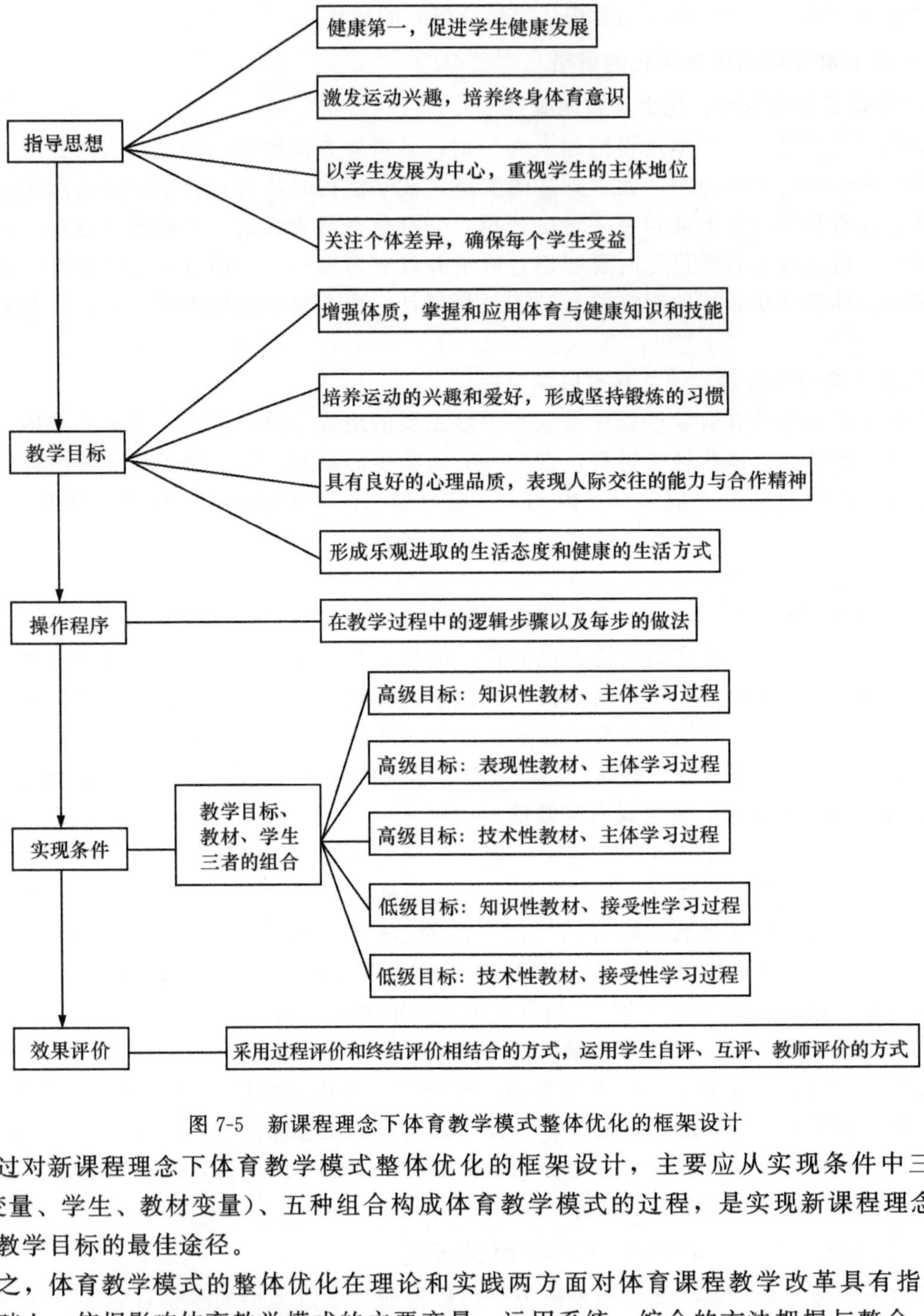

- 指导思想
  - 健康第一，促进学生健康发展
  - 激发运动兴趣，培养终身体育意识
  - 以学生发展为中心，重视学生的主体地位
  - 关注个体差异，确保每个学生受益
- 教学目标
  - 增强体质，掌握和应用体育与健康知识和技能
  - 培养运动的兴趣和爱好，形成坚持锻炼的习惯
  - 具有良好的心理品质，表现人际交往的能力与合作精神
  - 形成乐观进取的生活态度和健康的生活方式
- 操作程序
  - 在教学过程中的逻辑步骤以及每步的做法
- 实现条件
  - 教学目标、教材、学生三者的组合
    - 高级目标：知识性教材、主体学习过程
    - 高级目标：表现性教材、主体学习过程
    - 高级目标：技术性教材、主体学习过程
    - 低级目标：知识性教材、接受性学习过程
    - 低级目标：技术性教材、接受性学习过程
- 效果评价
  - 采用过程评价和终结评价相结合的方式，运用学生自评、互评、教师评价的方式

图 7-5　新课程理念下体育教学模式整体优化的框架设计

通过对新课程理念下体育教学模式整体优化的框架设计，主要应从实现条件中三种变量(目标变量、学生、教材变量)、五种组合构成体育教学模式的过程，是实现新课程理念下的中学体育教学目标的最佳途径。

总之，体育教学模式的整体优化在理论和实践两方面对体育课程教学改革具有指导意义。在此基础上，依据影响体育教学模式的主要变量，运用系统、综合的方法把握与整合，选择或构建符合本校特点、整体优化的体育教学模式。

第五节　高校体育教学模式优化的案例分析

在我国体育教学领域内，强调根据学生的身心特点、发挥学生积极性、促进主动参与将成为体育教学中的新时尚。在体育教学中的学生参与教学，学生主动自我发展的教学成为当前体育课程改革的一项重要内容，快乐体育教学模式即成为一种完成体育教学目标主要的教学模式。现以快乐体育教学模式为案例，剖析体育教学模式的整体优化思路。

一、快乐体育教学模式理论分析

（一）快乐体育教学模式内涵

快乐体育教学模式是指教师正确运用适应学生年龄特点的教学方法和教学手段，创设生动、活泼、和谐的教学氛围，激发学生的情感，缩短师生间的距离，唤起学生的自主性、能动性，使他们快乐地参加体育教学，并从中享受体育的乐趣，以得到全面、主动、充分和谐发展的体育教学模式。其内涵主要表现为以下几点：

1. 确立学生主体地位。在教学中充分发挥学生的主体作用，重视学生的主体地位，激发和维持学生学习的兴趣与动机，是快乐体育的目标。兴趣和动机是构成人格特征的重要组成部分。而每一个学生从事体育学习的基础、追求的目标、个性心理、学习的方式方法等各不相同，教师只有最大限度适应学生的需要，因材施教，积极地鼓励、引导学生，才能取得良好的教学效果。

2. 建立师生和谐关系。教学中由体育教师把握教学方向、进度和内容，用自己良好的思想品德、丰富的知识、高超的运动技艺、活泼生动的形象教育引导学生。学生则根据自己的理解、身体状况、兴趣爱好主动完成教学任务，在师生之间、学生之间双向互动的过程中，建立和谐的师生关系。

3. 追求学生个性发展。教学中运动项目的选择体现了学生的个性特点，反之，运动过程中又实现着个性的培养。因此，快乐体育在增强学生体质的基础上，促进所有学生在智力、心理素质、美育和能力诸方面的全面发展，培养学生的独立性、自主性、创造性以及热爱美、鉴赏美、表现美的情感和能力。

4. 突出教学快乐氛围。教学中自始至终要体现快乐的氛围，使学生自发、自主地享受运动中的乐趣，采用丰富多样、生动活泼的教学方法，新颖有趣、逻辑性强的教学内容。可以不断地引起学生新的探究活动，从而激发起学生更高水平的求知欲。

5. 实现学生全面发展。教学中要育体、育心并重，培养学生具有一定的适应社会生活要求的个人行为和社会行为，具有符合时代精神的思想品德、文明修养、道德情操等。另外也要在注重学生的主体地位和发展个性的同时，要求运动技能不断提高，以培养终身体育的能力和习惯。

因此，快乐体育教学模式是在“快乐体育”思想下形成的教学模式，使学生很好地掌握运动技能和进行身体锻炼的同时，也让其体验到运动的乐趣，并通过对运动乐趣的体验使学生逐步形成终身参加体育实践的志向和习惯。该教学模式是通过遵循运动情感变化规律和终身体育思想来设计的。

（二）快乐体育教学模式的依据

从心理学角度来看，兴趣爱好是运动的动力，对某种行为有快乐感，即产生爱好的兴趣。“人类最大的快乐莫过于去做自己喜欢的事”，现代心理学家认为，凡是被人认为不愉快的事，不如被人认为愉快的事易接受，人们总是希望带着愉快的心情去参加体育活动，特别是参加自己所喜爱和擅长的体育项目，这样可以充分发挥自己的才能，表现自身能力，从而充分地实现情感体验，达到实现自我的心理满足，这种满足是高级的精神享受，不但可以增强人的自尊心、自信心和自豪感，而且更让人在愉快当中达到体育教学的标准和结果。

现代生理学研究证明，人们不同的情绪体验伴随着人的机体内部的一系列生理变化，当外界刺激使得原有的动力定型得到维持、扩大、发展时，人就会产生积极的体验，此时，脑垂体就会使内分泌系统积极地活动，肾上腺素加速分泌，血糖升高，新陈代谢过程加快，进而使整个神经系统的兴奋水平提高。在这种条件下，人的大脑皮层容易形成优势兴奋中心，各种暂时的神经联系容易建立，体力水平也有所提高，体育知识与运动技能的学习效率大大提高。此外，只有在这种条件下运动，才能更有利于体质的增强。

早在2000多年前，我国伟大的教育家孔子就说过：“知之者不如好之者，好之者不如乐之者。”可见，提倡“乐学”和“乐教”既是孔子重要的教学手段，也是孔子重要的教学原则，由此我们可以借鉴孔子的“乐趣”教学思想，使学生在趣味盎然中达到体育锻炼的目的。此外，国内、外“快乐体育”的倡导者们深入研究人从事体育的目的和动机后，明确地提出人类从事体育运动的本质动机是追求蕴藏在体育运动中的无穷乐趣，这如同音乐中的旋律和舞蹈中的节奏一样，是独具魅力的，可见通过情感的形式来实现体育教学目标，完成体育教学任务是十分重要的。

（三）体育快乐教学模式实施原则

1. 教育性原则。是指在进行教育过程中，始终要注重培养学生积极进取的精神，树立正确的世界观、人生观和价值观。快乐体育虽有自己的特点，与政治思想品德教育不完全相同，但目标都是要使学生掌握知识、学会做人，成为社会有用的人才。

2. 平等和谐原则。是指在教育过程中，教师要尊重学生的个性和人格，对所有学生一视同仁，努力和他们建立朋友式的友好关系。保证教学的顺利进行。教师与学生之间不再是传统的权威性、单向的交流，而应该是平等的、双向交流，这种民主、和谐的教学氛围，能使学生在学习中更加积极、认真和主动。

3. 情境性和趣味性原则。发扬教学民主，建立和谐的师生关系，营造良好的学习氛围。运用多种方式创设情境，使学生在宽松、自由、形象、直观的情境中保持各项目学习的良好心境。以学生的认知水平为起点，通过多种活动方式的介入与创设，引导学生积极参与，在入境动情的环境中，主动学习和锻炼，充分体验到学习过程中的成功乐趣，获得知识技能，使身心素质得到和谐发展。要使教师“乐教”、学生“乐学”，在教材内容的选择、教学手段的运用、教学安排以及语言运用上都应考虑趣味性因素。当然，趣味性也不能脱离科学性，要遵循学生的身心发展规律和教学原则。

4. 激励性和实效性原则。激励性原则的基本要求就是要不断地“刺激”学生，使学生“乐学”。在教学中，一方面要激“情”、激“趣”、激“感”，激发学生主动学习的精神；另一方面

要激“疑”、激“思”、激“智”，激发学生的心智活动。在快乐体育教学中，特别要强调正确诱导与及时反馈，使学生在肯定性评价与成功中获得快感，增强自信心，强化心理素质。

因此，快乐体育不仅注重外在“乐教”“乐学”的气氛，更注重体育教学的质量。它的近期目标是培养学生良好的学习习惯和乐学精神，提高学习效果；远期目标是终身体育，使体育成为人们生活中的一个重要组成部分。

（四）实施快乐体育教学模式的方法

“兴趣是创造一个欢乐的光明的教学环境的主要途径之一。”（夸美纽斯）教师应通过组织教学采取适当的方法培养学生的体育兴趣、获得成功体验。

1. 成功教学法。学生在求知欲的基础上努力参与并取得技能进步时，他对成功的表现产生积极体验并对此体育活动更加关心。因此，要想使学生产生活动兴趣，就必须设法使他们获得成功。

2. 愉快教学法。教师要以充沛的情感、专注的精神、优美的动作、生动的表情在学校体育教学中贯彻愉快教学的宗旨，使学生在体育活动的过程中体验到欢乐，满足其趋乐避苦的欲望。用娴熟的技巧、组织得法的体育游戏、和蔼可亲的态度来感染学生，建立起体育教学过程中师生之情，用“乐教”影响学生“乐学”，防止由于体育活动内容的苦、累、脏以及其他因素造成学生“惧学”的消极心理。

3. 激发体育动机法。体育动机是选择、激发、维持并强化一定的体育活动从而导向目标的内在动力。学生是否愿意参加并坚持体育活动，主要动力来源是在内部。老师采用奖励或惩罚的手段，可以从外部去激发学生参与体育活动的动机，但让他们去发现体育活动自身所具有的价值，确信自己具有参加体育活动的能力，体验到超越成功失败本身所蕴含的“挑战”乐趣。对促使学生长期、自觉地参加体育活动是很重要的。因此，应想方设法来提高学生内在动机。

4. 体育游戏法。将体育教材的学习内容和增强学生体质贯穿其游戏活动之中，使学生在各种欢快和有趣的体育游戏中，掌握体育知识，发展技能，增强体质。

5. 合作学习法。即借助小集团化或小组性质的合作化学习方式，在小组内部学生与学生、小组外部与小组之间进行的互相合作和互相竞争的体育学习活动中，掌握体育技能，锻炼身体和增强体质。

6. 自我指导锻炼法。在这种方法的教学中，要让学生充当教师或组长的角色，在小组和集体教学的组织活动中发挥他们的作用，使之通过对角色的体验，培养责任感、自律感。

7. 能力培养法。在整个教学过程中，要让学生根据教材内容与教师一起制定或设计学习方案、自我选择学习方法、自我安排学习时间、自我评价练习教果，体育教师起引导和辅导作用，注重学生动脑与动手能力的培养。

二、快乐体育教学模式结构要素的整体优化分析

（一）快乐体育教学模式指导思想

快乐体育源于我国20世纪80年代的愉快教育与日本的快乐体育，是针对学生对体育厌学的状况提出、为适应终身体育思想而发展起来的。快乐是一种心理体验，是人类情绪中的重要正情绪，需要的满足是激起快乐体验的源泉。苏霍姆林斯基说：“快乐是一种巨大的力量，它可以

促进儿童好好学习的愿望。无论如何不要使这种内在的力量消除，缺少这种力量，教育上的任何巧妙措施都是无济于事的。”快乐的心理体验因人、因事、因时、因地而异。对于人来说，来自生物性的、游戏和玩笑性的快乐体验固然重要，但是，对人有建设性的、有社会意义的活动更显得重要。快乐体育属于后者，它应得到包括人体健康发展体验的快乐，得到成功、兴趣体验的快乐，以及得到尊重和信赖体验的快乐等（如图 7-6 所示）。

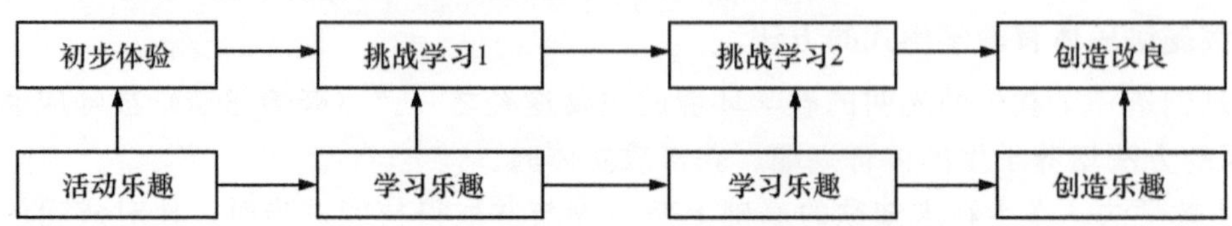

图 7-6　以快乐体育思想为主线的教学过程

（二）快乐体育教学模式教学目标

快乐体育教学模式即以运动为基本手段并采用适宜的教法，增强学生体能，使学生得到理性的快乐体验的一种体育教学方式。这种教学模式的作用是能够较好地提高学生体育学习的兴趣，养成体育锻炼的习惯。其特点是通过教师的指导，使学生在“乐”中学，在学中“乐”。具体的目标是让学生充分体验运动的乐趣；让学生挑战新的技能以体验学习的乐趣；让学生进行探究以体验创新乐趣。这样 2～3 个体验运动和学习乐趣的教学环节，互相连接，层层推进，使学生分别体验到运动、学习、挑战、交流和创造的多种体育固有的乐趣。

（三）快乐体育教学模式操作程序

由于乐趣来源于多个方面，因此使学生体验乐趣的教学途径也是多样的，类似的模式也比较多。但其教学过程的共同特点是具有一个或几个体验运动乐趣的环节，使这些环节相连接，层层递进（如图 7-7 所示）。可采用自主性学习法、探究学习法、比赛法、讨论法、小集团学习法等教学方法。

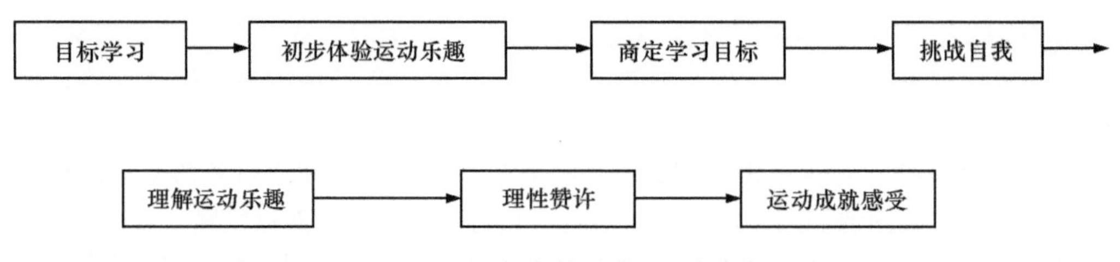

图 7-7　快乐体育教学模式操作程序

（四）快乐体育教学模式实现条件

采用快乐体育教学模式主要追求一个能让学生自发、自主地学习，并能充分体验到运动内在乐趣的教学方法模式，创造一个充满挑战性、创造性的学习过程。具体表现在以下几个方面：（1）在教学观念上由“教授”向“学习指导”转化。（2）建立一个把享受运动乐趣和创造性学习有机结合的学习过程，一个称为“目标学习”的单元和课时教学过程。（3）重视“小集团学习”的方法，促进学生间的互教互学。它是创造性学习和享受乐趣的必要条件之一。（4）扩大、完善“选择制教学”。扩大学习活动中学生对课程和进度的自选权，是自主自发学习、因材施教和学生们在各自的水平上享受运动乐趣所必不可少的先决条件。这种自选权一方面是指扩大学

生对外来教材的选择——“外部选择性”；另一方面是指扩大学生头脑中对学习内容的判断和学习方法选择的余地——“内部选择性”。

（五）快乐体育教学模式效果评价

应用快乐体育教学模式进行效果评价可以通过学生参与学习过程做定量和定性判断。定量评价通过小组间游戏和比赛的合计总分、挑战自我的个人得分等进行评价；定性评价通过体验体育运动和竞赛的乐趣程度、学生的参与热情、与同伴合作的乐趣、完成技术动作的质量等进行评价。通过这两方面检验体育教学目标的达成度，及时反馈、调整快乐体育教学模式中的各因素，以实现最佳教学效果。

三、快乐体育教学模式理念在篮球教学中的渗透

（一）转变传统的体育教学模式，变单向传授模式为师生互动模式

在传统的篮球教学中，往往采用老师传授、学生接受的单向传习模式，学生往往都是被动学习，体育实践能力较差，创新潜力得不到发挥。由于篮球教学的主要内容包括基本技术和战术练习，其种类繁多，环节复杂，再加上教学时间不足，教师很难全方位地进行示范和讲授，这就要求教师要充分发挥学生的主动性和创造性，采用导向教学法，通过有针对性的指导和讲解，让学生掌握整体的运动规律，通过学习与研讨相结合的方法，调动学生的学习积极性，在规则范围内，开发学生的思维，激发学生的表现欲和挑战欲，并能使学生感受到自我的价值和尊严，从而提高他们学习的积极性。要让他们在比较宽松和快乐的环境下积极参与并全身心投入到篮球运动中来，这样有利于提高教师教学的质量和学生学习的效果。

（二）创新教学方法，享受篮球运动的乐趣

游戏教学法是快乐体育教学理念的重要方法之一。对于篮球教学而言，游戏化教学方法是指把篮球运动技术动作按游戏的规则编成各种游戏，让学生在游戏的过程中逐渐掌握技术动作的一种教学方法。它首先将正确的篮球运动技术方法准确地讲授和进行简单的基础练习，然后将各种技术的练习方法按难易程度排序，编排成对抗性的游戏，让学生在游戏的过程中轻松地、逐渐地掌握篮球技术动作。由于游戏具有一定的情节和竞赛因素，富有思想性、生活性和直观性，形式生动活泼，是学生感兴趣的活动。因而把教学内容与有趣的游戏有机地结合起来，容易激发学生学习兴趣，提高其练习的积极性。

篮球运动具有非常明显的对抗性特征，这也是其魅力所在。在篮球教学中，要将“实战意识”贯穿于教学的始终，要经常性地组织教学比赛，进行对抗性练习。学生常常对教学比赛具有极大的兴趣，教师要适时地利用这种兴趣来调动学生的积极性，使学生在比赛中体验篮球运动的快乐。

（三）强化人文氛围，提高学生体育品质

快乐体育教学区别于传统教学的重要一点，就是脱离从技术到技术的教学方法，它强调要给运动项目注入它的人文性。在篮球教学中，要使学生深刻地了解到篮球运动是一项包含竞技性、娱乐性、观赏性的运动，要让学生理解篮球是在游戏或比赛中，实现人际交流，它反映一个团队以及群体的凝聚力，这是篮球运动所具有的文化内涵。学生通过多种途径对篮球运动和篮球文化进行深刻地了解，使他们不断地去关心有关篮球运动的各种赛事，在欣赏球赛的过程

中，明星们的精彩表演又给他们建立了另一种心理快乐。这种特殊的情绪会不断地激发他们亲身参与篮球运动的积极性和欲望。教师要对学生进行启发，引导学生从观球、品球、悟球之中，不断深化，体会出运动员的顽强拼搏、良好的职业道德、意志品质的高尚、鲜明的个性、团队的配合、胜利者的喜悦、失败者的沮丧和坚韧等各种情感。随着学生对篮球运动人文性的不断了解和深化，学生的体育品质会得到提升。

因此，在篮球教学中渗透快乐体育理念能够激发学生的学习兴趣，满足学生的实际需要，有利于学生体育素养的培育和教学质量的提高。

四、快乐体育教学模式在体育教学实践中应用

以篮球教学中原地单手肩上投篮技术教学为例。

在课的前半部分，教师采用游戏法让学生进行趣味投篮比赛等，每位同学可采取不同的投篮方式、不同方向进行投篮，但规定适宜的投篮距离，充分体验投篮活动的乐趣；热身部分采用移动篮筐投篮比赛；随后逐渐转入原地单手肩上投篮技术的教学阶段，教师通过提出问题，如分析技术的合理性、如何提高投篮命中率等，导入原地单手肩上投篮技术教学。教学可按照讲解、示范、分组练习、纠正动作、巡回指导程序进行。当学生初步掌握原地单手肩上投篮技术后，教师根据学生不同的技能状况分成小组进行学习，在小组中让学生自定小组的目标和个人的目标（如不同的投篮距离、不同方向、不同的篮高等），并向各自的目标挑战，体验运动学习的乐趣；在课的后半部分，教师组织学习小组间的比赛，采用超过自己最好成绩的命中个数作为得分的评价方法（如超过自己最好成绩 1 个记 1 分、2 个记 2 分、3 个记 3 分；平最好成绩记 0 分；少于最好成绩 1 个记－1 分、2 个记－2 分、3 个记－3 分等，最后各组的分数相加作为小组成绩，看哪个小组分数高），各小组自定比赛的策略，互相帮助，争取胜利。最后，在课的结束部分，教师让学生按小组说出学习体会，总结学习成果并以此来加深学生对运动乐趣的体会。

（一）指导思想

篮球是学生所喜爱的项目之一，但让学生真正产生兴趣，就需在学生的参与中，让学生体验到篮球运动的魅力，才能培养学生对运动的兴趣，调动练习的积极性。同时，在进行锻炼时及时抓住学生的闪光点进行评价，满足学生的心理需要，感受到篮球活动所包含的丰富健身内容、与同伴合作的乐趣。围绕篮球中原地单手肩上投篮技术教学这个中心，以游戏为主线，采取多种练习和游戏方式，达到在玩中学，在学中玩，边学边玩，边学边用，学用结合的目的。

（二）教学目标

根据体育与健康课程标准，对篮球单手肩上投篮课时教学目标做如下设计：

表 7-2　篮球单手肩上投篮课时教学目标

领域	具体教学目标
运动参与目标	在投篮技术学习和游戏中表现积极
运动技能目标	初步掌握投篮的基本动作，游戏中能够运用
身体健康目标	在技术学习和游戏中发展体能

续表

领域	具体教学目标
心理健康目标	在学习和比赛中表现出自信心，能够克服困难
社会适应目标	在游戏中积极与同伴配合，建立和谐的人际关系

（三）操作程序

1. 导入课题——初步体验投篮的乐趣

以游戏的方式引起学生的注意力，提出问题“投篮命中率不高的原因、用什么投篮动作更好等”，学生回答，此处提问只是加深学生对学习投篮进一步的理解。另一个目的是以此来激发学生的探究热情，老师从中给以鼓励，帮助学生树立自主学习的勇气，为完成本课的学习任务做好思想准备。

2. 热身活动——商定学习目标、理解运动乐趣

进行合作性的移动篮筐投篮比赛，这个练习的采用，跟篮球有一定的联系，既需要积极跑动，又需要紧密配合，更有一动而全动的特点，趣味性强。在游戏进行中，增加课堂轻松欢快的气氛，逐步提高学生的兴奋性，也为下面的辅助性练习做好身体上、情绪上的准备。

3. 基本部分——挑战自我

基本部分开始安排了尝试性的教学比赛，让学生在比赛中逐渐明确缺乏投篮技术在比赛中是不行的，让学生立刻产生了强烈的求知欲望。在接受新知识阶段，采用教师讲解，然后由老师示范点拨，后分组组织练习的方案。在强烈的求知欲下，学生大大提高了自学的效果。在巩固提高阶段采用教学比赛，充分为学生提供了一个巩固知识和自由发挥的平台。学生在两次迥然不同的比赛中，所学知识得到了巩固提高，又加大了比赛的兴趣。

4. 课的结束——理性赞许、运动成就感受

安排学生之间的相互放松练习，让学生得到身心的放松；师生共同对本课进行总结，教师让学生按小组说出学习体会，总结学习成果并以此来加深学生对运动乐趣的体会，最后由教师进行肯定性评价。

（四）实现条件

教师是引导者还是顾问，必须了解快乐体育教学模式的构成要素，还具备设计一系列体育教学游戏的创造能力。教学语言有逻辑性和趣味性，同时采用肯定性的评价语言。在组织好教学其他因素外还要自己进入角色，注重师生互动，营造学生参与游戏的快乐课堂气氛，能够让学生在学习中充分体验多种运动乐趣，并在此过程中培养学生体育锻炼的能力。

学生应具有一定基础的运动素质、自觉性和自学能力，应积极主动，善于实践、乐于思考、合作交流。

创造快乐、轻松的教学环境，这有利于发挥学生的积极性如活动篮架、保证篮球数量等。

（五）效果评价

体育教学模式没有统一的评价方法，快乐体育教学模式应用发展性评价对学生参与学习过程做定量和定性判断。通过小组间投篮比赛的小组合计总分、挑战自我的趣味投篮个人得分等，可以从量化角度了解学生的情况，激发学生学习的积极性，体验运动的乐趣和成功感；通过师生谈话、学生小组讨论、个人的快乐体验等，可以从定性角度了解学生的技能掌握、快乐体验的感受，检验体育教学目标的达成度。通过上述发展性评价，及时反馈、调整快乐体育教学模式中的各因素，以实现教学目标。

快乐体育教学模式在篮球单手肩上投篮教学应用设计中，体现出以下特点：一是精讲多练，突出以学生身体练习为主的特点。二是让学生成为课堂的主人，采用尝试比赛，让学生产生强烈的求知欲望，在讨论、探索、思考、实践完善中大大提高运动的积极性。三是让学生在体验篮球运动带来的乐趣和成功感，让学生在活动中达到乐此不疲的目的，充分发展学生的体能。四是学生的参与精神不仅表现在课堂上，还要发展到课外和校外，为终身体育奠定基础。

总之，体育教学模式的教学思想、教学目标、操作程序、实现条件和效果评价是相辅相成的，其目的是为了教学实施行为做准备，它可以是书面计划，也可以是头脑里的思路，对于实际教学而言，它是可变的，多种多样的，不要追求一种形式或模式。体育教学模式的实施是一门艺术，它需要个性化和创造性地运用，从而形成独特的体育教学风格。下文以分层教学模式、运动教学模式、俱乐部教学模式等几种创新的模式来详细介绍其在高校体育教学中的应用实践。

第八章　分层教学模式在高校体育教学中的应用实践

随着素质教育的不断深入和《学生体质健康标准》的全面实施，体育教育工作者对体育课程进行了合理化的设计和实施。然而课堂教学中存在的一些问题也逐渐显现出来，由于学生基础水平的巨大差异，导致教学任务不能完成、教学目标不能如期实现，出现了基础好的“吃不饱”，基础差的“吃不了”，最后导致学生失去了学习的兴趣。分层教学模式就是针对学生在智力、非智力因素发展中的个别差异提出的，做到有的放矢，区别对待，从不同学生的差异中寻求教学的最佳结合点，使全体学生都能主动、和谐的发展。

第一节　国内外分层教学模式研究概况

一、国外分层教学发展与现状

自十七世纪中叶捷克教育家夸美纽斯总结推广了课堂教学以来，班级授课制便作为学校教学的主要组织形式沿用至今。班级授课制是在统一的教学目标下，统一的时间和空间范围内，使用统一的教材对成批学生进行集体教学的一种教学形式。随着历史的前进，各国的教育家逐渐认识到班级授课制也存在着一定的缺陷，主要表现在：学生的主体性、独立性受到一定的限制；学生动手机会少，创造性不易发挥；课堂教学程式化、方法呆板；不利于因材施教等等。因此，人们在质疑、思索的同时也在不断地探寻既能保持教学规模，又能体现因材施教的新型教学形式，“分层次教学”应运而生。

“分层次教学”这一教学模式，在国外已为许多国家政府和教育机构所重视并加以推广。关于分层次教学的理论与实践研究是国内外教学研究的一个热点，并已取得十分丰硕的成果。如二十世纪七八十年代，美国布鲁姆的“掌握学习”理论、罗杰斯的“人本主义教育”理论、布鲁纳的“发现学习”理论、苏联巴班斯基的“教学过程最优化”理论等等，都从不同的角度提出了以分组教学为主实施个别化教学的思想。他们关于个别化教学的理论与实践，对于进一步繁荣和多样化发展分层次教学产生了重要影响。

美国国家科学委员会和科学技术基金会在1983年《为21世纪教育美国人》报告中指出：为了迎接21世纪的挑战，（美国）学校要解决的紧迫问题是“质量更高的课程和更有效的教学”。其中，“有效教学是学校教育的首要目标”。法国政府二十世纪七十年代就要求在学校进行分层次教学，并开设向职业教育分流的技术班。

二、国内分层教学发展与现状

清末的国民教育思潮和义务教育运动为西方的“分层教学”理念传入提供了较好的时机，20世纪初，“分层教学法”主要由日本传入我国，起初称之为“分团教学”。1913年在《中华教育界》中对分层教学以“分团式教育”的方式进行了介绍，1914年10月，天民在《分团教授之实际》中介绍了分团教授的产生时期、组织儿童的座次、教授科目及课程、分团教授的顺序、教授的方法和实效等。朱元善于1914年实验的“分团教授法”，陈文钟在尚公学校开展的分团教授法实验，按照学业成绩的差异进行分组，在有的学科上还考虑了学生的能力，学生间的互助问题，并且在课程、教材、学习年限上实行了统一。

20世纪30年代以后，开始进行“分团教育”实验，并且形式日趋多样化，但受战争和社会动荡的影响，分层教学改革实施发展缓慢。新中国成立以后，分层教学曾一度兴盛，但之后一段时期因政治原因被废止。到20世纪80年代末由于社会主义现代化建设亟需人才，以及在国外先进教学理论的影响、教育教学质量急待提高、班级授课制本身存在不足等多种原因的影响下，国内积极采取措施，于是，分层教学再度在国内兴起。

在我国体育教学中也进行了一些分层教学的实验研究。1990年，龚少清、郑定明的《体育课分层教学的探讨》在我国体育分层教学中进行了首次教学尝试。之后，张正明在1997年发表的《浅谈体育学科的分层教学》中提出分层教学的理论依据。同年，赵晶、孙艳丽对哈尔滨体育学院三年级的篮球专修课实行了“层次法”教学，提出了一些分层教学的具体实施方法。2000年，朱寒笑的《普通高校体育基础课实施分层教学的研究》通过对学生100米跑、立定跳、铅球三项素质进行测试，并按其成绩分层进行教学实验在学生素质提高上取得了一定成绩。2000年中国地质大学在全校推广体育课选项分层教学，受到了同学们的欢迎。2001年，王港的《体育教学中分类指导与分层教学的应用》中提出了在教学班级内针对不同类型的学生接受能力设计不同层次的教学目标，并针对教学目标，提出不同层次的学习要求并给予不同层次的辅导。2002年，鲍庆君《篮球普修课实施分层教学的试验研究》一文对体育系篮球课实行分层教学进行了系统的理论和实验研究。2002年，周俊平在《体育课“分层”教学模式探讨》一文中通过分层教学对于学生个性发展，培养特长，促进差生转化起到积极作用。2003年，李文杰、周庆丰发表的《体育课分层次教学的方法研究》通过对女大学生建立数学模型的方法有效的分析出有关女生的分层教学模式与评价方法。2004年，王大中在《体育课分层教学模式的意义、设计与实施》中通过对北京广播学院2011级和2002级学生进行实验研究，论证出分层教学的优越性，在操作层面上提出了具体实践方案。2004年，阎洪杰对《高校体育选项课分层教学影响大学生身心健康的实践研究》研究了分层教学对学生身心健康的影响。2005年，王焕波、毛武陵在《普通高校体育课“分层教学”模式的实验研究》中通过对德州学院2003级、2004级普通本、专科1860名学生从分层标准、目标体系、内容体系、组织实施几个方面进行“分层教学”模式的实验研究，表明分层教学对大学生的身体素质、运动能力和终身体育的意识行为，以及提高体育教师的业务水平具有非常重要的作用。2006年，刘留、张进喜在《分层教学法在体育教学中运用的研究分析》中提出分层教学在我国体育教学实践中存在的问题，通过文献资料法、逻辑分析法和对比法并结合国内外学者的研究成果，对分层教学法提出新的审视标准。2007年，苟清华、王诚等以西南科技大学健美操教学为例实施“三自主”分层教学模式探讨，学生在选课率上达到83%，深得学生喜欢，极大的提高了学生上体育课的积极性。2008年，刘建敏，赵建芳等在《普通高校健美操教学中实施小群体分层考核评价的可行性研究》中对健美操提出了一套新的、有效可行的评价方法。2010年，侯玉鹭，黄钊林在《分层互助教学模式在体育院校排球普修课教学中的应用》中得出运用分层互助教学模式在体育院校专项技术课教学中具有可

行性，且富有成效，教学效果明显优于传统教学模式。2012 年，孔敏亚在《普通高中篮球模块教学中分层教学的策略研究》中从有效解决教学要求的整齐划一性与学生的实际可能的差异性之间的矛盾，采用按技术分层教学，从目标、内容、教学、评价等方面进行了分层实践研究和深层次的理论探讨。蒋晓鞠对分组分层教学在体育教学中应用进行了研究，并在本校进行了实践，改变了体育课“一刀切”的教学模式，使体育课气氛活泼，又能抓好普及与提高，不仅有利于学生身体素质的提高，而且培养了勇敢、顽强的良好品质。

总之，目前我国高校的分层教学实践与研究不断向多样化和合理化方向发展，在理论上总结出一套较为成熟的体系，并在不同的高校进行实验与总结，从教学目标、内容、教学具体操作、评价方法、学生的身体素质、运动能力和终身体育的意识行为以及提高体育教师的业务水平、学生个性发展，培养特长等方面进行了论证与实践。

第二节　分层教学模式的相关理论分析

一、分层教学模式研究的目的及意义

（一）分层教学模式研究的目的

体育教学中强调素质教育的全体性、全面性和自主性，是体育教师在具体的体育教学实施过程中所应努力的方向和目标。但很多体育老师习惯运用传统的组织方法进行教学，同时忽视学生身体素质、心理、性别、技能等差异，采用统一教材、统一教学、统一要求、统一考核标准，这种“一刀切”的教学现象，严重影响了学生上体育课的积极性，不利于学生的个性发展。

学生来自不同的地区，文化、身体素质、心理素质、思想品德、思想意识、认知程度、性别不同等因素，都将导致在体育教学中存在不可避免的难点教学。同时也造成有的学生学习比较快，要求增加难度与知识；而学习比较慢的学生，希望老师授课的进度放慢，同时要求教师在课后业余时间给其巩固与提高的指导。这就产生了一个矛盾，如果矛盾的激化程度越来越严重，势必导致两类学生同时产生厌学的情绪，抵触老师正常的教学，因此就产生“吃不饱”和“吃不了”的矛盾。为了解决这一矛盾，使两方面的学生都能够得到学习和锻炼，体验体育运动所带来的愉悦与成功的满足感，更好地完成教学任务，采用分层教学是适宜的。

（二）分层教学模式研究的意义

教育必须面向全体学生，以全面提高教学质量，学校既要对每一位学生负责，又要对家长负责，对社会负责，应使每一个学生在高校学习期间，都能得到所需的基本知识，又能达到身心的健康。随着高校体育资源的不断丰富以及体育教学改革的不断深入，学生在教学中的主体地位越来越被重视，学生的个性发展也被充分尊重，高校体育选项课采用分层次教学，就能真正提高学生的身体素质、心理素质以及竞争意识。

1. 分层教学真正意义上突出“因人而异，因材施教”的原则

分层教学尊重学生的个性，真正实现了高校体育教学促进学生身体健康发展的体育教学目标。同时也能提高学生的竞争意识，让学生认识到只有通过体育锻炼才能有一个健康的体质。针对学生的个体差异，不同层次设计相应的教学要求、内容和方法，促使不同层次的学生都能

掌握所学的技术动作和练习方法，有效地解决学生中“吃不饱”和“吃不了”的现象，使学生变被动学习为主动学习，并得到最优发展，感受到成功的乐趣。它打破传统教学的束缚，增强了学生之间的交往能力与合作精神，为和谐校园、和谐社会的创建起到很大的促进作用，同时培养学生个性发展，为“终身体育”与“快乐体育”奠定基础。

2. 分层教学有利于素质教育

素质教育就是以全面提高全体学生的基本素质为根本的教育。它的核心是“培养人的创新精神与实践能力”，是展现人的独立个性的教育。素质教育要面向全体学生，使每个学生都能得到全面发展，在分层次教学中，更应该加强素质教育。根据学生身体素质差异、个性差异、心理差异等方面，分成不同的层次，再根据不同层次学生的特点，安排合理教学内容，使每个层次学生在学习中都能得到提高。

3. 分层教学有利于教学评价

体育课考核是衡量学生学习的重要手段，是了解学生在学习过程中掌握知识的情况，也是对教师教学效果检验的重要手段。通过成绩考核，可以了解学生学习的效果，可以从中发现问题，并在以后的教学中避免这一情况发生；强化学生学习动机的同时，也反馈了信息。在分层次教学考核中，根据不同层次的运动技术水平，制定不同的考核标准，使学生得到公平、合理的成绩，增强教师的信誉度，同时也提高学生学习的积极性与主动性。

二、分层教学模式的结构分析

（一）分层教学模式的内涵

所谓分层教学，是指在人的发展过程中，由于受遗传、家庭及社会环境等因素的影响，个人在发展过程中存在着不同的生理、心理及个体差异，根据学生的认知能力、学习能力和掌握能力，教师在安排课堂教学内容、教学方法、教学手段上要符合学生实际学习的可能性，有针对性地设计和进行学习指导、检验、评价，从而使每一个学生都能在原有基础上得到完善与提高。

体育分层教学是指在承认学生有差异的前提下，教育者根据学生的个体差异、兴趣爱好、身体素质、运动技能等因素基本相同的情况进行组合，划分不同层次，确定基本相同的学习目标，有针对性地进行体育教学，并制定不同的评价标准的一种教学模式。

正确理解分层教学的内涵，应注意以下几点：

（1）分层教学的着眼点是为了学生的发展。

（2）分层教学的对象是全体学生。素质教育的精髓是面向全体学生，使每一个学生都能全面地、主动地、和谐地发展。分层绝不意味着对某一部分学生，特别是后进生的放弃。

（3）实施分层教学应当考虑的要素。作为一节特定的课堂教学来说，它至少包括了学生、教师、教材和教学媒体四个要素，四个要素互相联系，互相作用，形成一个有机联系的整体。实施分层教学，应基于对以上四个要素的科学分析。

（二）分层教学模式的理论原则

1. 区别对待原则

学生的差异是客观存在的。因此，在体育教学的过程中应充分考虑学生的个体差异，因材

施教，区别对待。即教师在备课、选择教法时要因人而异，按照不同学生的水平、智力、素质及能力，精心设计教学程序，制定出不同的教学方案，“区别对待”地进行教学。我们要利用学生的这些特质促进学生个体优势的发展，做到学有专长，使不同组别层次的学生都能学好。而组与组之间不是固定不变的，低层次组的学生通过努力学习达到高层次水平时可调到高层次组学习；而高层次组的学生学习时感到很吃力、压力太大而跟不上进度时可换到低层次组去学习，同时鼓励学生之间相互帮助、共同进步，达到提高教学质量的目的。因此，“区别对待原则”为分层教学提供了理论支持。

2. 目标导向原则

分层教学总要面对学生的认识问题，对分层的正确认识是分层教学取得成效的前提。对此，我们把建立正确的分层观念作为实施分层教学的首要内容，务必使学生认识到：分层是为了全体学生全面发展的需要，是因材施教的手段、素质教育的召唤，而不是给学生划分等级的依据。教师只有通过分层次教学，才能根据学生个体的差异情况提供不同的教学方法，才能有助于各类学生共同得到发展，从而摆脱传统教育只注重少数尖子生而忽视多数学生的落后观念的束缚，真正使每个学生都获得平等的教育机会。只有使每个学生都认识到分层次教学的真正目的，才能获得学生们的积极支持和主动参与，分层次教学才能取得成功。

3. 联系实际原则

联系实际是落实教育方针和实施素质教育的需要，是体育课自身发展的需要，是建立学生正确的体育科学价值观的需要。体育教学中联系的实际不外乎学生实际和社会生活实际两方面。因此在教学中要引导学生从实际出发，着眼于运用，让学生的间接经验和直接经验相结合，运用到生活实际当中去，优化学习，培养学生的体育素质。教师要牢记体育教学的本质和根本目的，准确地、深入地分析和把握教学的各项环节，让学生在学习掌握体育技术知识的同时，还能接受体育文化的熏陶，加深学生对体育的认识与理解，以优化学生的学习过程和学习效果为中心，努力引导和培养学生的体育素质。避免将体育技术装“门面”，盲目追求“高”“精”“尖”并滥用，以进一步培养学生分析问题、解决问题的能力，“联系实际原则”为分层教学提供了动力支持。

4. 民主平等原则

民主平等原则强调人与人之间的相互尊重，给予每个人参与活动展示自己的机会，从而学会合作，善于竞争，促进学生人格的健康发展。民主平等的人际关系，特别是良好的师生关系所营造出来的那种生动、活泼、和谐的教育氛围，有利于教育信息的充分交流和各种思想火花的激发，能够调动学生参与学习的积极性，保证分层教学的各个教学环节取得实效。特别需要提出的是，民主平等原则能够培养学生的民主思想、民主精神和民主参与能力，从而造就一代富有民主意识的新人。

5. 全面发展原则

全面发展原则也可称为目的性和方向性原则，因为它规定了体育教学的目的和方向。全面发展原则有时被称为教育性原则。因为广义的教育，包括技能教育、智能发展和思想品质教育三个方面，而“全面发展”包括了这三方面的内容。而在目前体育教学中，忽视学生的个人兴趣、爱好、特长的培养，压抑学生的个性发展，采取一种标准，一个规格，“一刀切”“齐步走”的方法来对待学生的体育学习，片面强调困难，忽视甚至压抑学生的体育兴趣与体育特长的发展。分层教学强调学生是学习的主体，是学习的主人。强调学生学习主体地位的体现，充分发挥学生的体育特长和学习潜能，使学生的自主学习过程达到最优化。实施分层教学的目的就是为了更好地体现和发挥学生学习的主体性，让学生成为学习的主体。引导学生主动参与教学，学会自主学习，学会发现问题，提出问题，解决问题，培养学生创新意识。“全面发展原则”为分层教学提供了正确的导向作用。

6. 鼓励性评价原则

表扬和鼓励是提高学生兴趣、增强学习自信心的有效途径之一，能够促使学生经常处于一种追求成功的心理状态。教师要善于运用夸奖的言辞、友善的微笑和热情的鼓励来引导学生学会尊重他人的学习成果，善于发现别人的闪光点。特别要注意保护那些稚嫩的、具有创新特点的思想火花，培养学生对自己能力的自信和获得成就的勇气，激发学生不断成功的欲望，形成积极探索、勇于创新的精神和良好的学习习惯。

（三）分层教学模式的主要分类

1. 班内分层目标教学模式（“分层教学、分类指导”教学模式）

班内分层目标教学模式保留行政班，但在教学中，从好、中、差各类学生的实际出发，确定不同层次的目标，进行不同层次的教学和辅导，并制定不同的检验标准进行检验，使各类学生得到充分发展。具体做法：（1）了解差异，分类建组。（2）针对差异，分类目标。（3）面向全体，因材施教。（4）阶段考查，分类考核。（5）发展性评价，不断提高。

2. 能力目标分层监测模式

知识与能力的分层教学是根据学生自身的条件，先选择相应的学习层次，然后根据努力的情况和今后学习的现状，再在学期末进行层次调整。这一形式参照了国外的“核心技能”原理，给学生以更多的自主选择权，学生在认识社会及认识自我的基础上，将自身的条件与阶段目标，科学地联系在一起，更有利于学科知识和能力的“因材施教”。

3. 分层走班模式

按照学生的知识和能力水平，分成三或四个层次，组成新的教学班级（称之为 A、B、C 教学班）。“走班”并不打破原有的行政班，只是在学习这些课程时，按各自的程度到不同的班去上课。它的特点是教师根据不同层次的学生重新组织教学内容，确定与其基础相适应又可以达到的教学目标，从而降低“学困生”的学习难度，又满足“学优生”扩大知识面的需求。

4. 定向培养目标分层模式

这种模式多限于职业教育中。指按照学生的毕业去向进行分班分层教学。具体做法是：首先在入学时对学生进行摸底与调查，既了解学生的知识能力水平，又了解学生对就业与升学的选择，在尊重学生和家长意见的同时，也反馈学生自身的学业情况，进行正确定位。再以学生的基础和发展为依据，分成两层（即升学班与就业班）。两个班安排同样的教材、同样的教学进度，只是教学的目标和知识的难度不同，升学班主要注重“应试能力”的训练，就业班则突出文化知识与职业实践的结合。当二年级学生参加水平测试并合格后，学校再给学生提供第二次选择，升学班进一步强化文化课与主要专业课，而就业班则以职业技能训练为主。

5. 课堂教学的“分层互动”模式

“分层互动”的教学模式，实际上是一种课堂教学的策略。这里的“分层”是一种隐性的分

层，首先，教师通过调查和测试，掌握班级内每个学生的知识水平、特长爱好、学习状况及社会环境，将学生按照心理特点分组，形成一个个学习群体。其次，利用小组合作学习和成员之间的互帮、互学形式，充分发挥师生之间、学生之间的激励与互动，为每个学生创造整体发展的机会，并利用学生层次的差异性与合作意识，形成有利于每个成员协调发展的集体力量。

分层依据：主要依据学生个体差异、身体素质、运动技能、兴趣爱好和教师意见等决定分层。

分层管理：一般实行弹性机制，分层不是固定的，每学期或每学年要进行调整，层次变化的主要依据是学生的学习情况，如进步显著就可以上调，学习吃力则可以下调。

（四）分层教学模式的特点

与传统的教学模式相比，分层教学模式具有以下特点：

1. 分层次教学在不改变班级授课制的前提下，实现了集体教学和个别教学的完美统一，解决了教学要求的整齐划一和每个学生实际学习需求差异之间的矛盾。

2. 分层教学法符合人文主义的教育理论，强调人的能动性、自主性和创造性。重视人作为社会实践活动的主体作用，重视人的尊严价值，重视激发每一个学生的学习潜能，相信学生能够积极主动地完成各项学习任务，具有强烈的进取心和竞争意识。根据学生的具体差异性，制定适合不同层次学生的具体学习目标和内容，采用不同的评价体系，充分调动学生学习的主动性和积极性。

3. 分层教学法的立足点是面向全体学生，根据学生在兴趣、性格、能力等方面的差异，制定适合每一个学生的“最近发展区”，激发每一个学生学习的积极性和主动性，有利于增强每一个学生的自信心和自觉性。

在分层教学法中，教师处于主导作用，教师主导作用发挥得好，学生就能够积极主动地参与教学过程。只有教师对学生满怀信任和期待，采用适当的教学方法，严格要求学生，热情帮助学生，学生才能对教师的信任和期望做出积极的反应。分层次教学针对不同层次的学生采用不同的教学内容和教学方法，促进“教”与“学”的互应，为教师主导作用的发挥提供了广阔的空间。

（五）分层教学模式的优越性

高校体育课进行分层次教学，符合学生实际水平和因材施教的原则，培养学生锻炼身体的意识，对学生身体素质与自信心都有所提高。

1. 分层教学针对性较强

学生在高中学习期间，由于学校对体育课不重视，应付应试教育的理念，为使学生考上理想的大学，往往把体育课减之又减，甚至有些学校采取取消体育课的做法。还有的学校不重视对体育器材的购置，场地资源不够，体育经费少，体育师资力量缺乏，而学生对体育的认识不够。因此在这种基本条件下，学生进入高校，选择自己喜爱的体育运动项目，运用分层教学，更能激发学生学习体育的积极性，调动他们学习体育的热情。

2. 分层教学能满足学生学习的需要

分层教学以“因材施教”为原则，对不同层次学生采用不同教学方法、教学内容与教学手段，使学生在不同层次中都能体验成功的乐趣，培养个性化的发展，心理素质的提高，以此来满足学生对知识的需要。

3. 分层教学成绩明显提高

分层教学经过全面实践，学生普遍认为自己学有所获，学有所得。能享受体育给他们的带来的快乐与成功感，提高加强体育锻炼的意识，更深层次地对体育认知的理解，使学生自身的基本技术动作从原点都能得到提升。

4. 分层教学有助于师资的提高

分层教学要求教师有较强的理论性与过硬的技术动作。要求教师要加强对教材的研究，要从横向与纵向相结合，更要了解前沿领域以及最科学的相关资料、影视影像等，以此来提高教师的理论知识与动作技术的提高。体育教师要有控制、驾驭课堂的能力，合理科学地安排好每一堂课的教学内容，采取不同的教学手段，上好每一堂体育课。教师要与时俱进，真正提高自己的综合素质，以适应现代化的教学。

5. 分层教学能加强培养终身体育意识与行为

分层教学使之划分不同层次教学，要在层次中设计相应的教学环境，学生在这种环境中得到锻炼，加深对体育锻炼的认识，培养其个性、创新、拓展的能力，增强意志品质的提高，对团结协作、努力拼搏、积极进取、不甘落后精神的培养，养成自觉锻炼身体的习惯，为培养“终身体育”“快乐体育”奠定基础。

（六）分层教学模式的理论依据

1. 分层教学模式的心理学依据

分层教学模式和任何其他教学模式一样都要符合教育规律和心理活动规律，也必须符合心理学原理，符合学生心理发展特点。下面我们就从心理差异的影响因素方面来对分层教学模式的心理学基础加以分析。

心理学认为影响学生心理差异的因素是多方面的，如兴趣爱好、情绪状态、智力水平、动机以及知识结构等各个方面。潘叔主编的《教育心理学》中，将心理的个别差异分为性格差异、能力差异、兴趣差异。而造成心理个别差异的原因很多，如先天不同的遗传素质，后天的教育影响、社会生活条件和实践活动等方面。心理的个别差异既是教育的结果，也是教育的前提。一个人的智力水平受遗传因素的影响很大，但它绝不是学习的唯一因素。心理学原理告诉我们，对学习质量有重要影响的还有兴趣、情绪、动机等非智力因素，因人而异，是可以在后天的教育中加以培养的。这就要求我们在教学中要根据这些具体情况制定相应的教学模式。

心理学认为，学习动机和学习效果之间存在着相互制约的关系。如果学习效果好，学生在学习中获得更多的成功体验，学生的学习动机就会得到加强，主动性和积极性就会提高，从而会以全新的状态投入到学习生活中去，学习效率就会更高，效果就更好。“学习动机的强弱直接影响认知活动启动的早晚和认知活动的质量。”可见学习动机与学习效果相互促进的关键是学生要在学习活动中获得成功体验，从而形成学习上的良性循环。奥苏伯尔明确指出：“动机与学习之间的关系是典型的相辅相成的关系，绝非一种单向性的关系”。

心理学认为，愉快情绪对学习质量有巨大的促进作用。成功体验，必然会带来愉快情绪、高涨热情，继而提高学生学习的主动性和积极性，促使学生产生新的学习需要。愉快情绪是从成功的自信和满足中得到的。孔子说：“知之者不如好之者，好知者不如乐知者。”用现在的话

说就是，掌握知识不如对所学的知识产生“浓厚兴趣”，而产生“浓厚兴趣”不如参与学习时感到愉快，也就是说最佳的学习过程是没有心理压抑的快乐学习过程。因此，动态分层教学模式的核心思想是为每个学生提供成功的机会，体会成功的愉悦，变“要我学”为“我要学”，调动每一个学生的积极性，充分开发他们内在的潜能，从而让不同层次的学生都能获得成功的体验以及由此带来的成就感和愉悦感。动态分层教学模式在教学组织和教学设计上符合心理学理论原则，划分层次应当尽可能照顾到学生的心理特征（智力与非智力因素方面的）。

2. 分层教学模式的教育理论依据

（1）“因材施教”原理。在西方，自 18 世纪起，不少教育家和心理学家就开始对学生个体问题展开了相应的研究。法国教育家卢梭（J. J. Rousseau）在他的自然教育理论中，强调对学生进行教育，要遵循自然的规律，顺应人的自然本性。教育要适应学生身心发展，还要适应学生天性的个体差异，进行因材施教。苏联教育家苏霍姆林斯基在其转变差生的理论中，反对全体学生采取划一的教学形式，主张对差生进行分组施教和个别施教。他主张对差生不仅在脑力劳动内容，而且在时间安排上也应个别对待，真正做到因材施教。

“因材施教”是我国古代一条重要教学原则，孔子对自己的学生很了解，他根据学生的不同个性特点将颜渊、宰予、冉有、子夏等人分别培养成在“德行”“言语”“政事”“文学”四个方面各有所长的人才。唐代学者韩愈在《进学解》中对因材施教的思想进行了形象化的描述。在现实中，由于受到遗传、家庭、社会等因素的影响，每个人都存在着差异，教师在教学中要根据学生的能力特长、兴趣爱好、不同基础类型等特质不同，因材施教，才能使学生“人尽其才，各得其宜”。

（2）层次性原理。教学过程是师生互动的过程，交流可分为元素层次（词语交流）、命题层次（语句交流）、模式层次（语句网络交流）。师生必须在同层次下才能顺利进行交流，即交流双方必须有“共同语言”。为了在每个班级中让所有不同层次的学生都有交流的机会，教师必须提供不同层次的交流方式和交流内容，尽可能使各个层次的学生都获得他们适应的学习情境和过程。美国心理学家布鲁姆在掌握学习理论中指出：“许多学生在学习中未能取得优异成绩，主要问题不是学生智力欠缺，而是由未得到适当的教学条件和合理的帮助造成的”，“如果提供适当的学习条件，大多数学生在学习速度、学习动机、能力等多方面就会变得十分相似”。这里所说的学习条件，就是指学生学习并达到掌握所学内容必需的学习时间，给予个别指导和全新的学习机会等。分层教学模式就是要最大限度地为不同层次的学生提供这种“学习条件”和“全新的学习机会”，从而为每个层次的学生都能获得成功心理体验创设应有的前提条件。

（3）“掌握学习”理论。美国著名教育家、心理学家布卢姆（B. S. Bloom）提出的“掌握学习”理论：“每个学生都有能力理解和掌握任何教学内容，达到掌握的水平。”他认为现实中学生的个体差异是客观存在的，针对差异问题，关键在于怎样对待这些差异。“只要在提供恰当材料和进行教学的同时给每位学生提供适度的帮助和充分的时间，几乎所有的学生都能完成学习任务或达到规定的学习目标。”他在《掌握学习》一文中表明：“如果给予充足的时间及适当形式的帮助，95％的学生（5％的尖子学生加 90％的中间学生）能够学习任何一门学科，达到高度的掌握水平。在适当的条件下，一个班里 95％的学生都能达到作为掌握一门学科的指标值的 A 等。”而分层教学正是实现他“从差异出发达到消灭差异”这一理论构想的有效手段。“差异”教学体现在教学过程之中，通过这些不同的教学使每个学生都得到适合自己最大可能的发展。

（4）教育、教学过程最优化理论。苏联著名教育理论家巴班斯基，针对苏联60、70年代教育改革中出现的许多新矛盾，总结了先进地区和优秀教师的教学经验，力图克服教育理论中某些片面性、决定化的倾向，创立了“教学过程最优化”的理论。

巴班斯基指出“最优化”是在教学规律和教学原则基础上，教师对教育过程的一种明确的安排，是教师有意识的、有科学根据的一种选择（而不是自发的、偶然的选择），是最好的、最合适于该具体条件的课堂教学和整个教学过程的安排方案。根据系统—结构观点，巴班斯基按照逻辑顺序完整地分析研究了教学过程中多种多样的联系，在此基础上揭示了教学规律和教学原则。根据教学规律和教学原则，教师对教学的基本目的、任务要有整体的了解，进而把每节课的教学任务最合理地结合起来，并突出主要的、占主导地位的任务。在教学组织形式上，要全班的、小组的和个别的教学形式最优化地结合起来，实现区别教学的目标。

（5）加德纳的多元智能理论。1983年美国哈佛大学霍化德·加德纳教授提出了“多元智能理论”，他认为智力不是一种能力而是多元的能力，不是以语言—表达能力和数理—推理能力为核心的、以整合方式存在的一种能力，而是“在某种社会或文化环境的价值标准下，个体用以解决自己遇到的真正难题或生产及创造出有效产品所需要的能力”。这些智力包括言语—语言智力、音乐—节奏智力、逻辑—数理智力、视觉—空间智力、身体—动觉智力、自知—自省智力和交流智力，它们错综复杂，以不同的方式不同程度地结合在一起，形成有机的整体。这个整体在个体身上由于智力成分的独特组合而表现出每种优势智力或主导智力，使每个人的智力各有特点，各不相同。这一理论给我们看待“成功”问题与“聪明”问题提出了新的视角，同时也给我们的课程观、教学观、评价观带来一些新的变化。教师要改变传统的观念，要以学生为中心，充分了解学生的智能结构和特点，正视学生的差异，尊重差异，善待差异。改变教学的方式，调整课堂教学设计思路，把“多元智能”理论与教学相结合，突出学生的个性发展，使学生较好地运用发展自己的每一种智能。

（6）“最近发展区”理论。维果茨基认为，任何学生在学习中都存在着两种水平：一是现有水平，被称为“最近发展区”；二是潜在水平，被称为“教学最佳区”。教学就是这样一个使潜在水平转化现有水平，并不断创造新的现有水平的过程。根据这种理论，学生的个别差异包括现有水平的差异和潜在水平的差异。我们组织的教学活动只有考虑到这些差异，尽可能靠近各个层次学生的“最近发展区”，循序渐进，才能顺利开发其“教学最佳区”，并不断地建立新的最近发展区，层层递进，促进学生的全面发展。分层教学模式的层次化课堂教学就是为了给学生寻找贴近各自特征的最近发展区、适合自身特点的教育方法，使他们获得成功体验，产生愉快情绪和强烈学习动机，激发他们的学习主动性，从而提高教学效果和学习质量。

3. 分层教学模式的学习理论依据

（1）“人本主义”学习理论。现代西方教育的一个重要教育思想是以马斯洛、罗杰斯为代表的人本主义学习理论，其承袭了欧洲文艺复兴时期的人本主义教育观，重视对人的情感、智慧、意志、人格的整合，强调受教育者的主体地位，提出“以学习者为中心”的观点，主张学生要充分发挥自己的潜在能力，能够愉快地、创造性地学习，追求人的个性的发展。一方面它强调以人为本，即强调教学以学生为中心，认为教师要充分调动学生的主体性、主观能动性，充分尊重学生的自身价值和挖掘学生的潜能，使学生能够得到全面发展。另一方面人本主义学习理论强调学生的自由学习，主张尊重学生个性特长，让学生自由发展。这就要求我们的学校教育

不能按照一个模式进行教学活动，而应该采用适合学生实际情况的多元化教育模式。人本主义学习理论启示我们，学生是学习的主体，师生关系的核心是尊重学生。尊重表现为两方面的含义：其一是承认每个学生都有自己的兴趣、认知水平、需要，尊重学生个性的存在，教育活动而且要以此为出发点，发展学生的个性；其二是在尊重每个学生的人格和尊严的前提下，尊重学生群体的存在，强调师生的交流，教师要走入学生的情感世界去理解他们。学生是不成熟的群体，通过教育教学活动，可以使他们不断走向成熟。但是学生又是一个充满情感、活力和个性的生命群体，教师和学生之间、学生与学生之间在人格、地位上是平等的。实施素质教育下的动态分层教学模式，教师要在把握教学方向、内容、进程和方法后，“以学生为中心”，充分尊重和信任每一个学生，使学生们在愉悦的情绪下学习，强调教师的教学要以学生为本，以学生的发展为本，教师在组织教学活动时要十分关注自己的教育对象，这样才能调动学生的主动性、积极性和自觉性。

（2）建构主义学习理论。建构主义是学习理论中行为主义发展到认知主义以后的进一步发展，是当代教育心理学的一场革命。建构主义理论的内容非常丰富，但其核心用一句话可以概括为：以学生为中心，强调学生对知识的主动探索，主动发现和对所学知识意义的主动建构。建构主义认为，学习是获取知识的过程，学习是在一定的情境下，借助他人的帮助，如人与人之间的协作活动、交流、利用必要的信息等，通过意义的建构而获得的。建构主义学习理论认为“情境”“会话”“协作”和“意义建构”是学习环境中的四大要素或四大属性。学习环境中的情境必须有利于学生对所学内容的意义建构。这就对教学设计提出了新的要求，也就是说，在建构主义学习环境下，教学设计不仅要考虑教学目标分析，还要考虑有利于学生建构意义的情境的创设问题，并把情境创设看作是教学设计的最重要内容之一。在学习过程中帮助学生建构意义就是要帮助学生对当前学习内容所反映的事物的性质、规律以及该事物与其他事物之间的内在联系达到较深刻的理解。这种理解在大脑中的长期存储形式就是关于当前所学内容的认知结构。教师的教学活动围绕着意义建构这个最终目标来进行。建构主义提倡在教师指导下的、以学习者为中心的学习，也就是说，既强调学习者的认知主体作用，又不忽视教师的指导作用，教师是意义建构的帮助者、促进者，而不是知识的传授者与灌输者。学生是信息加工的主体、是意义的主动建构者，而不是外部刺激的被动接受者和被灌输的对象。建构主义理论为教学改革提供了一种全新的指导思想，在将其付诸实践的过程中，我们应当注意到，学生在对知识的探索、发现和意义建构上存在很大差异，并且这种差异体现在各自的能力、方法、过程和所需条件等各个方面。因此，动态分层教学模式必须要以学生为本，尊重差异，以培养个性、能力和综合素质为指导思想，针对不同层次学生的实际情况，因材施教，发挥每个学生的主体性、自主性、能动性和创造性，实现其最大限度的全面发展。

第三节　分层教学模式在高校体育教学中的实践研究

一、分层教学模式的教学设计

（一）分层教学目标的制定

在制定分层教学目标时，应该考虑到总体目标的制定，教师根据同一个班学生体质的差异性以及运动能力的高低，因材施教，针对不同层次的学生来设计相应的教学内容、教学方法、教学要求等，具体来规划目标的制定。为了突出分层教学中的层次感，即每节课教材规定内容的目标都应该达到要求，但教材内容的深度、广度、教学进程、理解知识的层次、各种练习的设计、教师的指导与帮助都应该视情况而定。在体育教学中，根据学生的身体差异、运动技术水平的高低、体育素质及个体心理素质等方面的因素，以及体育的合格标准和体育达标成绩的依据来划分层次，打破传统的教学模式，将学生划分三个层次（即初级、中级、高级），进而设计不同层次的体育教学目标。

在体育教学中，各个层次的学生并不是一成不变的，为了鼓励学生积极锻炼，努力向上，在教学中引入竞争机制。在一定时间内适当调整层次，对进步快、能力有提高的学生升入高一级层次，对后退的学生降低一个层次。这样，激励学生有竞争意识，力争上游，不甘落后，努力学习，既控制了课堂的教学气氛与氛围，又调动学生学习的积极性和主动性，有效地促进了学生身体素质和思想品质的提高。

（二）分层教学目标的设计

分层教学能否顺利进行与开展，达到体育教学目标，重要的是在课堂授课中对练习的设计。因此，在体育教学中要结合教材的内容和各层次学生实际情况出发，设计出不同层次的教学目标、教学方法和教学内容。根据因人而异、因材施教的原则，可将教学目标划分为三个层次：

高级层：对大纲教学内容有所提高，进一步拓宽视野，对运动技术内涵的加深与理解，努力提高运动技术水平，能深刻理解运动技术，动作标准、正确、连贯、协调，促使不断提高身体素质，培养其能力。

中级层：掌握教学大纲的所要求的基本内容，掌握基本理论知识。

初级层：初步掌握所学的运动技术，能理解动作要领。

除此之外，进行分组练习时要注意女生身体素质不如男生，所要求的难度与运动量都应根据其身体素质要减量，同时体育教师讲授课之后，不要无所事事。应该主动到练习场地进行巡视，纠正与帮助学生改进错误的技术动作。这样，各层次之间都有相应的教学内容和方法，各层次的学生都能从中学到知识，充分调动学生积极性与主观能动性，从真正意义上使学生感受到体育带给他们的快乐。

教学方法就是教师组织课堂教学活动的方法。教学目标的实现，是要依靠一定的教学方法的。问题是如何在分层次教学中针对学生不同的身体差异、个性特征及认知的程度不同，运用不同的教学方法，合理制定出科学合理的教学目的，以此来进行教学。体育分层次方法的运用具体如下。

（1）体育教师要认真进行教学研究，认真进行“三备”。“三备”即备教材、备内容、备学生。针对不同的学生，确定不同的教学内容，采用灵活多变的、行之有效的教学方式。在教学中，学生是课堂的主体，教师是课堂的主导者，教师充分调动学生的积极性，并促使学生能有一定的创新性与开拓性。教师帮助学生努力完成教学任务，使不同层次之间的学生都能理解所学的知识与运动技能，在原有的技术上有所提高。

（2）体育教师在教学中运用教学手段。体育教师在传授运动技能的过程中，由于学生对运动技术的理解存在着一定的差异性，因此在传授运动技术过程时，事先要了解各层次学生掌握

运动技术水平的情况，针对该情况采用不同的教学方法、内容和手段。

(3) 体育教师要激发学生的竞争意识及团队合作精神。在体育分层教学过程中，根据各层次之间的学生生理、心理、思想意识等因素，通过教学比赛手段培养学生的意志品质，激发学生有竞争意识、团结意识、拼搏进取的精神，提高其对教学环境的适应能力和自我心理控制的能力。

在群体教学活动中，培养学生相互团结、互相竞争、相互理解的精神，促进学生在学习运动技术时没有畏惧感、没有思想包袱、没有自卑感，使学生感受到体育是一门有趣味、轻松的课程。只要很好地、科学地将分层次融入教学中，会使体育教学质量与教学效果都有所提高。

(4) 解决对学生的学法指导与帮助。先天身体素质、运动能力基础差的学生，应以模仿为主，主要模仿体育教师与基础好的学生的技术动作，通过模仿、教师指导、课后咨询基础好的学生，从而达到自己的学习目标。而学习基础好的同学，要向教师了解更深层次的知识、了解难度较大的运动技术，课后自己通过查询相关影像与资料，学习并创新知识，进行纵向与横向的联系分析，形成网络知识结构，从深度与广度上进行拓展。

(5) 要及时处理教学信息的反馈。在体育教学中，教师通过课堂的询问，以及平时对学生的理论知识与运动技术的测验，了解学生近期的学习状况，根据这些情况，要及时调整教学内容，有针对性地进行教学，特别要对基础差的同学进行知识的缺陷补漏与矫正技术动作。

(三) 分层教学模式的运作程序

分层教学模式的运作程序是指教学活动在时间上展开的逻辑步骤以及每个步骤的主要做法等。任何教学模式都具有一套独特的操作程序和步骤。例如，杜威实用主义教学模式的程序是：情境—问题—假设—解决—验证。由于在教学过程中，既有教材内容的展开顺序、教学方法交替运用的顺序，又有内在复杂的心理活动顺序，因此，人们通常从不同侧面提出教学活动的基本阶段和逻辑顺序。

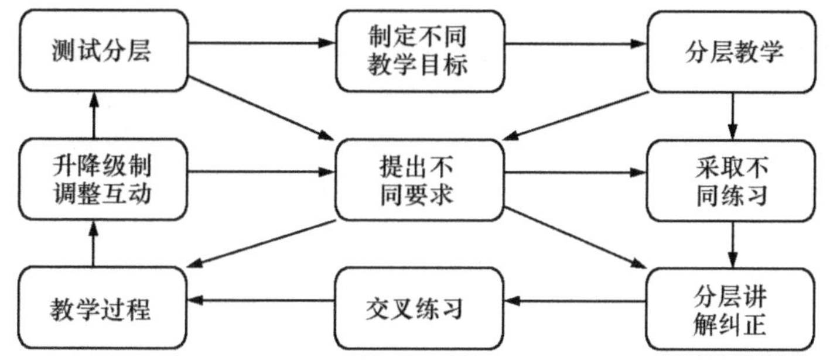

图 8-1　分层教学模式运作流程图

(四) 分层教学模式的评价

分层教学评价与正常的教学评价有所不同，为了使所有学生都能达到一定的教学目标，在教学评价时要考虑到各层学生的学习情况，为了鼓励与加强学生在平时课堂上的学习与练习，不以期末的理论考核与技术动作评定为最终考核结果，要以平时考核与期末最终考核来评定每个学生的成绩，同时与各层学生在不同程度上的进步与提高相结合的原则为标准。采用统一的考核标准，势必会挫伤那些因身体素质的原因影响运动技术的学生积极性。以往的考核标准，过于单一化，不够合理，不够公平，这种“一刀切”的方式在分层次教学评价体系中是不可行的。在评价时要改革技术动作的评定的标准，量化的标准也随之要改变，不是古板、一成不变的。为此，采用新的考核标准，力求体现出分层次教学的特色，对各层学生的考核标准给予不同的要求来评定，做到有针对性的、合理的评价不同层次的学生学习与进步。高层次的学生要适当加大考核难度，而低层次学生势必要降低考核难度；高层次鼓励与激发学生把技术动作做得比较完美，量化的标准也更要准确、无误。低层次的学生要求把技术动作基本完成就可以，量化的标准也相对降低要求，并结合平时课堂测验、表现的积极性确定考核的最终成绩。

这样，让各层次的学生都能切身体会到经过自己的努力而取得的成绩，成绩获得的同时也感受到体育所带来的乐趣与喜悦，体会到成功的价值，使学生明白只有通过体育锻炼才能有健康的体魄。加强体育锻炼，可以促进学生身心健康、增强信心、锻炼意志品质、人际交往等方面的提高，为和谐校园、和谐社会奠定一定的基础。

对分层教学模式的评价，应注意以下几个方面。

1. 评价的基本原则

（1）教育评价目的性原则。教育评价的最终目的就是为了实现教育目标。（2）教育评价客观性原则。要求评价主体以真实的资料为基础，对教育成果进行客观的价值判断。（3）教育评价的全面性原则。要把握评价事物的整体及其发展的全过程要站在全局的立场上去解决评价中的局部问题。（4）教育评价的诊断性原则。是指通过评价对教育工作中的问题及其性质做出判断，并采取相应改进对策。（5）教育评价的连续性原则。教育在整体结构上具有层次性，在目标内容上又具有连续性。它要求评价主体从发展的观点出发去评价教育成果。（6）教育评价的法治性原则。就是在有关的教育法律和法规范围内来进行评价。

2. 评价的目标因素

（1）知识目标因素。知识目标因素应包括知识和理解两个方面的内容。知识的评价目标是指在所学内容的范围内，正确地记忆、掌握和再认的能力。理解是一个心理过程，而知识的形成过程，也是个理解的过程。理解要求必须正确把握构成学习内容的诸要素之间的关系。这样的理解过程就会使学生把学习内容作为原理和法则去掌握，容易形成系统化的知识。

（2）技能目标因素。它是由智力技能和运动技能构成的。智力技能是指借助内部语言在头脑中进行的认识活动的方式，主要是思维活动的操作方式。运动技能是指在学习活动、体育活动和生产劳动中的各种具体操作能力。

（3）能力目标因素。能力通常包括：注意能力、记忆能力、观察能力、想象能力、特殊能力、思考能力、判断能力、评价能力、鉴赏能力和表现能力。

（4）情谊目标因素。情谊是指兴趣、爱好、习惯、态度等内容。对分层次教学的评价，第一，注重对学生的全面评价，引导学生健康全面发展。应从认知和非认知两个方面着手，改变传统的“一卷定乾坤”的评价方式，着重评价学生在原有基础之上的发展程度，对学生进行多角度、多方面评价。认知方面包括基础知识的掌握、理解和应用；非认知方面的评价内容可包括学习方法、学习习惯、学习兴趣、学习动机、创造能力、探究能力、学习信心、问题意识、上课时的心情、关心他人程度、课堂参与程度、学习负担等。第二，重视过程评价，这是现代教育评价的一个特点。评价学生时，不仅要关注结果，更要注重学生成长与发展的过程，有机地将终结性评价与形成性评价结合起来，给予多次评价机会，促进学生的转变与发展。苏联对

这个问题比较重视，他们认为，教育评价不只是对学习结果的检查，还应包括学习过程的评价，其目的在于有效地控制学习活动，全面地评价学习水平。过程评价包括日常检查、定期检查、总结检查。

3. 评价的方法

（1）将评价贯穿于日常的教育教学行为中，使评价实施日常化、通俗化。分层教学、分层评价，即对不同层次的学生采用不同的评价标准，充分考虑学生的个性差异和不同的专长，及时肯定他们的成绩，并指出努力方向。评价方式可包括教师对学生的评价、学生对学生的评价、自我评价。自我评价是学生按照一定的标准对照自己的发展做出主观性评价，也可以制定评价标准，采取教师评价与定量评价相结合等方式。

（2）转变评价观念，体现育人为主的教育理念。要建立发展性课程评价体系，淡化评价的选拔功能，强调发展与激励的功能；淡化对结果的评价，关注对过程的评价；改变评价内容过于注重学业成绩的倾向，重视综合素质、全面发展的评价；改变单一的评价方式，体现评价方式的多元化。教育目的是整个教育工作的出发点和归宿，也是检验教育工作的尺度。评价目的是教育目的的具体化，在整个评价体系中具有方向性作用。为了达到选拔的目的，传统教育的评价主要是为了选拔少数尖子，淘汰绝大多数，评价是终结性的。而今天的教育是面向绝大多数，学校课程的编制及实施都要围绕“育人”这个中心，课程与教学评价也要由传统的重“选拔”转向重“育人”，保证能使绝大多数学生全面发展。因此评价就要立足于促进学生身心、素质和能力的健康全面发展之上。

（五）分层教学模式的教学效果

经过对教材的了解，教学目标、教学方法和教学内容的改进，教学内容的重点、难点的掌握，了解学生的身体差异、个性特征及心理需求，通过分层教学制定相应的要求，对教学评价做出合理、科学性的制定，使得分层教学效果有显著性效果。在教学课堂上做到调动学生学习的积极性和主动性，有效地促进学生身体素质和思想品质的提高，全面提高学生的身体素质与运动技术水平。

1. 学生身体素质得到提高

分层教学尊重学生身体差异，从实际出发，因材施教，把学生学习体育锻炼的积极性与主动性调动起来，让学生明白在课堂练习能加强身体的锻炼，以提高学生的身体素质。

2. 学生运动技能得到提高

分层教学，是面向全体学生因材施教，是所有的学生都积极参与课堂学习全过程，使各层学生练习时都有自信，敢于做技术动作，表现欲极强的过程。各层学生都感受到成功，感受到其中的乐趣，享受体育给他们带来的快乐。各层学生在达到所要求的标准而能熟练运用技术动作与完全掌握的同时，还可以自主选择高一层次的学习，充分发挥学生的创新性与开拓性；灵活而又弹性的选择方式，更能提高学生的锻炼热情。

3. 教师业务水平得到提高

分层教学，是教师对教材的深入研究，熟悉教材，对教学大纲与教学目的以及对学生充分了解的过程。在进行教学时，要对自己的教案设计有一个详细、科学、明确的要求。不仅要对教案熟悉的程度高，还要对所教每个学生的个体差异、个性特征、心理需求都熟悉与了解，这就要求教师要投入很大精力、花费大量的时间去备课，这本身就有利于教师业务水平的提高。只有不断创新、拓展新的领域，才能应对学生在学习时暴露出来的问题，及时解决。分层教学，教师必须有一个科学的、周密的教案，才能上好一堂课，教好每一个学生。所以教师的业务水平经过一系列的要求，必然会得到提高。

二、高校乒乓球教学中分层教学的教学实践

分层教学的主体是学生，层次分得科学与否，直接影响到分层教学的成功与否。为此，对学生进行分层要坚持尊重学生、师生磋商、动态调整的原则。首先，要向学生宣布上述分层方案的设计，讲清分层的目的和含义，以统一认识；其次，教师应指导每位学生实事求是地评估自己，通过学生自我评估，再根据基本功测评的结果，科学地帮助学生选择适应他们自身水平的层次；学生的层次也不是一成不变的。经过一段学习后，由学生自己提出要求，教师根据学生的变化情况，做必要的调整。前两周内可根据学生自己的要求随时做个别调整，一个学期后根据考核情况和整体评估情况做较大范围的调整。

分层教学的教学实践实施流程见图 8-2。首先，是对全班学生进行原始水平测试分层；其次，根据学生的实际水平制定不同的教学目标（教学任务）；第三，根据不同层次的目标进行分层次教与学，对不同层次的学生提出不同要求，分层进行练习，之后安排不同层次的交叉练习，进行不同层次的交流；最后，根据上课情况进行小结，并以此调整练习内容、负荷与要求。整个教学流程是环状的控制系统，不断地根据学生在练习中的反馈进行调整，以期望达到教学的最优化。

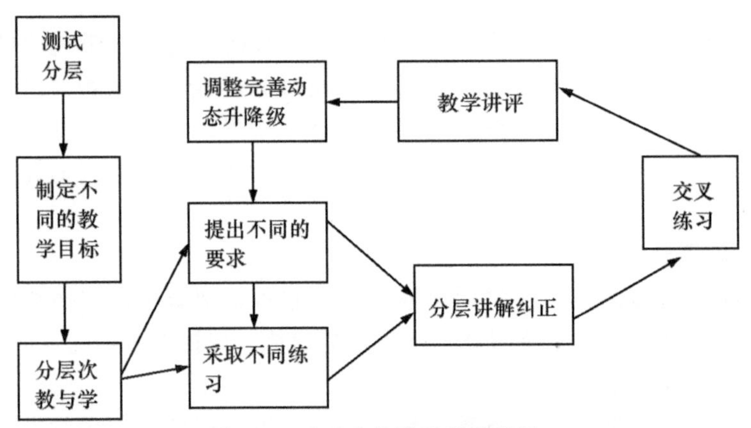

图 8-2 乒乓球分层教学流程图

（一）进行科学客观的分层

在进行分层的时候一定要严格按照学生的乒乓球技术水平，首先要讲清分层次教学的原因，使学生了解自身素质，能够乐意接受教师的分层安排。确立自己的目标，树立学习的信心。在教学中特别对基础差的学生进行鼓励辅导帮助他们完成练习，使他们能充分感受到成功的喜悦，培养学习的兴趣。

实验组根据乒乓球专项技术要求，在实验前请两位乒乓球专项教师对学生 3 项乒乓球基本技术进行测试，即把反手推挡、左推右攻、正手发奔球几项基本技术根据动作技术评定结合个数进行综合打分（最后分数以两位教师的平均分为准），以平均分为线。分数在班级平均分之上

的为A层，在班级平均分之下的为B层，这样就将学生原有掌握的乒乓球基本技术分成A、B两个层次。分层教学是以不拆开原教学班，不改变原教学计划为前提，只是针对不同的教学群体特点设定不同的教学内容和选择不同的教学方式、手段，根据学生的实际水平设定不同的考试方法。给不同层次的学生一个更符合实际的学习目标，使之逐步掌握专项技能。

（二）制定不同层次的教学目标

根据分层次教学的优势，各层次学生的乒乓球技术水平大体接近。根据最近发展区的理论可接受性原则，制定不同层次的教学目标。所定的目标力争使每个学生看得见摸得着且操作性要强，目标应是学生在经过刻苦练习后可达到的要求，应是稍高于该层次学生的实际运动能力。

A组以基本技术的衔接练习为主，要求熟练运用技术提高技能，辅以专项理论讲授和教学竞赛；B组以基本技术练习为主，要求掌握单个技术的动作的过程，辅以专项理论的讲授。

在一年的乒乓球教学中，对照组采用传统的教学方式，按照统一的授课计划，统一的教学内容、进度进行教学。而实验组采用分层次教学，在第一学期以反手推挡球、正手攻球、正手发奔球、基本移动步法等内容为主。第二学期以左推右攻、搓球、发侧旋球、教学比赛等的技术为主。同样的教学内容，但两个组的要求截然不同，要求A组在原有的基础上提高动作完成的质量，熟练运用乒乓球技能；要求B组能够从不会到会，初步掌握乒乓球技术。

表8-1　第一学期实验组的分层教学要求

教学内容	A组	B组
反手推挡球	要求能较好地控制落点、推挡的弧线不能过高，动作连贯性强，协调性好	要求能掌握正确的动作，连续性强，避免失误
正手攻球	要求能够熟练用球，掌握正手一点对两点攻球、两点对一点攻球	要求能够完整的做出正手攻球动作，连续攻球5板以上
正手发奔球	要求能够将球发进指定的区域，并且要速度快、弧线低、角度大，突然性强	要求能够按照合法发球的动作将球正确的发过网
理论内容	要求能够掌握乒乓球的专项基础知识，如基本技术、战术等	初步了解乒乓球的基础知识，如发球的规则以及常用练习手段等

表8-2　第二学期实验组的分层教学要求

教学内容	A组	B组
左推右攻	要求摆速快、还原及时，正反手衔接流畅，配合脚步的移动进行练习，能较好地控制落点、弧线不能过高，动作连贯性强，协调性好	要求能掌握正确的动作，将推挡球和攻球连贯起来，进行连续的练习避免失误
搓球	要求能够在搓中起板，用搓球过渡寻找机会进行拉球	要求能掌握正确的动作，正手、反手进行连续搓球练习
发侧上（下）旋球	要求能够将球发进指定的区域，旋转强、落点稳、弧线低、变化多	要求按照合法发球的动作发出上（下）旋转球
理论内容	要求能够掌握乒乓球的比赛方法、规则，并能够在教学比赛中担任裁判工作	了解乒乓球的基本规则，有一定的比赛欣赏能力

（三）教学组织形式

1. 小组合作学习

小组合作学习可分为同质学习小组和异质学习小组。同质学习小组是将同类或技术水平大致相当的学生编排在一组，并为各组确定相应的学习目标和学习内容。异质学习小组是将不同层次的学生混合搭配，分配在同一小组，在异质学习小组中，技术好的、学习兴趣浓厚的学生必将带动和感染其他同学，在帮助其他同学的同时巩固自己的技术，感受助人的快乐；另一方面也能使基础差、兴趣低的学生受到激励和帮助，形成以强带弱、以弱促强的格局，促进每一个学生都能够在自己原有的基础上获得提升，培养学生自学的兴趣和能力。这种课堂组织形式能通过同伴之间的教与学，激发学生的内部学习动机，促进全体学生技术水平的提高，同时培养学生相互学习、相互帮助的意识，形成互助合作的精神。

2. 个别教学

分层教学中把班级集体教学与个别教学相结合。但这不是简单地在集体教学中加进个别辅导，而是要将个别化教学的思想、策略和方法，在教学目标、课堂教学、辅导训练等方面体现出来。对基础差、学习落后的学生，教师要帮助其查找原因，寻找适合的学习方法，逐步形成自学能力，达到学习目标；对学有余力的学生，教师应注意课外拓展、练习的指导，培养他们养成良好的学习习惯，使得每个学生都得到最大限度地发展。

（四）注意不同层次间的交流

在每一节课中均安排一定时间让不同层次的学生相互交流，让较高层次同学对低层次同学进行帮助，在学习中共同提高并相互激励。这样的交流可以使层与层之间层次内部之间产生竞争与合作，使异步发展更能发挥作用，使全班的乒乓球运动技术共同提高。

各层次班要进行适当调整，对学习进步较快，对乒乓球运动感悟较强的，可在一定的课时后升到上一层次组，这样在整个分层次教学实验过程中，没有把学生定格在某一层次班组。分层教学训练与常规教学训练相比，能较好地贯彻因材施教，区别对待的体育教学原则，利于发挥教师和学生的互动作用，有利于学生体育成绩的考核与评价，提高体育教学质量和目标管理。分层教学训练能够激发学生竞争意识，使身体素质和运动能力不同水平的学生全面发展，对他们增强自信心和挑战自我起到积极的促进作用。分层教学训练对学生增强体质，促进专业学习，培养学生良好思想品德和顽强的作风，增强体育意识和终身体育思想有重要的积极作用。

三、高校网球教学中分层教学的教学实践

（一）分层教学模式的目标建立

学习目标具有导向、评价和激励的功能。之所以网球选项课过去取得的目标效果不是特别好，其中有一个非常重要的因素，就是用一致的目标和要求来对待所有的学生，其结果就必然造成一部分网球基础较好的同学，无须做出什么努力，就可轻松地实现计划目标，而失去学习的兴趣和动力；而另一部分网球基础较差的同学或身体条件不好的同学，无论做出什么样的努力都无法达成目标，屡屡受挫，丧失了学习的信心。因此，帮助学生制定适合自己实际水平的学习目标，是具有重要意义的。但是，一个班的学生最少也有 30 人，要教师帮助每个学生确立自己的学习目标是不现实的。而分层教学模式通过把学习目标分成多个层次，帮助学生选择适

合自己层次的目标，是非常可行的，而且是非常必要的。

在分层教学模式中，教师通过了解学生，包括年龄、体型、运动能力、身体素质、运动基础、爱好和个性特点的基本情况，将学生划分成三个级别，分别是较好、一般和较差。为不同层次的学生制定不同目标，使学生把注意力集中在任务和达成任务相关的目标上，这就改变了以往的教学中学生注意力分散、练习不积极的现象。同时，为了避免由分级所带来的负面影响，应强调升降级制度。接受能力强的学生，在完成目标的情况下，教师必须立即提出更高层次的任务。因此，通过提高目标，使学生不会满足于他目前的学习状态。

（二）分层教学模式的实施步骤

1. 合理划分层次

教师要了解所教学生的身体素质和专项技能基本情况，综合考虑学生方方面面的情况，由于学生的个体差异主要表现在整个教学过程和教学环节上，因此，教师需要进一步研究不同层次学生的具体特点，提出与教学内容和水平相适应的目标和要求，并且在课程的设计上和教学手段上力求做到科学合理。让学生明确本学期的教学内容和教学目标，特别是在客观分析身体机能、基本技术测试和个人改进计划发展的基础上。为了促进学生的发展必须通过教学的各个环节，根据不同学生的特点制定不同的教学目标、要求和教学手段，需要照顾学生的个体差异，使每个学生在体育学习中积极参与，鼓励每一个学生的发展。在这种教学模式的基础上，提出了以下两个具体操作要点：首先是合理划分教学层次；其次是教师教学目标的分层。具体分层标准如下：

测试原地抛球正手底线击球一项技术，给学生两次机会，每次测试时间 60s，击球次数 20 次。正手底线击球过网不出界不能累计 10 球者定编较差层。

测试原地抛球正手底线击球一项技术，给学生两次机会，每次测试时间 60s，击球次数 20 次。正手底线击球过网不出界能够累计 10 球者定编一般层。

通过中级层测试标准的学生，再测试反手底线击球技术，每次测试时间 60s，击球次数 20 次，反手底线击球过网不出界能够累计 10 球者定编较好层。

2. 教学目标分层

分层教学理念是面向全体学生，使每个学生获得成功的体验。为接受能力强的学生创造条件，使其提高能力；接受能力差的学生不能放弃，使他们树立信心，并逐步增加教学内容。教师应根据具体情况，分别制定教学目标，让学生通过自己的努力取得成功（具体见表 8-3）。

表 8-3　弹性目标体系

层次类型	基础性目标	提高性目标	发展性目标
知识目标	了解水平	理解水平	迁移应用水平
技能目标	模仿水平	独立操作水平	熟练操作水平
情感目标	经历（感受）水平	反应（认同）水平	领悟（内化）水平

学习水平较高的学生，不断推陈出新提高运动技术，树立体育技能的目标，不断增强身体素质，明确发展目标，提高分析问题和解决问题的能力，以及完成“教学的更高目标”的能力。这些学生可以成为教师在体育教学中很好的助理。这种水平的学生，教师应提高其教学难度，

鼓励他们做得更好，不断提高身体素质，使之更加突出特长。同时应该对他们提出更严格的要求，防止他们有骄傲自满情绪。

对中等水平的学生，让他们更好地掌握体育知识和运动技能，能够独立思考，具有一定的分析问题、解决问题的能力，树立运动参与的目标，达到“基本教学目标”，并鼓励他们积极参与“高层次的教学目标”的教学活动。一些身体素质好，能按教学进度要求熟练掌握练习的技能，具有一定分析问题和解决问题的能力的学生所占比例最大。此类学生具有较强的可塑性，在课堂教学结构中较为稳重，所以在这一层的学生有没有进展，直接反映了体育教学的课堂效果，在实际的教学过程中，由于这种水平层次学生数量最多，教师可以适当地指导，引导学生自主学习，自由发展，使学生实现自主学习的成功和满意度，同时鼓励他们向优秀学生学习，力争通过努力上到更高的层次，成为优秀学生中的一员。

对于学习水平较低的学生，首先要调动他们的学习积极性，放大他们的闪光点，树立他们的自信心，提高其克服困难的能力，创造条件，给他们更多锻炼的机会和勇气，注意培养学生的自学能力，让他们掌握最基本的理论知识、技能，着眼于本体，达到精神健康目标，完成了“一般教学目标”。对于这类学生，很重要的一点是要增强他们学习的信心，并逐步走出运动落后的困境。由于实施分层教学，他们可能有自卑感，学习的动机会有所降低，因此，在教学中应该更多地去调整他们的心理状态，能让他们体验运动的乐趣，鼓励他们走向成功，在教学内容的安排上，以基础技术学习为主，详细解释教学方法，示范和纠正错误的动作，建立正确的动作概念。

心理学的实验研究表明，有教学的目标比没有教学目标获得同样的学习效果可节省60%的时间。在导入新课时让学生明确每一层具体的教学目标，紧紧围绕目标，这样可以有效减少干扰因素和无效的实践过程。制定教学目标分层，为各级学生提供更明确的学习方向。只有学生有明确的学习目标，通过自己的努力来实现这一目标，才能体验到学习成功的乐趣。

高校网球选项课开设的主要目的不是培养高水平运动员，它的任务仅仅是使学生通过网球选项课的学习、锻炼，提高对网球运动的兴趣，掌握一定的网球基本技术，培养学生自觉锻炼的习惯，为终身体育打好基础。为此，高校网球选项课的教学，应根据学生的特点，既侧重于基本技术的教学又要使学生在较短的时间里大致了解和体验网球运动的全过程，根据学生不同的层次，确定不同的教学内容与教学重点。

较差层的教学目标与教学重点：

重视基础知识、基本技术，基本技能的教学，教学进度缓慢，多进行重复练习。具体教学内容是：球性、球感练习，基本姿势，基本站位，握拍法，基本步法，正（反）手击球、正手发球，常用的术语与简单的网球竞赛规则等。

在教学实验的过程中发现，对较差层的学生而言，掌握正反手底线击球技术，对于其网球技术的提高起着举足轻重的作用。对于正反手底线击球术的教学是这层学生学习的重点。对于正手底线击球技术动作而言，多数学生因其难度不大，掌握得较好。而反手底线击球技术的学习和掌握往往是难点。故开始时要给学生做徒手、多球等各种辅助练习，使他们找到正确动作的概念，慢慢地形成较正确、合理的正反手底线击球技术动作的动力定型。

一般层的教学目标与教学重点：

重视基础知识、技术、技能的提高，教学内容适当，教学进度相对较快。具体教学内容是：

正反手底线击球技术、发球技术、网前小球技术、高压球，全面学习网球竞赛规则及裁判法等。

在一般层中的教学重点是正反手击球的线路变化练习，再逐步转入全面的攻、防战术中练习。同时应注重发球与接发球的训练，使学生能掌握1～2种发球技术，增加对接发球的判断能力及处理球的能力。

较好层的教学目标与教学重点：

教学目标最高，教学要求最高，对知识、技术、技能的质量要求更严格。具体教学内容是：结合步伐的运用，将所学技术动作熟练运用到比赛中去，有较强的战术意识，能代表学校参加各种比赛，能组织小规模的网球比赛。

较好层学生大都已经具有一定的技术和战术基础，因此教学重点在于熟练应用基本的技战术，以赛促练，增强临场对抗能力，同时从理论上加深对网球技术动作和战术的理解，还要求其多指导一般、较差层的同学，培养其对网球技术动作和战术的教学与训练能力。

3. 教学训练与层次调整

在教学的过程中，定期和不定期地对学生网球技能进行重新评估，并调整学生的学习能力水平。教师在评定教学的质量时，让每个学生独立完成测试，并综合各学生的考试成绩来评估，通过平时的观察和单元测试，老师在教学中进一步了解学生的学习成效，并及时对学生层次进行调整，对存在的问题进行解决，从而更好地实现教学目标，让所有学生掌握所教的内容。

4. 分层教学模式的教学评价

学生学习的评估是体育教学中的一个重要环节，是最有效激励学生进步的手段，许多教师往往忽视这个重要的组成部分，要“建立促进学生评价体系的全面发展”。因此，在课程改革的过程中，如何科学、理性、客观的评价，使学生得到准确的评估，以促进学习和体育活动积极参与的有效手段，是摆在一线体育教师面前的一个新课题。

过去的经验告诉我们，学生的评价是触摸无形的发展杠杆。单方面的评价方法、内容会导致评估结果不能客观、真实地反映学生的体育发展水平，甚至导致很多的学生自卑，失去信心，远离体育活动。体育教师用现有的统一的标准，评价学生的成绩，“成就面前，人人平等”，并认为这种方法简单、方便、可操作性强。只能体育教师采用定量的方法，以学什么就进行什么测试，在学期结束时，学生获得总结评价，这种过度依赖体育成绩评价学生的方法，导致了不公平的现象。

分层教学使每个学生获得成功的体验，获得学习上的成功，突破了传统的教学评价。在实际教学中对学生的不同层次，给予公正，客观的评价，以建立他们的自信心，培养他们的兴趣，养成体育锻炼意识的习惯（具体见表8-4）。

表8-4　分层教学评价体系

层次类型	较差层基础性目标评价	一般层提高性目标评价	较好层发展性目标评价
知识目标	了解水平 （网球基本知识、网球的健身作用）	理解水平 （通过网球裁判法的学习改正错误习惯）	迁移应用水平 （自主性较强，把所学理论知识运用到实践中去）
技能目标	模仿水平 （初步掌握网球基本技术如正、反手底线击球）	独立操作水平 （基本掌握网球全部技术动作，有1～2项较熟练）	熟练操作水平 （在竞赛中熟练使用技战术）

续表

层次类型	较差层基础性目标评价	一般层提高性目标评价	较好层发展性目标评价
情感目标	经历（感受）水平 （能够愉快的通过网球课提高身体素质）	反应（认同）水平 （竞争意识增强，渴望提高技战术水平）	领悟（内化）水平 （能够积极主动帮助他人，成为老师的好助手）

四、对高校体育教学中分层教学模式应用的认识与建议

（一）对高校体育教学中分层教学模式应用的再认识

1. 分层教学模式可以充分体现因材施教原则

教师依据一定的原则或标准将学生划分成不同的层次，采用不同的教学方法进行教学，以提高教学效率、改善教学软环境，最终达到各层次学生共同提高的目的。具有较强的针对性，充分发挥了学生主体作用，符合当代素质教育的要求。同时，注重学生的主体地位，使不同层次的学生的知识、技能、智力和能力都有所发展。教学目标和教学进度符合学生的实际，减轻了学生的课业负担。

2. 分层教学模式可以兼顾到学生的择业倾向

分层教学能有效地培养学生学习的兴趣，激发其良好的学习动机，调动学生学习的积极性和主动性。分层教学可以在区分学生学习动机的基础上，正确引导学生明确自己的学习目标，兴趣爱好，组织学生进行初步的职业规划，尽早确定自己的努力方向，从而调动学生的主观能动性，更加有效地组织教学活动。另一方面，分层教学还可以帮助学生和家长克服盲从心理，并为培养学生终身体育意识打下良好的基础。

3. 分层教学模式使得学生的评价体系更灵活

人才多元化、多层次的良性格局被片面地追求学历的人才观所扭曲，并深刻地影响着人们的教育观念。为适应社会发展的要求，建立以能力为核心的人才评价指标体系和相应的素质教育体系是高校正努力完善的目标。分层教学可以在不同的层次设置不同的考核方式，这种考核具有针对性，是完善高校学生评价体系的一种途径。当今社会需要的是综合性人才，当前尤其需要具有独立思考和创新能力、解决问题能力和团结合作精神的人才，这就使得分层教学成为可能。

4. 分层教学模式具有超越传统模式的先进性

分层教学优化了课堂教学结构，提高了课堂教学质量和效率。因材施教、尊重差异，面向学生的全体、培养学生的全面，注重个性培养和能力开发，全面提高学生综合素质。这些优势正是素质教育所要求的，因此，分层教学模式完全适合在普通高等学校的各类体育选修课中推广实施。

（二）对高校体育教学中分层教学模式应用的建议

1. 要彻底转变陈旧传统的教育观念和思维定势

观念是思想的先导，思想又是行动的先导。先进的观念、开放的思想、创新的意识可以使我们视野开阔，思路宽广，勇于开拓出课堂教学的新天地。教师基本的课堂教学要求应该是：一是为学生提供课堂主动学习的条件；二是把方法教给学生，让学生会学；三是增强课堂活力，

培养学生质疑能力；四是学会倾听学生意见，培养求知的强烈愿望：五是加强书本知识与学生生活实际和社会实践的沟通。

2. 要认真地对待分层教学的开展和实施

做好实施前的各项准备工作，确保分层教学的目的性和实效性。在制定各层次教学目标、要求、授课计划和确定教学方法之前，必须对学生的情况作一番深入细致的了解。这包括对学生的年龄、性别、身体形态、身体素质以及心理的了解。

3. 要合理地划分层次和制定各层次的教学目标

教师应合理地划分教学层次，将教学对象根据专项运动技术、身体素质、体育基础等因素，按递进的关系划分。并且教学层次的划分不宜太细，具体的实施细则，要通过进一步教学实践的检验和完善。同时正确地制定不同层次的教学目标，采取不同的教学方法，要注意各层次的连续性，实现教学的总体目标。另外具体的实施策略需要充分调查研究，实证分析，并在教学过程中不断调整、优化，使之日趋完善。

4. 要注意适时调控学生合作互动的动态合理性

要注意调动学生的积极性，不要让学生产生好坏的定性心理，适时的组织各层次教学组之间的交流，营造同学之间互帮互助的学习风气。学生的知识水平与能力发展是处于不断变化之中的。因此，在教学过程中，对学生知识层面、小组的搭配，要动态地进行把握，视发展情况及时调整，以激励学生不断地竞争向上，但同时要注意不可调整过频。

5. 要特别关注学习中的优秀学生和学习困难生

素质教育本身就是在强调要使所有受教育者均能得到全面发展和进步。分层教学模式，要求对优等生、中等生、学习困难生给予不同层次的目标和不同要求的指导，使他们均能取长补短，让不同层次的学生都能得到充分发展。这就要求教师要关注优等生的潜力挖掘和学习困难生的弱项补缺，让中等生在优等生的拉动和学习困难生的推动下不断进步，最终实现全体学生的共同提高。

到目前为止，分层教学模式的研究，很大程度上还停留在理论研究和初步实践的基础上。应该说，分层次课堂教学模式能体现教学的基本原则，符合新课程课堂教改的指导思想，但其真实的作用和效果有待在进一步的课堂实践中加以论证。

第九章　运动教学模式在高校体育教学中的应用实践

运动教育模式是由当代西方著名体育学者西登托普先生提出的一种课程与教学模式。经过20多年的实践及不断完善，已经成为当代比较成熟而深受西方发达国家推崇的一种体育课程与教学模式。然而对于我国的学校体育教育界来说，运动教育模式还是一块未开发的领域。鉴于此，对该模式的研究有益于我们更加全面地了解当今世界体育课程改革发展的特点，为我国新世纪体育课程改革的实施提供多重参照和借鉴。

第一节　国内外运动教学模式的研究现状

一、国外有关运动教学模式的研究

（一）运动教学模式的历史沿革

运动教学模式最初是由美国俄亥俄州立大学的西登托普（Darly Siedentop）所创立的。他在1968年撰写的博士论文《学校体育课程论》中首次提出这一概念，并在文中提到运动教学模式的基本理论是游戏理论。他认为身体的各种活动是社会活动的基础，应通过教育培养学生的身体活动文化，因此将体育作为一门学科是合理的。但在当时由于运动教学模式自身的不完善，并没有成为有影响力的学校体育课程。同时，游戏教育也从来没有对体育课程的实践起到指导作用。

之后的十多年间，西登托普对自己首先提出的游戏教育重新定位，让运动教学模式由起初的理论研究逐步付诸到实践中。西登托普与他的博士学生进行了一系列教学效果的研究，用大量时间观察体育老师的上课情况，在观察中发现体育课程普遍缺乏新意，学生们学起来较为枯燥，即便是在有着良好的教学效果的课堂中，都不能充分激发学生的学习兴趣，同时课程的内容也缺乏挑战。因此，他认为让学生获得真正的运动体验才是体育教师应当思考的内容。

1982年，在澳大利亚布里斯班，西登托普受邀在运动联邦会议上进行演说，这是首次讨论运动项目可以被视为体育教育的一个科目的会议。在这次会议上，西登托普第一次提出了运动教育（sport education）的思想。

1985年，在纽约加州登城艾德尔法大学召开的国际大学体育学会上，西登托普正式提出了运动教学模式（sport education model）。但在这次会议上，部分学者提出了异议，但也有一些学者对运动教学模式持有乐观态度。

其后，在1986年至1990年间，西登托普在各州参加了许多教学会议的研讨，但由于美国各

州之间体育教育制度不相同，以及西登托普当时仍然忙于研究如何提高老师教学的效率性，因此运动教学模式没有得到广泛推广，同时也就没有关于运动教学模式教学效果的文章及研究成果。

1990年，在新西兰Otago大学的Grant申请了国家对运动教学模式实验的支持，在新西兰一个年级的学生中进行实验，虽然当时有很多参与实验的教师并不情愿进行运动教学模式，但实验结果却很成功，从而改变了一些教师对于运动教学模式的看法，使运动教学模式受到师生的一致好评。因此，对于运动教学模式来说，此次实验无疑是一个至关重要的转折点。在此之后，澳大利亚也进行了运动教学模式的实验，同样获得成功，这使运动教学模式在新西兰和澳大利亚逐渐普及。

1994年，西登托普出版了《运动教育——通过积极的运动体验提高教学质量》专著。这本书对运动教学模式的介绍为更多的学校教师运用此模式提供了有效的理论指导，使运动教学模式作为一种有效的体育课程教学模式在世界各国得到广泛应用。

1995年，国家级的运动教育会议在珀斯成功举行。1998年，在英格兰举行了运动教育的会议，并展示了在社区体育中如何运用运动教育。同年在《体育、娱乐和舞蹈的杂志》出版了关于运动教学模式的专栏，提供了运动教学模式在学校开展的具体情况，以及运动教育对学生成长的积极作用，并讨论运动教学模式在实施中可能遇到的困难与解决对策。

2002年为了纪念西登托普退休，《美国体育教学杂志》推出了名叫“用朋友的书来赞美他——献给西登托普”的专栏，以此来说明西登托普在运动教学模式研究领域的重要地位。

通过对运动教学模式的历史沿革进行分析后，我们发现运动教学模式大致经历了萌发期、创立期、成熟期三个阶段。萌发期阶段是以游戏理论为理论基础，逐渐从游戏理论到游戏教育最后达到运动教育的时期；创立期阶段是由教学实验的探索阶段开始，逐步进行完善，从而迈向一个较为完整的科学的教学体系，此阶段也是运动教育较为关键的时期；成熟期阶段是运动教学模式发展和传播的主要时期，随着西登托普运动教育专著的发表，运动教学模式正式进入成熟的发展时期，全世界越来越多的国家和地区开始运用运动教学模式，如表9-1。

表9-1 运动教学模式的发展阶段

发展时期	发展阶段	发展情况
1968～1982年	萌发期	游戏理论—游戏教育—运动教育理论
1983～1993年	创立期	形成教学过程、教学方法
1994年至今	成熟期	《通过积极的运动体验提高教学质量》出版

（二）国外运动教学模式的研究概况

从20世纪80年代开始，经过近30年的发展，“运动教学模式”在一些国家和地区的发展和实践运用已经非常成熟。2005年，Wallhead和O’Sullivan基于对28篇以实验研究为基础的文献进行分析，发表了对“运动教学模式”的研究回顾。在回顾中，作者肯定了该模式的某些优点，特别是其连续的团队会员身份，有利于学生参与到以学生为中心的学习任务中来。但是在其他方面，例如学生领导技巧方面，被认为存在潜在的问题。同时，该回顾对未来的研究提出了很多意见与建议。2011年4月，著名学者Peter A. Hastie等在Physical Education and Sport

Pedagogy 杂志中又发表了对“运动教学模式”的回顾研究。研究发现，与以往相比，“运动教学模式”的实证研究运用在更多的运动项目和国家及地区中，而且趋向于更加成熟的实验设计，并使用更大的样本量。但同时，更多的研究需要在某些领域进行，例如同伴指导、从学校体育到社区体育的迁移等方面。

1. 运动教学模式对学生健康水平的影响研究

Wallhead 和 O’ Sullivan 在 2005 年的评论文章中指出，在 2005 年以前的所有研究中，关于“运动教学模式”对学生健康水平影响的研究是最少的，事实上，只有 Hastie 和 Trost 在 2002 年发表的一篇文章是以学生健康水平为研究中心的。2009 年，Hastie 等人在以障碍跑为教学内容的研究中发现，通过“运动教学模式”教学，学生在有氧心血管耐力跑测试（PACER）中取得了重要的进步。但是，值得注意的是这个研究选用的运动项目是障碍跑，障碍跑的核心任务就是提高心血管耐力。目前，在其他运动项目中，研究“运动教学模式”对学生健康水平的影响，仍然是空白。

与 Hastie 和 Trost 在 2002 年的研究相似，2005 年 Parker 和 Curtner - Smith 在“运动教学模式”中，使用体能教学时间观察系统（SOFIT）研究学生的身体活动水平。这次研究最大的发现是学生在“运动教学模式”中只有 36.6%的时间达到了中高强度活动水平（MVPA），而在传统的、以练习为主的教学模式中学生的中高强度活动水平时间略高于 50%。然而，我们必须看到在该研究中，赛季设计非常短，10 节课，每节课 30 分钟，再加上 5 节课的比赛课程，而且是由实习教师教授。而 Hastie 和 Trost 在 2002 年的研究中，赛季长达 22 节课，课程由经验丰富的教师教授，整个赛季学生的中高强度活动水平达到了 60%以上。

2. 运动教学模式对学生技术水平与战术能力的影响研究

自 2004 年以来，仅有少数几篇文章研究“运动教学模式”中学生技能发展情况。2004 年 Browne 等人发表的文章和 2008 年 Pritchard 等人发表的文章均对“运动教学模式”和传统教学模式教学效果进行了对比。在 Browne 的文章中，研究结果表明在两种教学模式中，学生在比赛知识和技术方面均获得了重要的进步。另外，在“运动教学模式”中学生自觉学习的意识增强(perceived learning)，另外他们也能更好地理解比赛。

2008 年 Pritchard 等人在以排球为研究项目的文章中也显示，在“运动教学模式”下，学生在项目知识方面有重要提高。与 2004 年 Browne 等人获得的研究结果不同的是，Pritchard 等在该研究中未发现学生技能测试分数的提高，然而却发现在“运动教学模式”中学生比赛质量得到了提高，特别是学生能正确地决定采用哪种击球技术，并能准确地执行，从而提高了技术的准确性。与该项研究相一致的是，Hastie 等人于 2009 年在俄罗斯一个年级的学生中运用了“运动教学模式”，研究表明学生在“正确决定”和“准确执行”两方面都得到了提高。另外，在该研究中，学生也在控制球和击球的攻击性等羽毛球技术测试方面取得了重要的提高。

2009 年，通过使用 Blomqvist 等人 2000 年研制的评估量表，Hastie 等研究者通过让学生观看羽毛球比赛的录像，测试了学生的战术意识，该研究结果表明学生选择战术方法方面的能力得到了大大提高。Hastie 等研究者在 2006 年的研究中，也测试了学生战术理解能力的发展。在研究中作者在“运动教学模式”的理论框架下，采用了问题解决、指导发现等策略。该研究发现学生能够理解、重视，执行大量基本的战术。学生也理解重要的原则、规则、比赛组织方法及其重要性，并能够将它们移植运用到其他运动项目中。

3. 运动教学模式对学生社交能力的影响研究

在 2005 年的评论文章中，Wallhead 和 O' Sullivan 指出，在“运动教学模式”的运用中，课堂权力与责任从教师向学生的转移还存在一些困难，例如学生角色责任的执行等方面。特别是被赋予职责的学生不应疏远或压制他的队员。随后的研究则在这方面得出了不同的结果。例如，2008 年 Pill 的研究中，教师认为“运动教学模式”更能激发学生的学习动机，包括那些平常参与积极性特别低的学生。此外，2004 年 Kinchin 等的研究表明，学生在“运动教学模式”中具有很强的团队归属感，证据表明团队作为一个重要的因素，促进了学生的课堂表现。

但是，2009 年 Brock 等在深入研究中，发现大量的证据表明不是所有的学生都能表达自己的选择。通过在整个赛季中观察一个团队的所有社交活动和决定，Brock 等研究者清楚地发现在团队中，具有更高社会地位的学生控制着团队的社交活动。在这种情况下，比较富有、外形出众、有吸引力的学生总是具有较高的地位，在课堂之外的体育活动中也是如此。这种发人深省的研究结果促使我们思考如何打破这种不平等，教师如何创造一种学习氛围，使学生能够通过平等的交往和参与，获得在身体活动、认知和社交能力方面的提高。尽管有些教学研究已经肯定了“运动教学模式”促进更多学生平等的参与进来，例如 1999 年 Ennis 等著的和谐体育，2000 年 Hastie 等著的激励体育，但是在能否有效地促进所有学生参与等领域，“运动教学模式”仍然有研究空间。另外，不可忽视的是 2009 年 Brock 等学者的研究设计中包括违背“运动教学模式”目的的因素，例如没有让所有人参与比赛。尽管教师观察到大部分学生相互以公平平等的方式相处，或者大部分学生以积极的态度对待队员间的关系，但必须注意部分学生并没有话语权。未来“运动教学模式”应更加注重在团队合作方面的研究。

4. 运动教学模式对学生运动热情的影响研究

“运动教学模式”对学生运动热情的影响已经有一系列大量的研究。许多研究表明使用“运动教学模式”促进了体育教育对学生的吸引。这些研究显示不受地点的限制，学生都很享受参与到体育课中，在课上他们得到了更多关注，同时他们也会认真对待体育课。

随后，研究者将研究重心从一般性的描述转移到客观的解释说明。例如，在 2008 年 MacPhail 等的研究中，研究者大量搜集了学生对于“乐趣（fun）”和“愉快（enjoyment）”两个概念的综合理解，并使用了访谈和大量的心理学方法进行研究。他们发现学生认为“运动教学模式”非常有意思、使人愉悦，并且促进和发展了团队群聚力。学生自我管理的意识也得到增强。除了这些，学生对于成功的理解也发生了改变。许多学生认为他们在该项目的身体运动能力和心理能力方面都得到了提高，学生具备了更多的战术意识。

2009 年 Kinchin 等研究者将研究重点放在赛季的高潮部分。通过研究考察学生和教师对于“运动教学模式”中赛季高潮的观念与看法，发现在赛季前期，学生对于庆祝活动的兴奋程度和预期效应存在不确定性，而在庆祝活动之后，学生关注团队的表现，积极地谈论他们共同学习的美好记忆。教师认为庆祝活动的成功之处在激发学生的学习兴趣，使学生渴望通过积极练习，战胜对手，获得成功。

新的方法学也被用来研究学生的观念与看法。2004 年 MacPhail 和 Kinchin 的研究和 2006 年 Mowling 等人的研究都运用了绘画的方法研究年轻学生对“运动教学模式”的体验和理解。在 MacPhail 和 Kinchin 的研究中，学生表现最多的是学习中的乐趣、比赛、凝聚力和归属感。Mowling 等人的研究扩展了研究设计，包含了更多的、更加广泛的分析系统，以及多维数据分析点（在整个赛季中，绘画收集了六次）。在2004年的研究中，被描绘最多的是团队凝聚力和庆祝活动以及正式比赛。而在2006年的研究中，在赛季的后半阶段，许多学生认为获胜是主要的目的。从以上这两个研究中，我们所获得的最关键的信息是绘画提供了大量的信息，但是仅仅是在绘画伴有语言或文字叙述时才发挥作用。

5. 运动教学模式对学生价值观的影响研究

“运动教学模式”一大特点是组织系统的公平比赛。赛季冠军由多因素决定，而不是由一次胜负决定，这样有助于加强体育体验的教育价值。这也正是“运动教学模式”的创始人Siedentop等所倡导的。公平竞争的目的应该在赛季中被反复强调，这在研究中已经得到了证实。2006年Mowling等人在研究中发现，随着赛季进行到后期，赢得比赛成了学生的主要目的。2007年Brock和Hastie的研究也表明，尽管赛季开始时，队员们会反对队长让技术好的学生上场时间长于其他学生，但是随着比赛的进行，特别是到了赛季后期，如果比赛非常激烈，赢得比赛存在风险，其他学生也认为应该让技术好的学生多上场比赛。因此，作者建议在未来的“运动教学模式”中，应该让年轻的学生将更多的注意力放在公平竞争和所取得的成就方面，而不是简单的输赢。

2009年Vidoni和Ward在研究中设立公平竞争行为标准和范围，并考察哪些公平竞争行为标准的干预能够引导赛季中公平竞争行为的发生。研究结果表明公平竞争行为标准对于增加学生活动参与性有积极的作用。然而，对于增加学生互助行为作用不太大，但是从积极的方面来说，降低了学生之间伤害行为的发生。

当前，研究者发现运动教学模式对学生与老师都产生了积极的影响，在实施运动教学模式中可以激发学生的学习兴趣，提高参与度，同时有利于培养学生的团队意识和人际交往能力。而教师获得更为灵活的教学方式，从而真正关注学生的需要。

二、国内关于运动教学模式的研究

（一）国内运动教学模式研究概况

2004年10月运动教学模式的提出者西登托普先生应邀来北京师范大学讲学，我国对运动教学模式的研究由此开始。但现阶段国内对于运动教学模式的研究较少。

高航在《当代运动模式研究》中对运动教学模式进行了深入的研究，并运用运动教学模式在国内首次开展了教学实验。他指出：运动教学模式是一种课程教学模式，有完善的理论体系，在提高学生运动技战术、学习态度等方面有良好的效果。他将运动教学模式应用在中学足球课中，并通过实验表明运动教学模式和常规教学模式是相辅相成、相互补充的。在运动教学模式教学设计中与常规教学模式相互穿插，使学生学习技能的同时，学习到在常规教学模式中学不到的体育文化、裁判知识。

高嵘等在《当代运动教育探讨》中对运动教学模式的特点、教学目标、教学过程结构、主要教学方法、学习评价进行了详细地分析。他指出：运动教学模式与常规教学方式的不同之处在于：（1）超大单元的教学；（2）学生扮演不同的角色；（3）注重学生对运动文化的全方位学习；（4）根据学生身心特点对运动进行教学化改造；（5）充分发挥运动竞赛的多种效应。通过运动教学模式与常规教学模式的对比发现，常规教学模式的教学单元多为小单元，学生对技术的学习属于了解性的学习，而运动教学模式要求的教学单元为大单元，学生对于

技术的学习有了长时间了解的过程，并在加深技术的同时逐渐加入比赛，使学生学习的技术有了实践的机会，真正掌握项目技术和战术，了解项目文化。其次，常规教学模式中学生主要为技术的学习者，而在运动教学模式中，学生角色的变换是一个亮点，学生可以担任教练、队长、裁判、运动员、记录员等，在角色扮演中学习体育项目的礼仪、文化、规则，并加深对于项目全面地了解。

高嵘、张建华等在研究国外学者对运动教学模式的理论研究基础上，对运动教学模式提出了一个参照的结构。他指出：运动教育的设计和实施可以从宏观和微观两个层面把握其具体的教学过程。前者要求其教学设计从“运动季开始前的准备阶段”和“实施课堂教学阶段”两个方面全面地考虑其教学过程；后者则要求教学设计和实施要从每次课教学的各个方面入手，深入考虑运动季早期、中期和晚期三个不同教学阶段的具体课堂教学实施及其时间分配。

综上所述，发现运动教学模式在我国还未得到全面推广，理论与实践的研究相对较少。通过分析运动教学模式的教学理念，发现其与我国目前体育教学改革的理念有相似之处。如将运动教学模式引入到我国体育教学中将对我国体育教学的改善起到有益的作用。

（二）国内运动教学模式研究文献综述

1. 有关运动教学模式由来研究文献概括

运动教学模式对于传统教学模式来说，是一个新兴的教学模式，因此，要想把该模式运用到国内的体育教学中，首先应该了解运动教学模式的历史渊源和发展，从统计里显示出，文献资料大多数都是对运动教学模式的来源、形成、教学结构和主要特征进行探讨和分析。

高航在《试论运动教学模式的历史渊源》一文中提到了运动教学模式是由美国体育学家西登托普提出的一种新型的、具有显著教学效果的课程教学模式。并对运动教学模式的发展过程进行了分析与总结，结果显示出运动教学模式的发展经历了启蒙期、成长期和成熟期三个阶段。

高嵘等在《当代运动教育探讨》一文中就运动教育的形成与发展、目的意义、课程教学过程的结构、运动教学模式的主要特征，以及它与传统体育课程和教学的差异等问题进行了分析并得出相应的结论，并结合我国教学实情对运动教育学习引入提出了建议。

姜熙等在《试析美国体育教育运动教学模式》中指出运动教学模式是国际体育教育界当前流行的教学模式和课程模式之一，现阶段已经在多个国家得到了成功地应用。但现阶段我国学者对运动教学模式的研究还比较少。对运动教学模式的概念意义、课程框架结构、教育目标与方式等做了详细的描述与分析。

2. 有关运动教学模式引入我国体育教学的研究文献概括

陈雁飞在《运动教学模式对学校体育课程改革的启示》一文中分析得出运动教学模式中所阐述的教育理念和课程理念与我国改革后的体育课程提倡的理念有部分地方相通，并且能在体育教学具体实施过程中提供更为有效的教学方法、教学手段和过程模式，能解决体育课程中难操作的问题。

蒋新国，肖海婷在《美国运动教学模式对我国学校体育课程改革的启示》一文中指出：我国要将运动教学模式引入体育教学中，必须要结合体育课程的特点和目前状况，对教学场地和教学器材等进行改进、完善和创新。

蒋晓培在《运动教学模式引入普通高校体育选项课的理论研究》中通过对运动教学模式与

我国传统教育模式进行对比，结果显示运动教学模式能凸现学生在教学中的主体地位，对于引入我国体育选项课更有针对性和可行性。

3. 有关运动教学模式在体育选项课的应用研究文献概括

谭小燕在《“运动教育”课程模式研究——武术课程运动教学模式的建构》中通过运动教学模式理论，对武术课程提出了新的教学模式，对于学生的武术技能、传统武术文化知识的掌握和提高起到了极大的促进作用，并真正实现中华武术的继承。

汪素霞在《在健身操教学中运用运动教育理论的实验研究》一文中采取实验法、问卷调查法等多种方法得出：运动教学模式能使学生作为主体，有利于学生学习兴趣和学习积极性的提高，并且能使课堂气氛愉快轻松。

杨慈洲在《运动教育在高校公体篮球教学中的应用研究》一文中通过准实验法的结果表明，运动教学模式更能促进学生的体育学习的积极性和参加运动的热情，对于我国体育教学的改革有较高的参考和借鉴价值。

于国辉在《运动教学模式在普通高校排球选项课教学中的应用研究》中表明：运动教学模式运用到排球选项课中，能提高学生的排球运动能力和学习态度，使学生的适应能力、组织能力、实践能力和裁判能力得到加强，养成了学生相互协作、团结友爱、持之以恒的优良传统。

通过以上所有文献的概述可见，我国对于运动教学模式的研究还处在初级阶段，很多领域的实验研究还处在空白阶段。在现有文献资料研究中，大部分体现了学生学习的积极性和学习兴趣性的发挥，这说明传统体育教学发挥学习学生积极性和学习兴趣存在一定的问题，这些问题促使我们必须对先进的教学模式进行前瞻性分析探讨和研究，对于我国体育教学的改进提供参考和借鉴。

第二节　运动教学模式的理论与实践基础

一、运动教学模式的理论基础

（一）运动教学模式的理论来源

“运动教学模式”是一种课程和教学模式，它是由美国俄亥俄州立大学已经退休的荣誉教授Daryl Siedentop开发的。俄亥俄州立大学已经运用“运动教学模式”培训体育教师三十多年，自从运用和推广“运动教学模式”之后，学校在培养体育教师的方式方法上与以前相比有了根本性地改变，相应地，对于普通学校应该怎样教授体育课的教学理念，也有了根本性地改变。“运动教学模式”是经过许多教学实验，在体育教学领域效果非常好的课程和教学模式。经过几十年的发展，“运动教学模式”已经在全球许多国家和地区推广开来。

运动教学模式的主要理论来源是游戏理论（play theory）和游戏教育（play education）。Siedentop教授认为体育来源于游戏，体育的本质就是游戏。Siedentop教授早年在其博士论文“学校体育中的课程理论（A curriculum theory for physical education in schools）”中，在汲取游戏理论的基础上，曾重点论述过游戏教育理论。他作为当代运动目的论的主要倡导者，非常看重体育的游戏价值。他认为，游戏并不是一个微不足道的概念，它在心理学、社会学和历史

学中有着丰富的内涵，并且足以证明体育的本质是什么，即体育就是让人们参与到游戏中来，并且受到别人的关注。当体育具备较强的游戏性时，对参与者的意义很大；而当体育失去游戏性时，参与者将明显减少。体育是发展了的游戏，是人类文化中健康与生命力的重要表征。当个人以正面且积极的态度投入体育时，体育将承担人类文化的社会化功能。因此，体育教学的目的是通过竞争性的、表现性的运动和比赛，提高人的品行和能力。

（二）运动教学模式的主要理论支撑

1. 团队学习理论

有研究认为固定的学习小团队有利于学生学习成绩的提高，Cohen（1994）对小团队学习进行了研究，研究认为稳定、和谐的学习团队能产生高效的学习效果。团队学习理论是“运动教学模式”的核心概念，而且团队成员之间的关系从运动季开始一直保持到运动季结束。也就是说在这段时间内团队成员关系具有很强的稳定性。因此，“运动教学模式”的团队学习有利于学生学习成绩提高，具有理论上的先进性。

2. 情境学习理论

Lave&Wenger（1991）指出情境学习理论认为学习实质上是一个文化适应与获得特定的实践共同体成员身份的过程。“运动教学模式”就是以竞赛为工具，把学生置身于丰富真实的运动情境中，并以团队为基础，为了实现共同的目标而协同合作，在真实的运动情境中完成所学知识的实践应用。

3. 社会学习理论和构建主义学习理论

社会学理论认为，人类的学习是与环境和其他人相互影响的，Albert Bandura（1977）认为我们通常是通过模仿他人、倾听他人、与他人交流来获取知识，这是以行为心理学理论为基础的，其特别强调他人在学习过程中的影响。“运动教学模式”的一个重要的特征就是学生在团队协作的环境中从其他成员那得到指导，并相互提高，这个过程本身就是学生与学生之间相互交流与影响的过程。

其中，运动教学模式的教学过程结构为九部分：建立教学常规、明确角色分配、学习基本技术和战术、学习裁判规则、小组自我评价与复习、比赛、奖励与庆祝活动；而运动教学模式的教学方法是将直接指导、合作学习和伙伴学习 3 种不同的教学方法融合为一体，综合应用，形成一套有效的独具特点的运动教育教学方法，最终在整合已有相关教学手段的基础上创新高校体育课教学模式研究的实施，将为高校体育教学工作者在制定具有针对性的、可操作性且有效的教学方法和手段方面提供参考和依据。

二、运动教学模式的实践基础

1983 年，西登托普成立研究小组，在俄亥俄大学主持了运动教育课程与教学模式的研究工作，并首次提出运动教学模式的特征、形式和教法。1983 年，他的学生 Chris Bell 首次采用运动教学模式，选择体操和足球两个教材开始了运动季的学习。1986 年，西登托普在怀俄明州大学进行了运动教学模式的专题讨论，取得一些建设性意见，并对运动教学模式的思想体系和教学方法进行了进一步完善，虽然收到一些实效并产生一定的影响，可是教学效果以及科学研究依然没有产生实质性的效果。1990 年，新西兰 Otego 大学的 Bevan Crrant 利用希拉里（Hillary）

委员会的资金对新西兰的部分学生的高中生进行了国家级的运动教育实验，由于这次试验所取得的效果震惊了大批教育者，希拉里委员会决定在新西兰推广这一教学模式，推出了教师用书来满足更多教师应用教学的要求。继新西兰的研究之后，安德鲁（Andrew Taggart）和亚历山大（Ken Alexander）在西澳大利亚对一些学校成功地进行了运动教学模式的国家级实验，这为运动教学模式在澳洲的推广奠定了基础。1995 年，运动教育全国大会在西澳洲的 Peth 召开，并在《健康生活方式》杂志上用正版详细介绍了运动教育在澳洲开展的情况。1998 年 3 月和 5 月在《体育、娱乐和舞蹈杂志》刊出运动教育专栏。1998 年 11 月，在英国的利物浦大学召开了关于英国的学校和社区中如何开展运动教育的大会，就此掀开了运动教育国际体育教学中的序幕。

第三节　运动教学模式的内涵及结构分析

一、运动教学模式的内涵阐释

（一）运动教学模式的概念界定

理解“运动教学模式”的内涵，首先应该来了解一下美国体育研究者是如何看待体育与竞技运动的。美国佐治亚大学的布莱恩·麦克利克以及刘文浩对此有过大体的介绍：“在美国，体育（physical education）和竞技运动（sport）既有所不同，又相互联系……美国并没有一个公认的体育定义，但一般认为，体育是整个教育系统的一个有机组成部分，其具体表现形式是体育课。Siedentop 教授对竞技运动（sport）的定义是：竞技运动是由规则所制约的，其结果由技术、技能、战术所决定的游戏和活动。“运动教学模式”（sport education model）是将竞技项目作为体育课的教学内容，重点是传授竞技项目的技能、知识、规则等”。

“运动教学模式”的创始人 Siedentop 教授在 2004 年出版的 Complete Guide to Sport Education 中这样写道“Sport Education is a curriculum and instruction model developed to allow students in physical education programs to have authentic，enjoyable learning experiences in sport，dance，and exercise activities.”他指出“运动教学模式”是一种课程和教学模式，该模式使学生在以竞技运动、舞蹈和各种锻炼活动为内容的体育课中获得真实的、愉快的学习体验。

由美国俄亥俄州立大学出版的体育教育专业教科书 Introduction to Physical Education，Fitness，and Sport 中介绍“运动教学模式”（Sport Education Model）时这样写道：“This model defines the content of physical education as sport and describes ways that sport can be taught to all students within the context of physical education.”书中指出“运动教学模式”以竞技运动项目为体育课内容，所有学生能够在体育课中通过多种方式学习该项运动。

世界权威的体育教育参考书 The Handbook of Physical Education 中收录了由 GARY D. KINCHIN 撰写的文章“Sport education：a view of the research”，文章中这样介绍“运动教学模式”：“Sport Education is a model of curriculum and instruction，which attempts to incorporate many of the features of authentic sport in an effort to offer a culturally relevant and inclusive sport experience for children and youth.”文章指出“运动教学模式”是一种课程与教学模式，该教学模式将真实竞技运动的许多特点包含在课程中，努力为儿童和青少年提供与项

目相关的文化学习与运动体验。

几乎所有的英文文献与中文文献都没有对“运动教学模式”给出标准的定义，但是从以上相对权威的英文文献中，我们可以看出以上三种描述均强调了“运动教学模式”给学生带来真实的竞技运动体验。

（二）运动教学模式的具体特征

有别于我国传统课堂整体教学之处在于，运动教育把运动季、分组合作、教学比赛、角色扮演、责任分担、最终比赛、成绩记录与保存和庆祝活动这八个内容作为其主要特征（如图 9-1 所示）。

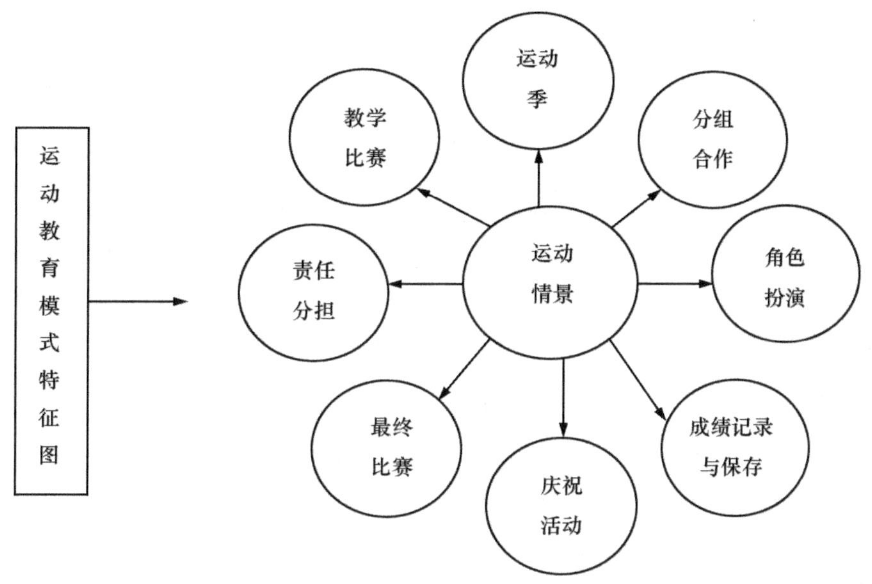

图 9-1　运动教学模式特征图

1. 运动季

周宏室先生在其 2002 年出版的《运动教育学》一书中提到，运动教学模式将一个教学周期称之为运动季。与我国传统的体育教学单元相比较，此称谓带有明显的不同。运动季又具体划分为练习期、季前赛期、正式比赛期和季后赛期这四个阶段。每个不同的教学时期都规定有不同的教学内容与之相适应。但是每个不同的教学时期在传授新内容的同时却并不孤立，又能承前启后，每一个期间都是一个逐步衔接的过程。最终比赛是整个运动季中的主线，起着导向的作用。近似于运动员的学生在教师地辅导和帮助下，为了最终比赛这个目标会在整个运动季中共同努力，以期获得最终的胜利。

2. 分组合作

运动教学模式一个突出的特点就是团队进行合作。它打破传统的体育教学思维模式，学习小组可以由学生自由组合而成，也可以由教师根据不同学生的能力进行分组。整个运动季中充分体现“团队合作”精神，要求以固定的学习小组为单位来共同学习、共同练习技术、共同拟订比赛策略、共同体验所在团队的成败得失；要求团队要努力创造小组的特色文化、捍卫小组的荣誉。以培养学生“团队意识”的形成是运动教学模式一个突出的特点。

3. 教学比赛

运动教学模式中整个运动季过程主要情境的体现均由比赛的形式表达出来，以对抗性练习、循环竞赛、联赛等形式为主的正式的比赛穿插在各部分赛季的练习中，也是由正式的比赛赋予了运动教育真正的含义。通过比赛在教学过程中可以促进各小组之间的相互检验，从比赛中发现本小组的不足，督促各小组中学生向着最终的目标前进。通常在运动季的前期具体的赛程表便以公告的形式告示学生，以使学生对未来赛事的安排做出相应的提前准备。

4. 角色扮演

在运动教学模式中每位学生除了学习运动技战术，担任比赛运动员角色外，都还有其在小组中的固定角色：比如记录员、裁判员、管理员等。角色的不同也决定了其责任不同，这样在小组中的角色扮演，其实就是社会角色的迁移和模仿。一个大的团体就是一个小型的社会，其中每个学生都有自己的定位，以后学生步入社会就是在社会这个团体中生存，在社会这个团体中担当各自的角色。

5. 责任分担

运动教学模式一个明显的特征就是责任分担制，在小组中每个学生都有其不同的责任，大家都为小组的荣誉而共同努力，这明显不同于以往的体育教学。在小组之中，学生各自发挥着不同的作用，为了小组的利益而努力，这样在学习中学生更多了交流与合作的机会，一方面促进学生之间的感情，有助于学生的心理健康；另一方面增强了学生的责任感与集体荣誉感。

6. 最终比赛

运动教学模式中要求以全体参与者营造欢庆的气氛的最终比赛来结束整个运动赛季。结束部分通常也是最高潮的部分，运动教学模式的最终比赛为学生提供了全体参与的机会，整个赛季中全体的参与者为了最终比赛付出的所有努力都会在最终比赛时候完全地流露和释放。因为运动的本质就是竞争，对于争强好胜的大学生，最终比赛给了他们这样一个发挥和宣泄的机会。在传统的教学中也会经常贯穿一些比赛的形式，但运动教育所要求的最终比赛是以正式比赛计划的形式出现，并要求以团队联盟的形式贯穿于整个比赛季。所以传统教学中的比赛和运动教学模式中的最终比赛有着本质的区别。

7. 成绩记录与保存

对整个运动季过程进行记录也是运动教学模式的一个特点。可以记录比赛的结果、名次、时间、小组学习、战术学习以及相关的赛后小结、总结等。每次的记录由记录员负责，并且贯穿于整个学习、比赛过程，组长和小组其他成员共同监督。我国传统的体育课中也有记录，但主要用于记录考勤和单独的技术测验，一般由教师来完成，这与运动教学模式下的记录相比较显然功能非常的单一。运动教学模式下的记录有助于对个人和团队提供信息反馈，及时对与其他小组的差距做出准确的评价，帮助小组成员在学习和练习的过程中进一步规范其标准和制定更为具体的目标。在最后的时候，教师和共同参与的学生会对整个学习历程进行回忆和总结，这时成绩的记录和保存也可作为重要参照。

8. 庆祝活动

庆祝活动是整个教学过程中的最终活动，教师和学生需要共同努力创造一系列的庆祝方式，包括邀请特别嘉宾参加、赛前运动员宣誓、赛后对优胜者的颁奖典礼，还包括对比赛场地的装

饰布置、拍摄录像带等形式，努力营造出节日的氛围。所有这些庆祝活动的内容在最终的比赛时都得以充分体现，这样可以极大地增强学生积极参与活动的热情，因为正规的比赛本身就是一种节日的庆祝方式，同时也渐进地培养了参与者的体育文化意识。

二、运动教学模式的结构分析

（一）运动教学模式的指导思想

它是以基于游戏教育的运动教育思想为指导，强调激发学生的运动热情，使学生积极主动地投入到真正的运动中来，让学生参与一系列经过修改的、适合学生发展水平的运动，以“全面参与”和“人人成功”为导向，在学习过程中给予学生一定的学习自主权，真正体现了以“学生为中心”的教学。

（二）运动教学模式的目标

1. 运动教学模式的总体目标

西登托普在其《运动教育——通过积极的运动提高教学质量》一书中明确指出：“通过采用运动教学模式进行教学，使学生体验到真实的、完整的运动体验。使学生最终发展成为有运动能力、具有运动素养、具有高度参与运动热情的体育人。”这是运动教学模式所追求的最终目的。

（1）有能力的运动参与者。能力，是指人们顺利完成某一活动所需的主观条件，它是抽象存在的，在人进行具体活动时而有所体现。运动教学模式对人的能力的培养主要强调学生的运动技能，而并非简单的运动技术，主要表现在自己或者与队友参与竞赛的能力。不仅如此，运动教学模式注重对运动员全面能力的提升，包括运用战术的能力；评价比赛的能力；通过锻炼身体素质的提高，选择与自身运动能力相适应的运动项目的能力；与同学配合管理比赛或者共同学习的合作交往能力等。运动教学模式对学生能力的发展是突出重点也注意综合，这主要决定于运动教学模式的教学过程是以形式多样的竞赛形式展开进行，它真正地为运动员提供了培养运动能力的运动环境，并通过完整的竞赛规程锻炼了学生完成活动的综合能力。

（2）有运动素养的参与者。运动素养，指的是人们对体育运动的修习涵养，不仅包括参与运动实践的涵养，还包括对体育文化知识的修习。运动教学模式对学生运动素养的培养目标主要体现在对运动规则、对运动的传统习俗以及运动礼仪的了解上，对体育行为以及体育道德的捍卫上，对体育运动的审美享受方面等。这些能力的培养都在模式的教学操作过程中有所体现。

（3）有运动热情的参与者。Siedentop 强调，一个人参与到运动中来的动力并不是外在的奖励，而是运动参与提供给他一种内在的价值，这种内在价值集中体现于参与者对这项运动的参与热情。运动热情是人们参与某项体育运动的精神动力，是人们喜爱某种运动的先决条件，是人们树立终身体育意识的关键结合点。运动教学模式呈献给参与者的是一种完整的运动形式，将运动项目的文化魅力最大限度的表达，将运动项目对人的价值最大化的实现。

2. 运动教学模式的具体目标

通过运动教育应该使学生达到如下的具体目标，共包括 10 个方面的要求：

（1）有能力发展专项运动技能；（2）有能力欣赏并能够运用战术；（3）有能力参与适合自身运动水平的比赛；（4）有能力和伙伴共同制定运动策略并且加以管理；（5）有能力担当领导角色；（6）有能力团结合作学习；（7）有能力欣赏所学习运动项目的比赛；（8）有能力做出理

性的决定；(9) 有能力运用所学裁判知识和运动训练；(10) 有能力积极主动参与课余运动。

(三) 运动教学模式的教学条件

1. 教学过程中教师进行督促和引导

在教学中，教师主要起到引导的作用，是教学设计的主要策划者。教师要向学生传授相关项目的运动文化以及关于裁判的原则、内容和要求，并且帮助学生认识、深刻理解与执行在课程中担当角色的任务，这就要求任课教师对于相关运动项目的文化、裁判及各个角色的职责和任务在教学开始之前就应该有很好的准备，在教学过程中创造可以尝试不同角色的机会。其中关键的是，任课教师是否能准确理解和把握运动教学模式及任课教师的教学经验和教学能力是重要因素。

2. 教学过程中学生的角色

在运动教学模式中主要是发展学生的积极性和自觉主动性，在分组中有足够的时间与空间，小组成员分配到不同的角色，承担不同的任务，一起制定课外训练计划和方案，相互之间有监督和促进的作用，这就要求学生在积极性、主动性、自觉性、责任心和集体荣誉感方面都要加强和提高，以尽快提高自身水平。

3. 场地器材的要求

教学中对于场地器材有相应要求，在实验组中的分组练习，对于场地和器材提出新的要求，这就需要确保场地器材充足，对正常教学不造成影响，教学能顺利地进行下去。另外，运动教学模式还有一个作用就是培养学生终身锻炼的意识，首先是把课堂教学的练习扩展到课外，这也需要学校的场地器材在课外也有保障，促进和固化学生锻炼的意识。

4. 保障教学时间

时间是保障，教学时间是完成整个实验的最基本的保障，因为每一个教学目标的实现都需要完整的教学时间来保证，在整个教学实验过程中以固定学时为一个周期，中途不得因为个人原因停课或者延课，严格按照教学进度执行。

5. 教学评价的开展

在教学实验结束以后，需对教学的效果进行评价，包括学生、教师这两个方面。通过调查问卷和成绩的评定，最终对于运动教学模式在体育课程中的应用做出客观合理的评价。

(四) 运动教学模式的教法体系

运动教育在教学过程中采用的教学方法主要是：对学生进行直接指导、学生间合作学习、伙伴学习。教师在实际运用中将这三种教学方法融为一体，虽然三种教学方法融为一体，但是在整个运动季中顺序不同，比例也不一样。在教学的前期阶段中，教师对于学生的直接指导教学方法占的比例会比较大，以学生接受知识为主；在中后期教学过程中，合作学习和伙伴学习教学方法占的比例相对比较大，主要是发挥学生学习的主动性。

1. 直接指导法

教育是主体之间的指导学习，学习化社会发展教育的目的就是推进社会与个人进行指导学习。教育本质新概念既重视作为履行培养人职责的教育者的主体重要作用，又重视受教育者作为学习主体的重要作用，与传统教育本质观有质的区别。虽然教育是以客观知识为前提，然而教育的本质不是将客观的知识强加给受教育者，而是从受教育者的本身出发指导其进行学习。

指导学习法能有效地体现教育者与被教育者之间的双主体地位，体现了教育的基本属性。

运动教学模式无论是在建立学习小组、分配小组角色，让学生体验真实的运动角色，成为角色中真正的主体方面；还是组织学习技战术、赛前准备，赛场运用技战术，赛后总结等方面都采用指导辅助的学习方式，最大化地调动了学生的主动性，体现了学生在整个学习过程中的主体地位。

2. 合作学习法

合作学习法兴起于20世纪70年代初的美国，由于它在改善学生的课堂心理氛围，提高学生学业成绩方面取得了实质性的进展，被誉为“近十几年来最成功的教学改革”。合作学习法是一种集互动性、目标性、师生性、情境性、多维评价性于一体，注重发展认知、情感、技能多重能力的教学方法。运动教学模式以小组的形式进行教学，在小组教学中定位学生不同的角色，让学生积极担任各自的角色，承担各自的学习任务，让学生在民主的学习氛围中体验到集体归属感，不断努力以实现个人和集体的教学目标。

3. 伙伴学习法

伙伴学习法是指在各运动小组中，为了实现运动小组的整体运动水平所进行的小组成员互帮互助的学习方法。这要求技术水平高的学生在小组学习中要给予水平欠缺的学生以技术方面的指导，帮助他们完善运动技术，经过竞赛的洗礼实现其运动技能的提升，进而从整体上提高小组的竞赛水平。

（五）运动教学模式的教学过程

1. 运动教学模式的总体教学程序

运动教学模式教学操作程序性比较强，它把整个教学单元形象地看成是一个运动季，西登托普认为一个运动季应该完整地包括练习期、季前赛期、正式比赛期和季后赛期，每个特定的时期又有其相对稳定的内容组成。如下图所示：

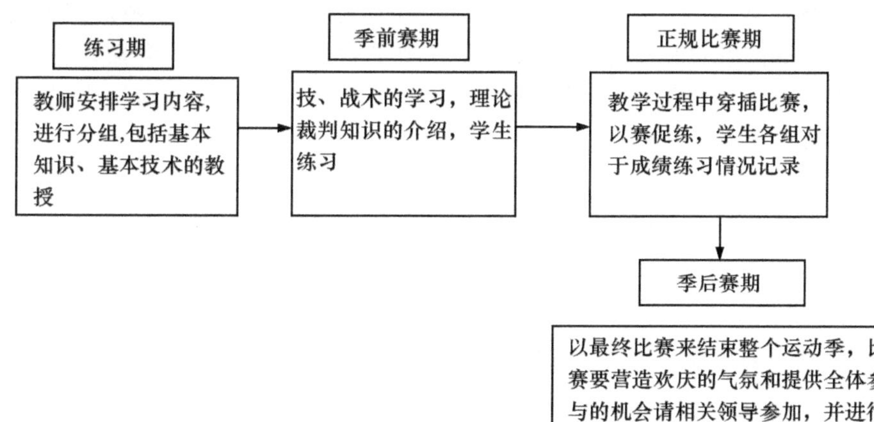

图 9-2　运动教学模式教学程序图

2. 运动教学模式的具体结构

（1）准备阶段。向学生介绍运动教学模式历史发展进程、结构特征、教育目的，并建立教

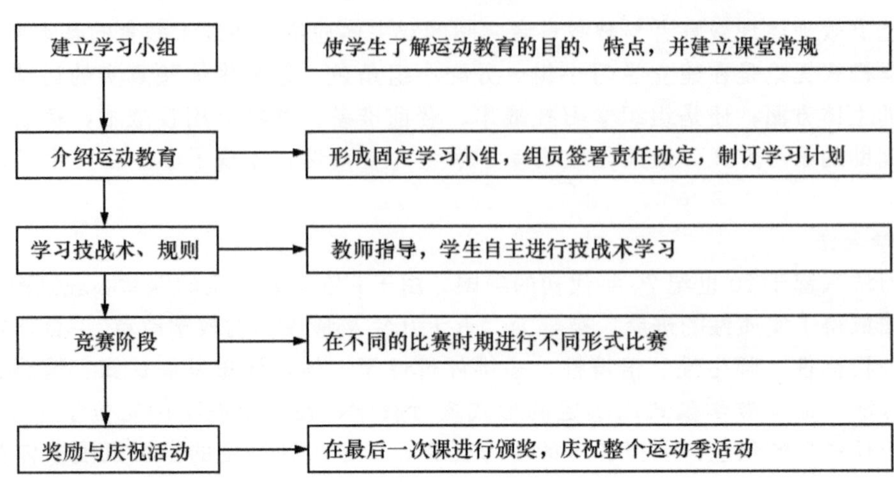

图 9-3　运动教学模式结构图

学的课堂常规，教师向学生提出整个学期教学计划，对学生提出任务要求。

按照异质分组的原则对学生进行小组划分，划分成固定小组后就会贯彻整个教学单元，然后小组内部以书面形式签署一份责任协定，开始制订单元的学习计划。

（2）实施课堂教学阶段

①技战术、规则学习阶段。运动教学模式关于技战术的学习是通过小组形式展开的，提倡小组成员相互合作、帮助共同提高，它所关注的不仅是个人技术水平的提高，同时对小组成员的整体水平也提出要求，为接下来提高小组的竞赛水平建立基础。另外，对技战术以及规则的学习的前期是以教师指导为主，而后期则是以自主学习为主，学习的形式也是要求学生以竞赛的方法展开。

②竞赛阶段。竞赛，是运动教学模式进行的高潮部分，而竞赛分为季前赛、正式比赛和季后赛三大部分。在季前赛部分，小组内部之间以及小组之间可以展开多种形式的比赛，人数、规则等都可以根据开展的形式相应地做出规定，等到正式比赛和季后赛阶段，比赛的形式基本采用常规竞技比赛形式，裁判员、教练员、记录员、统计员等都要有相应同学扮演。由于运动水平的差异，比赛规则以及判罚的标准可以适当地调整。

③奖励与庆祝活动。庆祝活动标志着整个运动季的结束，它通过教师与学生之间的讨论或者观看录像的方式对整个教学过程进行回顾总结，并通过对优胜队和个人颁发荣誉和奖品从而举行庆祝活动。

（六）运动教学模式的教学评价

运动教学模式与我国传统教学模式相比较最明显不同之一就是在整个教学过程中采用角色扮演的教学方式，这样可以将最真实的运动情景展示给学生，让学生在这个真实的教学场景中充分发展自己，并展示自己的能力。所以，从某种意义上来讲，运动教学模式是一个完全真实的教育过程。运动教学模式在教学评价过程中非常重视过程评价与终结性评价的结合，重视对学生的技能表现、知识和行为的真实评价，其主要内容包括运动技术、战术评价、课堂管理和行为评价、认知评价等。

教师在准备工作阶段可以事先设计好评价系统，在教学和比赛过程中由经过培训的学生专

门记录学生的各种技能表现和学生扮演不同角色时的责任承担情况，这样在学期结束时每位学生在整个赛季中的表现就会一目了然。我国正在进行的关于体育课程与体育教学方面的的改革所提出的体育课程学生学习评价体系其主要内容应包括体育理论知识、心肺机能、专项技术与专项技能和平时成绩这几个方面，显然，运动教学模式的评价系统与当前我国体育课程教改所要求的思想有很多相通的地方。

第四节　运动教学模式的实际应用辨析

一、基于模式自身属性层面

我国学者对“体育教学模式”的研究可谓是日久岁深，时至今日却依然未曾减弱对它的热情。在众多的研究结果中，异彩纷呈、千姿百态的教学模式称谓无时不出现在我们的视野。诸如情景教学模式、启发教学模式、快乐体育教学模式、小群体教学模式、俱乐部教学模式等。但是当我们怀着激动的心情去拜读各位学者的研究成果时，心中却萌生了种种疑惑：这些称谓的教学模式与教学方法的本质区别在哪里？将它们称之为教学模式正确，还是定性归类于教学方法更合理一些呢？既然称之为教学模式，那么用于指导实践的结构程序、教法体系表现在哪里？岂能是简短的几个教法步骤就可以匆匆了事。所以，当我们去定义一种教学模式时，必须在把握教学指导思想的前提下厘清教学模式的真正要义，必须以教学实践为最终目的建立完整的模式结构体系。教学过程结构是支撑教学模式的“骨架”，教学方法体系是填充教学过程的“肌肉”，教学指导思想是对“骨骼”与“肌肉”起协调和指挥作用的“神经”。只有将指导思想、教学结构以及方法体系统一于教学模式之中，对操作程序进行重点合理的完善，才能让教学模式在体育教学中得以有效地运用。基于体育教学模式的属性而言，运动教学模式已经将体育教学模式的基因进行了完整的表达，已经统一“神经”“骨骼”“肌肉”于一体。

作为一种体育教学模式，我们对运动教学模式的把握必须从教学模式的实质出发。选择正确有效的教学模式，要求我们首先从哲学、社会、心理、教育等层面对教学模式赖以建立的理论基础进行解读，深刻地把握教学模式的实质。只有我们领会了一种教学模式的理论基础和思想要义，并对教学模式的运作程序有了清晰的认识，才会根据教学内容选择相应的教学模式，在运用教学模式完成教学内容时不至于盲目和流于形式。另外，从外部教学因素而言，我们可以选择用一种教学模式处理同一类的知识传授，然而在选择教学模式之前，必须对所谓的“同类”有所甄别，对“类群”大小有所把握。对于教学模式的选择与运用，我们必须根据不同的知识体系而有所选择不同类型的教学模式，教学中不存在适用一切年龄阶段、一切教材内容、一切教学情境的教学模式。所以对于运动教学模式的运用，要求我们必须基于学生身心发展的规律、教学教材的内容、教学课程的设置等客观实际因素进行着重考虑，实现教学效果的最优化。

二、基于实践运用层面

（一）从教学对象进行把握

教育者、教学对象以及教育媒介是组成教育的三大要素。准确地应用运动教学模式，我们首先必须从教学对象进行把握。就学生而言，按不同的年龄段，我们应选择不同的教学模式。而大学阶段多以专项教学与训练为主，加强与终身体育相联系的技能训练，培养学生的体育运动能力。结合运动教学模式的结构特点，它主张发展学生的自主管理小组能力、自主组织学习能力，主张最大化地发挥学生的主体性，同时体现教师的主导性。它对学生的心智发展层次有一定的要求，对增强学生的自主能力具有很大的积极意义。将运动教学模式的应用锁定大学阶段，结合高校阶段体育教学使命，选择于公共选项课教学中，具有一定的客观实效性。

（二）从教材内容进行分析

任何事物在发挥一方面作用时都有其自身所具有的优势性，同样也会显示出它在另一方面的局限性，这一规律在体育教学模式的运用中也同样应该被遵守。一种教学模式不能适用于不同体育教材，一种体育教材也同样不能采用各种教学模式，面对体育教材选择教学模式时，或者选择运用一种体育教学模式时，我们必须有所辨析，进行甄别。就像传统体育教学模式，它追求细化完美的动作技术，比较适合一些表现难美性的运动项目，因为难美性运动项目对动作技术的依赖程度要远远大于那些体能主导类和技战能主导类的运动项目。而运动教学模式，主张以各种比赛贯穿整个教学单元，主张强化身体参与运动时的感知能力、主张发展操作运用能力，它更适合于集体对抗性运动项目。因为集体对抗性项目更加重视技术的实战能力、更加体现集体合作对于运动参与的重要性、更加需要多角色人员来展现运动文化的精彩。

（三）对于课程设置的要求

运动教学模式从运动文化和运动技能方面对运动项目进行了总体把握，对实现的教学目标进行了更深层次的表达，在对教材的教学上提倡大单元教学，因此它对教学时数有一定的要求。只有保证一定的教学时数，才能保证教学模式完整地运行，才会实现模式所蕴含的教学要求。当然，教学时数也要根据学生的客观现实进行把握，对于有一定技术基础的同学可以缩短技术学习的课程，对于无基础的教学对象就要适度地延长一些。一般而言，运动教学模式的教学单元要控制在20课次以上，竞赛期的长短以及竞赛的竞技性程度与课次的多少存在正相关关系。

三、与传统体育教学模式的比较分析

（一）相同点

两种教学模式都是以发展学生的运动技能为主线，都以学生的认知规律为教学的主要依据，注重教学效果的总体评价，在经过教学实践的检验后得以继承和发展。

（二）不同点

表9-2　两种教学模式的比较

模式	运动教学模式	传统体育教学模式
指导思想	由游戏教育思想发展而来，把运动看成是一种游戏，以游戏的形式贯穿于整个教学中	以“全面教育”的体育教学思想为指导，技能发展与增强体质为辅助构建教学过程
教学目标	注重发展学生的学习能力和团结协作能力，增强学生的责任感，促进个性发展，形成终身体育意识	力图使学生发展体能和掌握技能二者兼得，目标较为单一

续表

模式	运动教学模式	传统体育教学模式
教学程序	整个教学过程结构路线十分清晰，可操作性强	教学程序围绕教师开展，课堂教学形式过于统一
师生关系	该模式强调学生的主体，学生既是学习者又是决策者，学生通过自己探索、发现和相互交流等自主学习活动来完成教学任务。教师在这一过程中进行引导、辅导和教育活动，但这些活动主要用以启发鼓励学生学习	强调教学中教师的主导和支配作用，整个教学活动在教师指导和控制下进行。学生依赖于教师，在教师指导下按部就班地学习体育知识、技术和技能，接受教师的命令、要求和评定
教学评价	该模式注重对学生的技能、参与态度、情意表现评价，突出过程评价	评价内容较为单一，忽视了过程性评价
教学条件	对于学生自主学习的能力和场地器材要求较高	对学生的课外学习的要求不高，对学生自主学习有一定制约作用

1. 指导思想

运动教学模式强调学生自主学习，注重发展学生的学习能力，把教学主导权下放给学生，给予学生更多的自主学习空间。传统教学模式则依据运动技能形成规律和运动负荷规律，强调教师主导作用。学生自主学习空间比较少，大多都是在教师的带领下完成学习任务。

2. 教学目标

运动教学模式与我国体育教学模式都是以运动技能的传授为主要教学内容，为教学主线，运动教学模式强调通过体育活动更进一步地提高学生的专项运动技术发展学生的自主和团结协作能力；而传统教学模式则更强调通过体育活动达到增强体质的目的。

3. 教学程序

运动教学模式操作程序性很强，而且具有情节性、情景性，易于把握和执行；我国现行的体育教学模式在操作程序上不明显，重视学生在教师指导和控制下按部就班地学习运动技能，偏重以技能形成规律和运动负荷规律来安排教育模式的程序。

4. 师生关系

运动教学模式强调学生主体作用和地位，学生自定学习目标，自主地进行练习，进行自我评价，教师在教学过程中起教育、引导和辅导作用，用以鼓励和帮助学生自己学习；我国教学模式中则偏重教师主导作用的发挥，教师设计、控制整个教学过程，学生则处于从属和被动地位，对教师依赖性较大。

5. 教学条件

运动教学模式主张学生自主学习，因而对学生的自觉性、积极性、体育基础要求较高，同时教师起引导辅助作用，要求教师指导较高。相反，中国因教学任务的完成很大程度上取决于教师的水平，故对教师水平有较高要求，运动教学模式的优点：学生居中心地位，有利于发挥学生的积极性，创造性，发展学生的个性和能力。

6. 教学评价

运动教学模式注重对学生的技能、参与态度、情意表现评价，突出过程评价，而我国基本体育教学模式评价内容较为单一，忽视了过程性评价。

（三）运动教学模式的优越性体现

1. 在心理发展层面

人的认知过程是主动、积极地加工和处理输入信息、符号与解决问题的动态过程，教学过程与方式必须尊重、体现这一规律。运动教学模式无论在教学目标的设置还是教学模式的结构特征方面，都在课堂中还原了学生的主体地位，给予学生主动探索与管理运动小组的机会，锻炼了学生发现问题与解决问题的能力。

体育活动对精神的调节作用主要体现于对焦虑、抑郁情绪的有所改善方面，而将这一功能最大化的体现方式却是与他人共同参与竞赛，追逐胜利的这段过程。在这一过程中，个人角色得到重新定位，个人归属感得以形成，都在为小组的成功集思广益、竭尽全力，实现精神与肌肉调节。运动教学模式主张以竞赛的形式开展教学，让学生在技术学习、技能增强的过程中体验收获与追求成功的感觉。

传统体育教学模式对学习的评价过多地集中于运动技能方面，虽然在教学中涉及其他目标，但却缺乏评价的措施；虽然教学中强调总结性与过程性评价，然而由于模式结构有所限制，导致在最终目的教学评价中无所依据，导致教学在这方面的评价实践无法实现。运动教学模式以多目标、多角色的教学方式，为受教育者建立了展现自己多方面能力的平台，让受教育者可以通过多种方面展示自己，在最终的评价中得到应有的肯定，而不是“以技能论英雄”“以技能定成绩”，而不会因为运动素质差而在体育学习中始终低人一等、挫败不前。

2. 在社会发展层面

社会化是指通过个人同他人的相互作用，学习知识接受社会文化价值和社会生活中的行为规范的学习过程。从社会学角度去定义社会化，就是指一个角色学习与承担的过程。在学校教育中，体育教学在促进学生社会化方面具有独特的学科优势，怎样将这种优势最大化体现却取决于根植于教育者内心的教学思想，取决于体育教学工作者如何对体育课堂进行操控，显然社会化的教学组织形式是我们达到这一效果最简捷的形式。然而运动教学模式的指导思想似乎与体育对人社会化存在一种夙缘，小组教学的组织形式贯穿整个教学的始终，在小组形成多重职责结构，通过多种结构将成员紧密联系在一起，以提高小组运动水平为共同的价值取向，并为此而努力。它在体育课堂中还原一个完整的社会环境，塑造了多重的社会角色让学生去体验，真正的最大化地促进了学生的社会化进程。

3. 从运动生理学角度分析

在体育教学中，我们很容易陷入运动技术教学的误区，甚至认为运动技术是达成运动技能唯一的因素。然而如果忽视机体的统一性、个体生命性这一环节，这只会让我们在通往技能达成目标的过程中事倍功半。于是我们经常看到很多技术标准学生来到运动比赛中却无所适从，一些未经正规技术学习，经常出现于整体运动形式的人们却在比赛中表现得游刃有余，而我们言谈之中的运动技能正是体现于这种游刃有余的运动水平。

意识相对于运动水平的重要与之技术相比较完全有过之而无不及，因为技能发挥的前提是神经对肌肉正确的调动而实现肢体位置相对变化，比赛中意识水平达不到，技术效果也只会有心无力。意识水平的高低，取决于对比赛环境的熟悉程度，取决于对完整的运动项目的理解，所以这就要求我们对完整运动环境的创设。运动教学模式，集技术练习和完整比赛于

一体，重视运动技术的同时又不乏对运动意识训练，真正地提高学生的运动水平，提高体育运动技能。

（四）运动教学模式的局限性分析

（1）运动教学模式源于美国，教学目标上更为强调发展学生的能力和个性，强调在教师的指导下学生要以固定分组、角色扮演为组织方式，以比赛贯穿整个教学过程。因此，在教学实验的前期，需要使用大量的时间向学生介绍比赛的组织与管理、各个不同角色的扮演和担当以帮助学生尽快地进入角色，而且每节教学课中比赛会占用很多的时间，相比传统教学模式强调学生对运动技能的掌握和增强体质而言，在运用于技术技能的教学时间相对要少，学生对于技术技能的掌握也会不到位，同时学生练习的时间也会相应地减少；在教学过程中，学生不再是简单的技能学习，还要体会和掌握不同的角色的职责并发挥其应有的作用等，所有这些都会让学生投入相当的时间和精力，对于正确、稳定的技术动作的形成是否有利有待于进一步观察。

（2）运动教学模式教学过程是在教师的直接指导下学生自主的学习，强调师生关系平等、师生互动和共同探讨的双向交流，这与我国传统的教学中注重教师的主导和支配作用有很大的不同，将主动权近乎完全交给学生后教师削弱和接近失去了在教学过程中的主导和支配作用，会有可能在教学课堂中出现无组织无纪律的现象，导致学生“一盘散沙”情况的出现，所以教师的“指导”应该贯穿于教学的始终，一方面督促学生的学习与练习，另一方面引导学生在教学过程中能够正确地把握方向，为了最后的比赛而共同努力。

（3）运动教学模式偏重对于学生潜力的开发，通过运动情景的真实体验去培养学生的兴趣爱好，进而发展其能力和个性，教学过程中强调对于动作概念和技能的传授，从而忽视了学生对于自身以及他人健康状况的认识与了解。我国新课程改革纲要中要求通过体育课程教学之后，学生应该较为全面地掌握有效提高身体素质和全面发展体能的知识与方法，应能够测试和评价体质健康状况。除此之外，运动教学模式能否更为全面地促进学生的发展，使学生成为一名体育人的同时能更多地掌握一些卫生保健知识，对于自身以及他人健康状况的诊断方法等。

第五节　运动教学模式在高校体育教学中的实践研究

关于运动教学模式在高校体育教学中的应用实践，本文以高校健美操为例，主要介绍我国普通高校健美操运动教学模式的理论构建。

一、我国普通高校健美操运动教学模式的构成要素

教学模式对理论和实践具有承上启下的“中介”作用。它为教学实践提供具体的操作程序和操作策略的同时，又必须为教学活动提供理论上的指导。构建一个体育教学模式首先需要明确体育教学模式的构成要素，即从哪些方面构建。国内外学者关于教学模式和体育教学模式的研究表明：体育教学模式是一个包含多个构成要素的多因素系统。本部分研究正是基于体育教学模式要素的构成这一思路展开的。针对“运动教学模式”本身的特征，构建以健美操项目为载体，以健美操运动竞赛为主线，以我国普通高校学生为对象，以全体学生积极参与、全面提

高为目标的教学模式。结合德尔菲法分析结果，本研究将从以下四个方面构建我国普通高校健美操“运动教学模式”，即教学目标体系的构建，旨在解决我国普通高校健美操“运动教学模式”要达到什么样的教学目标；教学过程结构的设计，旨在明确将如何规划整个赛季，以及如何安排每节课的教学；教学策略系统的设计，旨在解决教学模式运用过程中的具体措施、手段和方法；教学评价系统的设计，旨在解决如何对学生成绩做出评定，以及如何科学评价教学模式效果的问题（如图 9-4 所示）。

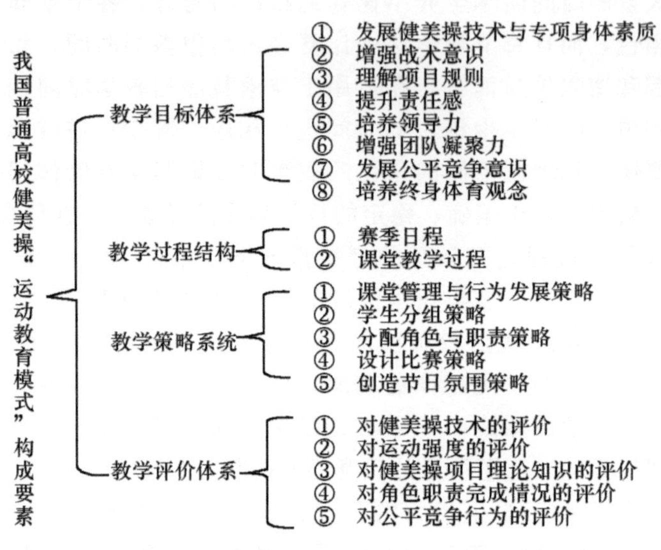

图 9-4　我国普通高校健美操“运动教学模式”的构成要素图

二、我国普通高校健美操运动教学模式的教学目标体系

首先来看教学模式与教学目标的相互关系。教学目标和教学目的类似，我们常说的教学任务，是指通过教学所要争取达到的东西，教学目标有长远目标和近期目标之分。国外较有影响的教学目标理论有：布卢姆的教育目标分类理论，加涅的教学目标分类理论和广冈亮藏的教学目标理论。可以认为，教学模式是在特定目标指导下，为完成特定任务而产生的。不同的教学目标产生不同的教学模式，某一模式是为某一目标服务的。评价某一模式的优劣，以最后是否达到教学目标为依据。教学目标即是教学模式的出发点，也是教学模式的归宿。“运动教学模式”亦是如此。

学生是否能在大学这个特殊而重要的阶段，接受优质的健美操教学呢？我们希望通过健美操课的教学，培养什么样的人才，培养学生哪方面的能力，从而使他们更好地去迎接步入社会后的人生呢？如何能使学生在健美操课上的学习中表现得更好呢？他们是否能真正了解健美操这个运动项目，并认识到它的价值？怎样才能使学生在健美操课结束后，在校外仍然继续参与到健美操运动中来？如何使学生在青少年体育活动、学校体育活动、社区体育活动中，能够辨别健美操动作质量的高低？怎样使学生能够参加当地的健美操组织，促进健美操运动更好地为儿童、少年、成人服务？这些问题的答案能够在“运动教学模式”的培养目标中找到。根据“运动教学模式”的培养目标，教育部颁发的《指导纲要》中所提出的五个方面的课程目标，结

合德尔菲法分析结果，将我国普通高校健美操“运动教学模式”的培养目标体系归纳为以下几个方面。

（一）发展健美操技术与专项身体素质

目前，我国普通高校健美操课程内容普遍依据是由中国健美操协会审定的《全国健美操大众锻炼标准第三套》。《锻炼标准》依据有氧运动的规律，结合国际有氧运动发展趋势，针对我国大众健身具体情况而设计。在创编中遵循了有氧、安全、简单易学、循序渐进和提高身体基本素质的原则，适用不同年龄和不同体能人群的需要。通过练习，使锻炼者的体能水平逐渐得到提高，同时增加对健身知识的了解和认识，提高锻炼的兴趣，从而达到健身、健心的目的。我国普通高校健美操“运动教学模式”的首要目标，就是要通过运用“运动教学模式”，发展学生的健美操技术与专项身体素质，具体包括：准确地掌握动作技术、保持较好的身体姿态、具备良好的协调性、动作有力度、动作与音乐协调配合，并体现出音乐的情绪等方面，同时具备在健美操比赛中始终确保技术良好发挥的各项身体素质。

（二）增强战术意识

具备战术意识，并在比赛中合理运用战术是“运动教学模式”强调的重要方面。传统的体育教学重点在传授技术，但是对战术的学习是弱点。战术是指运动员或各队在比赛中运用计谋或方法取得比赛优势。根据项群训练理论，健美操属于技能主导类表现难美性项群，难美项群项目的战术运用是建立在技术的高度发展和熟练的基础上的，战术运用的合理将保证技术发挥得更充分。健美操项目的战术运用主要特征是：动作编排上扬长隐短、合理布局动作、全力争取规定动作比赛或预赛的成功。在健美操教学中，在规定动作的基础上，可以适当增加自选动作的比赛，例如要求各队对成套动作的开始和结束部分进行编排，组成自选动作的主要战术原则是“扬长隐短”，突出“绝招”，以获得裁判和观众的最佳印象，从而争取最好的得分。在“运动教学模式”中，多把每场比赛的得分计入最后成绩中，因此在比赛中加强规定动作的成功率、保证发挥最好的水平，不仅可以为最后的胜利奠定基础，同时给裁判、观众留下良好印象，从而扩大影响，增强自身的信心，给对手以心理上的压力，具有重要的战略意义。在“运动教学模式”下，学生可以学习基本的比赛战术，参与健美操比赛，从而真正地理解健美操运动项目。

（三）理解项目规则

在“运动教学模式”中，学生将承担裁判员的工作。这个目标强调“运动教学模式”的教学目的不仅是让学生学习运动技术和战术，而是使学生更加深刻地理解这项运动，反过来，理解健美操规则，能帮助学生更加准确地掌握健美操技术。在传统体育教学中，体育教师对学生进行体育规则方面的知识传授很少甚至没有。在“运动教学模式”中，如果学生不了解规则，他就不能成为很好的裁判，参赛者也不会对裁判员制裁能力做出判断。赛季中产生的这种责任感使学生非常认真的学习规则，他们学着在比赛中做正确的决定，而不仅仅是在试卷上写一个正确的答案。学生对规则的理解会更加完整和真实，而不是仅从表面理解。因为学生会在每个赛季中担任裁判员，所以他们更加意识到好的裁判对于好的比赛是如此至关重要，也意识到裁判的任务是如此艰巨。这种意识可以使学生具备更加客观的评判观点，使他们更加体谅裁判工作，更少的批评裁判。

（四）提升责任感

在“运动教学模式”中，学生要扮演不同的角色，并承担起相应的责任，例如队长、教练、健身指导、裁判员、记录员、宣传员、音乐策划员等角色。为了使赛季获得成功，学生必须具备高度的责任感，努力完成各自的职责，例如器材管理者必须确保运动器材总是在正确的时间放在正确的位置。如果学生没有机会在他们体育课中扮演不同角色、承担重要责任，成为有责任感的人，那么学生也不可能成为有知识、有热情的体育人。显而易见的是，每个队的成功，每个赛季的成功，都依靠所有学生在扮演不同角色时高度的责任心。在“运动教学模式”中形成了一个内在的责任监督系统，从而使学生认真地对待他们的任务与责任，提升责任感。

（五）培养领导力

在传统的体育课中，学生唯一要做的是遵守课堂常规，做老师让他们去做的事情，在这种教学状态下，学生不能成为独立的有责任心的队员，也不能成为体育活动中的领导者。而在“运动教学模式”中，通过分担不同角色，学生在完成各自职责的过程中，也大大培养了学生的领导能力。例如学生教练员与队员们一起工作，计划和安排参加不同水平和场次比赛的上场队员，带领队员热身，组织集体练习，解决任何可能发生的冲突；队长必须督促队员坚守在各自的岗位上；裁判长务必确保裁判员、记分员准时到达正确的比赛场地，以保证比赛按时进行。不是每一名学生在每个赛季都会成为学生教练员、队长、裁判长等。但是如果很好地统筹规划好整个大学阶段的体育课教学，通过几个学期的体育课，每个学生将能够被安排承担一项或者两项角色。因此，通过“运动教学模式”，教师可以帮助学生学习如何领导其他人，教师可以通过让学生从完成小的领导任务开始，然后逐渐拓宽任务的范围，以逐渐发展和提升学生的领导能力。

（六）增强团队凝聚力

在“运动教学模式”下，学生在整个赛季中，都保持同一个团队的队员身份，他们在一个团队里，为了共同的目标而努力工作。在美国学校体育课教学中，在通常情况下，学生的队员身份每个赛季变化一次，但是有的学校也让学生在整个学期，甚至整个学年中始终在同一个团队中，从而使学生学会在一个团队中为了达到共同的目标而努力。在“运动教学模式”中，赛季和分组的特点创造了一种氛围，促成了团队协作、共同完成任务的教学目标。在“运动教学模式”中获得的成功是以集体为单位的成功。只有每个队员努力为团队做出贡献，整个团队才能获得成功。最吸引队员的是，队员们为了团队的成功相互支持、相互帮助。赛季中通过创造队名、队伍的颜色、队伍的口号等方式，有利于构建和谐的氛围，使每个学生感受到自己为团队做出的贡献，从而使队员之间的情谊得到提升，团队凝聚力加强。这些特点创造了一种良好的学习氛围，教师强调有效的团队参与，每个学生能够学会人际交往的必须技巧，并成为团队中的优秀成员。

（七）发展公平竞争意识

体育是平等的化身，是竞争的代言。早在现代体育诞生之前，“Fair Play”精神便在18世纪到19世纪英国的社会土壤中滋生起来，无论是美丽、正义、勇气、荣誉，或是乐趣、进步、和平，其深刻内涵很难用文字加以概括。无论时代怎么变化，体育如何发展，“Fair Play”精神应

该是体育最具生命力的根基，“Fair Play”也是体育对现代社会伦理体系最重要的贡献之一，其内涵应随着时代发展不断丰富。作为人类社会的精神财富之一，“Fair Play”若失去了生命力，体育也许就真的成了没有硝烟的战争。在“运动教学模式”中，要发展学生公平竞争意识，培养学生在比赛中做理性决定的能力。在赛季比赛中，为了争取比赛胜利、获得积分榜上更加靠前的排名，队与队之间难免会发生冲突，然而这些冲突必须被妥当处理和解决。那么，如何积极努力争取比赛胜利，如何正确地对待对手，如何正确地对待裁判，什么是公平，什么是恰当的、正确的表现行为？这些是整个“运动教学模式”中应关注的内容。当学生在体育课中面临这些冲突、疑虑时，正是对学生进行教育的最佳时刻。学生在老师地帮助和引导下，学着解决和处理这些疑虑和冲突。从而使学生在参与体育运动时变得更加有修养，进而使学校体育、社区体育、青年比赛、体育俱乐部等各项体育运动更加容易组织和开展。

（八）培养终身体育观念

目前，最经常被提到的体育教育的重要目的是帮助学生发展终身体育的观念。“运动教学模式”有自身的优势能帮助学生发展终身体育的观念。首先，运动教学模式符合青少年的心理、生理、兴趣特点及体育运动的规律，以竞赛的形式提高学生在课堂中积极参与的兴趣，并通过快乐、自信等方面的体验获得良好的运动感受和经历，促进其形成终身体育的观念；其次，“运动教学模式”的运用过程中采用不同角色及分工的形式，促进了其对健美操运动如何组织、如何开展等相关知识的理解和能力的提升，同时，也促进了其在运动中的交往，为其形成终身体育习惯和行为提供经验；再次，在“运动教学模式”的实施中，通过互帮互助，培养了基本技术能力、战术能力，并加强了对比赛规则等的理解和认识，为其形成终身体育观念提供了技能和知识基础；最后，在“运动教学模式”实施过程中，运用了团队以及节日气氛等多种形式，促进学生运动兴趣提高的同时，这种欢乐的节日氛围深深地感染了所有的学生，从而也吸引更多青少年到健身队伍中来。学生在学校体育中的这些经历，使学生更多地参与到校外的体育活动中去，即使是在毕业后，走出校园，走上工作岗位之后，仍然继续参与健美操运动，促使其终身体育观念的形成。

三、我国普通高校健美操运动教学模式的教学过程结构

体育教学过程是实施体育教学并达成体育教学目标的教育过程，其结构是支撑体育教学模式的基本骨架。因此，深入分析体育教学过程的规律与范式，不仅对科学地建构体育教学模式，而且对有效地实施教学模式意义重大。北京师范大学体育与运动学院高嵘老师，就“运动教学模式”的教学过程结构，从宏观和微观两个层面进行了较为详细的分析。在宏观层面，他认为“运动教学模式”的宏观教学实施过程是指整个运动季的教学设计，它要求设计者从宏观上对赛季的教学过程全面考虑。具体设计时应从“赛季前准备阶段”和“实施课堂教学阶段”两个方面入手考虑。其中，实施课堂教学阶段又可分为课堂常规建立阶段、赛季阶段和庆祝活动阶段。在微观层面，他认为教学设计和实施要从每次课教学的各个方面入手，深入考虑赛季早期、中期和晚期不同教学阶段的具体课堂实施及实践分配。Daryl Siedentop 教授在“Complete Guide to Sport Education”中第八章也重点介绍了赛季前准备、赛季日程以及每日课程的相关内容，并进行了举例说明。

在“运动教学模式”中，整个赛季按照既定的日程进行，强调技战术的学习，组织一系列的比赛，让所有的学生通过参与比赛，提高技战术水平，赛季最后是赛季的高潮，整个赛季在节日的氛围中结束。赛季前准备阶段是指教师在赛季开始之前需要做的准备工作。其内容主要包括教师对运动教育教学目的、教学方法和教学过程等方面全方位的理解，教师对授课时具体影响因素的分析准备，以及所有教学材料与表格的准备。只有充分做好赛季前的准备工作，我们才能更好地开展整个赛季的教学工作。对于赛季前准备工作，本文不再赘述。基于为该模式设计的本土化和具体实施的操作化提供有益参照的目的，结合德尔菲法分析结果，本研究主要从赛季日程、课堂结构两大层面对我国普通高校健美操“运动教学模式”的教学过程结构进行分析。

（一）赛季日程

教学单元是教学过程的基本单位，其大小不仅反映教学过程的长短和合理性问题，而且也决定教学的容量和质量。根据“运动教学模式”的特征，“运动教学模式”以赛季为教学单元。赛季日程是从宏观层面确定教学过程结构，它是指整个赛季每一节课教学内容的大致安排。Daryl Siedentop 教授提倡加大教学单元长度，这是基于欧美国家中小学体育课的现实情况提出的。他在“Complete Guide to Sport Education”中指出赛季的长度由每节体育课的时间和体育课持续的次数决定，大量已发表的文献表明“运动教学模式”的赛季标准长度为 20～22 学时，同时他也指出得出这样的结论可能是因为在新西兰高中做实验时的实际条件决定的。“运动教学模式”是为了让学生对某一运动有更深刻的认识与理解，为学生提供更多彼此互动的学习机会，使学生学深、学透，在运动经验上得到精熟发展的机会，并受到运动文化的熏陶。这种以运动季为单元的教学过程设计，具有以学生参与运动竞赛为主线，设计其教学过程的鲜明特征，其目的也是为了更好地体现其本来的教学意图，即“通过最为真实的运动情景使学生得到全面的运动教育，使之成为‘有能力的’、‘有文化的’和‘热情的’运动参与者”。

根据我国普通高校体育课程设置，我国普通高校健美操教学，通常每周一节课，每节课 90 分钟左右，每学期小于或等于 16 节课。在“运动教学模式”中，赛季的课程内容可以分为三大类：第一类，学习与练习；第二类，练习与比赛；第三类，比赛。同一类内容的课程又有稍不同的教学节奏。教师指导练习是以教师为主导的教学。独立练习通常是以队为单位，在各队的练习区域，由教练或队长带领全队进行练习，而教师则在整个场地内巡回，对各队进行指导。独立练习的任务应该围绕比赛，为比赛做准备，队员之间应该相互鼓励，互相帮助。这种各队的独立练习在赛季进行过程中，应该尽可能成为常规的方法。在整个赛季中，教师使用这种独立练习的方法为学生提供机会练习技术，为比赛做准备。

以练习与比赛为内容的课程通常是在学生已经学习了一定的健美操动作组合，并且即使没有老师的解释与提示，也能知道该怎样练习的情况下开展。在这个阶段，独立练习已经成为常规的方法，练习的重点在于进一步精细技术动作，提高战术意识。而这时的比赛可以是热身赛，也可以是计入赛季总分的正式比赛。课上将分配时间给各队练习技术动作，准备当天的比赛，并对部分学生的缺席进行队形的必要调整。根据总的比赛时间的需要，教师在独立练习结束后，宣布比赛开始，同时参与裁判、记分员、器材管理的学生快速做好准备。裁判的职责之一是确保比赛流畅的进行。比赛期间也应该留出特定的时间，以便使裁判、记分员等为下一场比赛，

或下一个队的比赛做好准备。同时也使下一个上场队做好上场比赛的准备。

以比赛为内容的课程不仅可以安排在赛季末尾，也可以安排在赛季中。通常整个赛季比赛随着学习内容的增加，难度逐级增加，或是随着学习内容的改变，不断变化比赛内容。学生总是需要不断学习和练习，以便更好地迎接所有的比赛。

（二）课堂教学过程

正如前面所提到的，在"运动教学模式"中有三种主要的课程类型。第一种课程类型是以学习和练习为主，通常在赛季的开始之初，也可以在赛季中出现。第二种课程类型是以练习和比赛为主。第三种课程类型是正式比赛。并不是说在第二种和第三种类型的课上，教师不用教学，而是在练习和正式比赛期间，教师一直巡回在场地内，在各队进行指导。从宏观上确定赛季日程之后，便要从微观层面确定每节课的内容，即确定课堂教学过程，拟定每节课课堂教案。

美国学者 Derek J. Mohr 等人以课堂教学的八个方面为基础，提出了教学过程中的具体实施原则和课堂教学分配时间原则。高嵘等在《运动教学模式教学过程结构探析》一文中，也做了具体介绍和分析，具体内容见表 9-3（其中上课时间为 90 分钟；Student Coach，简称 SC，意思是在赛季中担任教练的学生）。

表 9-3　课堂时间分配表

课的内容	教师	学生	赛季时间分配（m）		
			早期	中期	晚期
检查课堂角色和职责	提供检查表；进行监督	确认课堂角色；准备热身活动或 SC 会议	3	1	1
热身活动 SC 开会	提供热身活动的内容；提供 SC 培训计划；指导 SC 开会	领导小组的体能练习	10	12	14
复习技术和战术	辅导学生复习；监督学习情况；在小组需要时提供帮助。	SC 指导小组的学习，帮助个人和团体取得进步	10	15	15
教师指导技术和战术教学	复习或学习新的技战术；指导全班练习	观察教师教学；进行动作示范；复习技术	15	10	5
小组练习	提供学习的内容；进行辅导；监督学习情况；在小组需要时提供帮助	SC 指导小组练习，监督小组的进步情况。	30	20	5
比赛	设计比赛方式；提供比赛的统计记录单；为裁判员提供建议；指导比赛。	SC 为比赛做准备；统计员进行记录；裁判员进行裁判；运动员参与比赛	7	20	40
结束部分	复习技术和战术；学生提问；让学生自由展示动作；教师向学生提供反馈意见；预习下次课内容；布置课外作业。	观察教师；回答问题；进行动作展示；提出问题讨论	5	5	5
总结学习情况	提供评价标准；检查记录保持情况。	收集整理团体和个人学习情况的记录	10	7	5

从表中可以看出，这八个部分在每次课中所占时间是不同的，主要的影响因素有教学目标、学生的发展水平和运动季的学习阶段（包括运动季的早期、中期和晚期），也就是说，随着运动季的发展和学习难度的加深，在每次课上分配给各部分的时间将会发生变化。例如，在运动季

的早期可能花费较多时间去检查角色的执行情况和责任，但在以后将会花费越来越多的时间在运动上；再如，在运动季的早期学生练习技术和战术的时间会较多，而在运动季的中、后期学生比赛的时间会越来越多。课堂教学的每个部分都十分重要，即使在运动季的后期也不能完全排除教师对运动技术的教学。

在我国普通高校健美操教学中，运用"运动教学模式"时，课堂教学过程主要包括以下四个基本部分。一是准备活动，每节课以准备活动开始，由队长或学生教练带领，准备活动的内容可以是身体素质类的练习，也可以是与健美操技术相关的练习，或者是两者的结合。二是基本部分，学习新动作和组合时通常由教师带领，练习或复习已学健美操动作或组合时，通常是分组练习，由各队的队长或学生教练带领，教师对各队进行指导。在这部分，教师必须确保学生有时间为赛季的比赛练习健美操动作技术，组织健美操比赛队形。三是比赛部分，这时的比赛可以是热身赛，也可以是计入赛季总分的正式比赛。四是结束部分，赛季的每节课结束时，教师应该对本节课进行总结，对于学生在练习和比赛中的杰出表现给予认可和表扬，学生或者各队表现出的公平竞争行为也应该提出表扬。

在整个赛季中，课堂教学过程呈动态变化。变化的两大原则是：（1）以教师为主导的教授时间比例，在整个课堂教学过程中呈现由多到少的变化；（2）以学生为主导的练习时间比例，在整个课堂教学过程中呈现由少到多的变化。

四、我国普通高校健美操运动教学模式的教学策略系统

"策略"原意是指大规模军事行动的计划和指挥，一般又指为达到某种目的使用的手段或方法。在教育学中，此词常与"方法""步骤"同义，还指教学活动的顺序排列和师生间的交流。龚正伟在其编著的《体育教学论》中将教学策略界定为：教师对有效地完成特定教学目标而采用的教学程序、方法、形式和媒体等因素的总体思路、谋略或智慧。根据德尔菲法分析结果，本研究论述的教学策略主要包括：课堂管理与行为发展策略、学生分组策略、分配角色和职责策略、设计比赛策略、创造节日氛围策略。这五部分内容也正是 Daryl Siedentop 教授在"Complete Guide to Sport Education"中所论述的"运动教学模式"的重要内容，掌握好这些教学策略是教师在健美操教学中成功运用"运动教学模式"的关键所在。

（一）课堂管理与行为发展策略

在以教师为中心的课堂上，教师总是完全指导和控制整个课堂，而学生主要的角色是服从教师的指导。尽管这样的教学模式对某些体育课教学起到了作用，但是它与"运动教学模式"的教学目标和战略是不一致的。"运动教学模式"以学生为中心，目标是培养学生的责任感和领导能力，帮助学生管理和把握自己的运动经历，因此，学生要在课上对自己的行为高度负责。另外，与传统的体育课相比，在"运动教学模式"中学生要学更多的内容，包括健美操技术和战术，赛季的角色与职责等。因此，在"运动教学模式"中，时间是非常宝贵的，要充分利用有限的时间，尽可能使学生获得最多的学习收获和提高。然而，当学生没有积极参与课堂学习时，或者对自己的行为没有约束感时，许多破坏课堂纪律的行为就会发生。例如开始上课时、课上各环节转换时、练习技术时。换句话说，学生总会利用这些时间找点事做，而这些事会破坏课堂纪律，分散大家的注意力。发展课堂策略和行为发展策略是预防性的管理措施，发展和

维持一个积极的、可预见的、以完成课堂任务为导向的课堂氛围。因此，在这样的课堂氛围中，极少的时间用于教师维持课堂纪律，更多的时间用于学生完成学习任务，从而使学生更好地完成课堂学习的各部分内容。

1. 课堂管理策略

教师应该将传统的课堂常规、课堂要求运用到“运动教学模式”的课堂上来。用课堂管理策略使课堂学习任务完成得更快、更好，课堂效率大大提高，课堂更加有序。教师要善于集中学生注意力，要有效地发号口令，要预计课上各个环节所需要的时间，从学生进入教室到达本队活动区域，到课上各个环节的转换，再到每节课的结束部分。

（1）课的开始部分。在普通高校中，学生可能在上课之前依次来到上课地点。在这种情况下，学生应该迅速到达他们本队的活动区域，开始常规的健美操技术练习。这些技术练习通常用在每节课的开始阶段，而且是学生在之前的课上已经学习过的内容，能够很好地完成，并且有助于进一步改进技术。开始上课后，各队的教练或者健身指导带领全队开始热身。教师可以通过张贴海报或者给每队发放热身内容计划，对学生进入教室后的准备活动进行指导。教练监督每节课的开始部分，还可以利用这部分时间清点人数。同时各队的队长或者教练也应在准备活动结束后负责报告考勤情况。这样的课堂管理策略使教师有时间与学生进行互动，对学生进行指导，而不是花所有时间指挥准备活动。

（2）课上各个环节的转换。课上各个环节的转换非常重要。当转换进行得流畅而迅速时，会产生许多好的结果。也就是说，这时的课堂组织得非常好，充分利用了时间，课堂很少有机会被中断，所有计划和任务都能完成。当各环节转换失败时，课堂学习任务几乎不能按计划完成，学生也觉得很沮丧，从而中断课堂的情况也更容易发生。课上各个环节的转换主要包括三种口令和信号的有效执行：集中注意力信号、集合信号、解散信号。通常，在课堂上，教师需要集中全班的注意力，教师应该给学生一个明确的信号，并且教学生在听到信号后立即做出反应。教师可以大声发出“安静”的口令，学生听到后立刻停止练习，面对教师站好。教师也可以使用口哨，或者用双手击掌发出的信号，学生听到后立即以双手击掌回应，然后面对教师站好，保持安静。有时候我们需要将学生由分散集中到一个特定的区域。集合的口令是在集中注意力的信号发出后给出的，另外教师也可以再次使用口哨发出集合口令，这只需要教师与学生在赛季前期约定并练习使用集合的口令，然后给出具体的反馈，并建立新的目标，以减少集合所花的时间。一旦集合后，学生通常要解散，去比赛场地或者他们本队的练习区域。解散的信息中应该包括学生到达指定区域后要完成什么任务，什么时候离开集合的区域。在“运动教学模式”的早期阶段，教师应该记录从解散的指令发出到学生到达分散区域开始比赛或练习，一共需要多少时间。教师不仅可以口头表扬动作迅速的学生，而且可以将学生较好的执行课堂常规的情况，作为奖励积分记录在赛季的积分系统中。当学生习惯快速移动，组织效率明显提高时，学生解散所需要的时间也逐渐减少。一旦训练有素后，学生到达本队的练习区域便立即开始做准备活动或者开始练习，而不是等着教师再做进一步指示。

（3）课的结束部分。在“运动教学模式”中，课的结束部分有很多作用。教师可以将学生集合起来，重复和强调重点的技术或战术，肯定学生的进步，对每队的表现提出反馈，提示下节课的内容，并让学生安静地离开体育馆，返回教室。课的结束部分要求学生从分散的区域集中到一个区域，迅速而有组织地集合到一起。结束部分的课堂常规也应该包括如何离开体育馆，归还器材，返回教室。如同其他所有课堂常规一样，在赛季的前期，教师就应该教授学生如何执行课的结束部分的课堂常规。一旦学习了这些课堂常规，学生会非常习惯它们，并且很好地执行，从而大大提高课堂效率。

2. 行为发展策略

体育教育能够积极地影响社会行为的发展，有助于人格的成长。许多优秀运动员已经证明这一点，他们的运动经历帮助他们发展了良好的自我控制能力，学会了团队合作，并培养了领导才能，而且这种影响将会继续延续到他们今后的人生中。但体育也是一把双刃剑，在有助于积极促进社会和个人发展方面的同时，它也有可能助长自私、破坏规则、不公平行为的产生。因此，发展和维持一个有序、公平的环境是培养积极因素、遏制消极因素的关键。“运动教学模式”提供了这样一种环境，在这里学生学习公平竞争的含义，即应该用什么样的正确方式对待队友、对手和裁判，以及按照规则比赛的重要性，以确保公平的比赛和真正意义的胜利者。因为所有学生都要担任裁判的角色，所以学生知道担任裁判的感受，以及优秀的执裁工作对整个比赛的贡献。通过参与公平的比赛，学生得到机会学习坚持不懈的精神，体会到进步的满足感和为本队做出贡献的成就感，并且得到教师和队友的认可。

（1）学生行为发展的中心内容。在“运动教学模式”中，公平竞争是学生行为发展的中心内容。公平竞争是体育比赛公认的准则，同时也是青少年身心发展的中心内容。公平竞争有非常广泛的意义，它不仅是指尊重比赛规则，也包括尊重他人，以饱满的热情和积极的态度参与比赛，尊重平等参与的机会，对自己和队友的行为负责任等。本书研究者归纳我国普通高校健美操“运动教学模式”中的公平竞争行为，具体内容见表 9-4。

表 9-4　公平竞争行为

内容	表现
积极参与	不迟到不早退，积极地参与练习与比赛
付出努力	努力履行各自的职责
尊重队友与对手	尊重每个人公平参与练习和比赛的权力，欣赏队友与对手
尊重比赛，正确面对成败	尊重规则与裁判，在胜利时保持谦虚，在失败时保持高尚的气节
乐于助人，学会感恩	乐于帮助别人，并学会感恩别人给予自己的帮助

“运动教学模式”提供了一个良好的教育环境。在这个环境里，通过学生分组、分配角色、履行职责，给教师创造了很多强调公平竞争目标的机会，公平竞争的目标能够被实现，也使学生认识到达到这些目标的意义所在。

（2）如何发展公平竞争行为。在“运动教学模式”中，发展我国普通高校学生公平竞争行为，教师可以选择多种方法和手段。发展公平竞争行为的方法具体如下：

表 9-5　发展公平竞争行为的方法

方法	具体内容
使用行为守则	行为守则是对特定角色的行为方面的特定描述。教师可以为全班发展一个总体的行为守则，强调公平竞争的目标。行为准则要强调公平竞争与不公平竞争的区别。教师也可以专门为教练和裁判制定特定的行为守则

续表

方法	具体内容
使用公平竞争合约	可以使用公平竞争合约。在比赛之前要求学生大声朗读、讨论合约，并在上面签字。还可以使用专门针对教练和裁判的合约，并制定与这些角色职责相关的更多明确的条款
使用海报和消息	为了加强对公平竞争行为的认识，教师可以在体育课场馆内展示一个公平竞争的海报，列出对学生的要求，并参照它执行。海报中的公平竞争期望不必包含公平竞争目标等的细节，而应该选择描述性的，与我国普通高校大学生年龄适合、言简意赅的短语
行为意识谈话	学生应该经常有机会讨论公平竞争中的问题。谈话可以在团队中进行，可以在课程结束部分进行，或者在课堂上任何适合教育的时刻进行。谈话往往在课堂上发生突发事件的时候会发挥最好的作用。谈话不仅应该发生在不公平竞争行为之后，还应该在公平竞争的行为发生之后，它们是执行行为守则的榜样，应该与学生一起讨论
发展处理不文明行为的处罚条例	教师可以发展处理不文明行为的特定程序，针对从最轻微到最严重的不文明行为。例如批评、扣除公平竞争积分、失去比赛权等。如果在体育馆的明显位置，特别是行为守则海报旁边，展示这些针对不文明行为的处罚条例将会非常有效果
将公平竞争行为积分计入赛季积分系统	将公平竞争行为积分计入赛季积分系统是一项非常有效的办法。赛季最终冠军不仅是由比赛成绩决定，还应该包括各队获得的行为积分。教师可以在赛季开始时公布公平竞争积分办法。当团队成员的行为违反公平竞争行为规定时，相应的积分将从团队总分中扣除
使用多种方式认识公平竞争行为	当公平竞争行为发生的时候，教师应该清楚地认识到，就像能辨认出比赛中好的战术行为和好的技术表现一样。教师应该在课结束时对公平竞争行为给予认可。通常教师对公平竞争进行奖励。可以给学生布置家庭作业强调公平竞争，例如为公平竞争创造壁画或设计海报。教师应该在公告板上为公平竞争留出一个区域。教师能够用小星星贴在队名旁边，代表公平竞争行为，以及给赛季公平竞争队员的奖励等方式

（二）学生分组策略

在赛季开始之前，或者是在赛季开始之初，就要把学生分成不同的队或组，并且在整个赛季中始终维持这种相同的分组方式。学生分组是实施“运动教学模式”的基础，因为它是实施“运动教学模式”的基本组织形式，同时，维持小的学习小组也是使“运动教学模式”获得成功的必要环节。在传统的体育教学中，仅仅是在比赛期间将学生分组。而在“运动教学模式”中，学生不仅是在比赛时组队，而且无论是在练习技术、发展战术，还是平时的任何学习和训练中，都以队的形式完成各项任务。学生始终保持同一个队伍里的队员身份，每个学生的表现都有助于整个队伍的表现，有助于本队在赛季中成功完成各项任务。团队合作创造了一种责任感的氛围，在这种氛围中，学生个体也得到了发展。

当比赛结果不确定时，队员才会感到比赛更有意思，更加具有挑战性。这就是为什么当参赛队实力相当时，比赛会更加精彩。没有参赛队员会喜欢参与一个实力非常悬殊，比赛结果没有任何悬念的比赛。为了使比赛双方实力均衡，必须尽可能均衡的将参赛者分配到不同的队伍中。在各队实力均衡的情况下，要想获得比赛的成功，将更多地取决于学生团结合作、共同解决技战术问题，而不是依靠实力悬殊取得胜利，在健美操课上，要将学生组成实力均衡的队伍，主要根据学生已有的健美操运动基础，以及学生个体所具备的有利于学习健美操的各项身体素质。同时，每队的学生人数和性别也是需要考虑的因素，尽量做到人数相等和性别比例相似。

1. 确定每队人数

在组队之前，教师要决定在整个赛季中，要组成多少只队伍，每队人数是多少。这些取决于很多因素，包括：健美操项目的特点；如何组织健美操比赛：考虑赛季中可能出现的学生缺勤情况；以及使学生更好地完成日常的训练和比赛任务等。

竞技健美操比赛分为女子单人、男子单人、混合双人、三人、集体六人五项。大众健美操比赛则没有一定的人数要求，由各竞赛组织单位决定。为了便于学生在赛季中了解和学习健美操竞赛相关的内容，建议模拟竞技健美操六人操的人数规模组队，将每队的学生人数确定在6人左右。各队可以以集体六人的形式参与比赛，同时也可以在各队之间组织单人赛、双人赛和三人赛。在组队时，如果将全班分成多个男女生混合的队，那么既可以开展男子比赛，也可以开展女子比赛，还可以开展男女生混合比赛。同时，组织单人赛和双人赛时，还可以按技术水平分组，使得技术较弱的学生能在一起比赛，而技术较强的学生也能在一起比赛，每场比赛的得分都加入到赛季冠军的总成绩中，以此来使所有的学生都能得到参与比赛的机会。

2. 具体分组方法

在运用“运动教学模式”时，学生非常关心是否公平公正。学生希望有实力均衡的队伍和公平竞争的比赛。他们对分配队员很感兴趣，因为这关系到公平的学习机会，并体现了公平竞争的概念。因此为每队分配队员显得尤为重要。

教师可以全权负责队员的分配，也可以与学生一起合作分配队员。在学生没有“运动教学模式”经验的情况下，通常由体育教师全权负责队员的分配；在学生具备“运动教学模式”的经验之后，可以让学生参与到分配队员的任务中来。在为每队分配队员时，教师可以综合考虑以下几个问题：你了解你的学生吗？学生之间相互了解吗？学生熟悉健美操项目吗？学生熟悉“运动教学模式”吗？因为“运动教学模式”的一个目的是鼓励学生逐步地承担越来越多的管理自我的责任，所以教师可以考虑逐步地让学生参与分配队员的过程。当学生参与分配队员的过程时，可以有两个选择：一是与每队的学生教练一起分配队员，另外是组成一个分配队员的小组。当使用学生教练时，教师首先必须选好学生教练。通常，选择学生教练的方法如下：一是教师在赛季开始时指派教练；二是由学生自己提出申请，并提交书面申请，列出自己的优点、才能和领导能力；三是通过学生不记名投票选拔学生教练。当由学生组成的小组协助教师分配队员时，教师可以使用与选拔学生教练相似的方法选拔小组成员。学生可以是志愿者，自愿申请，或根据制定的标准，被投票选拔到这个团队中。可以将具有健美操技术基础的学生选拔到这个团队中来。

许多方法可以用来为每队分配队员。但是需要强调的是，这些方法不包括我们通常见到的一种，具有羞辱性的，即由班上技术最好的学生首先选择他们的朋友，然后由技术中等的学生开始选择队伍，最后是技术最差的学生选择队伍。总之，应该尽快地将学生分好队，因为学生的大部分成长来源于良好的体育体验，而这些成长与学生是否在团队中，为团队的成功做出贡献是密切相关的。以下是分配学生的几种方法。

（1）教师在赛季前分配学生。在通常情况下，运用这个方法时，是在教师比较了解学生的前提下，教师在赛季开始前就分好组。在第一节课时，教师宣布分组情况，指定各队的活动地点，同时要求学生选择队名和队的颜色。教师在分配时不仅考虑技术方面，而且考虑性别、性格和民族方面的均衡。运用“运动教学模式”的目的之一就是让学生学会相处，共同经历赛季

的起伏，所有学生尽可能多地学习技能，并为各自的团队做出贡献。

（2）教师和学生在赛季前分配学生。在第一种方法的基础上，教师可以让部分学生参与分配工作。这些学生通常能够提供一些有价值的、潜在的信息。让学生参与分配，也就是授予他们权力负责班级的分组工作。这些负责分组的学生可以由教师指派，也可以是匿名投票选出来的。

（3）使用等级量表分组。在使用这个方法的过程中，首先通过健美操基本步伐、动作组合的简单测试获得分数，然后将全班所有学生按照技术水平的高度进行分类。第一类为技术最好的，得分为 3 分，第二类为技术中等，得分为 2 分，第三类为入门级别，得分为 1 分。首先将 3 分的学生平均分在各队，然后将 2 分的学生平均分在各队，最后将 1 分的学生平均分在各队。检验分组是否实力均衡的办法是看每队的总分是否一致或接近。达到实力均衡的目的后，相同分数的学生可以再调整，以达到性别、民族的均衡，以避免队伍内部的不协调。一旦分好组，及时通知学生，或者将分组情况张贴公布在体育课通知栏中。

当由学生教练，或者学生分组团队分组时，为了避免学生教练在分组时，有意识或无意识为自己所在的组分派更多技术好的队员，从而造成分组实力不均衡。在分组时，确保所有学生教练并不知道他们将最终分在哪一组。在完成分组后，学生教练通过抽签的方式，最终确定所在的组。

（三）分配角色与职责策略

随着社会的发展，我们越来越多地感觉到体育影响着个人和社会的发展。然而，在许多情况下，体育并没有充分发挥它的作用，达到促进个人和社会发展的目标。多角色扮演是“运动教学模式”的关键部分，有利于促进学生社会化的目标。在“运动教学模式”中，教师在每个赛季要为学生设计一系列的角色。当学生学习和体验到各种各样的角色时，他们会更加重视自己的表现，对团队的成功更具责任感，同时他们也会积极促进整个赛季的成功。那么，在我国普通高校健美操教学中，如何更好地运用“运动教学模式”，设计符合健美操特征的角色和职责是非常重要的一步。

1. 学生角色

在“运动教学模式”中，除了参赛队员，学生还学着去做教练、裁判、记分员、管理者、宣传员，统计员等其他角色。学生非常愿意承担这些角色，并且非常认真地对待。学生不仅是参赛者，而且是以主人翁的身份参与到比赛中。扮演这些角色，有助于学生更加深刻、全面地理解健美操这个运动项目，成为具备更加丰富理论知识的健美操运动者。通常，角色的设计与学生的年龄、他们之前获得的“运动教学模式”的经验以及教师的创造力有关。根据健美操项目特征，在“运动教学模式”中，教师可以为学生设定以下三类角色。

（1）参赛队员。参赛队员是最重要、最基本的角色。积极地承担参赛队员的角色意味着努力为本队、为比赛做出重要的贡献。这个角色的职责包括努力学习技术和战术，努力、公平地比赛，支持队友，尊重对手和裁判。在“运动教学模式”中所有学生得到平等的机会去比赛，得到同等的机会为本队的成功贡献力量。

（2）比赛组织者。在“运动教学模式”的比赛中，所有学生都有自己特定的角色，这些角色除了参赛队员，还包括比赛组织者，例如裁判长、裁判员和记分员等。教授运动项目的知识是体育教育的一部分，“运动教学模式”强调学生在赛季中学习裁判知识，所以所有的学生要在赛季中学习如何扮演好比赛组织者的角色。教师需要安排充分的时间，让学生进行练习。由于健美操项目属于评分类项目，通常，在健美操赛季中，教师可以让每队派出一名学生，组成裁判组（包括裁判长、裁判员、记分员），对比赛进行执裁。比赛组织者有重要的任务，要确保比赛按时开始并顺利进行。

（3）队内角色。队内角色是指为本队服务的角色。所有的队都有这些角色，包括教练、领队、队长等。教师所要做的是确定在本赛季中有多少角色。教师应该努力使每个学生除了是参赛队员外，还在队里承担另外一个角色。角色的设定要与健美操项目特征相关，例如动作设计、音乐制作等角色。另外还可以设定为比赛宣传，促进赛季更好开展的角色，例如宣传员、摄影师、广播员、新闻编辑员等。通常，当学生和教师具备一定的“运动教学模式”经验时，才能设定更多的角色。在“运动教学模式”中可以根据项目需要和项目特征设定许多角色，这些角色种类的多少是无止境的，唯一限制教师的是想象力。实际上，任何与健美操项目有关的角色都可以设定。

2. 角色职责

清楚地定义角色的职责是非常重要的。学生需要确切地知道每个角色的职责，每个角色在比赛前、比赛中、比赛后以及课堂外应该做什么。教师可以在一个小手册里解释每个角色的职责，详细描述该角色应该在什么时候完成什么任务。或者准备好海报并张贴在教室里，详细描述每个角色的职责。在我国普通高校健美操“运动教学模式”中，教师可以参照表 9-6 分配学生角色和职责。

表 9-6　角色与职责一览表

角色	职责
参赛队员	努力学习技术和战术；刻苦训练，公平比赛；支持队友；尊重对手和裁判
裁判	组织比赛；执裁；使比赛不受干扰、持续进行
记分员	记录比赛得分；不断更新得分；计算得分；上交最终的成绩记录
教练	领导全队；进行技术和战术练习；安排比赛阵容
领队	带队参加比赛；在比赛中组织本队队员；帮助和鼓励队员
队长	监督队员各负其责；上交相关表格；帮助队员在各自的岗位就位，并行使职责
器材管理员	领取和归还器材；领取和归还比赛队服；器材丢失或损坏后及时通知教师；设计和制作道具
健身指导员	组织全队的热身；领导全队的健身计划
队医	了解该运动项目相关的常见运动损伤；提供急救材料；当训练或比赛中发生任何运动损伤时，及时进行处理，并通知教师；帮助教师开展急救和恢复工作
宣传员	公布成绩；负责在体育角、校报、海报上宣传赛季比赛，或者创办“运动教学模式”赛季简报
记者	写比赛报道；负责撰写和上交赛季报告给宣传员
解说员	在比赛前介绍队员；在比赛中解说比赛
动作设计	了解健美操动作的特点；为本队队员设计动作组合；帮助队员学习动作组合
音乐制作	检查、调试音响系统；选择、制作和保管训练和比赛中的音乐；在训练和比赛中负责音乐播放

（四）设计比赛策略

在竞技体育比赛场上，我们有时会发现，只有当该队比分领先，拥有绝对优势时，或是在比分落后，取胜无望时，教练才有可能派替补队员上场参与比赛。同样的情况也会发生在传统的学校体育课比赛中。因此，往往是技术好的学生更多地参与到比赛中，而技术较弱的学生没有得到平等的机会参与比赛。但是在“运动教学模式”中，所有学生应该有同等的机会参与比赛。

1. 设计比赛形式

在“运动教学模式”下，教师不用完全采用正规比赛的规模和形式，而是要使学生在适合自身发展水平的基础上参与比赛。教师可以根据现实情况修改比赛，使学生无论在什么样的技术水平上，都能通过参与比赛，学习技术和战术，使学生能够在自己原有的水平基础上不断得到发展和提高。对于健美操项目而言，教师可以通过减慢音乐速度，减少动作组合，降低动作复杂性，改变比赛场地大小，以及改变比赛规则等方法，来创造更加适合学生发展水平的、更容易的比赛，使学生在比赛中更好地发挥技术，更成功地运用战术。值得注意的是，比赛的本质，比赛的主要规则，在修改后的比赛中是没有改变的。比赛的主要规则规定了该项目比赛如何进行，如何取得比赛胜利。团队成员朝着共同的目标努力，这是“运动教学模式”的重要教育和发展目标。赛季以团队为单位赢得比赛和赛季冠军。赛季比赛的重点考察目标是整个团队的表现，所有人的表现都代表了团队。

竞技健美操的比赛除了单人赛外，还包括双人、三人、六人等集体项目。近年来越来越受到关注的啦啦操项目更是以集体团队合作为取胜的关键。而在开展得如火如荼的大众健美操运动中，集体项目则是最为常见的比赛形式。普通高校健美操赛季中，团队集体参赛是最为简单和可行的方式。如果在学生获得一定“运动教学模式”经验的基础上，还可以开展单人赛、双人赛、三人赛等项目。我们知道当比赛双方势均力敌时，比赛才更有悬念，才更有趣，更有利于技术的发展。在“运动教学模式”中，可以设立分级别的比赛，每队派出不同级别的队员，所有学生与自己实力相当的对手进行比赛。但是值得注意的是所有的比赛结果都计入团队的积分中，是团队取得最后胜利的基础。例如，如果比赛中有四支队伍参赛，按照裁判员的打分，每场比赛排出一、二、三、四名，第一名记 4 分，第二名记 3 分，第三名记 2 分，第四名记 1 分。记录员将每场比赛的得分均累计记入健美操赛季成绩统计表中。

2. 确定比赛频度

在“运动教学模式”的文献资料与相关研究中，并没有对赛季中比赛的频度做出具体地限制，但是教师在设计比赛频度时，要遵循几个原则：一是确保比赛贯穿整个赛季；二是比赛的频度与健美操项目特点相结合、相适应；三是比赛频度要考虑健美操教学内容的安排；四是比赛频度应该是在每场顺利开展的基础上进行安排。根据项群理论，按竞技能力的主导因素对竞技项目进行分类，健美操属于技能主导类表现难美类项目。按动作结构对竞技运动项目的分类，健美操属于多元动作结构固定组合。依据运动成绩的评定方法，健美操属于评分类项目。因此，在比赛频度的设计上，健美操具有自身的特点。这与“运动教学模式”研究中常见的项目，例如球类项目有较大的区别。

在国内外的研究中，对于在健美操运动中运用“运动教学模式”的研究者较少。而在 2000

年和2003年分别有国外学者发表论文，设计了舞蹈赛季，由于舞蹈和健美操在内容和形式上的相似性，这两项研究在比赛形式与频度的设计上值得我们借鉴。在2000年的研究中，研究者在赛季中间歇性地安排比赛，赛季由五次比赛组成，每次比赛的内容是每十年流行的舞蹈种类与形式。在每次比赛中，每队可以选择这十年中的一个流行舞种。而赛季的高潮则是每队在所有舞蹈形式中选择自己最拿手的舞蹈，再为全班表演一次。除了在赛季中间歇性的安排比赛，还可以在每节课均安排比赛。比赛可以是由大规模和小规模比赛交替进行，也可以是随着学习内容地增加，逐渐增加比赛难度。目前，我国普通高校健美操的教学内容大多是中国健美操协会审定并发行的《全国健美操大众锻炼标准第三套》文件。通常，高校在每学期的健美操课中教授一套或两套动作，一般从一级动作开始。因此，赛季中的比赛可以以所教授的等级动作为比赛内容，每天安排一次比赛。

3. 计划赛季高潮

每年橄榄球超级杯和足球世界杯总决赛都吸引了全世界数百万观众的关注。大多数运动项目的青年联赛也是一样，最终的决赛将赛季推向顶峰。在“运动教学模式”中，整个赛季贯穿着正式的健美操比赛，并最终达到赛季高潮，然后结束整个赛季。赛季最后的冠军赛代表着赛季的高潮，但与竞技体育有一个关键性不同，那就是，在大多数竞技体育中，只有两只最好的队伍能够进入最后的总决赛，而在“运动教学模式”中，所有的队伍都参与到赛季高潮中来，教师致力于营造所有队伍都参与进来的节日氛围，整个赛季在全班庆祝和分享比赛的氛围中结束。

赛季的高潮可以不仅局限在赛季的最后一天。教师可以在赛季最后的几天时间里举办冠军赛和赛季的其他比赛。赛季高潮的庆祝活动不仅是表扬比赛的胜利者，教师还可以就学生公平竞争行为、学生完成各自角色的职责，或者学生个人对整个赛季或各队的贡献等方面给予奖励和认可。教师也可以在赛季高潮播放健美操比赛视频。赛季高潮是所有学生体验体育节日氛围必不可少的一部分。

4. 设立赛季奖项

对赛季的奖项和奖励的形式几乎没有限制。教师可以在赛季的高潮部分给予学生这些奖励。值得注意的是，因为“运动教学模式”的教学目标非常广泛，不仅是学习技术，所有这些奖项应该尽可能多地反映所有教学目标。教师可以设立赛季积分系统，通常公平竞争得分、比赛得分和管理职责得分是赛季积分系统最重要的组成部分，因为学生在这些领域的行为决定了赛季的成功与否，获得赛季积分系统最高分的团队是赛季冠军。尽管毫无疑问要对最杰出的赛季冠军给予荣誉，但是教师也应该奖励赛季中的其他积极的方面，例如学生公平竞争的行为，不同角色的职责完成情况，学生运动技能的进步，以及团队合作等方面的突出表现。本研究结合健美操项目特点，在赛季中设立并颁发了以下奖项：赛季总冠军、最佳音乐奖、最佳编排奖、最佳组织奖、最佳进步奖、最佳动作指导奖等。

5. 制定比赛规则与裁判法

由于我国普通高校健美操赛季中的健美操比赛内容为中国健美操协会审定并发行的《全国健美操大众锻炼标准第三套》等级动作。因此，比赛规则和裁判法的制定应该充分考虑教学对象与教学内容的实际。本书认为在我国普通高校健美操教学中，比赛规则与裁判法的制定要遵循两大原则：一是比赛规则与裁判法可以依据国际体操联合会（FIG）审定的“2009—2012健

美操评分规则”和教育部中国大学生健美操艺术体操协会审定的“中国学生健身健美操竞赛评分规则（第三版）”；二是比赛规则与裁判法以“运动教学模式”中“根据教学对象简化比赛规则”的理念为原则进行修订，旨在加强裁判法在普通高校健美操课上的实操性，更好地普及健美操裁判法知识。

（五）创造节日氛围策略

节日氛围是“运动教学模式”的主要特征之一。节日氛围使“运动教学模式”区别于普通的体育教育模式。在世界各地，各项体育赛事的开展都伴随着浓郁而明显的体育节日氛围，例如每四年一次的奥运会、足球世界杯、橄榄球超级碗、美国职业篮球联赛。然而这种节日氛围，却很少在普通高校体育课中表现出来。很少有学生认为学校体育课经历是特别令人兴奋或有价值的。甚至，许多体育课不仅被学生认为不重要，而且他们经常逃避体育课，特别是对于关键的青少年时期，一旦他们形成这种价值观，就将影响他们今后的人生。加拿大的一项研究表明由于女孩特别不喜欢体育课，以至于她们总是找借口逃避体育课。在我国普通高校健美操教学中，愿意上健美操课的大部分为女生，大多数男生对健美操课不感兴趣，特别是对于健美操运动技能较弱的男生，或者是在健美操学习中从未体验过成功感的男生。在“运动教学模式”中创造节日氛围，会使学生获得非常愉悦的体验，增加学生在健美操课之外或是校外从事这项运动的可能性。在世界上许多地方，体育教育的主要目的之一是影响年轻人的生活方式，使他们形成参与体育活动的健康生活方式。而维持一种健康的体育活动生活方式要求年轻人重视这项运动，参与这项运动，并且是持续参与。要使学生重视一项运动，首先必须使学生获得难忘的运动体验，才能促使他们在未来继续从事这项运动。浓郁的节日氛围往往给运动者带来欢乐的感受，使参与运功更加有意义。研究已经一次又一次证明，“运动教学模式”是一个非常好的方式，节日氛围是“运动教学模式”的一大特点，它潜在地增加了学生的参与动机。

1. 在日常教学中创造节日氛围

创造节日氛围的目标是使整个赛季都沉浸在节日的氛围中，而不是只有赛季最后的冠军赛才需要节日氛围。努力使每日的练习和比赛都尽可能充满节日氛围。可以从以下两个方面入手。

（1）通过增强团队凝聚力，创造节日氛围。将学生分在小的团队中，并且在整个赛季保持同样的分组，形成团队凝聚力，这也是“运动教学模式”的另一个主要特点。团队增加了学生的归属感，增强了他们为团队做贡献的责任心。各队应该有队名，并且本队的队员能够为他们的队伍选择队名。每个队在公告板上有一个区域，可以张贴本队的成绩统计，各队也能选择代表本队的颜色，如果条件允许，可以制作代表各队的队服。教师可以拍一些各队的照片，学生可以摆出代表他们本队特点的姿势，将这些照片张贴在公告板上各队的区域里。另外，各队的宣传员可以制作并张贴介绍队员个人的简历。

在体育馆或室外体育场，各队通常会分配练习区域。学生在上课后到达本队练习区域，遵守进入体育馆的课堂常规，进行热身练习或技术练习。教师也鼓励各队在校外的时间进行练习。教师可以将各队进行额外练习作为赢得赛季积分的一种方式。在“运动教学模式”中，教师可以让各队代表不同的国家参赛，就像在奥林匹克运动会中，以及在各种世界杯比赛中，各队有代表本队的旗帜、颜色和队歌。所有的设计是为了强调各队的身份。这些经历使各个赛季如同一个大的健美操赛事，对学生更加有意义。

(2) 通过给予奖励，创造节日氛围。在“运动教学模式”中可以设置许多奖励。例如，对于队员的良好表现，各队表现出良好的战术意识，队长使队员在正确的场地按时比赛，裁判员使比赛流畅进行，器材管理员使器材摆放在正确的位置，记分员正确计分等方面，教师都应该给予认可和奖励。教师可以通过正式或非正式的形式给予学生表扬。正式反馈包括赛季最后的奖励证书、奖杯，将优秀学生名字张贴在公告板上。非正式反馈包括教师可以在每节课上，对学生良好的表现和公平竞争行为进行表扬，学生不必要获得奖杯或是证书，但是，他们获得了老师的公开表扬和同学的认可。教师通过这些恰当的方式鼓励学生的辛勤工作，表扬其优秀的表现、进步、胜利和公平竞争行为，从而为整个赛季创造了一种喜悦、轻松、快乐的节日氛围。

2. 在赛季高潮中提升节日氛围

“运动教学模式”以赛季高潮结束，赛季高潮是整个赛季节日氛围最浓的一天。可以用很多方式设计赛季高潮，但赛季高潮要让所有学生参与，而不仅是两支实力最强的队伍。通常可以在赛季高潮中组织赛季冠军赛。如果赛季比赛是按照学生健美操运动能力，组织分级比赛形式，那么每个级别都将进行最后的决赛。还可以组织一系列的健美操技术技巧挑战赛，每个队派出代表完成挑战。如果一系列的技术技巧挑战赛安排在常规的课程之内，那么这样的赛季高潮需要几节课来完成。在一系列比赛之后，即赛季的最后一天，安排赛季颁奖典礼，通常可以邀请特殊的嘉宾进行颁奖，包括学校校长、系主任、健美操项目风云人物等。另外，教师还可以在赛季高潮中组织学生观看经典的健美操比赛，包括世界和我国竞技健美操比赛，影响广泛的健身健美操比赛。教师也可以用摄像机将整个赛季录下来，然后对视频进行编辑，并在颁奖日播放，学生可以在课后将拷贝的视频带回家，与家人分享。在熟练运用“运动教学模式”的情况下，教师还可以组织不同班级学生进行比赛，以及学生和教师、家长一起比赛。如果学生与家长一起分享他们的快乐，那么健美操课程和健美操教师将获得更多的支持。

五、我国普通高校健美操运动教学模式的教学评价体系

体育教学评价一直是体育教学工作和教学理论中的难题。如何在“运动教学模式”中，对我国普通高校健美操教师的教，对学生的学做出客观、全面、有价值的评价；如何在“运动教学模式”中，运用实用性、操作性强的评价方法，是本部分重点讨论的问题。设计我国普通高校健美操“运动教学模式”教学评价系统，首先应该从明确培养目标开始。培养目标是设计教学评价系统的依据。在赛季最后，我们想看到怎样的学习结果呢，这些学习结果是否与赛季前制定的培养目标一致？运动教学模式的总目标是培养有能力，有文化和有热情的运动者。2011年 Kinchin 在研究中结合“运动教学模式”的三项培养目标评估学生的成绩。结合学习目标进行评估是非常有意义的。教师和学生都应该在赛季开始之初便非常清楚学习的目标。“运动教学模式”的特点允许实现多重目标，同时也使每个目标的实现程度能够被衡量。对我国普通高校健美操“运动教学模式”的教学评价系统设计，主要围绕培养有运动能力、有运动文化和有运动热情的运动者三项培养目标展开。

(一) 对健美操技术的评价

与传统体育教育模式一样，“运动教学模式”的一项重要学习内容是掌握运动技术技能。健美操项目属于技能主导类表现难美项群，按照“不同项群运动员竞技能力各决定因素作用的等

级判别”，技术起到了决定胜负的决定性作用，而战术仅是基础性作用，因此在本书中重点讨论对学生技术的评价。对学生健美操技术的评价可以采用学生互评与教师评价的形式，并结合学生所在团队在比赛中的表现进行综合评定。“运动教学模式”中设计了一系列比赛，学生分成许多小组参赛，因此学生获得了更多的机会展示他们所学到的技术和战术，同时也允许教师有更多的时间去观察和评估学生在比赛环境下的真实表现，例如学生是否掌握了健美操基本步伐和动作套路，动作是否与音乐完美匹配，整套动作是否流畅等。采用过程性评价与终结性评价相结合，将评估贯穿在整个教学单元中，镶嵌在每日的课堂教学中，而不是只在某一天进行，从而对学生在整个赛季中的技术表现有全面、客观、动态的评价。可以采用技术分数累加的方法，使每次评价与最后的评价相联系，同时将个人的最终成绩与小组成绩相联系。技术评价的主要指标依据健美操项目的特征设定，主要包括动作准确性、动作熟练性、动作与音乐的配合等方面。

（二）对运动强度的评价

运动强度可以通过多个指标获得，例如，最大摄氧量百分比（VO_2max），耗氧储备量（VO2R），心率储备（HRR），年龄推算的最大心率（HRmax），代谢当量（MET）。这些指标各有优点和局限性，但是从操作性和可行性来说，心率是最便于获得的，且是能较为准确地判断运动强度的指标。只需要佩戴一块心率表，教师就可以采集学生在体育课上的心率指标。根据学生年龄推算出每名学生的最大心率指标时，可以使用公式“220－年龄”来推测男女的最大心率，也可以采用 Gellish 等人介绍的预测最为准确的公式“HRmax＝206.9－0.67×年龄”。有了最大心率值，教师就通过心率表记录的心率活动范围监测学生在课上的运动强度。另外，计步器也可以作为测量学生运动量的工具。

（三）对健美操项目理论知识的评价

与传统的体育教学模式相比，在“运动教学模式”中，学生除了学跳健美操，他们还要学习一定的健美操项目的理论知识。尽管在很多传统的体育教学模式中，教师也在第一节课上集中时间简单介绍健美操运动，但是普遍学习效果较差，因为学生在后面的学习中很少，或者不再涉及这些项目理论知识。而在“运动教学模式”中，通过小组学习、担任裁判、理论测试等方式，对学生反复强化这些理论知识，从而使学生对健美操的认识上到一个新的台阶。学习健美操项目理论知识主要包括：健美操运动发展渊源；基本步伐与术语；裁判法等。了解健美操运动发展渊源，能增强学生的学习兴趣，学习健美操基本步法与术语、裁判法，则使学生能进一步学好健美操，并能在一定程度上评判出好与差的区别。可以在每节课上采用理论测试的方法，对学生所掌握的健美操项目理论知识进行评价。应该注意的是每次理论测试题不需要太多，3 至 5 道足矣，以避免占用太多的课上时间；应该将理论测试放在课的结束部分，以避免中断课的基本部分的运动状态。同时，也可以在期末安排专门时间对健美操理论知识进行全面测试。

（四）对角色职责完成情况的评价

在传统体育教学模式的健美操课上，课堂以教师为中心，教师带领学生练习，学生总是跟随教师的示范进行练习。在示范、带领，组织学生练习的同时，教师根本没有足够的时间对学生的表现进行评估。但是，“运动教学模式”将教师解放出来，并且为教师提供了许多合适的机会评估学生的表现。从而对学生的表现有一个翔实、准确的评估。在小组练习时，教师可以在整个场地内巡回观察，在对需要帮助的学生给予帮助与指导的同时，评估学生在组内担任的角色的表现。在比赛中，教师则可以在观察学生比赛情况的同时，评估裁判的表现。对学生角色职责完成情况的评价，还可以通过学生的自我评价与学生互评两个方面进行。

（五）对公平竞争行为的评价

公平竞争是竞技运动的重要内容。在上文中，已经详细论述了公平竞争行为的内涵。简而言之，在“运动教学模式”中，公平竞争的行为主要包括：积极参与，付出努力，尊重队友与对手，尊重比赛、正确面对成败，乐于助人、学会感恩。依据以上因素评估学生的公平竞争行为非常重要，通常是以团队为单位对公平竞争行为进行评估。公平竞争积分应纳入赛季的积分系统。教师可以在赛季开始前设计并公布公平竞争积分办法，如果在赛季中有任何队破坏了公平竞争行为，则从积分中扣除相应的分数。也可以使用公平竞争行为检查表，“√”的数量等同于获得的积分数。另外，还可以按照2－1－0的等级给予积分奖励。当一个队表现积极时，获得2个积分；当一个队行为得当时可以获得1分；当一个队表现消极时可能得0分。对于公平竞争行为，不仅可以使用正式的方式进行评估，还可以在某些时刻进行非正式评估。例如，用大拇指朝上或朝下的方式表明支持或需要努力，向学生表明你在关注他们。在课程结束时，进行非正式的评论也能起到评估的目的，这也是非常有价值的，因为这清楚地向学生表明教师在关注他们，并且将在一些重要的行为方面提供反馈。

第十章　俱乐部教学模式在高校体育教学中的应用实践

目前，我国高等教育为实施素质教育正进行全方位的改革，随着压缩体育课总学时的趋势，那种仅靠增加课时与延长教学年限来实现高校体育目标任务的举措已无法运作，仅以体育课为中心支撑高校体育已难以适应新形势的发展需要。因此，将俱乐部教学模式应用于高校体育教学是非常必要的，尤其是构建俱乐部制体育课内外一体化教学模式。高校体育教育只有通过改革，才能求得更好的发展。

第一节　国内外俱乐部教学模式的研究现状

一、国外俱乐部教学模式的研究现状

采用俱乐部形式来进行体育教学在国外可以说是历史悠久，有许多成功的经验和做法，运行模式较为成熟，在一些发达国家，如日本、美国、德国等，他们都是以某一运动项目为基础来组织课内和课外体育活动的，这与我国传统的以行政班级为单位来进行体育教学有着很大的区别，国外的这些单项组织并非完全是孤立的，它们和各种项目组织和协会共同组成了一个紧密联系的体育教学体系。

由戴维·马修斯（美）发表的《美国高校的体育俱乐部》一文中指出“美国高校体育俱乐部的种类很多，规模在10至45人之间。由于学生把参加体育俱乐部作为校内和校外交往的一种手段，有许多学生同时加入几个俱乐部。学校也更加重视校内体育俱乐部的发展，经常指派校方人员担任体育俱乐部的指导员或协调人。美国高校现有各类俱乐部12000到16000个，平均每10个学生就有一个体育俱乐部”。美国高校体育俱乐部的组织与管理按照预测、确定目标、组织、人员配备、领导、评价与奖励等步骤进行。比如在美国的耶鲁大学的划船俱乐部、哈佛大学的常青藤体育俱乐部、圣保罗学院的板球俱乐部，这些单项组织一般会分为两种形式存在，一种是职业性质的，也就是指专业进行职业训练和比赛，以竞技为主要目的，它们的管理主要是由各个职业俱乐部来操作；另一种是非职业性质的，目的主要是为了娱乐、健身、交友等，由美国的业余俱乐部进行管理。由于美国各个高校存在单项俱乐部种类较多，规模较大，在20世纪90年代美国奥委会成立了高校体育俱乐部指导者联合会。美国高校的公共体育课一般会安排在第一学年，西部高校安排的必修课较多，如哈佛大学规定大学一年级的公共体育课为必修课，而东部高校则安排的公共选修课较多，学生可以自由参加各项运动组织，其教学目的可以概括为以下几个方面：第一，提高健康水平；第二，掌握一项自己感兴趣且受益终身的技能；第三，正确对待压力和排解不良情绪；第四，提高社会交往能力，增强自信心。

在亚洲国家中，日本是较早进行俱乐部教学的国家，俱乐部不仅包括体育类的，还包括科学类和艺术类，学校内的俱乐部分为两种形式，一种是必修，也就是说每个学生必须从体育、科学或者艺术这三类俱乐部中挑选一个项目参加，而且最终要作为结业成绩；另一种形式较为自由，学生可以利用自己的业余时间组织建立或者参与自己感兴趣的俱乐部，参与范围较广，人数较多。其中日本高校本科四年制的学生，体育课为必修四年，每学期开设十几个项目，由学生自由选项上课，重视理论教学，体育教学大纲有严格的统一要求但没有具体明确的任务和时间分配，由教师根据实际情况增减或创编新教材灵活地组织教学，体育课的目的与经济建设结合，注重个性发展教育。

在20世纪60年代德国就开展了俱乐部形式的体育活动，由于德国参加体育活动人口比例较大，不同项目的俱乐部成为人们参与体育锻炼的首选。除了社会上的各类体育健身俱乐部，德国的学校体育也以俱乐部形式广泛开展，在校学生除了可以参与校内体育俱乐部外，还可以参加社会上的各种体育组织，而且校内体育俱乐部还能以社会体育组织的形式出现，这样就有利于将学校的课余体育纳入社会体育行列，以便参加各级各类体育比赛，成为社会体育的重要一部分。在德国的学校里，体育俱乐部针对的对象部分等级和水平，均可参加，竞技体育和大众体育融为一体，促进全民参与。

新西兰也在很早就对体育课教学实施俱乐部形式，它们更加注重学生体育兴趣的培养和良好品格的形成。新西兰的教育部门规定学校有责任培养学生良好的体育观念，养成健康生活方式，教授身体健康相关知识。学生们进行体育教育的首要目的就是要了解自己的身体和如何促进身体发展的知识，养成体育锻炼的习惯。新西兰学校体育教学的目标可以归结为以下几点：第一，了解和认识身体和身体发展；第二，掌握体育知识和技能，形成体育锻炼习惯；第三，提高自我健康管理能力；第四，形成积极健康的生活态度，营造健康氛围；第五，提高社会交往和适应能力。

二、国内俱乐部教学模式的研究现状

（一）我国体育教学俱乐部兴起的背景

《中国教育改革和发展纲要》指出："世界范围的经济竞争，谁掌握了面向21世纪的教育，谁就能在21世纪的国际竞争中处于战略地位……发展教育事业，提高全民素质是我国实现社会主义现代化的一条必由之路。"

普通高校体育教学俱乐部是在普通高校体育教育改革深入开展的条件下开展起来的，是我国普通高校体育教育改革的必然产物。随着国家的富强，人民生活水平的提高，普通高校大学生越来越多地投入到体育锻炼的行列中来。传统的体育教学模式已经难以适应大学生对体育锻炼越来越高的要求。在普通高校公共体育课教学中全面导入俱乐部模式，目的就是为了打破传统体育课教学以"教师、教材、课堂"为中心的模式，一切从学生的需要出发，充分调动广大学生参与体育运动的积极性和主动性，增强体育课教学的吸引力，切实提高体育教学的效果。开展体育教学俱乐部模式是许多因素综合产生的结果，可以概括为以下几点。

1. 高校体育教育改革在"健康第一"思想的指导下，确立了新的思路和目标

依据"健康第一"的指导思想，《中共中央国务院关于深化教育改革全面推进素质教育的决

定》指出："健康体魄是青少年为祖国和人民服务的基本前提，是中华民族旺盛生命力的体现。学校教育要树立健康第一的指导思想，切实加强体育工作，使学生养成坚持锻炼身体的良好习惯。"体育教学俱乐部体制正是本着"以人为本""健康第一""体育与健康相结合"的指导思想，确立改革的思路和目标。已经从传统的体育教学模式中摆脱出来，向符合当代大学生心理、生理特点和身心健康以及养成终身体育需要的体育教学模式——体育俱乐部教学模式迈进。体育教学俱乐部模式是在新时期，新形势下，随着学校教育目标的更新，体育教学改革深入的前提下而产生的一种全新的教学形式，其教学方式已经在全国不同高校进行了一定的尝试，并取得了良好的效果。

2. 我国体育事业的蓬勃发展

改革开放使中国当代体育运动取得前所未有的巨大成就，极大地激发了大学生参与体育运动的热情和经常从事体育锻炼的习惯。体育是关系到民族强盛、人民健康的一件大事，是全面发展体育新人的一种重要手段。因此，开展体育社交活动，已成为现代大学生的一种时尚。体育教学俱乐部模式能够兼顾学生的兴趣和特长，是当今高校一种较理想的体育教学模式。这种模式可以自由选择上课时间；还可以自由选择授课班，即在每周内可以上不同班的体育课，学生也可以自由选择体育教师。由于不同教师上课的组织形式不同，方式方法不同，其教学效果也不同。体育教学俱乐部模式为学生提供了更多的选择项目和更大的学习自由度。

3. 我国人民生活水平的提高

随着市场经济的发展和小康生活步伐的加快，人们的健康观念、体育价值观等意识在增强，区域性的现代化带动了地区和家庭体育活动条件的改善，人们的消费观念已从生存向享受方向发展，在体育锻炼项目选择上表现出的多样性反映出一种主体的体育价值意识，既追求锻炼的长期效益又注重体育锻炼的健身、娱乐和社交的功能，群众体育与竞技运动的相互结合及其所产生的效益无疑给大学生们的体育行为以深刻的影响。

4. 国民体育观念的转变

面向新世纪体育教育的特点，家庭、学校、社会三位一体的体育教育功能都给大学生们以深刻的教育。因此，充分体现求知欲望、陶冶情操、激发生活热情、培养高尚品德、满足精神追求、享受人生乐趣的俱乐部型体育教学模式将会成为大学生们的最佳选择。

5. 高校体育场地设施的不断完善

随着国家对高校教学的重视，对高校体育设施的投入呈逐年上升趋势。我国正处在商品经济时期，高校体育作为一个部门应该在国民经济中发挥重要作用。过去几十年来，在以班级授课制为主要形式的传统体育教学模式中，由于学校统一拨款，经费来源单一，学生锻炼受到一定限制。为了建立起"体促富，富兴体"的良性循环，提高高校课外体育活动投资效益，大学生体育俱乐部的建立是迈出了新的一步，对一些场地利用率高，学生参与人数多的项目，采用适当收费的经营方式。如乒乓球房、网球场等，来补偿一些体育设施，增加俱乐部的活动经费。体育投资不仅要有投入，而且还要有产出。这也是发展高校体育事业，丰富大学生课外体育活动的需要。

（二）我国关于俱乐部教学模式的研究

有关体育教学俱乐部的研究，主要是从以下几个方面来进行研究的：一是体育教学俱乐部的应用性研究：这方面的研究主要包括对高校体育教学的学生体育态度、体育师资力量、场地设施、组织管理等方面的研究，这类研究对体育教学模式的开展提供了丰富的参考依据。二是体育俱乐部的基础理论研究：其主要是从体育教学俱乐部的概念、性质、构成要素、功能等几个方面进行研究的。

在概念的界定方面，闫慧君的观点是："体育教学俱乐部是在教师地指导下，利用课余时间(课外体育活动)，以专项选修的形式进行的一种教学模式，其主要教学目的是培养学生的体育兴趣，通过教学方式和手段的变化使学生从思想观念上改变对体育课的认识，最终达到体育锻炼增强体质的目的。"周威等人的观点："体育教学俱乐部应开设多种俱乐部课程，可以不受系别、年级、班级的限制，自由组班上课，甚至不受教学进度的限制，但是必须遵循教学规律。在课外活动时间，可以组织各俱乐部间进行各种体育活动。"刘志敏等认为："体育教学俱乐部是把有相同生理、心理需要及共同体育爱好的大学生组织起来，以培养他们正确的体育观为出发点，以素质教育为目标，并把教学、训练、竞赛融为一体的综合体育教学形式。"

在可行性研究方面，孙小春等 1995 年就在《中国普通高校建立运动俱乐部可行性的研究》一文中，提出我国的高校教学俱乐部的主要形式为单项俱乐部。各个高校开展单项俱乐部的数量也不等，主要原因是俱乐部在我国刚开始发展，还处于试点阶段。在已经开展的单项俱乐部中，以能够开发学生智能、体现现代竞争意识、满足社会生活需要的单项俱乐部占多，比如小球、篮球、足球、游泳、健身健美等。葛毕敬则阐明了当前学校体育现状与全民健身计划要求不相适应的方面，呼吁人们转变对体育的思想观念以适应全民健身的要求，他在文中论证了高校实施健身俱乐部的可行性以及具体方法和运作方式。滕栋梁在《高校体育俱乐部的发展研究》一文中通过教学实验和问卷调查，分析了高校开展体育俱乐部的现状，论证了在普通高校实施体育俱乐部的可行性与必要性。

谭沃杰（1998）采用问卷调查和统计等方法，在《关于高校体育教学俱乐部发育规律的研究》一文中，说明了深圳大学体育教学俱乐部发展现状，依据长时间地探索和试验，认为深圳大学体育教学俱乐部已具雏形，但体系还不完善。

关于俱乐部教学模式的优点方面，罗育华（2001 年）对高校实行俱乐部和传统体育教学的学生分别进行了问卷调查，结果显示，体育俱乐部教学有利于培养学生的体育兴趣和终身锻炼习惯的形成。田忠（1996 年）通过调查研究，阐明了大学生体育俱乐部对培养学生的体育兴趣、增强学生体质、提高技术水平、扩大人际交往、自我锻炼习惯等方面均有良好的作用，同时文章又从管理层面提出了建设性建议。冉耀文（2002）的观点：实施俱乐部型教学模式适应时代的要求；适应当代大学生生理、心理变化的要求；能够充分地调动大学生上体育课的积极性。郝英 2005 年在《我国高校体育俱乐部研究综述》一文中的观点：体育俱乐部教学内容丰富多样，增加了学生选择学习内容的灵活性；有利于调动教师教学的积极性和做到因材施教；发挥了学生特长，促进学生个性发展；把高校体育俱乐部纳入学校体育教育管理体系中，使高校体育教学与课余体育活动保持连贯性和统一性，能激励学生不断上进，为终身体育打下良好基础。

陈海啸（1998）通过对当前高校体育教育中的几种教学模式——俱乐部型、三基型、一体化型、并列型和三段型模式的分析，认为此 5 种体育教学模式各有优缺点。但俱乐部教学模式更加注重学生生理和心理的个体差异，注重学生生理、心理、身体的全面发展，是目前高校比较理想的教学模式。并认为俱乐部型体育教学模式是深化高校体育教学改革的必然产物。他还

对高校实施体育俱乐部型教学模式的原则进行了研究。

周威、周爱光、李敏卿（2003 年）在《对高校公共体育课实施体育俱乐部教学的研究》一文中，通过问卷调查和实验研究，对高校试行的俱乐部式教学进行分析研究，结果表明，俱乐部教学有助于学生对体育锻炼的兴趣提高和习惯形成，对培养大学生终身体育意识和习惯有积极作用。邹师（2002 年）在《我国普通高校体育俱乐部的类型和特色研究》一文中，在对高校体育教学俱乐部现状调查的基础上，针对影响高校体育教学俱乐部发展的因素，提出对策性意见。席莉、杨志民等（2005）在普通高校实施体育俱乐部教学模式的思考一文中，总结出俱乐部教学模式的以下特点：体现了“健康第一，终身体育”的指导思想；拓展了教学空间，使体育娱乐化、社会化；建立以学生为中心的评价机制，促进了教师自身发展，提高了学生的参与自主性，实现了教育的整体性。

在体育教学俱乐部的组织管理方面，谢伦立等对体育俱乐部的组织管理的观点：（1）把俱乐部的经营方式、管理手段引进体育教学中；（2）按专项分层教学有利于教师区别对待和学生掌握一技之长；（3）增加学生上课的自由度，让学生在轻松、愉快的气氛中接受体育教育；（4）对学生的体育考评从重竞技体育、单纯地从生物学评价或掌握运动技能的评价转变为从生理、心理、社会、教育等方面的综合评价，学生的考试成绩要与上课出勤、学习态度、体育能力的提高幅度、理论考试、身体素质、技术水平、比赛成绩等挂钩。

在体育教学俱乐部考核办法的研究方面，张华君的观点是：（1）学生在一学期内在某一俱乐部修满规定学时，即可获得相应学分，考试内容应涵盖学习态度、专项技术、进步的幅度等方面，采用定量评价与定性评价相结合的综合评价体系；（2）身体素质占 10%，理论技能占 30%，体育能力占 20%，学习态度、考勤占 10%，增加了体育能力的考核，实施监控综合体育能力质量评估表评分，其中本人自评占 10%，学生评价占 40%，教师评价占 50%，优为 20%，良为 60%，及格为 20%，不符合或不参加能力设计者不能合格；（3）只要学生参加俱乐部活动并达到 80%以上的出勤率，即为体育合格。然后再以学生参加各项比赛的次数或掌握技术战术的水平作为进一步评价的标准，取消体育运动理论考试。

（三）高校实施俱乐部制课内外一体化的研究现状

国内关于“俱乐部制体育课内外一体化”的研究论文不多，散见于一些学术期刊及学术论文。

许明荣（2001）采用调查访谈，文献资料，问卷调法，逻辑分析的综合研究方法，对高校体育课实施俱乐部制课内外一体化模式进行了研究。力图构建一个符合高校特点，适应未来社会发展需要的高校俱乐部制体育课内外一体化模式。强化高校体育的时代性、社会性、针对性、有序性和可操作性，以提高高校体育的地位与实效。

在对高校体育教育中现代教育观念进行理性思考，以及对当前高校体育教学实际与模式进行分析研究后。许明荣认为，为顺应时代潮流，全面推进“素质教育”和实施“健康教育”已成为 21 世纪高校体育改革的主题，提高全民素质，培养全面发展的现代化人才，高校体育肩负着光荣而神圣的使命。高校体育课实施俱乐部制课内外一体化是解决体育课与课外体育活动脱节的最佳办法之一，能充分发挥学生的主体作用，调动学生学习的积极性，变被动学习为主动参与，在参与过程中提高学生的体育意识和体育能力，尤其是社会体育活动的组织能力，从而使高校体育改革能沿着素质教育的道路，健康有序地向前发展。

陈天霞（2001）采用资料法、问卷调查法和访谈法，阐述了高校体育教学实施课内外一体化改革的依据，课内外一体化的优势以及开展过程中存在的问题。并对如何实现真正意义上的课内外一体化改革进行了深入探讨。旨在为素质教育形势下科学地、良性地开展高校体育教学提供新的思路。

在对课内外一体化的优势与不足以及实施课内外一体化的对策进行研究后认为：全面实施素质教育是面向21世纪我国教育体制改革的整体目标。课内外一体化的实施，正是我国高校体育教学变“应试教育”为“素质教育”的有力尝试，深入而持久地开展，有利于学生认识和懂得体育的价值，激发兴趣，形成意识，培养能力，为终生体育奠定良好的基础。但是，课内外一体化作为新生事物，尚处在发展阶段，它的成熟和完善还需要体育工作者不断努力和探索，乃至整个社会的关心和支持；只有这样，我们才能更好地服务学生，全面提高学生素质，为现代化建设培养出更多德、智、体全面发展的复合型人才。

陈天霞（2004）采用比较实验法、问卷调查法、数理统计法和文献资料法，对“课内外一体化”教学模式在改善大学生体能状况，提高心理健康水平以及养成良好体育习惯等方面的实效性展开研究。研究结果显示，“课内外一体化”教学模式有较强的科学性、先进性和较高的实效性，是素质教育形势下实现高校体育改革的有力举措之一。

研究尝试在大学低年级采用该模式教学和常规模式教学，并对二者在改善大学生体能、提高心理健康水平以及形成良好体育习惯、意识等方面的实效性进行比较分析，旨在对“课内外一体化”课程模式的实效性进行科学论证，为这一模式的推广提供更充分的理论和实践依据。并建议进一步研究和完善“课内外一体化”课程模式，包括建立课堂和课外体育的内容互动体系，课外体育成绩评价体系，课外俱乐部管理和运行体系。要解放思想，倡导教学改革，在高校引进“课内外一体化”课程模式，学校领导要高瞻远瞩，要在政策上给予鼓励，在资金上给予投入，在管理上给予配合，并添置设备，满足学生体育活动所需。学校体育的内容应更多考虑学生的“心理健康”，变被动体育为快乐体育。课堂教学模式的改革是今后体育工作者的重点和难题。体育教师要确立服务意识，奉献意识，积极主动参与课外体育的指导，帮助学生建立正确的体育动机、态度，体验成功的乐趣，这是高校体育改革得以深化的动力源泉。要加强学生体育自我意识的培养，使学生把体育作为一种需要，作为实现自身价值的一种手段。

蒋玲（2003，2004）采用调查访谈、文献资料、问卷调查、逻辑分析的综合方法对高校实施俱乐部制体育课内外一体化所具有的特色优势与不足进行了探讨研究，对实施此模式的实践成效作了进一步探讨。研究表明：俱乐部制体育课内外一体化模式是实施素质教育、创造教育的有效途径，此模式所产生的综合效应符合当前高校改革的发展方向，具有可行性。

综合以上研究成果，可归纳、总结出如下特点。

（1）我国高校体育教学改革与发展均积极关注高校体育教学俱乐部的发展；

（2）研究中涉及了高校体育教育与素质教育的辩证关系；

（3）能从终身体育角度分析揭示高校体育存在的问题；

（4）在已有的研究中，对高校体育教学俱乐部实践运行的研究较多，但对俱乐部制体育课内外一体化理论实践研究几乎没有；

（5）目前对高校体育教学改革与俱乐部制体育课内外一体化关系的探讨大多是从定性研究

的角度去思考论证的，定量的研究较少；

（6）在研究方法、研究层面上过于单一，缺乏系统研究；

（7）横向研究集中，纵向深入不足，表层重复研究多。

从以上从7个方面可以看出，对高校实施俱乐部制体育课内外一体化的理论与实践，尚缺乏系统深入的研究。

第二节　俱乐部教学模式的内涵阐释

一、体育俱乐部教学模式的概念界定

体育俱乐部教学模式的概念是思维的表现形式，可以客观地表现事物的本质特征，是我们认识客观事物的前提。因此，对体育俱乐部教学模式本质特征的认识，首先要从认识俱乐部的相关概念开始。以下是俱乐部、体育俱乐部的相关界定。

《辞海》对俱乐部的概念解释为：机关、团体、学校中文化娱乐场所的通称。《现代汉语词典》对俱乐部解释如下：进行社会、政治、文化及文化体育娱乐活动的团体和场所。

体育俱乐部是一种自发的、从事体育活动的社会组织，是“人的集合”为增进健康和促进相互间的协调和睦而进行持续性体育活动的组织。体育管理部门对体育俱乐部界定为体育俱乐部是指由企事业单位、社会团体和公民个人利用非政府财政拨款举办的，以开展体育活动为主要内容的基层体育组织。乌兰，包铁全把体育俱乐部解释为：以体育爱好者自发性、自立性的结合为基础，为增进健康和促进相互间的协调和睦而进行持续性体育活动的组织。吴秋林，茹飞霞把高校体育俱乐部界定为：高校体育俱乐部是高校中的一种体育文化现象，是具有共同体育兴趣爱好的大学生，基于自我完善的需要，自由选择体育活动项目结成的具有社团性质的体育团体，是学校体育活动的一种组织模式。

欧阳萍把体育俱乐部教学模式定义为：以终身体育为指导思想，以实现终身体育为目的，在体育教学中注重学生的个性发展，突出学生体育学习的主体性，重视培养学生终身体育意识和自我体育能力。

李浩智等把体育教学俱乐部模式定义为：学生通过以身体练习为主的各项运动技术练习活动，使其生理功能、运动素质、基本活动能力以及心理素质都得到相应地锻炼与发展。

通过对体育俱乐部教学模式的定义可以看出，学者们对体育俱乐部教学模式的研究各抒己见，没有形成统一、明确的定义。有的学者把教学的特点认定为是教学模式，有的学者把组织形式归为教学模式。综合以上分析，本书体育俱乐部教学模式定义为：以终身体育为指导思想，打破传统的班级授课制，学生自主选择项目、教师、时间组合为新的教学班，以俱乐部的组织形式进行体育课的一种教学模式。

二、体育俱乐部教学模式的具体分类

目前，我国的高校体育俱乐部一般分为三种类型：课内俱乐部（即体育教学俱乐部），课外俱乐部、课内外一体化俱乐部。其中，课外体育教学俱乐部的特点是学生自己选择项目，由学校教师或学生社团或体育爱好者自发组织成立；课外体育俱乐部大多是以课外体育活动形式出现的，它把传统的课外体育活动变成有组织、有管理的课外活动，操作起来简单易行，它能实现自主管理、自我发展和自我完善。俱乐部以其会员的主动性、活动内容的丰富性、会员参与的积极性、组织形式的多样性为特征，有利于学生的发展和培养、提高了学生终身体育观念和体育协作精神。俱乐部间的比赛交流丰富了校园体育文化，同时也加强了高校与高校之间的了解，不同高校教师之间的交流，学生与学生之间的友谊，促进了学校体育的社会化进程，加强了学校体育与社会体育的结合；课内体育俱乐部模式以构建现代高校体育新的学习方式为目标，与以往的高校体育教学相比，体育教学俱乐部是学生凭兴趣和爱好选择自己的体育专项，学生可以自主选择任课教师，学生由被动接受转变为主动学习，个人的体育才能拥有了施展的空间，在课内体育教学俱乐部中，教师的角色由主导转变为辅导，教学内容与形式也变得灵活多样；课内外一体化体育俱乐部是课外俱乐部和课内教学俱乐部的结合和统一，这种模式最能体现素质教育和终身体育所追求的目标。它突破了现行教学模式的弊端，扬弃分明，发挥了学生的主体作用，它以终身体育为指导思想，突破了传统的体育教育观念，树立"以人为本""健康第一""终身体育"的指导思想，体现了现代教育的先进理念和价值观。体育课内外一体化概念是在课外体育俱乐部概念基础上衍生的，它是围绕着课外体育俱乐部制而实施的，把课外的指导措施加入到其中，使之融和发展为一体，以课堂教学带课外锻炼，是课堂教学与课外锻炼协调发展的一个完整的体系。体育课内外一体化的教学改革是未来高校体育教学的总趋势，三类俱乐部教学的组织形式见表 10-1。

表 10-1　普通高校体育俱乐部教学的组织形式

俱乐部教学形式	课内教学俱乐部	课外体育俱乐部	课内外一体化俱乐部
俱乐部管理	由体育部、室负责组织，教师参与，以上课的形式出现，有固定上课时间（每周 1 次）排课入表，学生必须参加	由学生社团、体育爱好者自发成立，没有固定上课时间	课内体育俱乐部教学和课余体育活动俱乐部两者结合
开设项目	各单项体育项目	各单项体育项目	
开设年级	1～2 年级必修课 3～4 年级选修课	全校性组织活动，不分年级	
师生关系	教师是组织者和辅导者，学生以自主练习为主	学生自己组织活动和比赛，碰到问题向教师咨询	

课内教学俱乐部在管理方面是由体育部负责组织，教师参与，以体育课的形式出现，有固定的上课时间，开设的项目是学校师资所允许的各单项项目，如篮球、排球、足球、武术、健美操等，在 1～2 年级一般为固定的必修课，3～4 年级为灵活的选修课，教师仍然是课堂中的组织者，必须到课堂上对学生进行辅导；而课外体育俱乐部则具有较大的灵活性，完全发挥学生的主动性，由学生自己成立的社团负责组织，上课不分年级和班级，完全由学生自己的兴趣和爱好来决定上什么课，什么时间上，在组织以及上课的过程中遇到困难和问题则可以向教师咨询，课内外一体化俱乐部形式是前两种俱乐部形式的结合，扬长避短，有更广阔的发展空间。

（一）课内体育教学俱乐部模式存在形式及特点

课内体育俱乐部是近几年随着高校体育改革出现的具有尝试性的研究课题，虽然取得较多的体育俱乐部模式成果，但由于认识上的偏差和高校课程环境的不同，许多通过实验研究的成果还得不到推广和应用，因此还不够普及。体育教学俱乐部教学是建立在构建体育教学模式基础上的体育教学形式，它将现代教育理论融入体育课堂，从思想、组织、形式、方法、评价上进行更新，改变传统的班级授课制，在课内提倡开放性、自主性、自由性、随机性，学生的课堂学习完全是一种主动积极的行为。教师仅承担设计、辅导、检查、指导等任务，完全改变了传统体育教学模式。学生与教师的角色发生了根本性的变化。课内体育教学俱乐部具有丰富理论思想作为指导，对实施素质教育、突出主体地位、转换师生的角色、建立新型的师生关系等都有较好的效果，它具有自主性、灵活性、可选择性等特点（见表10-2）。

表 10-2 普通高校课内体育教学俱乐部的形式及特点

种类	形式	特点
大众体育健身模式	每次课由教师和学生轮流带领进行练习，安排教师对学生个别指导，在课上留有一定的时间进行学生与教师、学生与学生的交流、评价、总结	自由性、随意性大，学生根据自身体质情况适当调节，课堂气氛较好、学习积极性高
处方式教学模式	教师依据课的计划，根据学生个体的情况，设计一次课和一个单元的学习计划，学生按预先配置的“锻炼处方”进行自我练习，教师随时进行跟踪诊断、评价、修正	针对性强、学习自觉、锻炼主动、目标明确，教师成为学习的设计者、指导者和观察者
流动式教学模式	学生根据所选的项目，在一周任何时间内的同一类课选择教师上课。只要修满课时，就可以选择教师参加考试，考试合格可以获得学分	上课时间和教师的选择自主，学生持卡学习，具有时间、空间的自由度，教师具有较大的压力
自由轮转式教学模式	在同一堂体育课中，按项目开设各类体育俱乐部，学生根据自身条件、兴趣爱好，自由选择上课，每周都可以更换项目和内容，考核采取多种内容和标准	学生选择的空间大、弹性强、流动性大，对教师的管理增加难度，教师面临竞争和压力

（二）课外体育教学俱乐部存在形式及特点

课外体育俱乐部教学模式指体育课教学基本采用传统的教学模式，而采用课外俱乐部模式来辅导学生练习以弥补课内教学不足。这类俱乐部大多以课外体育活动形式出现，由于这种形式具有自愿性、自主性和自我发展性等特点，得到各院校的普遍采用，表现出较强的生命力。大多数院校的课外体育俱乐部是以课外体育活动方式出现，而且增加有偿收费的因素，成为促进高校体育经济发展的一个亮点，同时基本得到学校领导和学生的认可。其形式和特点见表10-3。

表 10-3 课外体育教学俱乐部的形式及特点

种类	形式	特点
1	学校提供体育场地、器材，完全由学生自愿参加、自我锻炼的课外体育活动。教师一般不参加课外指导，学校完全实行有偿服务的收费管理	自愿参加、自主锻炼、有偿收费，根据个人的兴趣，自主选择锻炼内容，自由组合练习，提高体育技能和竞技水平

续表

种类	形式	特点
2	学校向学生开放体育场馆，学生按体育部门的安排，自愿选择自己喜欢的俱乐部参加活动，在俱乐部里教师参与学生的辅导和指导，对有些项目实施有偿收费。少数学校还将课外体育锻炼情况记入体育课成绩	自愿参加、有偿收费、在教师指导下进行体育锻炼，自愿选择体育项目、自愿选择辅导教师，这种形式比较受学生欢迎，学生参与积极性较高
3	由学校组织的以运动训练为主的体育俱乐部，多数是以加入院校体育代表队的形式出现，学生经选拔组成各项运动队，利用业余时间，在教师的指导训练下，为完成各级各类体育比赛而进行的体育活动	自愿参加与学校要求相结合，学校有相应的运动员优惠政策，有专门的教练员指导，固定的时间、固定的场馆，学生具有较高的参与意识
4	学校组织各类体育课外兴趣活动，成立各类课外体育俱乐部，进行体育培训、辅导，面向有一定兴趣、爱好的学生，实行有偿收费，以支持该项活动	学生自愿参加、有偿收费、教师指导、针对性强，对有兴趣和专长的学生具有较强的吸引力

（三）课内外一体化体育教学俱乐部的形式及特点

课内外一体化代表高校俱乐部发展的新的趋势，课内外一体化的体育教学俱乐部是具有代表性的体育俱乐部，建立这类俱乐部的多数高校处在经济发达的地区，院校领导思想开放，改革意识强，对高校体育俱乐部有较明确的理解，而且学校体育设施完备，体育经费比较充足，学校体育管理先进，体育教师队伍建设也比较整齐，由于内外部条件具备，体育俱乐部已经进入一个良性循环的轨道。其形式及特点见表 10-4。

表 10-4　课内外一体化体育教学俱乐部的形式及特点

种类	形式	特点
1	1 年为专项课（基础课），次年为俱乐部形式教学，3、4 年为选修体育俱乐部课	选课自主、自觉主动学习、教师从主导变为辅导、教师与学生具有较大的自由度、课的组织与考勤由学生负责
2	实施 4 年一贯制，即 1～3 年为必修课，4 年级开设选修课，研究生开设必修课	实行会员制，打破年级界限，分成初级、高级教学班，学生自主选择、全天开放、主辅修并存，学习空间和自由度大
3	1、2 年级为选项课，实行课内占 60%、课外占 40%，3、4 年级为课外俱乐部，修满规定的学时可获得学分	通过体育成绩的约束，将课内、课外，1、2 年和 3、4 年完全用成绩和学分规范起来。打破年级界限、自主选课、自由择师、自主选定时间、每天课外时间和双休日向学生开放
4	1、2 年级为选项课，实行课内占 90%、早操占 10%、课外体育俱乐部另增加 15%～20%的附加分，3、4 年级为课外俱乐部，修满规定的学时即获得学分	通过建立学校体育整体管理体系，将课内课外连成一体，以分数累计来激励学生积极、自愿、自助参与体育锻炼，1～4年保持不间断的体育学习。学校体育通过各种形式鼓励学生参加，全天候向学生开放

三类体育俱乐部总的趋势是以课外体育俱乐部为最早的形式，它作为体育课的延伸和补充，以拓展学校体育功能，培养良好的体育习惯和行为为主要目标，同时课外俱乐部也是高校构建体育俱乐部的初始阶段。课内体育俱乐部模式是近几年我国高校体育教学改革的一个热点课题，它以现代的教育思想和教育理论为依托，充分体现人文主义的教育理念，以构建现代大学体育新的学习方式为目标；课内外一体化的体育俱乐部是伴随着素质教育的兴起，从培养人才的整体教育观出发，提出的课内外一体化的体育管理模式，它以终身教育思想为指导，以培养学生适应学习型社会的能力为目标。

三、俱乐部教学模式的实施价值

（一）有助于增强学生的体育意识

“俱乐部制”体育教学注重培养学生对体育的兴趣和运动的技能，有助于增强学生的体育意识，在俱乐部学习的过程中，学生需要自己管理自己，并参与到俱乐部组织的交流、学习、观摩等实践活动中去。这种学习的过程实际上也是发挥自我专长，变被动为主动的一个过程。“俱乐部制”体育教学过程由权威式传递知识向指导学习者自主学习的方向转化，也充分调动教师教学积极性。同时由于学生直接参与教学活动，因此，在体育项目的选择上表现出多样性，既强调现在更重视将来，即一方面满足大学生身心发展的需要，另一方面又满足大学生终身体育的需要。

（二）增进学生的人际交往能力和社会实践能力

教师通过改革教学方法和组织形式等方式，营造宽松自由、民主平等的学习氛围，让学生在相互交流学习、互相支持帮助的过程中，加深了理解，增进了友谊。体育俱乐部教学模式让学生有更多的机会和熟悉或陌生的人相聚在运动场上，使人与人、队与队、运动员与观众、运动队与社会之间交往频繁，从而增进了相互了解，提高了团队意识，增进了彼此之间的友谊，同时也使学生融入了集体，接触了社会，提高了他们的人际交往能力。

（三）有利于培养学生良好的个性心理

体育俱乐部教学模式在教学过程中尊重学生存在的个体差异，对每一位学生区别对待，主要表现在俱乐部的分层次教学上，力争让每一位学生在学习中找到适合自己的位置，体验到体育运动带给他们的快乐。当学生在学习中得到教师肯定的时候，学生便无形中获得了很大的学习动力，从而使他们更加自觉地严格要求自己，进而培养了学生发现问题、分析问题和解决问题的能力。由于俱乐部教学模式是以学生的爱好为依据形成的团体授课模式，在教学活动中，教师和学生之间的关系会更加融洽，学生之间通过相互交流、相互帮助、相互协作，从而增强了团体的凝聚力，优化了俱乐部的内部环境。

（四）保持体育教学和课余体育锻炼的连贯性，为培养学生的终身体育观打下基础

俱乐部教学模式是学生根据自己的兴趣爱好进行选课，而且上课时间和教师也是自己选择，这在一定程度上改变了传统体育课教学的强制性，有利于提高学生学习的积极性，学生在学习自己喜欢的运动项目时也会表现出极大的热情，这就大大地增加了他们对体育的兴趣，再加上俱乐部经常组织的丰富多彩的课外活动，对他们进行课余体育锻炼的引导，充分发挥

体育俱乐部的主导作用，保持体育教学与课余体育活动的连贯性，这种教学与课外锻炼的连贯性既可以增强学生参加体育锻炼的意识，活跃校园的体育气氛，增进校园体育文化，同时还可以提高教师的积极性，充分发挥教师在俱乐部教学中的专长。学校体育俱乐部式教学为学生进行健康自我投资提供了环境，促进了学生体育意识的进一步提高，有利于增强学生终身体育意识。

第三节　高校体育教学实施俱乐部模式的问题及对策分析

一、高校实施体育俱乐部教学模式过程中可能存在的问题

（一）管理难度大

实施俱乐部教学模式教学给予学生较大的学习自由度，但同时给教学管理带来了很大的难度。因为学生的健康意识还不强，锻炼的自主性有待提高，兴趣不一样。教学管理水平必然跟不上新模式的要求，制定的管理措施也在研讨过程之中。

（二）师资因素

比如学生喜爱的小球运动项目，特别是网球、羽毛球、乒乓球等，选课的学生多，但具有这些项目专长的教师较少，教师只能临时改项，边学边教，影响了教学质量。教师的业务水平直接影响着此项目俱乐部的发展，因此担任小球俱乐部的教师应该精通此专项，热爱并支持此项俱乐部工作。

（三）场地、人数等因素

体育俱乐部制教学还应以小型化为好，人数不宜过多，或按时间顺序进行活动，上课人数不宜过多，以免造成教学混乱，应按实际情况规定俱乐部活动人数。根据开设项目特点合理贯彻，采取区别对待原则，运动项目普及或场地数较多的运动项目每次体育俱乐部活动人数可以在 30 人以上，一些条件要求较严格受场地制约的项目，如羽毛球就可以在 20 人左右，人数不宜过多，否则会造成教学混乱的局面。

（四）资金问题

高校体育教学俱乐部大多数存在着资金短缺的问题。体育教学俱乐部的经费大多由学校来承担，有赞助单位和协助办学的单位还很少，俱乐部的融资渠道单一。一些俱乐部的场地器材明显落后，不能满足教学的需要，这都是资金短缺给俱乐部的发展带来的问题。解决好资金的问题，俱乐部的发展才能进入良性阶段。

二、高校实施体育俱乐部教学模式过程中存在问题的对策

（一）高校已经实施体育教学俱乐部模式的对策

如何保证体育教学俱乐部的良好运行和不断完善是实施体育教学俱乐部的关键。不同院校由于主客观条件存在差异，所以如何建立相对稳定的内部运行机制，使之与教学、社会、学生的需求相适应，还有待于在实践中进一步地探索。高校在发展体育教学俱乐部的过程中应加强

以下几方面的工作。

1. 提高对体育俱乐部教学模式认识，树立“以人为本，健康第一”为核心，终身体育为目的的指导思想

要充分认识加快体育俱乐部发展的重要性。体育俱乐部的发展符合现代体育发展趋势。它不同于职业俱乐部，它是高等院校为拓展体育课程设置结构，提高学生锻炼积极性而出现的新颖的、有实际操作性的教学新模式。它可以改变过去传统体育教学形式，更好激发学生的兴趣，促进学生体育活动的开展，丰富学校群众文化生活。

当今社会的发展呈现多元化的格局，为了适应社会，满足学生的需求，改善学校体育工作的模式，提高学生的身体素质，很显然传统的以竞技体育为目标的教学已经不适合并阻碍着学校体育事业的发展。体育教学俱乐部将以人为本、健康第一和终身体育作为指导思想能更好地推动学校体育事业发展，能够调动学生的积极性，提高学生的身体素质。各个高校可根据自身体育教学俱乐部的发展情况来制定适合自身发展的具体目标。

2. 增加项目的设置，弥补场地的匮乏，满足学生的需求

从普通高校实施体育教学俱乐部的课程设置来看，体育教学俱乐部的课程设置与学生的需求还有很大的差距，这也是导致学生对体育课产生厌学的因素之一。所以体育教学俱乐部要充分利用体育活动所具有的对抗性、竞争性的特点，从健康、休闲、实用等角度出发，面向学生根据学校的实际情况开设丰富多彩的项目，调动学生的兴趣和积极性。同时开设的项目多，还可以缓解场地不足的压力。开设项目多，学生选择的空间加大，也可以缓解学生相对集中的现象。教师在学生选择俱乐部的时候要做好动员引导工作，使学生了解相关项目的锻炼价值，选择适合自身的项目，满足学生的需求。

3. 完善体育教学俱乐部的类型，实现由课外体育俱乐部向课内体育俱乐部的过渡

当前高校体育俱乐部的实施以课内教学俱乐部和课外教学俱乐部占多数。实施课内体育教学俱乐部的高校由于体育课有限，学生课上锻炼时间较少，课余时间没有教师的指导，只是盲目地练习。同样实施课外体育教学俱乐部的高校缺乏相应的管理和运行机制，课上不能很好地激发学生的兴趣，导致学生缺少锻炼的动机。由此可见普通高校的体育课堂还是比较滞后，不能调动学生的积极性，对培养学生终身体育的习惯还有一定的困难。所以在今后体育教学俱乐部的发展中应逐渐由课外俱乐部向课内俱乐部过渡，在课外体育教学俱乐部的基础上，逐渐配齐体育教师，加强管理，借鉴优秀院校体育教学俱乐部实施的经验，逐渐完善课外俱乐部的运行机制和组织形式，实现由课外体育教学俱乐部向课内体育教学俱乐部的过渡，让课外俱乐部作为课内俱乐部的延伸和辅助。同时实施课内体育教学俱乐部的高校要向课外俱乐部延伸，加强课外体育教学俱乐部的管理和组织形式，使课外体育教学俱乐部既满足学生的需求又能温习相应的知识，促进学生体育意识的提高和终身体育习惯的养成。

4. 加强师资队伍的建设，拓宽教师的专业领域

教育改革的目的在于提高教学质量，《中国教育改革和发展纲要》提出“民族的振兴在教育，教育的振兴在教师，建立一支具有良好的政治素质、结构合理、相对稳定的教师队伍是根本大计”。建议加强对年轻教师的再培训，开设相应专业的进修班，使体育教师完善自己的专业。在校可开展互帮互助教学活动，即由教授级别的教师辅助讲师，讲师辅助助教，助教辅助新任教师，以此来加强交流，使体育教师在完善自己专业的同时加强其他专业的学习，提高教师的素质和专业水平，达到扬长补短的效果。对一些老教师要做好思想培训工作，因其受传统教学的影响一时很难转换自己的角色，所以做好他们的思想培训工作，使其真正认识到实施体育教学俱乐部的好处，帮助他们完成角色的转变。其次加强对年轻教师的评选力度，特别是在科研成果和教学方面起到带头作用，以此来激励教师拓宽自己的专业和提高自己的学术水平。要加大紧缺专业教师的招聘，并对其做好岗前培训，在招聘过程中对于“一专多能”的教师要优先考虑，以满足学生的需求。最后要不断提高教师的待遇和福利，不仅要在工作上互相帮助，在生活上要加强对教师的关心和爱护，帮助教师解决一些实际问题，使教师全身心地投入到教学中。

5. 在发展中逐渐完善体育场馆的建设，提高场馆的利用率

根据《普通高等学校体育场馆设施、器材配备目录》说明，体育场馆设施器材设备是保证体育教学、课外体育活动和课余运动训练、竞赛正常进行必不可少的物质条件，是落实“健康第一”指导思想，培养学生终身体育意识的载体，也是检查、督导、评估、规范学校办学工作的重要内容之一。

通过对高校实施体育教学俱乐部进行调查发现的问题，建议要加大对体育场馆的投资。这首先要引起领导的重视，将学校的硬件设施提高到一定的水平。特别是学生要求强烈的项目，在场馆投资时要做好学生的调查，对学生渴望较高的场馆在投资建设时可有所倾向。同时要合理充分地利用好现有的场馆设施，提高场馆的利用率，适当地延长场馆的开放时间，不要使场馆闲置，定期对场馆设施进行维护，提高场馆设施的使用寿命。周六、周日可对学生进行开放，并收取一定的费用。这样不仅减轻场馆不足的压力，而且可以提高学生在课余时间的有效利用率。节假日要对场地的开放进行科学合理的规划，并进行统一安排。对于场地要求不高的项目，要充分利用自然条件，如广场、草坪等，以缓解场馆的压力。

6. 扩大体育教学俱乐部的集资渠道，改善教学俱乐部的教学环境

经费是体育教学俱乐部正常运行的保障。当前国内高校体育教学俱乐部的经费主要来源于学校的支持。体育教学俱乐部可以对社会提供有偿的服务。例如由学校或俱乐部出面联系一些单位、小区、俱乐部等，若需要聘请教练、陪练等人员的，可由体育教学俱乐部的骨干教师担任，体育教学俱乐部从中抽取一定的资金比例。加大对校内外市场的开发，在校内可提供相应体育器材的供给，在校外可利用学校进行相应专业教师的培训指导，成立专业的体育器材、服务、培训于一体的机构或公司，满足学生的需求。这样不仅可以增加体育教学俱乐部的经费，还可以提高体育教师的待遇。其次就是加强宣传《体育法》和《全民健身计划纲要》的文件精神，多举行提高学生健身意识的讲座，引导学生进行自我健康投资。最后要成立体育教学俱乐部的相应的财务部门，对经费的支出进行科学合理的规划。

7. 培养学生的兴趣，发展学生终身体育的意识

兴趣是学生学习的动力源泉，兴趣越高学生参加体育运动的积极性越高，体育课的课堂氛围就越好，学生的动力就越大。培养学生的体育兴趣，激发学生的积极性，对学生养成终身体育的习惯有着重要的作用。当前学生参加体育教学俱乐部是为了提高学习效率和成绩，缓解疲劳以及提高体质和塑造形体。这与体育教学俱乐部培养学生终身体育的目的还有一定差距。从高校体育俱乐部学生的选课意愿来看，培养学生对不同运动项目的兴趣可以改变学生选课的盲目性，缓解课程设置不足的压力。在培养学生良好兴趣的同时，激发学生对体育的热情，提高

学生的体育观念。改变传统的教学模式，变被动锻炼为主动锻炼。在教学过程中增加一些有趣、活泼的体育游戏，让学生在快乐中进行学习和锻炼，使学生充分体验到体育所特有的魅力和价值。体育教学俱乐部可通过校报、宣传栏、网络、广播、电视进行宣传，来提高学生对体育的认识，并通过举行相应的比赛如运动会、健美操、跆拳道、体育舞蹈等表演来改变学生对体育的态度。多组织学生观看一些高水平的比赛以及观赏性较高的体育项目像体育舞蹈、跆拳道、健美操和球类比赛来培养学生的兴趣，提高学生的欣赏水平。邀请知名人士到学校参加体育活动或讲座，使学生在一个和谐的环境中提高自身的体育意识。

8. “以人为本”来对学生进行体育考核

体育教学俱乐部的目的是通过体育课堂来提高学生的体质，使学生掌握一到两项运动技术，并养成终身体育的习惯。而目前实施体育教学俱乐部的高校对学生的考核还是比较滞后的，建议体育教师在学分制的基础上结合学生的个体差异，根据学生参加课内外体育教学俱乐部的次数、时间以及技术动作作为主要参考依据，对学生进行综合考评。对于那些参加次数多、锻炼时间长、但技术动作不规范的学生可适当地降低考核标准，并予以表扬，以此来促进学生参与锻炼的热情，有利于养成体育锻炼的习惯。

9. 建立层次性的体育教学俱乐部

从学生的选课意愿来看一些锻炼价值较高的项目像田径所选的人数较少，而球类项目所选人数较多。鉴于田径素质是其他各项体育运动的基础，而且近年来大学生的身体素质存在明显下降的趋势，特别是力量、耐力、速度柔韧性的下降。因此，实施体育教学俱乐部的高校可以建立层次性的体育教学俱乐部，可分为基础教学俱乐部、初级和高级教学俱乐部，在学生选择体育教学俱乐部后可对学生进行一次达标测验，不达标者，应先进入基础教学俱乐部，进行必要的身体素质训练，达标后可进入自己所选项目的初级俱乐部进行学习。在从初级俱乐部进入高级俱乐部前，再进行一次考核，在身体素质和技术要求达到进入高级俱乐部的标准后，方可进入高级俱乐部进行锻炼学习。这样可以改变目前学生身体素质状况，同时激发学生的动力，朝着更高一级俱乐部迈进。

（二）高校未实施体育教学俱乐部模式的对策

对于条件有限的高校，由于受到场地、师资力量、经费等因素的影响要实施体育教学俱乐部模式是比较困难的，只能逐步进行改革，慢慢地向体育教学俱乐部靠近，建议如下。

1. 丰富课堂内容，激发学生的积极性，体现学生主体性的作用

教学内容是体育课堂的主体，然而在体育教学过程中，体育教师往往忽略了学生的主体作用的发挥，导致学生对体育课产生厌学的情绪。所以在体育课中，改变传统的以教师为主体的模式，丰富体育课的内容。如增加一些带有挑战性的体育游戏，或者一个小型的比赛，将教学内容在体育游戏或比赛中体现，让学生描述并体会动作的要领，体育教师适时地进行指导。这样学生在游戏和比赛的同时既锻炼了身心，又能完成相应的课堂教学内容。以此来激发学生对体育课的热情，才能使学生改变对体育课的态度，主动地参与到体育运动中，才能更好地体现出教师的主导作用和学生的主体作用。

2. 利用先天的地理位置，增加开课的项目

对于条件有限的高校，由于场地、师资力量等因素，开设的课程项目相对较少，因此学生的选课意愿就受到了限制。可以利用地理、传统文化等优势，开设相应的体育项目，满足学生的选课意愿。例如在陕西的高校可以开设传统的民间项目，如腰鼓、秧歌等这些带有地方特色的项目，不仅具有很强的趣味性、娱乐性，也是对文化的一种传承。其次可以利用陕北多山的特殊地理环境来开设一些比较时尚的运动项目，如爬山、定向越野、户外运动等。这些项目不仅具有挑战性、趣味性，还有很强的团队精神，符合当代大学生的需求。

3. 细化体育教学的组织形式，改变对学生的考核方式

目前未实施体育教学俱乐部的高校体育课的组织形式还是院系、班级为单位，人数多、水平参差不齐。然而体育教学俱乐部最理想的组织形式是分层教学和个别教学。而目前对高校体育课实施分层教学和个别教学还有一定的困难，所以建议在原有教学组织形式下对学生进行分组，制定不同的教学目标。例如按身体素质将某个班级分成 2 到 3 组，并对每一组制定相应的底线，当学生的体育能力达到一定水平后可晋级到上一小组。也可以让学生自愿结合成一个小组，教师在整体指导后，每个小组自由练习，然后进行比较评定考核。这样可以激发学生的合作精神，也能刺激学生进行练习的动力，增加学生之间互帮互助的友谊。考核是学生一直关心的问题，可以将考核的内容加以扩大，可根据学生课堂的表现，学生的进步程度、出勤率、小组的成绩和表现等进行综合评定，这样可以减少学生对体育不过关的心理压力，使学生能够放松、开心地进行练习。

4. 从单一项目俱乐部向多项目俱乐部发展，逐渐完善教学体制的组织机构

对于条件有限的高校由于受到资金、场地、师资等方面的影响，同时实施多个项目的体育教学俱乐部是比较困难的，而且缺少相应的实践经验和理论知识。所以建议条件有限的高校在今后的发展中，可先从学校的社团等学生因自己的爱好而自发组织的一些活动入手，将相关体育教师配备到相应的社团中，组织领导相关的活动，将其发展为学校的课外体育俱乐部。然后再规范学生的参与方式和学生活动的组织形式等，逐步完善课外体育俱乐部，并在此基础上向课内体育俱乐部过渡，并形成这一项目的体育教学俱乐部模式。这样可以在有限的条件中获取宝贵的实践经验。等时机成熟时，可实行这一项目的体育教学俱乐部并向其他项目体育俱乐部过渡，以此为基础逐步向多项目体育教学俱乐部发展。

在形成单一项目体育教学俱乐部的同时要完善体育教学俱乐部的组织机构。组织机构应包括：体育教学俱乐部督导组—主管体育教学俱乐部院长—体育教学俱乐部主任—体育教学俱乐部教师。体育教学俱乐部督导组为体育俱乐部制订计划、工作安排以及对领导和教师的考评等全面进行督查；主管俱乐部的院长负责俱乐部总体计划的制订，负责督促各俱乐部的工作及协调俱乐部与各系的关系，负责每周 1 次的教师例会；各俱乐部主任负责俱乐部的工作安排，督查俱乐部的计划执行情况以及各俱乐部各项工作计划进度安排，检查各教师的工作执行情况；各专业教师完成好本人的工作计划，建立每个学生的健身档案。

5. 使教师的主导作用和学生的主体作用更加和谐

对于条件有限的高校要改变现有课堂的教学方式，在教学过程中对于学生的主体性和教师的主导作用，做到两手抓，两手都要硬。不能只注重教师的主导作用，而忽略了学生的主体性，这样就会延续传统的教学模式，会抹杀学生个性的发展，不利于学生终身体育意识的培养。若

只注重学生的主体性，而忽略了教师的主导作用，则会造成放羊式教学，使学生活动没有目标。所以在教学过程中要合理地处理好教师与学生的关系，使教师融入学生中，使学生在愉快的气氛中进行锻炼。同时教师要在学生出现错误动作时及时纠正指导，做到教师集中辅导、学生分散练习。课下教师要多和学生进行沟通，既有利于师生关系更加和谐，也有益于提高学生的积极性和主动性。

第十一章　翻转课堂教学模式在高校体育教学中的应用实践

翻转课堂是一种全新的、深层次的混合学习模式，它不只是传统课堂教学与在线学习在形式、手段、内容上的高度融合，更是不同教学理念、学习理念、教学模式的混合。翻转的课堂彻底摆脱了传统"课堂知识传授＋课下知识内化"的教学形式的束缚，而是将二者实施的顺序颠倒过来，采用在线学习的方式让学生根据个人具体学习情况，选择学习资源，自定步调，课前完成知识传授的，课堂上不再进行知识传授，而是利用课堂时间，使用课堂学习活动，在教师地引导下帮助学生完成知识内化。到目前为止，翻转课堂是克服传统教学模式不足的一个有效的教学形式。

第一节　国内外翻转课堂教学模式研究概况

一、国外关于翻转课堂教学模式的研究

Cheryl P. Talley 的研究结果表明，翻转课堂教学模式通过把相应的网络技术嵌入主干课程这种方式的教学，有效的增加了学生课堂实践的时间，学生最终获得了更好的学习成绩。Oiqara. James N. 等人研究了翻转课堂教学模式对学生学习主动性的影响，通过教学实验，证实了该模式对提高学生学习主动性具有较好的效果。该研究的价值主要在于分析翻转课堂教学模式是对知识、技能以外的相关能力的影响。翻转课堂的主要目的不仅仅是为了促进学生知识和技能的掌握，这种个性化的教学模式还提倡尊重学生的个体差异，对学生进行个性化教学，培养学生的学习的积极性和主动性，并促进学生的综合能力得到发展。由此可知，评价翻转课堂教学模式的效果不能仅仅局限于对学生学习成绩的影响，还应该注重学生学习态度、学习兴趣、学习自主性以及交际能力、探究能力、社会适应能力等方面的综合效果，这样才能对翻转课堂教学模式的价值所在。

Kim，Min Kyu 等人分析了三个翻转课堂教学实例，其中有三个老师和 115 名学生于 2012 年秋季参加了三个独立研究，并最终开发了一个翻转课堂的设计框架并确定了 9 个设计原则。这种通过实证的方式来重审课堂设计效果并提出相关教学理论的研究方法，遵循了理论来源于实践并指导实践的规律，因而更为科学，具有很高的参考价值。

Younqkin，C. Andrew 肯定了将翻转课堂教学模式引入医学和健康科学课程的可行性，并提出，在翻转课堂模式下，学生在课堂上深入讨论和解决问题机会更多、兴致更高，有利于提高学生学习课程的效率、培养学生的学习兴趣以及分析问题和解决问题的能力。同的教学状况。

Freeman Herreid. Clyde 等人对实施翻转课堂模式的普通生物学教师进行了调查，并时提

出，从事医学和健康科学教师应该加大对翻转课堂教学模式进一步探索以改善本学科证实了各种网络信息资源对课堂教学的益处。Michelle Althea Vaughn 用实证的方式，研究了翻转课堂教学模式在高校公共体育教学的中应用的结果，利用一对一访谈、课堂观察、技能评估、调查、知识和体能测试等方法，证实了该模式有利于学生知识、技能掌握以及对学生自我效能感（指个体对自己是否有能力完成某一行为所进行的推测与判断）的积极效应，同时还调查了教师和学生对该模式的态度和看法。这种以调查访谈的形式研究翻转课堂效果的方法，不仅为本课题拓宽了研究思路，而且提供了方法指导。

Ganapathy. Venkatesh 提出，翻转课堂在西方学术界已经成为最新的时尚概念，但对翻转课堂的界定还没有统一，这种教学模式有利于提高学生的兴趣和增强学习效果，是一种创新的教学方法，并被看作是一种非常有效的学习方式。他以《保险学》教学为例，提出了采用翻转课堂和传统教学模式相结合的方法以改进当前《保险学》的教学现状。

Hersey. Heather，Belcher. Sue 提倡将翻转课堂模式引入图书管理领域，他们提出，当前图书管理员的主要职责是帮助借阅者寻找书籍或维持图书馆的秩序，将翻转课堂模式应用于图书管理，会大大地方便借阅者对图书的查阅和减轻图书管理员的工作量，从而提高图书管理的效率。

Seyedmoir. Bobbie，Barry. Kevin，Seyedmonir. Mehdi 等人在传统黑人大学通过建立在线学习社区的方法，对学生进行《生物学原理》课程的教学实验，结果表明，采用翻转课堂教学模式的实验组和采用传统教学模式的对照组在考试成绩方面没有明显差异，学生虽然很喜欢这种随时随地都可以学习的方式，但该模式占用时间过多的问题，而且提出，采用翻转课堂模式进行教学，有时候并不能和教师进行很好的交流等问题。该研究提出，翻转课堂教学模式需要教师提前对在线课程的目标、内容以及与学生在线交流方法等进行深思熟虑的设计，文学类课程采用该模式进行教学相对比较适用。

萨尔曼·可汗（Salman Khan）在《翻转课堂的可汗学院》一书中就“教与学的统一”“传统教育模式的弊端”“教育的未来”等问题分别展开论述，对信息化社会教学应该如何改革提出了个人的观点。该书得到了微软公司创始人比尔·盖茨、美国前副总统阿尔·戈尔、TED 大会创始人克里斯·安德森以及清华大学心理学系主任彭凯平等人的高度评价。乔森纳·伯格曼（Jonathan Bergmann）与亚伦·萨姆斯（Aaron Sams）对翻转课堂进行了深入的研究，在《翻转课堂与慕课教学》一书中，对翻转课堂和通达翻转课堂的诞生、翻转课堂如何助力个性化教学、为什么要将课堂进行翻转、如何进行课堂翻转、关于翻转课堂的常见问题等，结合他们的教学实际进行了系统阐述，为翻转课堂的实施和推广提供了方法指导，对翻转课堂的发展产生了重要影响。

乔森纳·伯格曼（Jonathan Bergmann）和亚伦·萨姆斯（Aaron Sams）对翻转课堂理论进行了系统研究，他们所著的《翻转课堂与慕课教学——一场正在到来的教育变革》（Flip your classroom reach every student in every class every day）一书中，采用通俗易懂的语言，对于翻转课堂的诞生、翻转课堂的成长、为什么应该实施翻转课堂、如何实施翻转课堂、翻转课堂如何助力个性化教学、翻转课堂的实施案例、什么是通达翻转课堂以及实施翻转课堂过程中的常见问题等进行了系统论述。该研究成果对于人们深入认识翻转课堂以及教育界对翻转课堂的后续研究奠定了坚实的基础，对于翻转课堂应用和推广具有举足轻重的作用。

萨尔曼·可汗（Salman Khan）（2014）在其著作《翻转课堂的可汗学院：互联网时代的教育革命》（The One World Schoolhouse：Education Reimagined by Salman Khan）一书中提出，在线教学资源对现有教学模式产生了巨大冲击，并提出“谁都可以享受世界一流的免费教育”的口号，同时对于教育是如何发生的、教与学的统一、传统教育模式的弊端等问题进行了深入解读，并对教育的未来进行了分析预测。萨尔曼·可汗认为，传统教学模式歪解了考试的目的，给学生贴上了“好”与“坏”的标签，扼杀了学生的创造力，并导致教学效率低下。他还提出，科学技术的发展迫使人们做出改变，以信息技术为基础的翻转课堂能够显著调动课堂参与者的积极性，改造了流水线式的教学模式，能将更多互动融入课堂，也能让学生自主控制学习的节奏，能够使学生的智力与创造力彻底摆脱流水线式教育教学模式的束缚。

综上所述，翻转课堂教学模式在国外被广泛研究，研究的时间主要集中在2012年至今，课程教学实验几乎涉及了各个学科，研究的结果也存在很大的差异，但研究者一致认为翻转课堂教学模式对比传统教学模式是一种重大创新，具有良好的发展前景。国外对翻转课堂教学模式的研究已经非常广泛，除了少数人对翻转课堂的基本理论进行专门研究之外，国外现有的研究主要以教学实验和调查访谈为主，研究的重点是这种新型教学模式与传统教学模式在学生知识、技能掌握方面的差异性，从而论证翻转课堂对教学效果的影响，部分研究还分析了翻转课堂模式对学生学习兴趣、态度、学习自主性等方面的影响，研究的内容相对具体。

二、国内关于翻转课堂教学模式的研究

翻转课堂2011年引入我国，并逐渐成为我国教育界的研究热点。

华东师范大学慕课中心的陈玉琨、田爱丽（2014）主编了《慕课与翻转课堂导论》一书，该书以数字化时代的变革与教育为背景，探讨了慕课与翻转课堂的起源、特征与意义、慕课和翻转课堂在国外的实施概况、教学微视频的制作、慕课背景下的翻转课堂、进阶作业与诊断性测验、翻转课堂与现代教育生态改变等问题。该著作充分把握了当代社会发展和教育改革的基本特征，深入讲解了慕课与翻转课堂对我国教育教学改革的重要推动作用，提出了利用慕课和翻转课堂重建传统课堂的观点，对于人们深入认识翻转课堂以及翻转课堂在我国的应用与推广起到了重要的推动作用。

何克抗（2014）从翻转课堂的由来、翻转课堂的发展、翻转课堂的作用与效果、实施翻转课堂的限制条件与面临的挑战发表了看法、中国跨越式教学与西方翻转课堂的比较中探讨翻转课堂的本质特征以及中国式翻转课堂在我国的未来发展等六个方面，论述了翻转课堂的内涵与本质，从而为翻转课堂在我国的未来发展指出了明确的努力方向。

清华大学的于歆杰主编了《以学生为中心的教与学——利用慕课资源实施翻转课堂的实践》一书，书中首先阐述了MOOC和翻转课堂的基本概念，分析了我国高等教育教学的痛点并提出了解决我国高等教育教学困境的方法，继而以SPOC为例介绍了实施翻转课堂的平台和利用慕课资源实施翻转课堂的方法和案例。该书对于翻转课堂在课程教学中的运用提供了方法指导，具有较高的实用价值。

丁云华（2016）提出了基于翻转课堂理念O2O教学模式，将在线教育和线下教育有机地结合起来，集合了翻转课堂的优势以及O2O商业模式中线上与线下相结合的特点，体现了“互联网+”时代信息技术与教育教学的深度融合，是对传统教育模式的革新。秦建华，何高大

(2014) 认为，翻转课堂是教育信息化的产物，符合建构主义理论，能够实现个性化学习、促进教学中的互动。但目前翻转课堂的理论和实践都还在发展中，开展翻转课堂需要教师和学生转变思想观念和提高各项能力，需要资金和技术支持，还需要应对应试教育和学科差异以及建立有效的评价体系。

李利（2014）认为，翻转课堂在颠倒教学活动的背后，彰显了对传统教学中“教与学”关系颠倒的真正诉求，在基于课程设计的整体观指导下，翻转课堂实践中可以采用“微课讲授模式”和“微课预备模式”两种模式，同时设计与之相应的自主学习单元以促进学生自主学习，翻转后的课堂设计应以活动理论为指导，凸显工具的中介作用和学习效果。

杨伟杰（2014）提出，“翻转课堂”作为一种“破坏性创新”的教学方式，改变了教师角色、学生角色、教学与学习时间分配以及知识载体，给传统课堂带来了巨大的冲击和挑战，这些冲击和挑战主要包括：对教师教学法知识、学科知识和网络技术知识的整合能力提出了更高的要求、对学校和家庭接收程度的影响、对网络支撑环境和学习条件的要求等三个方面。

丁建英，黄烟波，赵辉（2014）等人认为，翻转课堂实现了知识传授和知识内化的颠倒安排，是教育模式的革新，所倡导的是“以信息技术带动教学结构变革”与“教育信息化”等理念，通过在教育领域全面运用现代化信息技术来促进教育改革和教育发展的要义相契合，这种新兴的教学模式必将引起教育模式的变革，促进教育信息化的真正实现。

祝智庭（2015）等人的研究指出，当前国内对翻转课堂的实践呈现出两个层面，即中观层面的教学过程变化与微观层面的课内教学活动调整；翻转课堂的实践最终指向学生思维品质的提升；翻转课堂的顺利实施有赖于一系列的准备，微课在翻转课堂中的应用、课前学生的“先学”质量、课内学生高阶思维能力的培养、教师的专业素养储备等是实施翻转课堂所面临的难题。朱宏洁、朱赟（2013）认为，实施课堂翻转虽然包括课前设计制作精良的视频等多个环节，但其中最为关键的要素仍然在于教师，教师要树立新的教学理念，不断提高实施翻转课堂的能力，重视培养学生的学习技能，在此基础上，加强信息技术的支持和教学评价的改变，促进优质教学资源的共享整合等。

张金磊、王颖、张宝辉（2012）等人探讨了翻转课堂的起源、概念与特点，在对国外教学实践案例研究的基础上构建了翻转课堂的教学模型，并提出了翻转课堂实施过程中所面临的学校作息时间安排问题、学科的适用性问题、教学过程中信息技术的支持、教师专业能力的挑战、对学生自主学习能力与信息素养的要求、教学评价方式的改变等方面的挑战。

王小彦（2014）认为，翻转课堂作为新兴的教育理念与教学模式，通过学生课外自主学习、课内协作互动将知识内化的方式，为教师提供了个性化教学平台，为学生提供了个性化学习空间，该研究以国外典型翻转课堂教学模型为基础，提出了在翻转课堂中实现个性化学习的教学模型。易祯（2015）对翻转课堂的实质、优势以及翻转课堂在我国的可行性进行了解读，研究认为，翻转课堂不是教师的替代品和单纯的视频教学，更不是万能的教学武器，不能够解决教学中所存在的所有问题；翻转课堂的优势在于能够培养积极乐观的学生、能够帮助教师实现转型、是科技助力教育的必然产物等；没有任何一堂翻转课堂实践是可以复制的，哪怕在硬件条件不允许的情况下，仍然可以实践翻转课堂。

综上所述，翻转课堂综合性理论与实践研究在国内已经成为一个热点，该类研究的问题主要包括翻转课堂的特征和内涵、翻转课堂与其他模式的差异、翻转课堂模式与传统教学模式的混合应用、翻转课堂模式下的课程设计、翻转课堂模式下的教学设计、翻转课堂的应用模型、翻转课堂的本土化问题、翻转课堂在我国的发展现状以及所面临的问题、挑战和策略等。研究的范围较广，方法上大多采用的是文献资料、对比、访谈以及归纳和演绎等方法。这些理论研究为人们深入认识翻转课堂打下了基础，为推动我国教学改革的进程提供了参考，对改变当前教师的教学理念、促进我国教育教学理论的发展做出了贡献。

第二节　翻转课堂教学模式的理论基础

翻转课堂是一种全新的教学模式，要深刻认识这种教学理念，我们需要了解翻转课堂背后的理论基础，在进行翻转课堂教学实践时，只有以这些理论为指导，才能真正地领悟到翻转课堂教学模式的真谛，获得理想的教学效果。

一、元认知理论

元认知（Meta－cognition）是美国心理学家弗拉维尔（Fla－yell）提出的，主要是指对个体的认知活动中知识、体验及行为进行调节和监控的过程，是人类对认知的自我认知。对于学习者来说，元认知主要是指学习者对各自的学习活动所进行的自我意识、评价与调控。它是帮助学习者自我调节各自学习、养成自学习惯的理论，能够培养学习者的创新思维和自主学习能力，促进学习者自主学习效果的优化和完善。

在翻转课堂中，学习者在课前自定步调、自定学习时间和学习地点来完成基础知识的学习，自主学习时如何有计划地完成自主学习、如何利用各种有利因素促进高效学习的发生、如何对自己的学习过程进行监控、如何对自己的学习过程及学习结果进行评价等都属于学生元认知的范畴，并且翻转课堂中的知识内化部分也离不开学生元认知内驱力的推动和促进。可见，在翻转课堂中，元认知是学生自我监控并巩固知识构建的过程，是对所掌握的内容进行评价并促使学习者能够在新的环境下运用新知识的过程。

二、支架理论

支架原意是建筑行业中为建材提供暂时性支撑的柱子，称为“脚手架”。普利斯里认为支架是指为学习者学习需要提供恰当的学习帮助，当学习者的能力增长到能独自解决问题时再撤去帮助。而支架式教学策略则是为学习者的知识意义建构提供所需要的概念框架。支架式教学策略在教学过程中分为教学支架和学习支架两种，前者是指有利于教师在教学时顺利实施教学过程的支架，后者是指学习者进行学习的过程中有助于自我知识意义建构的支架。支架是静态的，但支架的使用是动态的，要解决一个问题，可能需要多个不同形式的、难易程度不同的帮助支架，并且要做到支架使用频率由多到少，最后消失，达到学习者能够独立学习的目的。

在翻转课堂教学过程中，学习者进行自主学习时所采用的学习支架概念不仅来自教师，还来自有能力的同伴，同时还得益于管理员精心设计的学习材料，如图片、视频、案例、问题、变式、游戏等，使得学习者在学习过程中能及时得到学习帮助，进而解决学习难题，促进了学生学习能力、自主学习效率的提高及独立分析问题、独立解决问题习惯的养成。

三、最近发展区理论

最近发展区理论是指个体独立分析、解决问题的实际水平与潜在水平之间所存在的差距。实际发展水平是指儿童已具有的、较为成熟的、独立解决问题的能力，而潜在发展水平则是指个体在现有能力的基础上，借助一定外在条件的帮助便能完成任务的机能水平。因此，最近发展区是指那些稍微超出现有水平的、有成熟潜在机能的区域，即个体能力发展的最近一个区域。

在翻转课堂中，课前学习的基本概念和针对性练习的知识层次是在学生的实际发展水平之内的，学习者只需要在正常的学习努力就可以完成知识的理解和掌握，而课堂学习活动的问题有一定的难度，超出了学生的实际认识水平，学习者一般需要通过学习同伴的协作帮助、老师指导或相关资料的支撑下才能顺利完成，这一部分内容学习属于学生的潜在发展水平。在学习基础知识的基础上，再通过学习活动内容进行强化和提升，有利于学习者对知识的理解、掌握和进一步深化。

四、建构主义理论

建构主义强调世界的客观性，主张由个人决定对世界意义的理解。它指出学习是指学习者以自己已有的知识经验为基础，通过与外界事物的相互作用，主动获取、建构新知识的内在心理表征过程，而不是被动地、机械地、原封不动地把知识从外界搬到记忆中。基于建构主义的教学，以学生为中心，为学生提供自主学习的素材，强调以问题为核心的驱动学习，重视协作学习的重要性，鼓励由学生自己完成对新知识的意义建构。

翻转课堂教学模式充分体现了建构主义思想理念。翻转课堂的课前知识传授环节把学习的自主权和决定权教给学生，学生以教师提供的或网上搜寻的相关学习资料为学习素材，以问题为中心，在自己已有学习经验的基础上，进行新内容的学习；而课堂学习环节是以开展学习活动为主，帮助学生完成新知识的巩固与掌握。在这个过程中，教师则为学生的学习提供个性化的帮助。经过两阶段的学习，学生已基本能完成对新知识的意义建构。同时支持翻转课堂的网络教学系统体现了建构主义思想，不仅为学生提供自主学习的素材和学习路径，更重要的还为学生提供恰到好处的学习帮助，为学生的意义建构推波助澜，极大地促进了翻转课堂的顺利实施。

五、自主学习理论

自主学习是由学习者自己决定各自的学习行为及学习内容，自主权交给学生，有其自己确定学习路径、选择学习方式、监控学习过程、评价学习结果的过程，具有自立性、自为性和自律性三个特性。这充分说明了，学习归根结底是由学习者自己去完成，学习者可以决定自己的学习过程、学习进度及采用的学习方法等，由自己主宰自己的学习。在翻转课堂中，无论是在课前知识传授环节上，还是在课堂知识内化环节上，都是把课堂学习的权利和自主权交给学生，学习时采取何种学习方法，使用何种学习策略，沿着何种学习路径都是由学生自己决定，学习任务主要由学生自己完成，让学生有充分的学习权利，并成为学习的主人。

六、协作学习理论

目前，世界各地的知名学者从各个方面研究和实践协作学习理论，虽然他们表述的协作学习定义有所不同，但都从一定程度上揭示了协作学习的内涵，即在一定教学目标的引导下，借助小组合作互助形式进行的学习。协作学习能够增强学习者学习的主动性，培养学习者的集体意识。在翻转课堂中，学习者自学过程遇到一些难题，一般是通过和学习同伴讨论中的互帮互助或在教师的指导下解决的，尤其是在课堂学习活动中，当学生遇到疑问时，就会在主动组成的动态协作学习小组中，相互交流，各抒己见，协同完成新知识的构建，而那些难度特别大的问题则是在教师的指导下完成的。协作学习增强了学生之间的团队协作意识，提高了学生的独立解决问题和自主学习的能力。

七、活动设计理论

活动理论始于20世纪的20年代，源于德国古典哲学，是文化历史心理学的一部分，它认为活动和意识是动态联系的，需要采用二元论的方法对思维和活动进行分析和设计。活动理论容易组合出多种教学模式，它尊重学生的个体差异，并且能在活动中培养学习者的性格情感态度，活动理论可以作为课堂学习活动设计的框架和理论依据。学习活动的设计除遵循学生的心理认知和身体发展规律外，更主要的是以活动设计理论为指导，以便能够让学生在学习活动中完成知识的内化。

第三节　翻转课堂教学模式的内涵剖析

一、翻转课堂概念界定

“翻转课堂”是由英语“Flipped Class Model”翻译而来，一般又被称作“反转课堂式教学模式”，这里的“反转”是较传统课堂式教学模式而言的。国内外对于翻转课堂的概念有不同的解释。

美国最早实践翻转课堂教学模式的化学教师亚伦·萨姆斯认为，翻转课堂最基本的理念是把传统课堂上对课程内容的直接讲授移到课外，充分利用节省下来的时间来满足不同个体的需求。

英特尔全球教育总监Brian Gonzalez认为，颠倒的教室是指教育者赋予学习者更多的自由，把知识传授的过程放在教室外，让大家选择最适合自己的方式接受新知识，而把知识内化的过程放在教室内，以便同学之间、同学和老师之间有更多的沟通和交流。

江苏省苏州市电化教育馆金陵认为，所谓翻转课堂，是指把“老师白天在教室上课，学生晚上回家做作业”的教学结构翻转过来，构建“学生白天在教室完成知识吸收与掌握的知识内化过程，晚上回家学习新知识”的教学结构。

清华大学信息化技术中心钟晓流等认为，所谓翻转课堂，就是在信息化环境中，课程教师提供以教学视频为主要形式的学习资源，学生在上课前完成对教学视频等学习资源的观看和学习，师生在课堂上一起完成作业答疑、协作探究和互动交流等活动的一种新型的教学模式。

本书较认同钟晓流等人的观点，认为翻转课堂是在信息技术支持的环境中，课前教师为学生提供针对性的教学视频和学习任务单等资料供学生开展自主学习，实现知识传递；课上通过自主探究、合作探究、师生共同答疑等形式，完成知识内化的一种新型教与学的形式。

二、翻转课堂的特征

翻转课堂颠倒了传统的教学过程，引起了课堂教学各要素发生了根本性的改变。具体变化如表 11-1 所示。

表 11-1　翻转课堂与传统课堂要素对比

	翻转课堂	传统课堂
教师	学习指导者、推动者	知识讲授者、课堂组织者
学生	积极主动探究者	消极被动接受者
教学形式	课前深入学习＋课堂知识内化	课堂知识讲解＋课后作业练习
技术应用	自主学习、交流反思、协作讨论及个性化教学工具	内容展示
评价方式	多元化评价（生生互评，师生互评等）	传统纸质测试

（一）教师角色的转变

翻转课堂实现了教师的角色逐渐由知识讲授者、课堂组织者向学习的指导者和推动者的转变。这意味着教师不再是课堂的中心，但是他们仍然是学生进行学习的主要推动者。当学生学习中遇到困难时，教师便会向他们及时提供必要的学习支持。自此以后，教师便成为学生快速获得学习资源、利用学习资源、处理学习信息、应用新知识到真实生活情境中的促进者。随着教师教学职能的变化，教师也将面临前所未有的教学技能挑战。在翻转课堂中，学生需要在参与实际的学习活动中，通过完成学习任务来构建知识结构，成为学习过程的中心。这就需要教师通过设计课堂学习活动这一新的教学策略来达成此目的。通过简单易行且利于知识内化的课堂学习活动的设计与组织来促进学生成长与进步。在每完成一个单元的学习之后，教师都需要及时检查学生对知识的理解掌握情况，同时对学生做出恰当的评价，来帮助学生正视自己的学习水平。同时，及时的评价反馈可以帮助教师改进或调整课堂教学活动设计，推动学生高效学习。

（二）课堂时间的重新分配

在翻转课堂教学中，课堂上的大部分时间交由学生支配，让学生能够全身心地充分投入到课堂学习活动中去，一小部分时间留给教师，以便为学生提供具有针对性的辅导，大大减少了教师在课堂上讲授知识的时间，这是翻转课堂的另外一个重要特征。来源于现实生活中的、具有真实学习情境的课堂学习活动能够让学生在交互协作中完成学习任务。翻转课堂将原来课堂讲授的知识内容转移到课下去完成，在不缩减原先课时知识量的基础上，来增强课堂中学生之间的交互性。这种教学形式的转变有利于提升学生对知识的理解深度。另外，教师在课堂上进行形成性评价时，在某种程度上提升了课堂中交互的有效性。而教师的课堂评价有利于帮助学生更加客观地认识自己的学习情况。因此，翻转课堂是一个构建深层次知识的课堂，而学生则是课堂的主角。翻转课堂通过充分利用课下时间完成了基本知识的传递，极大地延长了课堂上教与学的时间。但翻转课堂的关键之处在于教师如何组织课堂学习活动来实现课堂时间的最大化、高效化利用。

（三）学生角色的转变

随着教育信息化地不断深入，自主探究学习越来越受学习者的欢迎。在个性化的网络学习环境中，学习者能够根据自己的学习需要选择学习的内容、时间和地点，然后再按照自己的节奏进行个性化学习。虽然，翻转课堂教学获得了学生的高度参与，并且赋予了很强的学习灵活性，但学生并非是完全独立地进行学习。在网络化协作性学习环境中，学生们需要根据各自的具体学情不断与同学、教师进行讨论交互，以便能够扩展和深化自己对知识的认识。

（四）翻转课堂的三个关键环节

1. 微课程开发

翻转课堂有别于传统课堂，其课程体系与传统教材也有区别，课程传授的知识单位不再以课为单位，而是以微课为单位，一个微课解决一个问题。翻转课堂的课程分为传授知识为主的视频教程、知识巩固强化的针对性练习和用于课堂知识内化的学习活动等，微课程的优劣直接影响着翻转课堂的教学效果。翻转课堂结合校情、班级情况和学科特点开发出具有问题针对性的微课程，是影响翻转课堂成败的一个重要因素。

2. 课前深入学习

翻转课堂把传统的教师课堂知识讲授的环节放到了课前，并由学生自主学习完成，同时要求学生课前自学的效果不低于教师课堂上讲授的效果，而不是停留在简单的知识预习层面。课前学习包括微视频知识讲解和习题强化，是学生完成课前学习的关键素材，是促使学生达到深入学习的关键。课前深入学习是对基础知识的全面把握，是知识学习的一个重要环节，是一切知识迁移应用的基础，更是翻转课堂取得良好教学的关键步骤，课前学习的好坏将直接影响翻转课堂的课堂学习活动的组织成效。

3. 课堂学习活动组织

课堂学习活动的组织主要用来帮助学生完成知识内化，使学生的认识得到进一步深化，是翻转课堂中最具突出价值的部分，也是翻转课堂能够提高教与学效率的关键所在。学生全身心、高效、全面地参与到课堂学习活动中，通过自主探究，或与同学、教师进行交流讨论来进一步弥补自己认识上的不足，进而查漏补缺、深化认知，完成知识的迁移与应用。翻转课堂离开了课堂学习活动的高效组织，将失去它的本质特征，无论课前学习如何深入，微课程的利用如何高效，也很难发挥翻转课堂教学模式的良好教学效果。

三、翻转课堂经典模型

（一）杰姬·格斯丁（Jackie Gerstein）模式

杰姬·格斯丁（Jackie Gerstein）创建了一种翻转课堂教学模式，它包括一组基于体验式学习周期（Experiential Learning Cycles）的学习活动。如图 11-1 所示。

杰姬·格斯丁的模式从四个维度对翻转课堂进行了建构。

1. 体验式参与（Experiential Engagement）

体验式参与阶段的主要内容有体验式学习活动、实验、模拟、游戏和艺术活动等。整个学习从一个体验式训练开始。本阶段的任务是引领学生参与真实的活动，激发学生的好奇心。学习活动要设计得身临其境，让学习者能够将先前个人经验与探索内容联系到一起，并进行有意

义建构。本阶段的活动以小组的形式进行。

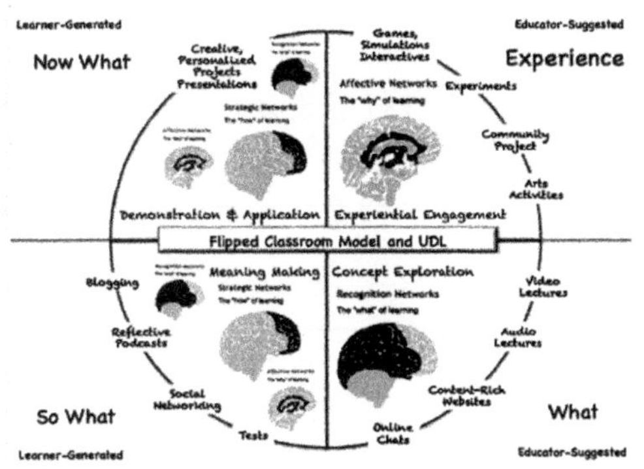

图 11-1　Jackie Gerstein 提出的翻转课堂教学模式

2. 概念探索（Concept Exploration）

学习者会在本阶段接触到体验式参与中所涉及的概念。在本阶段，学习内容通过视频、网站、文本呈现。向学生提供网络资源，学生可以自由选择学习的时间和方式，这应是翻转课堂的最大优势。在本阶段，学生可以针对视频、网站内容提出自己的疑问。

3. 有意义建构（Meaning Making）

本阶段学生要对上一阶段学习内容进行反思。学生可以通过音频、视频等方式表达和建构他们自己理解的内容。学生通过反思，可以进行独立思考，赋予知识自己的意义。

4. 演示与应用（Demonstration & Application）

本阶段，学生要去实际演示所学内容，并且以某种方式应用它，使得所学内容变得有意义。这一阶段最好是以面对面的、小组协作的形式开展。

（二）Robert Talbert 翻转课堂结构

美国富兰克林学院的 Robert Talbert 教授经过长期实践研究，总结出翻转课堂的结构模型，如图 11-2 所示。

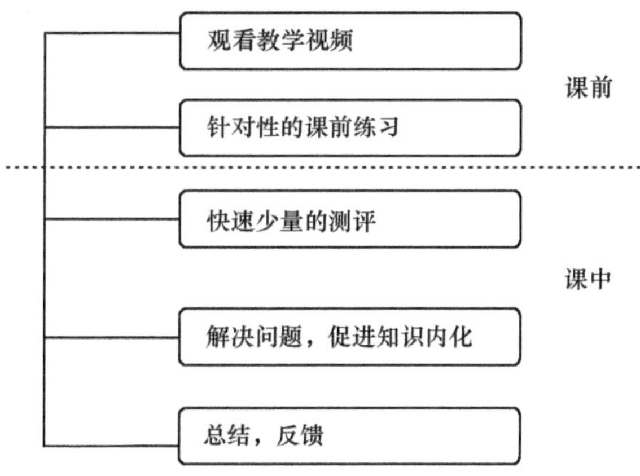

图 11-2　Robert Talbert 的翻转课堂模式

该模型描述了课程的流程，主要分为两个部分：课前与课中。课前主要完成基础概念的理解，并做相应的导向性练习。课堂上教师不再长时间讲课，首先进行小测试，然后解决学生提出的问题，促进知识内化。

（三）张金磊等人的研究

张金磊等人对 Robert Talbert 的模型进行了改良。该模型由课前和课中两个有机结合的过程组成。贯穿于这两个过程中，是信息技术和活动学习对翻转课堂的支持。此模型（如图 11-3 所示）提出了更为明确的实践方式，也表明了信息技术与学习活动在翻转课堂中的工具作用。

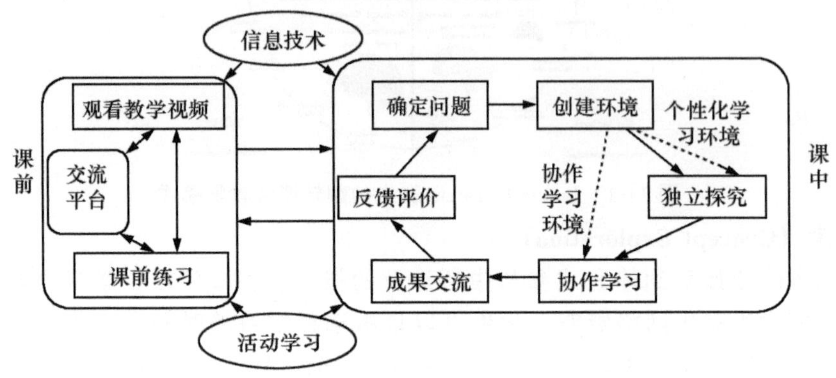

图 11-3　张磊等提出的翻转课堂模型发展结构

第四节　翻转课堂教学模式在高校体育教学中的应用研究

高校体育教学翻转课堂模式能够激发学生的学习兴趣和动机，培养学生自主、合作、探究的学习能力；拓展学生学习的时间和空间，形成师生协作融合的学习环境；弥补体育教学中课堂练习时间不足、示范动作难以细化分解等问题；强化理论知识和技能的融合与内化，有效提高体育教学质量和效果。针对体育教学专业特点，以“翻转课堂”教学模式为思路，构建高校体育教学“翻转课堂”模式，促进其在高校体育教学中的应用。

一般翻转课堂教学模式包括课前学习资源的制作准备、学生自主学习、课中知识内化、课后总结评价几个阶段。体育教学翻转模式的构建与一般翻转课堂模式相似。基于翻转课堂模式的基本构建，以“学生为中心”构建出适合当前高校体育教学的模式，如图 11-4 所示。

一、课前教学资源准备阶段

教学目标是教学活动的实施方向和预期达成的结果，是一切教学活动的出发点和最终归宿。课前，教师首先根据教学大纲、计划，明确教学目标，确保翻转课堂顺利进行。课堂教学目标的确立，要遵循“三维一体”原则，针对提高教学的实效性，形成动态发展教学目标，在教学过程中不断修正新的教学目标，使课前、课中、课后形成一个完整的、协调的、相互联系的整体三维目标。其次，依据教学大纲及计划，明确教学目标，确定教学内容和知识点。翻转课堂教学内容的体系要完整，组织结构要合理，根据学生的认知水平和要求，选择恰当的教学素材，并根据教学内容的结构特点进行合理地加工和处理。在每个教学目标的设计中要列出清晰合理的学习任务和学习内容，通过信息技术将技术动作的要领、方法制成 PPT 演示文稿，并辅以 FLASH 动画或二维、三维动作图解，对示范动作图像可以自行录制或下载优秀运动员比赛录像

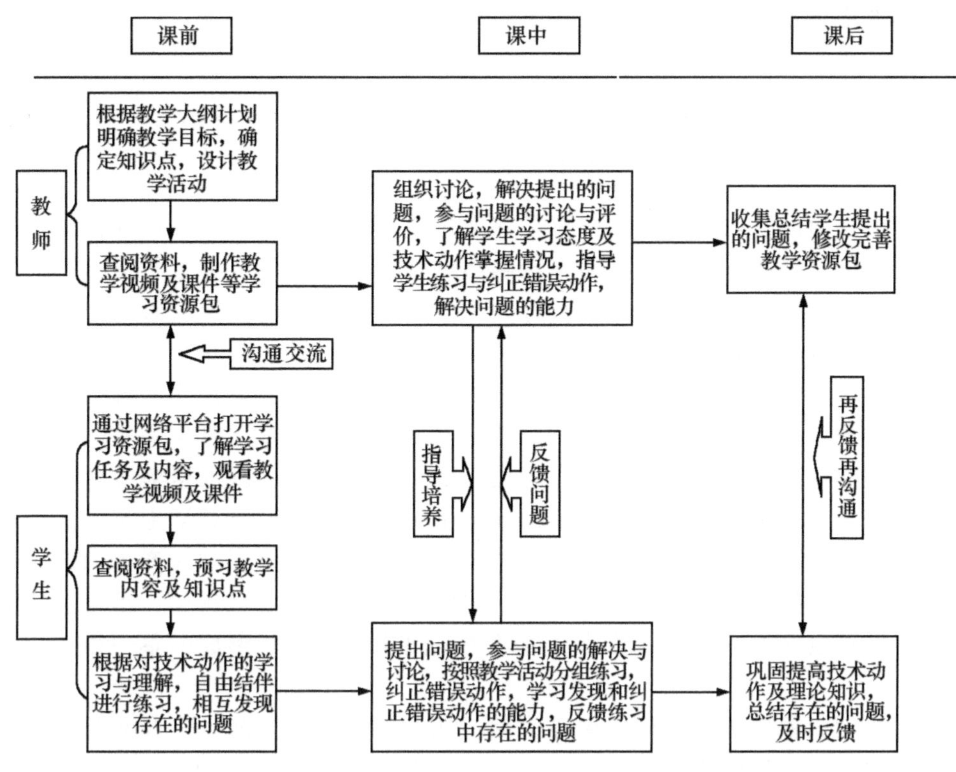

图 11-4　基于“翻转课堂”高校体育教学模式结构图

进行编辑和加工，制作成教学视频录像，综合利用演示文稿和视频等手段将教学内容形象地表现出来，按照教学步骤和程序制成学习资源上传到网络平台上。除了教师自行制作教学资源外，可以利用其他网络资源（比如网络公开课等教学视频和比赛视频）来充实教学内容，使网络资源得到充分利用，技术动作教学更直观、更标准、更规范，对选取的网络资料在进行加工处理的时候，要配以适当的文字讲解，使学习者更清晰、更明朗地了解学习内容。对于示范动作难度比较大，难以直接进行示范的动作，可以通过二维或三维动画技术并辅以用力方向的图解或文字说明将其生动具体化，使学生更容易接受。制作视频要充分考虑时长，做到简洁明了，要充分考虑视频的制作与教学目标和教学内容相吻合，依据教学单元的计划安排，由浅入深、由易到难合理组织每个教学环节，让学习者在不浪费大量时间的前提下，掌握理论知识，实现课前学习效果的最大化。

翻转课堂教学模式需要学生具有自主学习、发现问题和解决问题的能力，需要学生积极主动地参与到课前新知识的学习中来。首先，学习者通过网络平台打开教师制作好的学习资源包，了解教师提出的教学目标、教学任务和教学内容。对技术动作理论知识进行学习，通过想象法对技术动作有一个大概的理解和认识，最后通过视频录像中示范动作的观看对比，形成正确的动作概念和印象，在大脑中留下“痕迹”，为课中实践练习打下基础。在学习过程中，主动发挥发现问题和解决问题的能力，及时发现疑难问题，通过查阅网络资料解决一些力所能及的问题，对难以解决的疑难问题进行记录，待到课上再解决。对于课前学生对学习新技术动作的渴望和热情，不可避免地会出现有些学生积极主动地去练习，由于无教师的指导和检查，难免会出现错误动作，久而久之会形成错误动作动力定型，为以后的学习造成阻碍，因此，要求学生在自行练习中练习要适当，以小组和结伴的形式进行，在充分观看教学视频示范动作的前提下，通过相互检查指导，锻炼发现问题和纠错的能力。

二、课中知识和技能的融合与内化阶段

课中应是学生提出问题，教师答疑解惑，并通过具体的身体练习形成运动技能，使知识内化的阶段。在课堂上，首先，教师要阐明本课学习的任务，收集所有学生所提出的问题，对收集的问题进行归类，按照问题提出的类型进行分组讨论和交流，通过探究式方法解决学生能力范围内的疑难问题，进一步培养学生的主动探究、合作学习的能力。对难以解决的问题，鉴于学生通过课前的学习对本课学习内容有了一定掌握和理解，能够形成正确的思维，教师可以进行提示指导，帮助学习培养解决问题的能力。通过课前的知识学习，减少课堂上教师讲解示范的时间，大大增加学生练习的时间和密度。解决完疑难问题后，可以根据学习者不同的练习水平进行分层教学，实施区别对待，同时，在指导学生进行练习时，要对学生容易出现的错误动作进行总结、把控，并及时纠错。给学生纠错的同时，让其理解错误动作产生的原因，懂得如何纠错，培养学生发现错误和纠正错误的能力。另外，指导学生尝试讲解、示范，使学生在练习中，不但会做，而且会教，打破传统体育教学中只追求运动技能形成的单一模式，为终身体育打下基础。

对于学习者来说，课前的学习只停留在表面。通过课堂学生间的讨论和教师交流互动，解决遗留的疑难问题，通过探究式方法解决问题，就要求学习者积极主动地参与到讨论中来，积极大胆地提出自己的观点，这是课堂互动的前提和基础。分组讨论和练习后，每组要选派一名代表反馈各小组的讨论结果和练习过程中出现的问题，教师通过收集各小组反馈的问题进行总结评价，集中回答，小组间成员要相互纠错，团结协作，一方面培养学生的观察能力和纠错能力，另一方面加强生生间、师生间的关系，在和谐融合的学习环境中使知识得到内化，运动技能逐步形成。

三、课后反馈、评价、巩固提高阶段

课堂结束后，教师要积极通过课堂或网络平台收集学生对翻转课堂课前学习的情况（学习的主动性、积极性，学习的方式方法、掌握的程度等），课中练习时出现的错误动作，学生参与练习的态度、练习的效果等问题，针对存在的问题进行总结评价，依据存在的问题制定整改方案，修改完善教学视频、PPT 等学习资源，实施有效监控，通过网络平台，创造协作学习的环境和空间，形成一个有效的师生教学活动的“环路”。通过师生间沟通再沟通、反馈再反馈，不断解决教与学中存在的问题，形成动态发展的教学任务和目标，不断巩固提高运动技术水平，实现教学质量和效果的最大化。

高校体育教学翻转课堂模式的构建突破了传统体育教学模式中存在的问题。翻转课堂充分利用了信息技术，使学生学习的活动更加自由、更加主体，为课中身体练习赢得了时间，弥补了教学过程中教师动作示范存在的不足，保证示范动作的标准化、规范化，促使学生统一思想认识。网络平台的构建也拉近了师生间的关系，让师生在自由的空间和时间得到有效的沟通和交流，以“环路”的方式始终贯穿于课前、课中、课后整个过程，有效地保证教、学的经济性

和实效性。当前“翻转课堂”的教学模式已逐步应用于高校部分体育项目中，例如体育舞蹈、棒球、垒球等项目，虽然翻转课堂被誉为“影响课堂教学的重大技术变革”，但真正使其融入体育教学中来，需要得到有效的支撑系统作保障。翻转课堂模式中学习资源的制作、网络交流平台的互动、学生实践练习的“虚拟系统”等每一个环节的构建都需要教师业务能力的提高和学生的学习适应能力等软、硬件条件的保障，方可实现翻转课堂在高校体育教学中的真正融入。

参考文献

[1] 常鹏．大学生素质教育研究［D］．晋中：山西农业大学，2014.
[2] 许尚立．关于大学生素质教育与人的全面发展的思考［D］．重庆：重庆交通大学，2012.
[3] 杨道飞．基于素质教育背景下的体育课程改革研究［D］．重庆：重庆大学，2015.
[4] 周小李．马克思教育观视域下当代中国素质教育研究［D］．长沙：中南大学，2012.
[5] 邹凌．素质教育的理论基础辨析［D］．重庆：西南大学，2011.
[6] 王培军．我国当代大学生素质教育及培养探析［D］．哈尔滨：黑龙江大学，2002.
[7] 王一鸣．基于创业教育理论的体育专业本科生教学方法分类体系构建［D］．长春：吉林大学，2016.
[8] 高鹏．基于科学知识图谱的国内体育教学方法研究发展趋势［D］．聊城：聊城大学，2014.
[9] 王娟．普通高校体育教学改革的理论与实践研究［D］．武汉：武汉体育学院，2012.
[10] 唐爱英．拓展训练理念下普通高校体育教学模式改革的研究［D］．长沙：湖南师范大学，2009.
[11] 庄艳华．体育课程改革背景下普通高校公共体育课选用教学方法的现状研究［D］．苏州：苏州大学，2007.
[12] 曲红军．论体育教学方法的分类与选择——优化的视角［D］．济南：山东师范大学，2003.
[13] 霍军．创新教育理念下体育教学方法理论与实践研究［D］．北京：北京体育大学，2012.
[14] 曹晓东．普通高等院校体育教学模式改革的探讨与研究［D］．济南：山东体育学院，2011.
[15] 葛冰．体育教学模式的整体优化研究［D］．长春：东北师范大学，2007.
[16] 张谦．体育院校网球选项课运用异步教学法教学效果的实证研究［D］．成都：成都体育学院，2015.
[17] 罗锋．异步教学法在篮球普修课教学中的实验研究［D］．武汉：武汉体育学院，2013.
[18] 李良明．异步教学法在普通高校体育院（系）健美操普修教学中的实验研究［D］．湘潭：湖南科技大学，2010.
[19] 高淑艳．异步教学法在普通高校网球教学课中的应用研究［D］．石家庄：河北师范大学，2008.
[20] 于晶．“游戏教学法”在高校武术教学中的应用研究［D］．北京：北京体育大学，2012.
[21] 徐加奎．游戏教学对高校体育与健康课程排球选项课教学效果影响的研究［D］．济南：山东师范大学，2013.
[22] 王炳吉．游戏教学法在高职院校篮球教学中的理论探讨与实验研究［D］．石家庄：河北师范大学，2010.
[23] 刘培星．程序教学法在普通高校网球选项课技术教学中的应用研究［D］．重庆：西南大

学，2010.
[24] 苏占国．程序教学与时空认知相结合的教学法在跳远技术教学中的实验研究 [D]．西安：西安体育学院，2010.
[25] 谢娜．程序教学与时空认知相结合的教学方法在体育专业排球普修课技术教学中的应用研究 [D]．呼和浩特：内蒙古师范大学，2015.
[26] 何秋鸿．“分层教学”理论指导下高校体育教育教学改革研究与实践——以重庆交通大学体育课程改革为例 [D]．成都：成都体育学院，2013.
[27] 徐依凡．“分层次”教学模式在羽毛球技术课中的实验研究 [D]．成都：成都体育学院，2015.
[28] 秦雨．“分层次教学”在体育教育专业乒乓球专修课中的实验研究 [D]．成都：成都体育学院，2014.
[29] 迟桂军．北京市普通高校排球选项课分阶段分层次教学的实验研究 [D]．北京：北京体育大学，2010.
[30] 于希山．分层次教学模式的研究与实践 [D]．大连：辽宁师范大学，2005.
[31] 孙斌．分层次教学在高职院校网球选项课中的实验研究 [D]．苏州：苏州大学，2014.
[32] 詹筱蕾．分层次教学在普通高校乒乓球选项课中的实验与研究 [D]．苏州：苏州大学，2007.
[33] 柴振昇．分层次教学在普通高校网球选项课中的实验研究 [D]．北京：北京体育大学，2013.
[34] 赵欢．分层次教学在普通高校羽毛球教学中的实验研究 [D]．长春：东北师范大学，2010.
[35] 胡江．分层次教学在普通高校羽毛球选项课中的实验研究 [D]．长春：东北师范大学，2009.
[36] 王金林．普通高校篮球选项课分层次教学实践研究 [D]．西安：西安体育学院，2013.
[37] 郭奇峰．普通高校乒乓球选修课“分层次教学”模式实验研究 [D]．武汉：武汉体育学院，2009.
[38] 李宁．“SE 模式”影响大学生学习风格及其体育课堂学习行为的实验研究 [D]．郑州：郑州大学，2015.
[39] 王光军．在普通高校排球教学中运用运动教育模式的研究 [D]．石家庄：河北师范大学，2012.
[40] 蒋晓培．运动教育模式引入普通高校体育选项课的理论研究 [D]．长春：东北师范大学，2006.
[41] 熊艳．我国普通高校健美操“运动教育模式”的理论构建与实证研究 [D]．北京：北京体育大学，2013.
[42] 李强．高校排球选项教学采用运动教育模式探析与理论构建 [D]．金华：浙江师范大学，2013.
[43] 杨艳．运动教育模式在北京市独立学院健美操选项课教学中的应用研究 [D]．北京：北京体育大学，2013.

[44] 王思文．高校公体篮球教学引入运动教育模式的研究［D］．长春：东北师范大学，2015.
[45] 柳光楠．高校台球俱乐部教学模式的构建与实践研究［D］．长春：吉林大学，2016.
[46] 汤显锋．浙江省高校实施体育俱乐部教学模式的发展研究［D］．苏州：苏州大学，2010.
[47] 张俊毅．安徽省高校公共体育课实施俱乐部教学模式的可行性要求［D］．北京：北京体育大学，2011.
[48] 蒋玲．高校实施俱乐部制体育课内外一体化教学的理论与实践研究［D］．北京：北京体育大学，2004.
[49] 管勇生．河南省部分实施体育教学俱乐部模式的普通高校现状调查与对策研究［D］．北京：北京体育大学，2005.
[50] 陶晓斌．湖南省高职院校体育俱乐部教学模式的研究［D］．长沙：湖南师范大学，2013.
[51] 秦英杰．陕西省普通高校体育教学俱乐部现状与对策研究［D］．延安：延安大学，2012.
[52] 王静妍．湛江市普通高校体育俱乐部教学模式的可行性分析［D］．石家庄：河北师范大学，2015.
[53] 张志霞．高校公共体育课“俱乐部式”教学的实验研究［D］．牡丹江：牡丹江师范学院，2014.
[54] 杨忠山．体育教学模式的整体优化研究［J］．民营科技，2016（10）．
[55] 杜鹏．对现代体育教学方法研究的综述［J］．林区教学，2010（8）．
[56] 朱江天．高校体育教学改革的理论与实践研究［J］．青年文学家，2014（3）．
[57] 郭晓光．基于理论指导的高校体育教学改革实践研究［J］．考试周刊，2014（75）．
[58] 刘涛．普通高校体育教学改革的理论与实践浅议［J］．现代企业教育，2014（16）．
[59] 黎宇．普通高校体育教学改革的理论与实践研究［J］．文体用品与科技，2013（8）．
[60] 郝捷．浅谈高校体育教学方法优化与创新［J］．文体用品与科技，2012（16）．
[61] 王锋．新课程标准下大学体育教学改革的基本思路［J］．科教导刊（中旬刊），2015（2）．
[62] 王二通．传统体育教育教学与现代体育教育教学的比较研究［J］．商业故事，2016（20）．
[63] 陶弥锋，宋欧，严财庆．我国普通高校体育教学模式综述［J］．江西蓝天学院学报，2006（3）．
[64] 罗云涛．大学体育俱乐部选项教学利弊分析与研究［J］．文体用品与科技，2016（20）．
[65] 陈亚麟．高校体育课程教学改革的理论与实践探讨［J］．大家，2011（20）．
[66] 陈天庚，杨国庆．对现有体育教学方法内涵及分类的认识［J］．教师，2014（20）．
[67] 陈少青，杨国庆．“3＋1”体育教学方法分类体系的构建与应用［J］．沈阳体育学院学报，2011（1）．
[68] 李立敏．我国民办高校“课内外一体化”体育教学模式改革与创新的实践研究［J］．科技信息，2008（32）．
[69] 郭荣美．新型体育教学模式与素质教育的培养［J］．现代阅读（教育版），2013（3）．
[70] 孔继红．体育俱乐部教学模式的应用与研究［J］．四川职业技术学院学报，2016（5）．
[71] 何文涛．翻转课堂及其教学实践研究［D］．新乡：河南师范大学，2014.

[72] 曹莉．翻转课堂及其在我国的应用研究［D］．武汉：华中师范大学，2015.
[73] 曹晓粉．翻转课堂教学模式的设计与应用研究［D］．济南：山东师范大学，2015.
[74] 陈晓菲．翻转课堂教学模式的研究［D］．武汉：华中师范大学，2014.
[75] 李婷．翻转课堂教学模式在高校舞蹈教学中的应用［D］．哈尔滨：哈尔滨师范大学，2016.
[76] 芦宏亮．翻转课堂在高校棒垒球教学中的实证研究［D］．福州：福建师范大学，2015.
[77] 刘海军．高校体育教学“翻转课堂”模式构建研究［J］．吉林体育学院学报，2015（3）．